高等院校管理、营销类系列教材

RETAILING MANAGEMENT

零售管理（第四版）

任锡源　杨　丽◎主编

首都经济贸易大学出版社
Capital University of Economics and Business Press
·北京·

图书在版编目(CIP)数据

零售管理/任锡源,杨丽主编. --4 版. --北京:首都经济贸易大学出版社,2018.7
(高等院校管理、营销类系列教材)
ISBN 978 -7 -5638 -2253 -9

Ⅰ.①零… Ⅱ.①任… ②杨… Ⅲ.①零售商店—商业管理—高等学校—教材 Ⅳ.①F713.32

中国版本图书馆 CIP 数据核字(2014)第 154048 号

零售管理(第四版)
主编 任锡源 杨 丽
LINGSHOU GUANLI

责　　编 赵 杰
封面设计 砚祥志远·激光照排 TEL: 010-65976003
出版发行 首都经济贸易大学出版社
地　　址 北京市朝阳区红庙 (邮编 100026)
电　　话 (010)65976483 65065761 65071505(传真)
网　　址 http://www.sjmcb.com
E - mail publish@cueb.edu.cn
经　　销 全国新华书店
照　　排 首都经济贸易大学出版社激光照排服务部
印　　刷 北京市泰锐印刷有限责任公司
开　　本 710 毫米×1000 毫米 1/16
字　　数 343 千字
印　　张 19.5
版　　次 2007 年 7 月第 1 版 2011 年 2 月第 2 版 2014 年 9 月第 3 版
2018 年 7 月第 4 版 2018 年 7 月总第 8 次印刷
书　　号 ISBN 978 -7 -5638 -2253 -9/ F · 1279
定　　价 39.00 元

序

零售业有着悠久的历史,近几十年来,伴随着生产方式和消费方式的变化,零售业也在经历着一次又一次的变革,不断创新并得到快速发展。在发达的市场经济国家,零售业已经从社会生产系统的终端行业转变为先导产业,从而对整个社会经济产生深刻的影响。

零售业是近年来中国发展变化最快、最具活力的行业之一。零售业从事的经营活动距离消费者如此之近,以至于几乎每个人都能感受到中国零售业近年来发生的近乎天翻地覆的变化,并且因这种变化而得以提高自己的生活质量。

事实上,尽管中国零售业市场在 2004 年年底才全面对外开放,但一个不争的事实是,在不少城市,外资零售巨头进入市场的规模、速度,远远超过中国零售业界的估计。从 1992 年初到 2003 年 9 月,全国零售业累计实际利用外资约 30 亿美元,批准设立外资商业企业 264 家,分店2 200 多个。截至 2004 年 4 月,全球零售企业 200 强中已有 12.5% 的企业进入中国,另外有 12% 的企业已经进入亚洲,为随时进入中国做准备。全球知名的零售企业,如沃尔玛、家乐福、大润发、欧尚、易初莲花、万客隆、麦德龙、华堂、百佳、普尔斯马特等均在中国零售格局中扮演重要角色。

可以预见,外资抢滩中国零售业的速度与规模将进一步加快和扩大,市场竞争会更加激烈。这些外资零售企业以其超前的经营理念、庞大的规模、价廉物美的商品、规范周到的服务、特殊的营销手段,向我国零售业发起了强大的攻势,使我国企业面临着竞争、生存与发展的严峻考验。

与发达国家相比,我国的零售业还很不发达,这不仅表现在我国的零售业在集团化、连锁化、国际化方面进展缓慢，还表现在一些新的零售形式，如电子购物、家庭邮购的发展还存在不少阻力。中国零售业，一方面面临着世界零售巨头的大举进入的强烈冲击；另一方面，也要应对新技术变革而带来的业态变革和中国消费者行为模式转换的严峻考验。因此，零售行业的管理和营销开始引起我国学术界的特别关注。在中国零售业发展的新的转折点，零售业需要重新审视今后的路该怎样走。

本书对零售业进行了全方位的描述，概括了零售业近年来的研究成果，对各种零售形式在发展和扩张中遇到的问题和经验进行了总结，并对相关的管理理论进行了验证。本书的出版，不但能够完善我国有关零售学的本科教育，促进我国零售业的创新和发展，而且将激励更多的学生从事零售事业，尽快改变我国零售业发展滞后的状况，推动我国零售业的改革和发展。

郭国庆

2007 年 1 月

目　录

前言

零售行业对一国经济的发展起着重要作用。它既提供主要的就业机会,也提供大量的消费机会。改革开放以来,我国的零售业获得了快速的发展,取得了较大的成就。但是,随着中国零售业的全面开放,国内零售业原有的有利条件和熟悉的市场环境将发生变化,而世界级大型跨国零售企业纷纷看好中国零售市场,接踵而来,新的一轮国际竞争将会更为残酷。

培养并吸引更多人才,改变我国零售业的现状,缩短我国零售业与国际水平的差距,使我国零售业在变革的大潮中站稳脚跟,再造辉煌,已成为消费者和业界人士共同的呼声,也是作者编著这本教材的初衷。

随着学校不断强调培养学生独立学习的能力,学生们急需一本全面介绍包含零售行业主要问题的教科书,因此,本书正是为满足学生学习的需要而编著的。本书主要介绍了零售业的基础知识并提供分析和理解概念的工具。同时,本书旨在对零售行业中的一些模糊领域给学生某些启发,使他们了解不同职能和活动之间的联系和相互关系。本书还适当引用了国内与国外的案例,以反映不同零售经营模式对基本理论原则的不同应用,旨在培养学生处理零售业从业者经常要面对的问题的能力。

书中所述零售理论涵盖了零售经营的管理思想、市场定位、零售营销、管理组织、店址选择以及零售业的扩张和无店铺销售等多方面的内容,概括了零售经营的理论精华,体现了零售管理的新动向。

本教材有以下一些特点。

1. 注重理论与实践的结合。零售学理论根植于零售实践,是对零售实践科学的、系统的认识和总结。同时,它又高于零售实践，并且具有超前性和前瞻性，因此，能指导零售实践朝着正确的方向发展。本教材紧紧扣住这一宗旨，紧贴实践，研究规律、把握趋势。

2. 注重跟踪本学科发展的新动向。在继承传统的零售理论的基础上，引进国外的有关理论，不仅充实了零售理论体系，而且能多视野、全方位地研究我国零售业的问题，构筑新的理论架构和体系。

3. 注重多维性的研究方法。与一般的教材不同，本教材除了采取科学的演绎法、归纳法等理论研究方法之外，还使用了实证研究分析、案例研究分析等方法，使本教材不仅增加了可读性，而且增加了论证的说服力。

4. 注重点和面的结合。作为教材，必须照顾到一定的面和其内在的联系。它的“面”涉及零售的方方面面，如零售机制、零售方式、零售组织、零售渠道、零售战略和效益等。它的“点”是贯穿全文的一条主线，即物质产品如何更有效率地通过流通领域。

本书在编写过程中得到了很多学者的关心和支持，中国人民大学的郭国庆教授在百忙之中审阅了本书的提纲和终稿，提出了很多建设性的意见，并密切关注本书的写作进程，其严谨的治学精神、深厚的理论功底、热情洋溢的个人魅力深深感染了我们，为本书的最终形成做出了不可或缺的贡献。中国人民大学的李先国教授、北京联合大学的冯丽云教授、首都经济贸易大学出版社的薛捷老师和赵杰老师对本书从不同的角度提出了修改意见，在此一并表示感谢！本书由任锡源任、杨丽主编，张中科、陶晓波、司茹任副主编，参与编写的还有王爱国、潘东芬、宋洪波等，他们为本书的出版做了很多工作。

当然，由于我们水平有限，加上时间仓促，错误及不当之处在所难免，恳请读者提出批评意见。

第一章

零售管理概述

理解零售的定义、零售业态的含义。掌握零售企业的功能,零售企业管理的内容,各种零售业态的结构特点和经营特点,包括百货商店、超市和大型超市、专业店和专卖店、购物中心、食杂店、便利店、折扣店、仓储式会员店、工厂直销中心、电子零售、商品目录与直接邮购、直销、电视家庭购物、自动售货机零售等。了解零售业发展过程中的四次变革。

随着商品经济的快速发展,社会产品已经极大地丰富,与此同时,人们消费心理的个性化倾向也越来越明显,消费者对产品的选择更为挑剔,更加理性。为了使这些产品能在适当的时间通过适当的方式顺利地到达目标人群的手中,商业——作为连接生产领域和消费领域的流通环节,在整个经济生活中的作用显得越来越重要。而作为商品流通最终环节的零售业则是商业中最活跃的一个环节。

在社会经济文化整体发展的大环境下,零售企业所处的经营环境也发生了重大的变化:知识经济的到来改变了企业竞争的重点;经济全球化趋势改变了企业的竞争方式;资本的运作改变了企业自身的规模。面对这样的竞争环境,零售企业只有创新才能发挥其在社会经济生活中的作用,才能找到自己的立足之地。面对更加理性的消费行为,更加个性化的消费追求,零售企业必须改变自己、必须创新。

如何改变?如何创新?这就需要零售企业在了解环境的同时了解自己,明确零售到底是什么?整个行业有什么特点?有哪些业态类型?每种业态类型分别具有什么优缺点?零售业的发展趋势是什么?只有在对零售以及零售业有深入了解的基础上,才能根据环境变化进行创新,进行改变。此外,要想管理好零售企业还需要掌握零售企业经营(包括财务、人力、信息等)的一般规律,把握零售企业管理各环节(包括制定战略、分析顾客、店址选择、商品分类和采购、商品陈列、商品定价、商品促销等)的有关理论知识。这些知识将是本书后面的有关章节重点讲述的内容。

第一节　零售与零售管理

零售是一系列的商业活动，它通过向消费者出售供个人及家庭使用的产品和服务来创造价值。通常，人们认为零售只是在商店里出售商品。事实上，零售也包括提供服务，如在旅馆中的住宿，医院进行的体检，理发，录像带的出租或者比萨店的外卖等。并且零售活动也不全是在商店中进行，现在还有很多零售是以无店铺的形式实现的，例如，当当网（www. dangdang. com）在网上销售图书和音像制品，玫琳凯公司以直销的形式销售化妆品，还有一些公司（如麦考林）通过提供产品目录来销售产品，等等。

一、零售

零售是指直接将商品或劳务销售给最终消费者的一系列商业活动。在理解这一定义时需要注意以下几点。

第一，零售是针对最终消费者的活动。零售活动的对象与制造商和批发商活动的对象有所不同。制造商和批发商活动的对象是生产者和转售者，他们购买商品的目的是生产加工或者转卖，而最终消费者的购买目的是自己消费。

第二，零售活动不仅向最终消费者出售商品，同时也提供服务。零售活动包含着伴随商品出售所提供的各种劳务活动，如送货、维修等服务。

第三，消费者不仅是指个人或家庭的购买者，也包括非生产性购买的社会集团。在我国，社会集团购买所产生的零售额达全社会零售总额的10%左右，是零售企业不可忽视的重要市场。

二、零售企业

零售企业（从生产企业的角度来看，零售企业就是生产企业的零售商）是向消费者出售供其个人或家庭使用的产品和服务的企业。在连接制造商与消费者之间的分销渠道中，零售企业是最后一个环节，见图1－1。

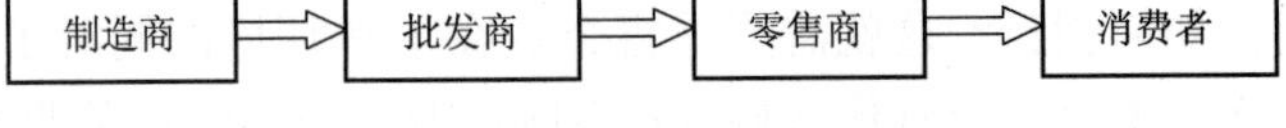

图1－1　常见分销渠道模式

制造商制造产品并出售给零售商或批发商；一些制造商，如戴尔电脑公司和玫琳凯化妆品公司直接将产品销售给消费者，他们既参与了生产活动，又参与了零售活动。批发商从制造商手中购买产品，再出售给零售商，零售商则把产品出售给消费者。批发商和零售商所起的作用大部分是一样的。但是批发商满足的是零售商的需求,而零售商则面对的是最终用户的需求。一些零售连锁店既是零售商,又是批发商:当他们向最终消费者销售时是零售商;向其他企业如建筑承包商或餐馆业主销售时就成了批发商。

作为零售企业需要具备以下功能。

(一)多品种产品的提供

大规模的零售企业一般经营由几百家公司生产的上万种商品,可使顾客在个地方,在各种品牌、款式、大小、颜色、价格之间有很大的挑选余地。制造商主要生产某一类产品。例如,蒙牛专制奶制品,乐百氏专制矿泉水和其他饮料,金利来专制男士服装,海尔专制家用电器。如果每个制造商都拥有自己的商店,只出售自己的产品,消费者为了做顿饭或者购买日常用品就需要到好多家商店去采购。

所有零售商都经营多种商品,但会专营某个大类的产品。例如,一般的超市提供各种食品、保健美容产品和日用品,而国美电器则经销各种家用电器。大部分消费者都很清楚各零售商经营的产品范围,甚至小孩子都知道到哪儿去购买不同的产品。

(二)商品分类、组合和配货

消费者为了生存与发展,需要衣、食、住、用、行等多方面的生活用品,但消费者不可能自己寻找制造商去购买自己所需的少量物品。零售商代替消费者,从制造商、批发商那里大量购进商品,并按消费者的需求分类、组合,不仅易于消费者购买,而且还可以在零售店得到多种需求的同时满足。

(三)提供服务

零售商在销售商品的同时也向顾客提供各种服务,通过提供多功能的服务来方便消费者的日常生活,通过服务保持与顾客的良好关系。零售商一般都提供与商品销售直接相关的服务,如咨询、包装、免费送货、电话预约、退换货、维修等;有的零售商还提供停车场、临时保管顾客物品、照看婴儿等服务;有的零售商进行跨行业的拓展服务,如代交电话费、水电费和提供金融服务等。

(四)提供融资

零售商采用信用销售商品的方式,对消费者起到了融资的作用。零售商采取的信用销售,主要有赊销、分期付款等方法。赊销是消费者在购买商品时,不必支付货款便可拿走货品,货款在日后的一定时间内偿还。分期付款是在消费者购买比较高档的耐用消费品时实行的一种支付方式。一般是消费者先支付定金,然后将剩下的货款分几次支付。对于消费者来说,信用销售方式可以避免每次购物都要支付现金的麻烦,而且即使手头资金不足,也可以购货,使消费者能用将来的收入购买到现在需要的耐用消费品。零售商通过预付购货款,使制造商和批发商提前得到商品货款,促进了生产和流通的循环。

(五)传递信息

由于零售商直接面对消费市场,所以零售商能够最快地获得消费市场上的信息,并将消费者的需求变化迅速反馈给制造商和批发商,使他们能够及时生产和组织适合消费者需求的商品。另外,零售商可以通过营业现场售货员的销售活动及其他宣传手段将制造商的新产品信息传递给消费者,激发消费者的购买欲望,方便消费者购买。

(六)保持库存

零售企业主要的功能之一是持有存货以便消费者需要时可以买得到,这样,消费者在家中只需保存很少的存货。持有存货使零售商为消费者带来了便利——减少了消费者储备产品的成本,而用在储备产品上的现金会锁住消费者的资金,他们本可以把这笔钱存入银行赚取利息或用于其他用途。

此外,由于消费者的消费需求与生产者的供给在时间上存在矛盾,如常年生产与季节消费(如空调、服装)、季节生产与常年消费(如水果、粮食),零售商对于前者往往适当储存,并倡导反季节购买,以价格、服务等手段刺激购买力均匀实现;对于后者则常备不懈,随时满足消费者需求。商品生产往往是大量、集中的,而个人消费者的购买方式是小额、零星的,零售商储存、保管种类繁多的商品,较好地解决了供求双方在商品集散上的矛盾。

(七)降低风险

商品在从生产领域转移到流通领域的过程中,客观上存在着诸多风险,如市场变化,商品价格波动,自然灾害,人为事故造成的商品丢失、变质、损坏,等等。由于零售企业需要储存与保管商品,同样要承担商品贬值与变质以及损失的风险。零售企业常常采取市场分析、科学保存、参加保险、优化供应链等方式来减少或转移自己所承担的流通风险。

(八)产品增值

零售企业所进行的各种活动增加了产品与服务的价值,因此零售企业所起的流通功能也属于价值创造的过程。零售商提供产品分类、组合和服务,保持必要的库存,这一切增加了消费者所购买的商品的价值。

三、零售企业管理

所谓零售企业管理就是为了保证零售企业正常运行与发展而开展计划、组织、领导与控制等活动,也就是为了实现零售企业的目标,而对零售企业开展的管理活动。

(一)零售企业管理的任务

零售企业管理的基本任务是通过对零售企业的人力、物力、财力实行有效的计划、组织、领导和控制,合理组织经营活动,保证商品流通过程的顺利进行,力争以较少的劳动耗费实现企业的经营目标和经营计划,取得最大的经济效益。零售企业管理要为实现零售企业的基本任务服务。零售企业管理的具体任务包括以下几个方面。

1. 合理组织商品经营活动

零售企业管理要通过科学的方法和手段，制订经营计划，组织购销活动，改进经营方式，努力开拓市场，扩大商品销售，从而保证商品流通过程的顺利进行，保证企业经营目标的顺利实现。

2. 优化企业资源配置

企业是以赢利为直接目的的经济组织，追求最大经济效益是企业在激烈的市场竞争中的立足之本，是经济活动本身的客观要求。要追求最大经济效益，零售企业管理必须合理地分配和使用企业的人力、物力、财力等资源，使之达到最优配置。企业必须有效、合理地使用资金、技术和设备，通过提高设备利用率，降低物化劳动消耗，减少商品损耗；通过提高劳动效率，减少活劳动消耗，以高效率与低消耗的结合取得最大的经济效益。

3. 协调企业内外关系

在零售企业经营过程中，必然要与企业内外各方发生各种关系，零售企业管理要采取适当措施，注重调整和完善企业与各方面的关系。通过协调企业与国家行政管理、司法机构的关系，创造和适应外部经济环境，更好地履行法人义务和行使法人权利；通过协调管理主体与管理客体的关系，增强企业凝聚力，充分调动全体员工的主观能动性，提高经营管理效率；通过协调企业与消费者的关系，树立企业的良好形象，提高企业信誉，提高市场占有率；通过协调企业与供货商的关系，保证购销渠道的畅通和经营活动的顺利进行；通过协调企业与其他零售企业的关系，促进横向联合，保证企业长远发展。

（二）零售企业管理的内容

无论是小零售商还是大型零售企业，在进行管理时都必须以正确的观念为指导。零售企业始终要坚持的管理观念是：在确定目标市场需求的基础上比竞争对手更有效地满足这些需求。由此可见，零售企业的管理需要围绕着分析目标市场、确定目标市场、实现目标市场展开。因此一般零售企业管理的内容就可以划分为：零售顾客分析、零售战略制定、零售组织管理和零售作业管理。

1. 零售顾客分析

进行零售顾客分析就是要求零售企业管理者首先要了解自己所面对的顾客，这需要掌握：零售顾客的类型；零售顾客的购买心理；零售顾客的购买行为与决策。在了解顾客的基础上，对顾客进行细分，从中找到自己所要服务的目标市场。

2. 零售战略制定

战略是对企业未来活动的指导，决定企业未来活动的方向。在明确了目标市场的基础上，零售企业就可以制定自己的发展战略了。零售企业通过制定战略来明确行动方向。

3. 零售组织管理

为了能够实现零售战略，企业必须要在人、财、物上进行组合和配置，为此企业需要进行组织结构的设计,明确各部门相互之间的分工,在责权利比较明确的基础上对财务、人力资源和信息进行管理。零售组织管理主要包括:组织结构设计、人力资源管理、财务管理和信息管理等。

4. 零售作业管理

为了能够实现零售战略,不仅要在组织层面上进行管理,还要在具体的操作层面上进行管理。从操作流程来看,零售企业的主要作业环节包括:零售店址选择、零售商品的分类与采购、零售商品的陈列、零售商品价格的确定、零售商品的促销。零售作业管理体现了零售企业的特色,需要零售企业重点关注。零售企业管理内容之间的关系见图 1 – 2。

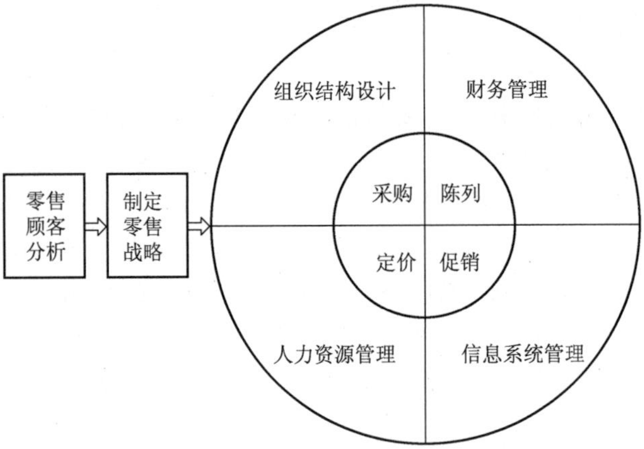

图 1 – 2　零售企业管理内容之间的关系

零售企业在进行零售顾客分析、确定自己的目标市场的基础上,制定适合本企业发展的零售战略,然后围绕以采购、陈列、定价、促销为主要内容的零售作业管理开展组织结构设计、财务管理、人力资源管理和信息系统管理等各项管理活动,并将它们协调一致,以实现零售企业的目标。

四、零售业态

零售业态是指零售企业为满足不同的消费需求而形成的不同的经营方式。零售业态是零售企业适应市场经济日趋激烈的竞争的产物,是物竞其类、适者生存法则在商品流通领域的表现。

随着我国经济的发展和人们消费需求的发展变化,我国零售业态发展迅速。国家质量监督检验检疫总局、国家标准化管理委员会联合颁布的国家标准《零售业态分类》(GB/T 18106—2004)中,按照零售店铺的结构特点,根据其经营方式、商品结构、服务功能,以及选址、商圈、规模、店堂设施、目标顾客和有无固定营业场所等因素将零售企业分为 17 种业态,而在总体上可以分为有店铺零售业态和无店铺零售业态两类。其中,有店铺零售业态包括:食杂店、便利店、折扣店、超市、大型超市、仓储会员店、百货商店、专业店、专卖店、家居建材商店、购物中心、厂家直销中心共 12 类;无店铺零售业态包括:电视购物、邮购、电子零售、自动售货亭、电话购物共 5 类。

每种业态的具体特点将在下面的章节中进行详细分析。

第二节 有店铺零售

零售企业要想管理好自己,要想设计并成功实施零售战略就必须了解竞争对手的类型,明确竞争对手是谁,其经营管理活动具有什么特点。从整个零售业的角度出发,就是要了解竞争对手以什么样的经营方式进行经营,即竞争对手所处的业态是什么。根据业态就可以判定其经营管理活动的规律和特点。

本节主要介绍零售业态中的有店铺零售业态。

一、百货商店

百货商店的历史较长,各国对百货商店有着不同的定义。德国将百货商店定义为:供应大量商品的零售商店,主要商品是服装、纺织品、家庭用品、食品和娱乐品;销售方式为人员导购(如纺织品部)和自我服务(如食品部);销售面积超过 3 000m^2。

在法国,百货商店被定义为:零售商业企业,拥有较大的销售面积,顾客可自由进入,在一个建筑物中提供几乎所有的消费品;一般实行柜台开架售货,提供附加服务,每一个商品部都可以成为一个专业商店;销售面积至少为 2 500m^2,至少有 10 个商品部。

从各国的定义和我国百货商店业态的特点可见,百货商店是在一个建筑物内,经营若干大类商品,实行统一管理,分区销售,满足顾客对各种商品多样化需求的零售业态。

(一)百货商店业态的结构特点

(1)选址:市区级商业中心,城市繁华区,交通要道。

(2)商圈与目标顾客:商圈范围大,一般以流动人口为主要销售对象,顾客为中高档商品的消费者和追求时尚、品位的顾客。

(3)规模:营业面积在 6 000 ~ 20 000m^2。

(4)商品售卖方式:采取柜台销售与自选(开架)销售相结合的方式。

(5)服务功能:注重服务,设有餐饮、娱乐服务设施。

(二)百货商店的经营特点

1. 经营商品种类齐全,以满足消费者的多样需求

百货商店要使顾客能够在一个地方买到所要买的所有商品,其经营的商品种

类就要齐全。百货商店以经营服装、服饰、鞋类、化妆品及家庭用品为主。将多种类的商品，按部门进行经营管理，虽然每个部门的规模不大，商品销售批量少，但商品的毛利高，这样汇集在一个经营体之中，综合经营的销售额就能够增大。

百货商店以中高档商品的消费者和追求时尚的消费者为目标顾客，在经营上注重商品的质量，特别注重商品的品牌和结构安排，所以也是新商品和品牌进入市场的首选业态。

2. 位于城市繁华区、交通要道和郊区购物中心

百货商店一般以流动人口为主要销售对象，因此，通常选择在人口流动大的城市繁华区、交通要道和郊区购物中心。包括百货商店在内的商业繁华街和购物中心，以其多样、热闹、有吸引力、充满生气、有刺激性、色彩丰富为特点而存在。百货商店内部装饰得富丽堂皇，橱窗商品陈列得琳琅满目，因而能吸引大量顾客前往参观，更便于顾客进行有比较、有选择地购买。

3. 商品部门化管理

百货商店的经营方法，不是把那些千差万别、各有特性的商品采取“一揽子”的方法来进行经营，而是通过部门的个别管理，创造出最合理的，并符合百货商店经营形态的经营方法。在西方国家，大百货商店一般有 100 ~ 150 个商品部，小百货商店有不到 10 个商品部。

4. 采取柜台销售与自选（开架）销售相结合的方式

现代百货商店将超市引进店内，经营食品和日用品，多数商品实现开架销售，供消费者自由选购；对于化妆品、珠宝、相机、手机等体积小、价值高、技术含量高、需要服务多的商品，采用柜台销售。商品柜台都有若干服饰整洁、彬彬有礼的营业员为顾客介绍、取送商品。

5. 为顾客提供一系列服务

高品质、全面的服务是百货商店的经营特征之一，除了一系列的售前、售中和售后服务外，还提供如分期付款、自助取款机、免费接送班车、停车场、总服务台、消费者教育等服务，有些百货商店还设有餐厅、茶室、儿童娱乐室等。

6. 良好的形象

百货商店设施豪华，店堂装饰典雅、明快，顾客即使不买东西，也能在百货商店内欣赏新式时装，观看琳琅满目的商品，它已成为城市居民的休闲地之一。百货商店是优质、流行与时尚商品的汇集地。百货商店经营的商品主要是那些流行性很强的商品、优质高价的高档商品、礼品等，是反映现代城市居民生活状况的窗口。具体业态特点见表 1 – 1。

二、超市和大型超市

（一）概念

菲利浦 · 科特勒在其《市场营销管理》一书中写道：超级市场是规模相当大

的、成本低、毛利低、销售量大的、自我服务的经营机构，其目的是为顾客提供食品和家庭日常用品等类商品。

根据《零售业态分类标准》的规定，超级市场按面积和经营特征不同分为超市和大型超市。

超市是开架售货、集中收款，满足社区消费者日常生活需要的零售业态，根据商品结构的不同，可以分为食品超市和综合超市。

大型超市是实际营业面积在 6 000m^2 以上，品种齐全，能满足顾客一次性购齐需要的零售业态。根据商品结构的不同，可以分为以经营食品为主的大型超市和以经营日常用品为主的大型超市。具体业态特点参见表 1－1。

（二）特点

超市和大型超市的经营特点主要有以下几点。

1. 自助服务与一次结算为主要经营方式

超市和大型超市内部一般没有营业人员，只有理货员，因此会尽量利用视、听、嗅觉来刺激消费者购买商品，在超市门口备有手推车或提篮，货架陈列的商品有价格标签，选择时一目了然，在超市出口一次性结算付款。

2. 食品和日常用品为主要经营品种

超级市场在早期是以经营食品为主的零售业态，后来逐渐发展到综合经营。超市保持了传统的经营内容，经营的商品仍以肉类、禽蛋、水果、水产品、冷冻食品、副食调料、粮油及其制品、奶及奶制品、熟食品以及日用必需品为主；大型超市也以食品和日用品为主，但商品品种更齐全，其他种类商品的比重加大，如衣服、电器、床上用品、运动用品等，呈现综合经营的特点。

3. 以大量销售为经营原则

大量销售是超级市场的经营原则，它是超级市场商品能够进行廉价销售的前提，也是超级市场向大型化和连锁化发展的重要原因。目前，许多国家的超级市场大多数采用连锁经营形式，以多店铺来扩大销售量，日本流通界将"多采用连锁经营形态"作为超级市场定义中的一部分。

4. 以低费用和高周转为经营特色

超市和大型超市用自助服务方式，不仅节约人力费用，而且超市中顾客与营业员可以共享货架和店铺通道，这样超级市场的营业厅比同等面积的非自助服务方式的零售店可多陈列和销售 20%～30% 的商品，使营业面积大大增加。

另外，食品类商品本身周转比较快，加上销量大，因此流通费用低、周转率高成为超级市场优于其他业态之处。据统计，美国超级市场的流通费用比标准价格的百货商店和一般商店低一半，每平方米面积的流通额则高出 50%，每年商品库存周转次数比标准价格的百货商店和一般商店高 3.5 倍。

5. 以廉价销售为经营方针

超级市场以其销售价格低、经营品种多、营业面积大、选购方便的特点而大受欢迎并迅速发展起来。国外的超级市场一贯把廉价销售作为其经营方针,以美国为例,超级市场中的食品价格比一般食品店低15% ~20%。

6. 拥有较高的流通效率

超级市场的出现,使零售业完成了从手工劳动到工业化生产的转变,使商业劳动获得了大幅度提高效率的机会。超级市场的出现,使包装、称重、记价等商业劳动可以在工厂或商店中预先完成,这部分劳动被固化并储存在商品中,实现了商业劳动与顾客购买活动的分离,从而大大提高了流通效率。

三、专业店和专卖店

(一)概念

专业店是以经营某一大类商品为主,有具备丰富专业知识的销售人员并且提供适当售后服务的零售业态。

我国的专业店是随着零售业的发展、市场的不断细分而逐渐发展起来的,如从百货店中分离出来的家电专卖店、市场化的药品专卖店、珠宝店、化妆品店等,都以专业店的经营方式迅速发展,丰富了零售市场,满足了人们多元化的需求。专业店定位在具有某一类商品需求的消费者,其业态特征参见表1 –1。

专卖店是专门经营或授权经营制造商品牌或中间商品牌的零售业态。专卖店通常经营某一种品牌的商品,由生产厂家自己经营或由代理商经营,其店铺的布局、商品的陈列和商品的结构都充分体现品牌的个性。

随着中国制造业的发展,各种商品的系列化和品牌化,促进了专卖店的迅速发展,产生了包括服饰、鞋类、化妆品、电器等不同类型的专卖店。某一品牌的零售专卖店以其特有的经营风格和商品个性满足了现代人们多元化、个性化的消费需求。专卖店业态特征参见表1 –1。

(二)类型

我国的专业店和专卖店有以下几种类型。

1. 服饰专业店

服饰专业店是专营服饰的商店。随着中国服饰制造业的发展,服饰的零售基本上都是按不同的品牌在经营,服饰专业店已由原来的自营转变为品牌经营,将专柜或专卖店引入到商店,使各类服饰精品汇集在一起,便于消费者选择和购买。

服饰专业店通常选址在繁华商业区或新潮商品汇集的街区,由于汇集了国内和世界知名的服饰品牌,对追求时尚、讲究品牌的消费群体极有吸引力。

根据不同目标顾客群体的服饰专业店也有不同的类型,通过休闲装、儿童装、青春装、淑女装等的组合和品牌的组合来进行市场的定位。

2. 鞋店

鞋店是专门卖鞋的商店,它有综合鞋店和专项鞋店等形式。综合鞋店是将不同类型的鞋汇集在一起,采用自营,或将专柜或专卖店引入到商店,以吸引不同年龄、不同性别的消费者。也可按照性别、年龄、功能等经营专项鞋店，如女士时装鞋店、运动休闲鞋店、男士皮鞋店、儿童鞋店等。

在同等规模条件下，鞋店的投资额与服饰店相差不大，经营特征与服饰店也很相似。因此，经营鞋店要具有流行意识；鞋店要设在繁华、热闹的商业区，最好与服饰店相邻；店铺设计要典雅、清新；商品陈列要因店而异。

3. 食品店

自商店产生起，就有了各种各样的食品店，如粮店、肉店、面包店、水果店、蔬菜店等。食品店是历史最悠久的专业商店。

开办食品店要比服饰店和鞋店投资少、风险小，但毛利率较低；食品店最好的店址并非城市中心的商业区，而是人口密集的居民区；食品的档次应逐渐拉开，经营何种档次的食品要依据所在地居民总体消费水平进行选择；食品具有易腐的特点，通常需要配备冷藏设施。

4. 电器店

电器专卖店是专营各类家用电器的商店，它可以是综合电器商店，也可以是专项电器商店。综合电器店通常经营各种家用电器，如国美电器、苏宁电器等。专项电器店经营某一类或具有某一特征的家电，如音响器材店、照相器材店、冰箱专卖店、彩电专卖店等都属于专项电器店。

电器商品具有体积大、单位价值高等特点，因此电器商店需要有较大的店堂来陈列商品，资金投入较大；经营电器店者必须具有较丰富的专业知识，能为顾客提供技术及使用上的指导；对于经营大件电器的商店，最好提供送货及安装服务；要为顾客提供良好的保修服务。

现代化家用电器的产生与发展，刺激了消费者的新需求；电子装置在家用电器上的广泛应用，使产品更新换代速度加快，不断形成家用电器更新换代的消费潮流。因此，家用电器店的发展非常迅速。

5. 珠宝店

珠宝店的成功重在信誉。经营者必须保证珠宝的品质和档次，因此专业知识必不可少，许多成功的珠宝店经营者都是珠宝鉴赏家。另外珠宝具有体积小、价值大的特点，这一方面可以节省店堂面积，但另一方面又会招致窃贼。在世界各国，珠宝店被窃案件屡有发生，所以商店安全十分重要。虽然珠宝店不需要大的营业面积，却需要好的营业场所，最好位于市中心较为繁华的地段，但租金会相当昂贵。为安全起见，珠宝店应采取闭架售货方式，经营方式比较保守和传统。

6. 化妆品店

化妆品店以女性为主要服务对象，经营各类化妆品。由于中国化妆品生产企业发展较迟缓，因此，外国的品牌占据了较大的市场。传统上，化妆品大多由百货商店经营，只有大城市开设有少量的化妆品专业店。

随着生活水平的提高，女性对美的追求更加强烈，因此，需要更加专业化、多元化和个性化的产品和服务，化妆品店潜在的市场十分巨大。随着国外的知名化妆品品牌的不断进入，以及国内化妆品生产的系列化和品牌化，以品牌为基础的化妆品专业店有了较大的发展。

四、购物中心

（一）概念

购物中心是多种零售店铺和服务设施集中在由企业有计划地开发、管理、运营的一个建筑物内或一个区域内，向消费者提供综合性服务的商业集合体。购物中心的业态特点参见表1－1。

（二）类型

根据规模的不同可以将购物中心划分为以下几种类型。

1. 近邻型（小型）

出租面积在2 000m^2上下，商店户数平均约10～15家，商圈车程在10分钟以内，以经营日用品、食品为主，停车位数在100个左右，一般位于小的居民区或城区。

2. 社区型（中型）

出租面积平均为4 000m^2，商店户数为20～40家，商圈车程在20分钟以内，商圈人口为5万～10万人，停车位在500个左右，一般位于较大型的社区。

3. 区域型（大型）

出租面积5 000～20 000m^2，商店户数在100户以上，核心店为大型百货公司，商圈人口15万人以上，停车位数1 000～5 000个，一般位于城郊及城市边缘或小城市之中。

4. 超区域型（超大型）

出租面积在20 000m^2以上，商店户数150～200家，核心店有3～5家，商圈人口50万人以上，停车位数5 000个以上，一般位于城郊或城市边缘。

五、食杂店

食杂店是以经营香烟、酒、饮料、休闲食品为主，独立、传统的无明显品牌形象的零售业态。

食杂店是零售业最早的、最传统的经营业态，规模不大、组织结构简单、商品品种少，经营灵活，以个体私营为主，与其他业态互补，丰富了零售市场。食杂店的业态特征如下：①位于居民区内或传统商业区内；②商圈辐射半径约为300m，目标顾客以相对固定的居民为主；③营业面积一般在100m^2以内；④以柜台和自选形式相结合；⑤营业时间在12小时以上。

六、便利店

便利店是以满足顾客便利性需求为主要目的的零售业态。在居民的日常生活中，一些生活日用品的购买频繁，随用随买，这就要求能够就近购买，省时快捷。设立在居民区的便利店因此应运而生。这些小型零售企业以经营食品、副食品、日用品为主，面向附近居民，营业时间长，地点靠近居民区。这类商店规模小，商品品种少，受到其他类型商店的竞争，面对着严峻的市场形势。为了提高市场竞争能力，取得市场生存和发展的机会，便利商店主要采用连锁形式，以发挥规模效益，取得经营优势，维持生存，获得发展。

便利店的经营特点如下：①店址一般设在商业中心区，居民住宅区，交通要道以及车站、医院、娱乐场所、机关、团体、企事业单位所在地，加油站等区域内；②商圈范围小，一般设定在居民徒步5分钟到达的范围内；③目标顾客主要为居民、单身者、年轻人，顾客多为有目的的购买；④商店营业面积在100m^2左右，营业面积利用率高；⑤以开架自选为主，结算在进口（或出口）的收银台处统一进行；⑥营业时间长，一般在16小时以上，甚至24小时，终年无休息日，此外还提供多种服务，如代交电话费、提供公用电话等；⑦商品结构特点明显，以速成食品、饮料、小百货为主，有即时消费性、小容量、应急性等特点；⑧可采取连锁经营方式，使用信息管理系统进行单品管理；⑨店堂明快、清洁、货架利用率高；⑩便利店的商品价格略高于一般零售业态的商品价格；⑪信息化管理程度较高。

七、折扣店

折扣店是一种店铺装修简单，提供有限服务，商品价格低廉的小型超市业态。折扣店毛利低，销售量大，拥有的商品品种较多，用比传统商店低的价格销售标准商品，经营一定数量的自有品牌商品。

折扣店具有下列特征：①店址位于居民区内、交通要道等租金相对便宜的地区；②辐射半径2km左右，以商圈内的居民为主；③营业面积300～500m^2；④开架自选，统一结算；⑤销售全国性品牌，因此，价格虽然低廉但是商品的质量并不低；⑥商店经常以低价销售商品；⑦商店在自助式、设备最少的基础上经营，提供的服务较少；⑧信息化管理程度一般。

折扣零售已经从普通商店发展到专门商品商店，例如，折扣服饰店、折扣体育用品商店、折扣电子产品商店和折扣书店。

八、仓储会员店

仓储会员店是以会员制为基础，实行储销一体、批零兼营，以提供有限服务和低价格商品为主要特征的零售业态。

仓储会员店是将商品的销售和储存场所合二为一，减少了商品仓储费用和人员，减少了流通费用，降低了经营成本。在营业场所装修上，只求为顾客提供一个宽敞、舒适、朴实无华的购物环境。商品大部分采用开架销售、顾客自选的形式，节省了人工服务费用。实行批量定价，多买优惠，鼓励消费者大量购买。仓储会员店采取会员制形式,只为会员服务,收取会员费。由于经营商品质量可靠、定价较低、人工费用少、流通成本低,仓储会员店出售的商品与其他商场相比,价格普遍低10% ~30%左右。

仓储会员店具有下列经营特点:①设在城乡接合部的要道,利用闲置设施;②辐射半径5km以上;③以中小零售商、餐饮店、集团购买和有机动交通工具的消费者为主;④商店营业面积大,一般在6 000m^2以上;⑤开展自选式的销售,收银台统一结算;⑥以食品(有一部分生鲜食品)、家庭用品、体育用品、服装、文具、家用电器、汽车用品、居室用品等为主,自有品牌占相当大的部分;⑦实行会员制,每天都以较低价格销售全部商品;⑧经营同其他零售业态能进行价格比较的、知名度和普及率都较高的品牌商品或价格一般被众所周知的商品;⑨店堂设施简朴、实用,采取仓库式陈列,既具有销售功能又具有储存功能;⑩设有较大规模的停车场;⑪信息化管理程度较高,对顾客实行会员制管理。

九、家居建材商店

家居建材商店是以专门销售建材、装饰、家居用品为主的零售业态。国内的建材经营一直是采取集贸市场、摊位式市场等传统市场形态的经营方式。近几年,国外大型建材零售企业的进入,如百安居、宜家等,正改变着国内建材业原有的运行方式和游戏规则,带动和促进了中国家居建材商店的发展。家居建材商店正在向代理配送、直达供货、品牌专卖、仓储销售和电子商务等现代流通方式发展。在这个过程中,外资巨头们扮演着整合者的角色。

家居建材商店的业态特征如下:①设在城乡接合部、公路边、交通要道或消费者自有房产比率较高的地区;②商圈较广,以拥有自有房产的消费者为主;③营业面积较大,在6 000m^2以上;④商品构成主要是房屋修缮和室内装修材料、装饰品、室内外用品、洗涤剂及杂品等;⑤发挥廉价商店的低价格销售和超级市场的开架自选销售等优势,提供一站式购足和一条龙服务;⑥有一定的停车场;⑦信息化管理程度较高。

十、厂家直销中心

厂家直销中心是由生产商直接设立或委托独立经营者设立,专门经营本企业品牌商品,并且多个企业品牌的营业场所集中在一个区域内的零售业态。

厂家直销中心的业态特点如下:①店址一般远离市区;②目标顾客多为重视品牌的有目的的顾客;③单个建筑面积在100 ~200m^2;④为商品生产商直接设立;⑤采用自选式售货方式;⑥多数有停车场,商品均为本企业品牌;⑦租户使用自己的信息系统。

表 1－1 有店铺零售的业态类型及特点

业态	基本特点					
	选址	商圈与目标顾客	规模	商品(经营)结构	商品售卖方式	服务功能
1. 食杂店	居民区或传统商业区	辐射半径 0.3 千米,目标顾客以相对固定的居民为主	营业面积一般在 100 平方米以内	以香烟、饮料、酒、休闲食品为主	柜台式和自选式相结合	营业时间 12 小时以上
2. 便利店	商业中心区、交通要道以及车站、医院、学校、娱乐场所、办公楼、加油站等公共活动区	商圈范围小,顾客步行 5 分钟内到达,目标顾客主要为单身者、年轻人;顾客多为有目的的购买	营业面积 100 平方米左右,利用率高	速成食品、日用小百货为主,有即时消费性、小容量、应急性等特点,商品品种在 3 000 种左右	以开架自选为主,结算在收银处统一进行	营业时间 16 小时以上,提供速成性食品的辅助设施,提供多种服务项目
3. 折扣店	居民区、交通要道等租金相对便宜的地区	辐射半径 2 千米左右,目标顾客主要为商圈内的居民	营业面积 300 ~500 平方米	商品平均价格低于市场平均水平,自有品牌占有较大的比例	开架自选,统一结算	为顾客提供有限的服务
4. 超市	市区商业中心、居住区	辐射半径 2 千米左右,目标顾客以居民为主	营业面积在 6 000 平方米以下	经营包装食品、生鲜食品和日用品	自选销售,出入口分设,在收银台统一结算	营业时间 12 小时以上
5. 大型超市	市区商业中心、城郊接合部、交通要道及大型居住区	辐射半径 2 千米以上,目标顾客以居民、流动顾客为主	实际营业面积 6 000 平方米以上	大众化衣、食、日用品齐全,一次性购齐,注重自有品牌开发	自选销售,出入口分设,在收银台统一结算	设不低于营业面积 40% 的停车场
6. 仓储会员店	城乡接合部的交通要道	辐射半径 5 千米以上,目标顾客以中小零售店、餐饮店、集团购买和流动顾客为主	营业面积 6 000 平方米以上	以大众化衣、食、日用品为主,自有品牌占相当大部分,商品在 4 000 种左右	自选销售,出入口分设,在收银台统一结算	设相当于营业面积的停车场
7. 百货商店	市区商业中心、历史形成的商业集聚地	目标顾客以追求时尚和品质的流动顾客为主	面积 6 000 ~ 20 000平方米	综合性,门类齐全,以服饰、鞋类、箱包、化妆品、家庭用品、家用电器为主	采取柜台销售和开架销售相结合的方式	注重服务,设餐饮、娱乐等服务项目和设施

续表

业态	基本特点					
	选址	商圈与目标顾客	规模	商品(经营)结构	商品售卖方式	服务功能
8. 专业店	市区商业中心以及百货店、购物中心内	目标顾客以有目的选购某类商品的流动顾客为主	根据商品特点而定	以销售某类商品为主,体现专业性、深度性、品种丰富,选择余地大	采取柜台销售或开架销售方式	从业人员具有丰富的专业知识
9. 专卖店	市区商业中心、专业街以及百货店、购物中心内	目标顾客以中高档商品消费者和追求时尚的年轻人为主	根据商品特点而定	以销售某一品牌系列商品为主,销售量少、质优、毛利高	采取柜台销售或开架销售方式,商店陈列、照明、包装、广告讲究	注重品牌声誉,从业人员具备丰富的专业知识,提供专业性服务
10. 家居建材商店	城乡接合部、交通要道或消费者自有房产比率高的地区	目标顾客以拥有自有房产的顾客为主	营业面积 6 000 平方米以上	商品以改善、建设家庭居住环境有关的装饰、装修等用品、日用杂品、技术及服务为主	采取开架自选方式	提供一站式购足和一条龙服务,停车位 300 个以上
11. 购物中心(主要分为以下几类)						
社区购物中心	市、区级商业中心	商圈半径为5~10 千米	建筑面积为 50 000 平方米以内	20~40 个租赁店,包括大型综合超市、专业店、专卖店、饮食服务设施等	各个租赁店独立开展经营活动	停车位 300~500 个
市区购物中心	市级商业中心	商圈半径为 10~20 千米	建筑面积 100 000平方米以内	40~100 个租赁店,包括百货店、大型综合超市、各种专业店、专卖店、饮食店、杂品店以及娱乐服务设施等	各个租赁店独立开展经营活动	停车位 500 个以上

续表

业态	基本特点					
	选址	商圈与目标顾客	规模	商品(经营)结构	商品售卖方式	服务功能
城郊购物中心	城乡接合部的交通要道	商圈半径为30~50千米,	建筑面积100 000平方米以上	200个租赁店以上,包括百货店、大型综合超市、各种专业店、专卖店、饮食店、杂品店及娱乐服务设施等	各个租赁店独立开展经营活动	停车位1 000个以上
12. 厂家直销中心	一般远离市区	目标顾客多为重视品牌的有目的的购买者	单个建筑面积100~200平方米	为品牌商品生产商直接设立,商品均为本企业的品牌	采用自选式售货方式	多家店共有500个以上停车位

第三节 无店铺零售

无店铺零售是指不使用商店而向顾客出售商品的零售方式。无店铺零售方式是按它们与顾客沟通所采用的媒介来定义的。如图1-3所示,直销是由销售人员面对面地与顾客接触进行销售活动的;自动售货机通过自动售货机展示商品,来与顾客进行有限的沟通;目录与直接邮购以印刷品为媒介同顾客沟通;电视家庭购物使用电视机为媒介同顾客沟通;电子零售使用互联网为媒介来与顾客沟通。

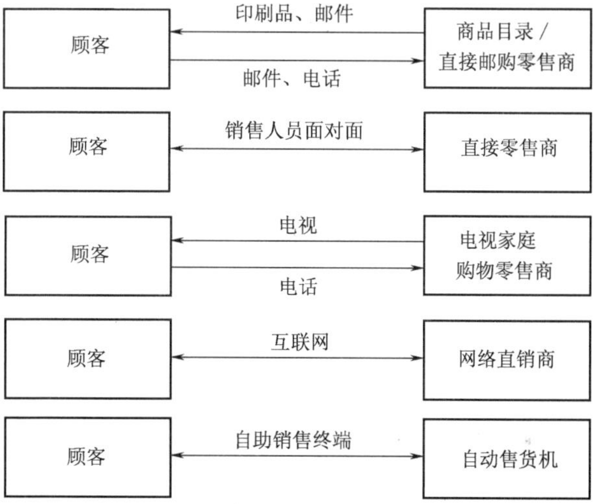

图1-3 无店铺零售商的类型

不同的无店铺零售业态与顾客交流的程度各不相同。直销模式中的交流互动程度较高。销售人员可以立即对顾客的评论和问题做出反应，并能够根据各个顾客的不同需求做出反应。电子零售方式有可能提供与直销同样的高水平的互动。电视家庭购物、自动售货机、商品目录零售与顾客的互动程度则不太高，所有顾客从无店铺零售处得到的信息是一模一样的，而且针对顾客需求的回应也被延迟了。

大部分无店铺零售企业都为顾客选购商品提供时间（通常一天24小时，一周7天）与地点上的便利。通常在顾客选定了某种商品发出订单以后，商品在几天后就会送到顾客家中，也可能送到顾客工作地点，甚至邻居家中。无店铺零售的种种便利吸引了时间很紧张或去商店购物很不方便的顾客，如残疾人、老年人、带孩子的母亲、上班族以及郊区居民等。

无店铺零售可以提供高度个性化的服务（如玫琳凯美容咨询师们所提供的美容咨询服务），也会提供像自动售货机这种不与人打交道的服务。无店铺零售企业经销的商品分类，从宽到窄都有。无店铺零售虽然给顾客带来了店铺零售没有的便利，但顾客却无法通过无店铺零售获得店铺零售所能提供的一些重要服务。例如，顾客通过商品目录或互联网订购商品时，无法以触摸方式感觉这些商品，无法试穿服装，也无法参加使用指南讲座，或是无法在购买前更换，等等。如果顾客对商品不满意，无法到商店退货。下面将分析几种主要的无店铺零售方式。

一、电子零售

电子零售（electronic retailing，也称 e－retailing 或网上零售），是指零售商和顾客通过互动电子系统进行交流，零售商在回答顾客的要求时，将信息和图形传送到顾客的电视或电脑终端上；当零售商与顾客完成电子对话后，顾客可以通过交互式网络或电话直接订货，商品则会送到顾客家中。

（一）电子零售的特点

采用电子零售方式具有以下特点。

1. 娱乐与社会体验性差

店铺零售能为人们增加生活经历，给他们的日常生活带来变化，还能使消费者与朋友往来交流，复合型商城与店铺零售商很注重满足顾客这方面的需求，借此吸引顾客。所有的无店铺零售业态满足顾客的娱乐社会需求的程度都很低，即使是最具创新最吸引人的网页和录像片也不如耐克城这样的商店中的陈设与活动吸引人。

2. 安全感强

在复合型商城与购物区的安全问题得到购物者的普遍关注。无店铺零售在安全问题上优于店铺零售，因为顾客可以在家中——一个很安全的环境里查看订购商品。

3. 订货方便和收货延迟

电子零售业态与大多数无店铺零售业态一样使顾客在任何时候、在许多地方都可以订货,但顾客一般要等好几天才能收到商品。因此在这方面,所有无店铺零售商都无法与店铺零售相比。

4. 可供选择商品数量多

与其他零售业态相比,电子零售一个潜在的长处是它可以为顾客提供大量可选择的商品。通过电子购物,一个家住北京的顾客,可以在上海的一家商店购物,花的时间比去当地超市购物的时间还少。

然而,消费者大多不愿为选择商品花费太多的精力,即使在购买较贵的消费耐用品时,消费者也很少去两家以上的商店进行挑选。在网上则很容易从一个网站转到另一个网站,但找到你所需的商品不太容易,因为每个网站的模式不尽相同,消费者必须学会如何找到他们所需的信息。

5. 查看商品时获得的帮助

电子零售另外一个较重要的潜在的优点是能够拥有一个电子导购,帮助顾客在众多的不同商品中挑选出少量的几种供他们详细查看。有服务向导的零售商如百货商店和专业商店也有这一优势。有些百货商店和专业商店的销售人员了解顾客的需求,可以为顾客选择几种商品,甚至可以在顾客的办公室里为他们展示这些商品。

电子零售中帮助顾客进行挑选的向导被称为电子代理。电子代理是一个在一些既定特点基础上查找可选事物的电脑程序。将来,电子代理可能会制作成电脑软件供顾客使用。这种电脑程序可以通过向消费者提出问题来了解消费者的喜好。

电子零售商还可以把搜索引擎作为购物网站的一部分。它就像百货商店的超级销售人员,帮你找到你想找的商品。例如,当当网的搜索引擎就能根据你回答的问题和你过去的购货记录来推荐商品。

6. 提供商品评价信息

零售商给予的最重要服务就是提供信息,帮助顾客做出最佳的购买决策。零售商提供的商品信息量各不相同。比方说,有些商品目录中每种商品只提供少量的信息,如价格、重量、品牌/型号。有些商品目录上商品的信息却很翔实。对于服装类商品,某些公司的商品目录不仅有彩色照片,还有详细的加工、缝制及材料方面的信息。

店铺零售商向消费者提供的信息也不尽相同。专业店和百货商店有经过培训的知识丰富的销售人员,知识丰富的销售人员通过与消费者直接交流,能够为顾客提供很有用的信息。然而,这些销售人员的个人知识通常是有限的,自助式或目录零售商可以用来提供信息的空间仅限于一页印刷品、一个招牌和货架上的包装。

电子零售商比百货商店和专业店有更多为顾客提供信息的机会。凭借互动电子交流系统，零售商可以像销售人员那样对顾客的要求做出反应。而且，电子数据库提供的信息能够不断更新，更可以随时取用。店铺零售商很难留住知识丰富的销售人员，而且在大多数情况下留下这些职员所付出的成本也很高。而在电子零售商数据库中增加信息的费用，远远低于不断上升的培训销售人员的成本。

7. 商品成本低

一些专家认为，电子零售商的经营成本很低，比店铺零售商要低 25%，因为电子零售商无须在交通便利的地方投资建商店并经营业务。然而，电子零售商要为送货上门、较高的退货率以及吸引顾客浏览网站付出较高成本。

由于电子购物模式的互动性，顾客可以选择针对他们各自所需的商品和信息。实际上，在顾客购物时，电子购物可以为每位顾客提供适合他们个人所需的目录。使用这种个人化商品目录，同到其他零售商店购物相比，顾客将能够选购到更满意的商品。

（二）电子零售成功的关键因素

电子零售的成功需要几个关键的因素：知名的品牌和形象、顾客信息、独一无二的商品、有效展示和有效配送等。

1. 知名的品牌和形象

零售商的品牌和形象非常重要。

第一，大部分消费者只知道他们经常光顾的有限的几家当地商店。但是，网上购物却可以访问成千上万个网站。因此，电子零售商要花很大的精力和代价才能提高知名度，建立品牌和形象，从而吸引顾客。

第二，信誉对电子零售商很重要。由于顾客在购物时不能看到商品，所以，在网上购物是要冒险的，顾客必须相信零售商能够提供安全的信用卡交易环境，保证商品达到网页上所描述的品质，并且对顾客所提供的任何信息保密。在一项调查中，当被问及哪些因素是顾客选择购物网站的关键因素时，25% 的人说是信用卡安全，22% 的人说是下载速度，20% 的人说是服务，7% 的人说是价格折扣，还有 7% 的人选择保护隐私。为了降低顾客的风险，大部分网上零售商和目录销售商都允许退货。一些电子零售商甚至会支付退货所需的邮费。

大的店铺零售商店和全国性品牌生产商有很高的知名度。但是，只有很少的目录销售商和电子零售商拥有较高的知名度。

2. 顾客信息

电子零售商具备的一个重要优势是根据顾客需要提供信息。通过消费者的人口统计信息、以往购物经历以及消费者的喜好等，电子零售商可以充分发掘互联网的互动性优势。利用这些顾客信息，电子零售商可以直接针对每个消费者进行促销，并向他们提出适当的建议。

建立一个详细的顾客信息数据库，是提高顾客忠诚度的一个重要条件。利用这个数据库记录顾客的每一次购物信息，电子零售商就可以更好地了解这个顾客，从而提高顾客满意度。

虽然使用这些信息会给顾客带来一定的好处,但同时也会增加对隐私权的关注。为了解决这个问题,几乎所有的电子零售商都在网站上公布他们的保密规定,并且允许顾客选择如何使用这些信息。

3. 独一无二的商品

通过提供独一无二的商品,电子零售商可以使他们有别于竞争对手,减少潜在的价格竞争。简单来说,如果一家公司是某种型号或品牌的唯一的经销商,人们就很难将其价格和别的零售商出售的商品的价格进行比较。

有三种方法可以提供独一无二的商品:①自有品牌商品;②特有品牌型号商品;③包装好的商品组合。

电子零售商可以开发自己的自有品牌商品,并进行专卖。电子零售商也可以与生产商合作,获得特有品牌型号的商品,并进行专卖。电子零售商可以出售包装在一起的互补商品,以便与竞争对手区别开来。例如,电子零售商可以把礼品篮与名酒、水果、饼干和餐具一起出售。尽管这些单个商品都可以从不同的零售商那里买到,但这些商品组合却是独一无二的。

4. 用电子形式展示商品

店铺零售总是利用店铺布置和店内氛围来与竞争对手相区别。例如,一些顾客认为,当代商城宽敞、整齐的过道及诱人的商品摆放创造了一种比物美大卖场好得多的购物氛围。对电子零售商来说,店铺布置就是指网页下载速度和搜寻所需商品的难易度,再有就是顾客感观上的体验。

电子零售商利用互联网的各种技术,在这个领域开发了大量的工具。

二、商品目录与直接邮购

商品目录零售是一种通过寄给顾客商品目录来与顾客进行沟通的无店铺零售业态,而直接邮购零售则使用信函和小册子与顾客接触。在国外,商品目录和直接邮购零售方式在针对农村消费者的经营上取得了很大成功,因为这类顾客很难接触到零售商店。随着双职工家庭的增加,人们去商店购物的时间越来越少,商品目录在更多的消费者中普及起来,吸引了众多的顾客。

(一)商品目录和直接邮购的类型

通过邮件进行销售的零售公司有两种:百货与专卖商品的目录零售商;直接邮购零售商。百货商品目录零售商经营种类繁多的商品,他们定期给顾客商品目录。例如,席殊公司一年多次寄给顾客20页的商品目录,包括上万种书籍。商品目录商专营一些专卖商品,如水果、园艺工具以及种子和植物。

直接邮购零售商会在某个时间将包括所销售商品信息的小册子或活页寄给顾客,来向他们出售某种产品或服务。例如,USAA通过邮购经销汽车保险。除了专营某一产品或服务外,大部分直接邮购零售商都是一次性交易,而商品目录零售商则会与顾客保持长久的关系。

(二)业态特点

商品目录与直接邮购是以邮寄商品目录的方式,向消费者展示商品,并将商品送达给消费者的零售业态。其业态基本特点如下:

(1)目标顾客:以地理上相隔较远的消费者为主。

(2)商品结构:商品包装具有规则性,适宜储存和运输。

(3)售卖方式:采取以邮寄商品目录方式为主向消费者进行商品宣传展示,并取得订单。

(4)服务功能:通过邮寄送货到指定地点。

(三)注意事项

与电子零售类似,直接邮购和商品目录零售是很吸引人的商业机会,因为它们的启动成本相对较低。凭借最低限度的库存,就可以开始直接邮购业务。你无须在租金很高的地段租店铺,或使用昂贵的陈列设施,或是煞费心机地营造诱人的购物环境,也无须雇用销售人员,而且还可以很便宜地买到针对某一市场细分的邮寄名单。

然而,商品目录和直接邮购零售也极具挑战性。由于商品目录零售商一般在寄出10~20份目录才会收到一份订单,因此邮寄和印刷成本很高。由于顾客每年都会收到大量的商品目录,因此想要吸引顾客的注意非常难。一些直接邮购零售商以误导和欺骗手段吸引顾客的做法,给这一销售方式造成了负面的影响。设计、制作、分发商品目录需要较长时间,因此商品目录和直接邮购零售商很难对市场新趋势迅速地做出反应。

三、直销

直销是一种无店铺零售业态,销售人员(大都是独立分销商)直接到消费者家中或工作单位,与他们直接见面,向他们展示商品,接受订单,再为顾客送货上门。直销是一种互动程度很高的零售形式,顾客通过与销售人员面对面地讨论,可以获得关于商品的大量信息。但是提供这样大的信息量,成本也很高。

通过直销售出最多的商品有:化妆品、香味剂、装饰配件、吸尘器、家用电器、烹调及厨房用具、珠宝首饰、食品与营养品、百科全书和教育产品。

直销业中的销售人员大都是独立代理人。他们不受雇于任何直销公司,而是作为独立分销商从公司中购买商品,再转卖给顾客。83%的销售人员是兼职的(每周工作不到30小时)。在大多数情况下,直销人员可以将产品卖给任何人,但有些公司(如雅芳)则为销售人员指定了销售区。

直销有两种特殊形式:聚会式直销和多层次直销。聚会式直销约占所有直销形式的15%。在聚会式直销中,销售人员鼓励顾客充当主人,邀请朋友或同事来参加"聚会",销售人员在聚会上展示商品。聚会式直销的销售额受参与者的社会关系的影响很大。聚会的主人因组织聚会而获得一份礼物或是一笔佣金。

大多数直销是通过多层次直销实现的。在多层次直销网络中，一些人作为主分销商，招募其他人成为其销售网中的分销商。主分销商从公司购买商品转卖给他们的分销商，从其销售网络中的分销商购买的所有商品中收取佣金。除了自己销售商品以外，主分销商还招募、培训其他分销商。

四、电视家庭购物

电视家庭购物零售是一种无店铺零售业态，顾客通过收看电视节目中的商品展示来选择商品，然后通过电话订购商品。电视家庭购物的主要形式是：专门为电视购物设置的有线电视频道；信息栏目；广播和有线电视中出现的直接回应广告。信息栏目是电视节目，一般为 30 分钟，内容为娱乐与商品展示，并提供电话号码邀请顾客订货。直接回应广告包括电视和广播广告，这些广告详细描述产品，为消费者订货提供机会。

与商品目录相比，电视家庭购物的最大优点就是顾客可以在电视上看到商品。但是他们想看某一类或某个商品时，电视购物是无法做到的，顾客必须等到这类/种商品在电视上展播时才能看到。

电视家庭购物零售主要受中低收入消费者的欢迎。电视家庭购物的销售额中廉价首饰占 40%。其他主要类别的商品有：服装、化妆品、运动器械、保健品和减肥产品。

电视购物是以电视作为向消费者进行商品展示的渠道，并取得订单的零售业态。其业态特点如下：

(1) 目标顾客：以电视观众为主。

(2) 商品结构：商品具有某些特点，与市场上同类商品相比，同质性不强。

(3) 售卖方式：以电视作为向消费者进行商品宣传展示的渠道。

(4) 服务功能：送货到指定地点或自提。

五、自动售货机零售

自动售货机零售是一种无店铺零售方式，商品存储在售货机中，当顾客在机器上投入现金或使用信用卡时，商品就会自动送到顾客手中。自动售货机一般放在交通便利、客流量大的地方，例如，在机场有出售旅行保险的售货机，在工厂和办公区有零食售货机，大学教室外有软饮料售货机等。由于交易无须专人负责，顾客可以在任何时候从售货机中购买商品或服务。但是，由于自动售货机提供的信息有限，相对来说其出售的商品较贵，消费者不是十分乐于购买自动售货机中的商品。

自动售货机功能的发展可能会推动销售的长远增长。新型的可视售卖亭可使顾客更多地了解商品，可以用信用卡付款。新的自动售货机的设计也使零售商得以提高机器的售卖水平。售货机中的电子系统可以监控存货、现金及其他操作情况。然后,无线装置将有关数据传回主机,在缺货或操作有误时向操作人员发出警告。

各种无店铺零售业态的特点见表1－2。

表1－2 无店铺零售的业态特点

业态	基本特点			
	目标顾客	商品(经营)结构	商品售卖方式	服务功能
1. 电视购物	以电视观众为主	商品具有某种特点,与市场上同类商品相比,同质性不强	以电视作为向消费者进行商品宣传展示的渠道	送货到指定地点或自提
2. 邮购	以地理上相隔较远的消费者为主	商品包装具有规则性,适宜储存和运输	以邮寄商品目录为主向消费者进行商品宣传展示,并取得订单	送货到指定地点
3. 网上商店	有上网能力,追求快捷性的消费者	与市场上同类商品相比,同质性强	通过互联网进行买卖活动	送货到指定地点
4. 自动售货亭	以流动顾客为主	以香烟和碳酸饮料为主,商品品种多在30种以内	由自动售货机完成售卖活动	没有服务
5. 电话购物	根据不同的产品特点,目标顾客不同	商品单一,以某类品种为主	主要通过电话完成销售或购买活动	送货到指定地点或自提

课堂案例讨论

无人便利店“虚火”:日售300元就不亏,但盈利真这么容易?

无人便利店市场到底发展到什么阶段?仅仅依靠低成本和技术,无人便利店就能干掉传统便利店吗?过去半个月,无人便利店频频“上头条”。

6月28日,F5未来商店完成3 000万元A＋轮融资,不到一周后的7月3日,缤果盒子宣布获得超过1亿元融资。7月7日,阿里无人便利店“淘咖啡”在淘宝造物节亮相。此前,传统零售巨头欧尚、大润发、沃尔玛也先后推出自助杂货售卖亭,另有伊利、娃哈哈相继宣布入局……无人便利店这阵风就这么吹了起来。

尴尬的是,无人便利店的集中爆发期才刚开始,7月9日,试运营仅一个月的上海首家缤果盒子门店因高温问题暂停运营。这让坐上高速列车的无人便利店不得不反思:低成本之外,运营效率和盈利能力如何保证?“无人”如何成为推动行业发展的武器，而不仅仅是个噱头？

一、巨头与资本入局

无人便利店到底是什么？每个品牌都给出了不同答案。淘宝造物节上，阿里无人便利店“淘咖啡”赚足了眼球：进门扫码绑定身份、签署“支付宝免密付款”协议、选购商品后在“支付门”内刷脸付款，一气呵成的购物流程“黑科技”十足；摄像头和感应器记录下每位顾客的选购路线、停留时间来判断用户喜好，以实现零售的智能化。

公司名称	推出时间	主要分布	投资方	是否落地	备　注
Amazon Go	2016.2	西雅图	亚马逊	是	计算机视觉 传感器和深度学习
缤果盒子	2017.06	上海	GGV 纪源资本、启明创投 源码资本、银泰资本	是	A 轮亿元融资
F5	2015.04	佛山	创大资本、TCL 创投 创新工场	是	鲜食商品 生活百货快消品
24 爱购	2016	北京	北京物网科技有限公司	是	手机 APP 线下实体店铺
Take Go	2017.06	/	娃哈哈、阿里巴巴 深兰科技	否	扫描手掌识别身份
小 e 微店	2016	/	北京小易到家	是	上班族贴心服务站
甘来 智能微超	2017	广州	松禾资本	是	机器人无人超市
神奇屋	2017	广州	混序部落	是	大数据采集信息
EAT BOX	2017.07	北京	北京居然之家	是	自建运营系统 对标跨界经营
淘咖啡	2017.06	/	阿里巴巴	否	对标跨界经营 试验中

国内外无人便利店企业概况

行业形成初期，阿里入局无疑为无人便利店的爆发打响了头炮。然而，这仍是一个“试验品”。真正投入运营已有一年的缤果盒子，是国内首个商用可规模化复制的 24 小时无人便利店，采用扫码开门、商品自动识别、扫码付款的方式。截至目前，缤果盒子共有 8 个网点，据缤果盒子统计，自 2016 年 8 月在广东中山试运营至今，共接待顾客数万人。今年 6 月，缤果盒子首个广东以外网点落户上海。

7 月 3 日，缤果盒子宣布完成超过 1 亿元 A 轮融资，由 GGV 纪源资本领投，启明创投、源码资本、银泰资本等机构共同参与投资。获得融资后，缤果盒子计划通过加盟的形式,在一年内铺设 5 000 个网点。

与缤果盒子不同,F5 未来商店店内没有传统货架,取而代之的是显示商品的电子屏幕,顾客通过扫码购物,除了包装饮料、零食及少量生活用品以外,还提供快餐熟食、现调饮品等,门店内设有一张长桌和数张把凳子供顾客就餐。

据了解,该门店为 F5 未来商店于今年 3 月最新迭代的第六代门店,此前 5 家佛山试验性门店已暂停运营,将全力发展广深区域。6 月 28 日,创新工场宣布完成对 F5 未来商店的 3 000 万元 A + 轮融,此前,F5 曾获得创大资本 200 万元的天使轮融资,以及 TCL 创投的 1 000 万元 Pre - A 轮融资。

巨头的入局和融资的发生,让无人便利店被视为资本市场自共享单车后的又一轮新风口。与此同时,不少创业者也跃跃欲试。

除了生活社区消费场景,办公场景也被无人便利店看上。以无人微便利店、无人超市和 Food Corner(茶水间升级版)的形态,投放于众创空间和企业独立办公空间。

二、低成本就能保证盈利吗?

5 月 10 日,中国连锁经营协会与波士顿咨询公司联合发布的《2017 中国便利店发展报告》指出,中国连锁品牌化便利店门店数接近 10 万家,销售额达 1 300 亿元。与此同时,运营成本快速上升,租金、人工成本在 2016 年均呈现上涨趋势。

2016 年便利店运营成本快速上升

因此,人工、租金成本降低成为无人便利店最直观的亮点。"整体运营成本不到传统便利店的 15%""每天营业额 300 元即可盈亏平衡",缤果盒子描绘了无人便利店的低成本、高盈利蓝图。

缤果盒子官网显示,一个 15 平方米的盒子,可售卖商品数量和 40 平方米便利店相当,约 800 个 SKU(单位库存量),同城搬运不超过 2 000 元,投入成本和试错成本都较低;每月运营成本仅需 2 500 元,投放当月即可实现盈利。

然而,此说法遭到不少质疑。"无人收银确实降低了人力成本,但无人便利店的租金成本和传统便利店一样,且缤果盒子用的传统货架,就是把收银台改变了,怎么可能增加 SKU 数量?"一位业内人士分析道。

“缤果盒子是向加盟商开放卖盒子的，自然要包装数据。”该人士对缤果盒子的模式并不看好。“实际运营中，是很难落地的，这么大的户外盒子，面对的不仅是租金问题，而是城管、物管、居委、用电等问题。”

话音刚落，缤果盒子上海首家门店就遭遇囧境。据《北京商报》报道，有消费者反映，缤果盒子店内温度超过了40度，比室外温度还要高，货架上甜甜圈的巧克力已经出现融化情况，而高温也让部分消费者无心购物，目前该店货架已经清空并且暂停营业。而缤果盒子方面回应称：“此次闭店是由于在进行整体的数据采集工作，对于何时恢复正常营业，还未接到正式通知，但应该会很快恢复。”由此看来，无人便利店在运营过程中，并非一劳永逸。

“规模越大，运营效率越高，边际成本越低。”罗洪刚分析道，无人便利店成本确实相对较低，但盈利能力则不仅仅由成本决定。“神奇屋隔壁就是个传统便利店，同品同质下价格就是优势。”但罗洪刚丝毫不敢懈怠，在他看来，无人便利店只是降低了运营成本，不解决便利店的消费入口，如果操作不好就是昙花一现。“任何销售业态都得靠销售量来支撑，到最后还是由能否创造更多的消费入口来决定这个新业态的存活。”

对比F5未来商店和传统便利店的价格，以某品牌奶茶为例，F5未来商城售价为5元，7 - Eleven和全家便利店均为5.5元，其他饮料基本上也有0.5元或以下的差价。虽然在降低人力和租金成本后，F5未来商城的部分商品售价比传统便利店约便宜10%，但较小的差价对于抓住那些对价格并不敏感的顾客，未必会奏效。

此外，也不是所有商品都有价格优势，如小陈买的车仔面和鱼蛋(6颗)原价各6元，即使是现在优惠价共10元，也不比7 - Eleven和全家便利店9元(车仔面+4颗鱼蛋)便宜。如此一来，无人便利店的盈利能力更值得推敲。

目前，大部分无人便利店的客单价都在10元以内。私蜜空间创始人透露，目前私蜜空间办公微便利业务，日订单峰值1 500单，客单价接近6元，月复购率50%以上，平均月销售额接近2 000元。罗洪刚则表示，SKU 500的神奇屋，日均200单以上，客单价10元左右，日均营业额3 000元左右。F5未来商店日均300单，客单价在8～10元左右，缤果盒子则并未透露营业数据，但业内人士估计客单价为7～8元。

与客单价近20元的传统便利店相比，即使降低了人工和租金成本，无人便利店的坪效却不见得更高。

因此，除了商品销售，无人便利店或许需开发更多商业价值点。如缤果盒子的盈利点还在于渠道价值变现，提供货架资源、APP引流和媒体配合，为品牌提供整合推广；私蜜便利则致力于从线下办公微便利店到构建线上办公社群，提供互联网产品和服务的定向精准运营。

资料来源：微信公众号无冕财经，2017 - 07 - 11。

案例讨论：无人便利店能长久吗？应该怎么办？

第四节 零售业

零售业是一个古老的行业，并随着社会和经济的发展而发展。在我国的商朝时期就有关于商人和零售商业活动的记载，西方的商行出现较晚，但在近代发展较快，研究零售商业发展的过程，有助于促进我国零售业的快速发展。现代零售业经历了四次大的变革，以下一一进行介绍。

一、第一次变革——百货商店的产生与发展

关于百货商店的产生时间，西方学者有不同的看法。有的学者认为，随着工业的发展和村镇发展成为城市，普通商店逐渐增加所经营商品的花色、品种、规格，逐渐发展成为百货商店；还有些学者认为，百货商店是从纺织品商店脱胎而来的，因为许多百货商店的创办人最初都是经营纺织品商店的。

美国管理学家彼得·德鲁克认为，百货商店最早于公元1650年左右产生在日本。日本三井家族的一个成员在东京创办了世界上第一家百货商店，"当顾客的采购员"，把丰富多彩的商品供应给顾客，实行"保证满意，否则原款奉还"的经营原则。

西方学者普遍认为，百货商店最早在1852年产生于法国巴黎，有一位名叫A.布西哥的人开办了一家"邦·马尔谢"商店。这是世界商业史上第一个实行新经营方法的百货商店，这家百货商店的新经营方法，概括起来有如下几点：①顾客可以毫无顾虑地、自由自在地进出商店；②商品销售实行"明码标价"，商品都有价格标签，按价出售，对任何人都以相同的价钱出售；③陈列大量的商品，采用柜台销售，以便顾客挑选；④顾客购买的商品，如果不满意，可以退换；⑤商品销售采取"薄利多销"，即"低赢利、高周转"的经营方针。

A.布西哥的新经营方法改变了传统的不明码标价、讨价还价、不能随意挑选、货物出门概不退换等经营方式，是对旧的零售商业经营方式的一次重大改革。

邦·马尔谢百货商店建立后，立刻获得了成功，1852年营业额为45万法郎，1863年为700万法郎，1877年为6 700万法郎。紧接着在巴黎相继出现了卢浮百货商店（1855年）、市府百货商店（1856年）、春天百货商店（1865年）、撒马利亚百货商店（1869年）。

1880～1914年是百货商店发展期。在这个时期，百货商店的营业额迅速增长，坚持实行薄利多销策略，毛利率限定在14%～20%之间；经营的商品以日常用品为主，并开始注重店堂布置和商品展示。

1914～1950年是百货商店成熟期。这期间经历了两次世界大战和1929～1933年的世界性经济危机，许多新的零售商业形式纷纷出现，如连锁商店、杂货商店等。百货商店面临威胁，但仍保持着优势地位。在此期间，百货商店为了应对威

胁而采取了一些新的措施:增加向顾客提供的服务,百货商店实行集中采购,开办各种分店和特许经营店等。

1950 年以后,百货商店逐渐衰落。在此期间,百货商店之间竞争激烈,其他销售形式蚕食着百货商店的市场,如廉价商店、专业商店、超级市场等业态的发展势如破竹,使百货商店面临着困境。一些百货商店的销售面积越来越小,有的不得不关门倒闭。目前西方的百货商店大多是在维持生存,仍未出现复兴的迹象。

在百货商店的发展演化过程中:商品价格由低价走向高价;顾客由普通百姓走向中产阶级;商品由日用品走向高中档品;服务由单一走向多元;柜台由封闭走向敞开;经营由自营走向兼有出租柜台。

二、第二次变革——连锁商店的产生与发展

(一)连锁商店的产生

1859 年,美国人吉尔曼与哈福特在纽约开办了一家专门经营红茶的商店,他们一改往常从进口商进货的方式,直接从中国或日本进货,减少了中间环节,大大降低了进货成本,使零售价降低,吸引了大批回头客,从而迅速占领了市场。在此之前,红茶的销售渠道是从出口国到代理进口商,再从进口商转到批发商,最后再从批发商转到零售商。

吉尔曼和哈福特二人在流通领域的变革,引发了一场全球性的商业革命,开创了连锁店的先河,成为连锁店之父。由于直接进货,使零售价下降了一半,从而大获成功。随后,他们在同一条街上开了第二、第三家分店,到 1865 年,已经发展到 25 家分店,全部设在百老汇大街和华尔街一带,都经营茶叶。1880 年该公司已经有了 100 家分店,1900 年,该公司的经营范围横跨太平洋和大西洋之间的整个大陆,店铺已多达 200 多家,销售额已达 560 万元美元,销售品种已突破单一的茶叶,开始经营咖啡、可可茶、糖、各种浓缩汁、发酵粉、面包和奶油等。

(二)连锁商店在美国的发展

连锁经营是生产力发展水平提高和经营方式进步的产物。生产力的发展水平决定着流通规模和组织形式。两次世界大战时期,美国大发战争横财,美国经济实力倍增,一跃成为世界超级大国和最发达的国家。美国连锁店的发展是伴随着美国经济和社会的发展而发展的。由于消费的增长、交通的发达、科技的进步和市场的竞争,推动了连锁店快速发展。连锁店的发展经历了起步、发展、停滞、繁荣发展几个阶段。

1. 起步阶段

连锁店在美国内战以前已粗具规模,并且有了最初的顺利成长,但是直到第一次世界大战结束,它仍没有成为美国主要的零售经营形式。到 1918 年,全美国连锁经营公司只有 845 家,营业额只有 10 亿美元,占全美国零售业销售额的比重不足 4%。连锁店首先出现在那些大零售商还无暇顾及的行业和部门,如杂货业、药

品业和家具业，没有进入大零售商所垄断的纺织业。连锁店也大都分布在小城镇和大城市的郊区，在起步时，连锁店几乎全是地区性的。

2. 迅速发展阶段

20 世纪初，在所有行业中，连锁店保持着快速的增长势头。1900 年，美国共有 58 家连锁店机构，到 1920 年猛增到 800 多家，近 5 万个连锁分店。这些连锁商店成为全美国各大城市主要的商店。在中小城镇，它们也控制着大部分零售业，并把成千上万的杂货店和小商贩从零售业中排挤出去。

连锁店迅速发展，很快占领了广大日用品消费市场。在 20 世纪 20 年代就开始在数量上和销售额的增长上超过了美国传统的百货公司和邮购公司等大零售企业，与之形成了三足鼎立之势。其后由于汽车制造业的发展及汽车的迅速普及，美国兴起了“汽车文化”。“汽车文化”最大的特点是人的活动范围大大扩大，活动半径达 200 公里。1902 年创办的宾尼连锁公司，到 1925 年已发展到 100 家分店；同年，主要的邮购公司也组织了零售连锁店以阻止其乡村市场的衰退，两家大邮购公司西尔斯·罗巴克公司和蒙哥马利·沃德公司是这次邮购公司连锁组织运动的领导者，他们仅用了 4 年时间（1925～1929 年），就组成了数以万计的连锁零售店。到 20 世纪 30 年代，百货公司也开始受到影响和启发，在城市郊区设立分店；汽车制造商和饮料公司也开始步其后尘，成立了相应的连锁经营组织。

到 1930 年，美国首家连锁店太平洋与大西洋茶叶公司已发展成当时美国最大的连锁店，拥有 15 500 家分店，年销售额达 10 亿美元。与此同时，美国所有连锁店的销售额已占总零售额的 22%，有 11% 的零售店加入了连锁组织，32% 的食品销售额是由连锁店经营完成的。

随着连锁店的普及和扩展，美国在零售经营方式上也发生了彻底的改革，其显著特征是明码标价的“一价制”和商品可退换的“商品保证制”。

3. 停滞阶段

由于受 20 世纪 30 年代经济大萧条的影响以及第二次世界大战消耗了大量财力、物力，连锁店发展中途受挫。连锁店在 20 世纪 30～50 年代不但没有新的发展，而且数量还有所下降。尽管受经济气候和战争气氛双重影响，连锁店数量有些下降，但就销售额来看，依然是稳步上升的，这也足见连锁店的强大生命力，这为以后的发展积累了力量，也积累了经营管理经验。

4. 繁荣发展阶段

第二次世界大战结束后，美国经济开始复苏，连锁店的数量和销售额开始快速增加，再次掀起了连锁店数量大幅度发展的浪潮。连锁经济组织在美国各种类型的零售业中均已占主导地位，成为经济发展的主角。

20 世纪 50 年代末至 80 年代，美国经济进入了繁荣发展的黄金时期，人口大量增长，城市迅速扩大，消费水平大幅度提高，商品市场和服务市场逐步走向多样化和成熟化，这些为连锁经营的发展提供了肥沃的土壤。特别是 20 世纪 70 年代以后,美国铁路、航空和公路运输发展迅猛,高速公路贯通全美国。交通运输现代化保证了在全美范围内及时、快捷的货物配送,保证了商品的供应。

现代高科技日新月异的发展,计算机的普及、运用,更为连锁店的发展插上了翅膀。目前,美国已有90%的连锁店使用了电子计算机管理。总部同各连锁分店的计算机联成网络,商品使用条形码,电子扫描、电子出纳等现代化设备的出现,使连锁店的发展更加成熟和完善。

三、第三次变革——超级市场的产生与发展

(一)超级市场在美国的产生与发展

自1930年美国诞生了第一家超级市场后,1932年发展到300家,1939年达到5 000家,1941年发展到8 000家。第二次世界大战曾一度阻碍了美国超级市场的发展,但战后超级市场又迅速发展,直至20世纪60年代达到成熟阶段,其发展速度才逐步放慢。

1965年超级市场的食品销售额已占到全美国食品销售总额的76%。1977年超级市场发展到30 831家(包括采用自助销售方式的便利店和杂货店),占全部食品杂货店总数的17.2%。1980年发展到37 000家,年食品销售额占全美国食品销售总额的76%,占零售总额的18%。1984年超级市场的店数下降至26 947家,但仍占食品杂货店总数的16.4%,食品销售额仍占食品销售总额的75%。

上述数据说明,超级市场经得起经济周期的考验,成为零售业中的主要经营形式,并成为消费者购买食品和杂货的主要去处。超级市场这种业态具有很强的生命力,市场发展空间和前景广阔。

进入20世纪80年代后,美国超级市场的发展发生了重要的改变:①超级市场向大型化发展;②所供应的商品和服务多样化和综合化,如包含了影像制品店、书店、服装专卖店、洗衣店、食品商店、酒店、百货店、妇女用品专卖店等,经营业态更加细化和多样化。

美国超级市场未来的发展将更多地使用电脑管理系统为顾客服务,如自动存取款机、商品目录电脑查寻、商品功能和使用的电脑建议;为顾客提供更多的速食品、微波炉食品、素食品、健康食品和绿色食品;为顾客提供快速结算的服务、更好的包装服务。

(二)超级市场在日本的发展

日本是亚洲最先从美国引入超级市场这一零售业态的国家,1953年12月,日本东京青山区开设了全日本第一家超级市场——纪国屋。开办人经过无数次的失败,终于使超级市场在日本扎下了根。到1957年他已开设了144家超级市场,此后超级市场在日本遍地开花。

日本超级市场经历了1958~1961年的成长和纷乱期;1962~1966年的连锁期;1967~1970年的连锁扩张期;1971~1974年的配送企业创立期和1975年至今

的调整期。其间虽有保守的零售业态的抵制和反对以及政府的法律限制，但通过具有雄厚实力的资本介入、政府政策的引导和经营者将超级市场经营方针、经营技术本土化的艰辛努力，其超级市场的规模、管理水平和经营技术已达到世界一流水平。其成功的经验中可供我国借鉴的主要有以下几点。

（1）超级市场的经营不同于传统的零售业，其中的许多专门技术需要从国外引进，但更需要经营者努力探索，并进行更适合于本国实际的嫁接与改造。

（2）超级市场的发展离不开政府的推进政策。1965 年 12 月，日本的国际贸易部发布了改进自愿加盟连锁业者计划，并于 1966 年成立日本自愿加盟连锁店协会，对促进超级市场运用现代化的电脑管理手段起了很大作用。日本政府还规定，超市企业从国外购买先进设备可以免税，并得到政府周期长、利率低的优惠贷款。

日本的法律还规定，超级市场的营业面积必须在 1 000m^2 以上，其中必须有 50% 的面积采用的是自助式销售方式。这一规定体现了推进超级市场发展要切合本国实际的精神，有效保证了超级市场开设的成功率。

（3）富有竞争力的采购系统和稳定的配送系统。由于大量进货，超级市场具有很强的议价和压价能力，保证了低价销售，吸引了大批顾客。此外，超级市场建立了稳定的配送系统，大大提高了商品的库存周转率，充分体现了超级市场的规模经济性，因而能经受得起经济危机的冲击。

（三）中国香港地区超级市场的发展

20 世纪 50 年代初，香港地区出现了第一家超级市场。到 1973 年底，全香港只有 50 家左右的超级市场。20 年间超级市场在香港的发展相当缓慢，其主要原因：一是当时超级市场中出售的冷冻食品与中国人的传统饮食习惯不符，绝大多数消费者喜欢吃新鲜的蔬菜、肉类和鱼类；二是当时香港居民的消费水平还很低，家用冰柜少，购买食品的数量大多以满足当天或第二天食用为限。当时香港超级市场的目标顾客只限于西方人与习惯西方生活方式的少数高收入者，店址大多集中在中环、九龙塘、尖沙咀等高消费地区。

从 1973 年起，香港地区的超级市场迅速发展，至 1982 年达到了 300 多家，1984 年达到 500 多家，1988 年已发展到 800 多家，进入 20 世纪 90 年代，香港地区的超级市场已发展到1 000多家。香港地区超级市场迅速发展的原因主要是：20 世纪 70 年代以后，香港地区经济高速增长，经济的发展带来了居民收入水平的迅速提高，居民生活水平明显提高。此外，20 世纪 50 年代出生的职业青年饮食和生活习惯的西方化，也为超级市场带来了新的发展机会。

四、第四次变革——购物中心的产生与变革

购物中心生于美国，长于美国，目前，美国购物中心的营业额超过全美零售业总营业额的一半以上，购物中心可以说是美国人日常生活中不可缺少的

消费场所。

现代意义上的购物中心起源于1940年以后的美国,并在20世纪50年代后期迅速发展起来。第二次世界大战时,美国许多的与军火相关的产业分散于郊区,带动了大量的就业人口移往郊区,顺应这些郊区新消费者的需求,第一家购物中心Town and Country于1948年诞生于俄亥俄州哥伦布(Columbus)市郊的住宅区,此后,购物中心如雨后春笋,迅速地发展起来。20世纪50年代,西雅图市Northgate购物中心、佛莱明罕市Shoppers World购物中心相继设立,这是最早以百货公司为主要承租户的购物中心,其中Northgate是最原始的Mall型购物中心①,主要由两条面对面的带状建筑组成,中间由一条人行通道连接。20世纪五六十年代,美国郊区与原有大中城市商业中心之间存在的土地差价,使许多大公司纷纷把自己的总部迁往郊区城市,新兴产业也在郊区兴起,大规模的摩尔购物中心也落户于郊区,形成了由于发展大型购物中心而"繁荣"起来的边缘城市。

除了人口大量移往郊区外,促进美国郊区购物中心发展的因素还有汽车的普及与全美公路网的建设,因为这两项因素大大增加了消费者购物活动区域的半径。20世纪50年代末,美国的汽车拥有量达到平均每一家庭一部的水平,而此时也正是购物中心的爆发期。

20世纪六七十年代,大型购物中心在美国的兴起,具有经济发展与城镇建设的两层意义。在此之后,随着摩尔购物中心发展的逐步成熟,其主要经营思想很自然地被移植到城市中心地区的商业形态上。从20世纪70年代起,部分摩尔购物中心又开始开进美国市中心,且市区摩尔的业绩也都相当不错,市区内的摩尔在一定程度上也缓解了城市中心空心化的难题。摩尔购物中心的这种重视整体环境和功能提升的设计,使消费者的购物不再是单纯的购物,而是一种享受。这样的概念再配合"一次性购足"的新消费观念,无疑会给消费者一种全新的购物体验。

在美国,摩尔目前已经占有60%以上的零售销售总额,营业额已达1.5万亿美元,一家摩尔的有效商圈达数百公里。美国西爱民顿摩尔是世界上最大的购物商场和室内游乐场,商场内有800多间商店、150间餐厅、110间小食档及19间戏院,还有人工湖、人造波浪泳池及小型高尔夫球场等供游人玩乐。

在美国成功后,摩尔这一业态迅速地在加拿大、澳大利亚、日本、欧洲各国发展起来。加拿大、澳大利亚等地的摩尔与美国的摩尔基本相同。但以法国为代表的欧洲式摩尔与美国式摩尔有一定差别,欧洲摩尔的规模一般比美国摩尔小许多;欧

① Mall全称Shopping Mall,音译"摩尔",意为大型购物中心,属于一种较新型的复合型商业业态。西方国家也称为Shopping Center,即"购物中心",但和国内通常所指的购物中心(实为百货店的另一种称呼)含义不尽一致。摩尔(购物中心)特指规模巨大,集购物、休闲、娱乐、饮食等于一体,包括百货店、大卖场以及众多专业连锁零售店在内的超级商业中心。与Center,Mall相似,其他常见的英文名词还有Plaza等,指出了摩尔具有长廊、广场、庭院的特点,就是在建筑物的遮蔽下,不论天气如何,都可以进行休闲、购物或聚会的场所。

洲摩尔大都建在城乡交界处(但英国是例外,英国购物中心大多建在市区),美国的购物中心有的在城中、有的在城郊;欧洲摩尔中的主题店以超级市场居多,不像美国摩尔购物中心里的主题店以百货商店居多;欧洲摩尔购物中心以经营日常生活用品为主,而美国摩尔以便利品、选购品、特殊品和非渴求物品为主。

进入20世纪90年代,我国的香港、台湾地区和东南亚各国购物中心步入蓬勃发展的阶段。总体而言,日本和欧洲各国摩尔发展还都不如东南亚地区经济起步比较晚的菲律宾、泰国、马来西亚、新加坡等国迅猛,并且日本和欧洲各国摩尔的面积规模也比菲律宾等国的摩尔要小。例如,泰国的THEMALL集团发展出了独特且很成功的“连锁摩尔”经营模式。菲律宾的SMSUPERMALL集团更成为亚洲最大、全世界排名第三大的摩尔购物中心集团。目前,菲律宾几乎所有的大型百货公司、大卖场都位于摩尔内,单体建筑的百货公司、大卖场已极少。

从世界零售业发展规律看,购物中心作为一种新型业态,是一个国家经济和零售业发展到一定程度的产物。

历经将近70多年的岁月,购物中心无论在经营内容还是空间环境皆有显著的变化。现代购物中心是聚集许多商店为一体的商业设施,除了各式各样的商店能满足消费者比较购买的需求外,宽敞的空间环境、餐饮娱乐设施及各种服务机能,更是一个能为消费者提供生活交流的场所。购物中心亦具有社会责任,也即创造新的生活环境,开发新的社区。

思考题

1. 零售及零售业的含义是什么?
2. 零售企业管理的任务有哪些?
3. 简述零售业的发展历史。
4. 零售企业需要具有哪些功能?
5. 什么是零售业态,常见的零售业态主要有哪些?
6. 专卖店和专业店的区别是什么?
7. 如何理解百货商店的定义,其经营特征是什么?
8. 结合我国实际,浅谈我国零售业的发展状况。

第二章

制定零售战略

理解战略、零售战略、零售战略管理的含义。掌握零售战略管理的步骤,以及三种零售企业发展战略。学会用 SWOT 分析法分析零售企业的宏观环境和行业环境。了解零售企业的战略目标和任务。能够对零售企业的战略实施进行控制。

零售业的快速发展,一方面为零售企业创造了巨大的市场机会;另一方面,也催生了愈演愈烈的行业竞争。与此同时,外资零售企业纷纷进入中国市场,使我国零售业的竞争达到白热化的程度。在这种新形势下,零售企业必须认真地进行战略设计,选择一个适合自己的发展战略,并始终如一地坚持这一战略。战略选择成为零售企业竞争制胜的关键,也成为零售企业开展具体经营管理活动的基础。如何制定战略成为零售企业最主要的工作之一,本章将详细分析零售企业战略管理的内容,阐述零售企业在战略制定和执行过程中的主要内容:确定战略目标、制定总体发展战略、确定竞争战略、对战略实施和控制。

第一节　零售企业战略概述

战略(strategy)一词最早起源于军事活动,其含义是通过对战争全局做出准确地判断而制定的方略。战略是一个被广泛应用于各领域的概念,它最初应用于军事,继而又陆续地应用到政治、经济、外交等各个领域。随着社会经济的发展,战略的思想在企业管理中得到了广泛应用,因此也就出现了关于企业战略的相关研究。

企业战略是以企业未来为基点,为赢得持久的竞争优势而做出的事关全局的重大筹划。企业战略强调的是做正确的事(do the right thing),而不仅仅是把事情做正确(do the thing right)。而零售企业战略则是零售企业以未来为基点,为赢得持久的竞争优势而做出的事关全局的重大筹划。

一、零售战略

零售战略，也可称为零售发展战略，指零售企业在变化的环境中为了有效地利用企业资源，求得生存与发展，而建立的长期发展目标，以及实现目标的行动纲领。具体来说，零售战略就是确定零售商的目标市场，零售商计划采用的用以满足目标市场上需求的方式，零售商为建立起一个长期的竞争优势而制订计划的方式。

二、零售战略管理

零售战略是对全局发展的筹划和谋略，它实际上反映的是对重大问题的决策结果，以及组织将要采取的重要行动方案。而战略管理则不仅包括决策方案的制订，还要涉及战略方案的选择、实施和控制，因此战略管理是一个系统过程。

（一）企业战略管理的含义

战略管理一词最早由美国学者安索夫于1976年在其所著的《从战略计划走向战略管理》一书中提出。他认为，企业战略管理是将企业日常业务决策同长期计划决策相结合的一系列经营管理业务。而斯塔纳认为，企业战略管理是确立企业使命，根据企业外部环境和内部经营要素设定企业目标，保证目标正确落实，并使企业使命最终实现的一个动态过程。企业战略管理是关系到企业长期性、全局性和方向性的重大决策问题，它关系到企业在复杂多变的环境中的生存与发展，是零售企业在充分分析企业外部环境和内部条件的基础上，确定企业的目标，保证目标落实并使企业使命最终得以实现的一个动态过程。

（二）零售战略管理的特征

零售企业有效地利用其资源以实现其长期目标的过程就是零售战略管理。在市场竞争日益激烈，消费者行为模式变化迅速的营销环境下，零售企业逐渐认识到了长远规划与事务性的日常规划的关系：短期性的问题当然要解决，但企业管理者如果过多地卷入这些眼前的问题，则会变得鼠目寸光，看不到未来，无法应付变幻不定的外部市场情况，因而错失发展机会。因此，企业的战略管理问题越来越受到重视。

零售战略管理具有以下四个显著的特征。

1. 外向性

战略管理的首要任务是连续不断地监督外部环境，并确定企业如何对环境的变化做出反应。

2. 未来性

战略管理是针对未来的。它设想如果既定行动措施得以执行，未来会产生怎样的结果，并且按照预期的未来情况确定对行动措施进行的改变。

3. 整合性

战略管理整合了企业的所有职能，各个部门都必须朝一个共同的目标努力。

战略管理能够实现全局性的协调,为企业提供了引导各项活动的总体目标。

4. 匹配性

为了利用市场机会,企业必须创造和保持对于竞争对手的差别优势。战略管理的一个重要任务是甄别增长机会。它必须使企业的资源和能力适合企业可以获得的机会和要求,特别是要与最有吸引力的机会相匹配。

二、零售战略管理的步骤

战略管理是一个科学的逻辑过程,该过程主要包括三个关键部分:战略分析、战略选择和战略实施。战略管理的上述过程可以具体化为以下几个步骤。

(一)确认市场机会

确认市场机会就是对市场进行分析,包括消费者分析、行业分析和竞争者分析。这里特别强调竞争者分析。零售企业的竞争不能仅强调以消费者为中心,而是要走以消费者和竞争者同为中心的道路,否则,就不能塑造企业的特色,而特色恰恰是与竞争者比较的结果。现在一些企业仍然认为,只要拉近与消费者的距离就可以获得竞争优势。但如果每个企业都以此为出发点,各个零售企业就失去了差异和特色。所以,企业必须进行竞争者分析,通过比较和研究,找到自己的优势、劣势和市场机会,最终确定企业的市场目标。在进行市场分析的过程中,还应该注意进行长期的市场环境研究,对未来 5 年、10 年甚至更长远的未来趋势进行预测,从而制定企业中、长期发展战略。

(二)设定企业经营方针和目标

经过详细的市场研究之后,要确定企业的经营方针和目标。零售企业在制定发展战略的过程中,首先要考虑目标顾客是谁,商店给谁开,满足他们何种需求。确定目标顾客的过程实质上是企业进行经营定位的过程。随着行业竞争愈发激烈,每一个商店、每一个企业都不可能争取到所有的顾客、服务所有的顾客,因此,零售企业必须进行选择,找到最终的目标顾客群,确定经营方针和中、长期的发展战略目标。

(三)设计商业战略

商业战略包括商业定位、行业定位、业态定位、规模选择、空间选择、时间选择和扩展策略。

(四)建立组织保障体系

企业必须建立一套完善的组织保障体系,才能使发展战略得以实施。

(五)制定战略实施计划

战略管理一定要包括具体的战略实施计划,否则,会导致实施的盲目化和低效化。

(六)企业战略的说明

企业的发展战略一旦确定,就应适时地向员工公布、说明,使员工对企业的前景、发展目标有清晰准确地了解和认识,这样,才能保证战略实施的顺畅。

第二节 零售企业战略分析

战略分析是零售企业实施战略管理的基础阶段,是制定有效战略的关键环节。零售企业的战略分析主要从三个方面展开:一是零售企业的宏观环境分析;二是零售企业的行业环境分析;三是零售企业的内部条件分析。其中宏观环境和行业环境作为零售企业的外部环境,既为企业提供发展的机会,同时又给企业带来威胁;而对企业内部条件的分析在于使企业了解自身的实力,以判断其能否很好地应对外部环境所带来的机遇与威胁。

一、宏观环境分析

宏观环境是指企业所面对的产业外的外部环境,是影响企业的间接环境因素,是各类企业生存发展的共同空间。对于宏观环境的分析主要采用PEST分析模型,即对政治法律环境(politics)、经济环境(economics)、社会文化环境(society)与科技环境(technology)四个子环境进行分析。

(一)政治法律环境

政治法律环境是指对企业生产经营活动具有现存和潜在作用与影响的政治力量,以及对企业生产经营活动加以限制和约束的法律法规等。具体的政治法律环境是指企业所在国家或地区的政局稳定状况、政治经济制度与体制、执政党的路线方针政策,以及所在国家或地区的法律法规等。政治法律环境是影响零售企业发展的重要因素,零售商必须重视国家和当地政府已经颁布的有关政策和法律,这些政策和法律对零售商的活动有很大的影响。它既可以使零售商的经营活动受到保护,也可以使零售商的经营活动受到制约。

与零售经营有关的政策及法律约束一般体现在以下几个方面。

1.对经营商品的约束

零售商的主要经营活动就是对最终消费者出售商品。其所出售商品的状况与消费者的利益密切相关,也与商品的来源和商标的使用有着不可分的联系。因此,法律对零售商所提供的商品质量及安全、专利和商标使用等都做出具体规定,予以制约。

从商品的质量和安全方面来讲,零售商提供商品必须质量、等级明确,质价相符,消费者使用安全可靠。但是一些零售商错误地认为,零售商销售的商品是从制造商或批发商那里采购来的,商品出现质量问题或安全问题,其责任该由制造商承担,而自己无须承担责任。事实上,零售商作为经营者,应与生产者共同对商品的质量及安全承担责任。零售商应承担对所出售商品质量及安全的监测责任,对质量不合格、不安全的商品不予经营。在我国,产品质量法、消费者权益保护法等对零售企业经营商品的质量与安全有明确的规定。

零售商应当对商品在出售前进行严格的商品检测,在商品检测合格后再上柜台销售;同时也要对消费者提供商品质量及安全的保证。

零售商对消费者提供的保证包括两个方面:一是明确的保证,即在向顾客销售商品时给予口头或书面的保证,表明商店对顾客已购买的商品出现质量或安全问题时能够及时解决。二是道德性的保证,即以社会公共道德准则为依据提供的保证。零售商对所出售的商品并不是都有明确的保证的,对那些没有明确保证的商品实际上也应该承担保证责任。因为,只要是零售商销售的商品就意味着适合销售、适合使用。

零售商应向顾客提供书面条款的保证,在靠近商品的销售处,应设有商品保证的标志,或者书面的保证条款或保证书,以便于消费者了解或得到。对零售商经营的商品的法律约束,还涉及零售商自制商品和监制商品方面。零售商在自制或监制商品时要注意不要侵犯专利权,以避免违犯专利法。

2. 对商品价格的约束

零售所经营的商品通常是自行定价,但这并不意味着可以随意定价。有关法律和政策对零售商制定价格进行了一定的限制。零售价格与消费者的经济利益直接相关,对消费者安居乐业、社会稳定起着很大的作用,因而,国家与当地政府对零售价格在不同的时期根据不同的商品会给予不同的控制。一般情况下,国家对影响到人民生活的必需品规定零售价格;对与人民生活联系比较密切的商品规定零售价格幅度;对与人民生活联系不十分密切的商品,由企业自行定价。在通货膨胀严重的时期,通货膨胀会影响人民的生活水平,因此,国家和当地政府对零售商品价格也要进行干预和控制。

3. 对零售商开展促销活动的约束

零售商为向消费者出售商品而开展的促销活动也与消费者的利益密切相关。各国对零售商开展促销活动都有明确的法律规定,例如:不得采用欺骗性的广告;不得扰乱市场价格秩序;不得诱使顾客购买昂贵的商品等。我国对零售企业利用广告促进商品销售也有明确的法律规定,《中华人民共和国广告法》第四条规定:广告不得含有虚假的内容,不得欺骗和误导消费者;第九条规定:广告中对商品的性能、产地、用途、质量、价格、生产者、有效期限、允诺或者对服务的内容、形式、质量、价格、允诺有表示的,应当清楚明白。从消费者的角度来说,消费者欢迎真实、清楚的广告,以便能够以此为信息做出购买决策。

(二)经济环境

经济环境是指一个国家的经济制度、经济结构、产业布局、资源状况、经济发展水平以及未来的经济走势等。构成经济环境的关键因素包括:利率、税率、汇率、通货膨胀率、失业率、可支配收入以及 GDP 的变化趋势等。这些因素共同构成了企业所面临的经济环境,它们相互结合,在整体上影响企业的生存与发展。

对零售商影响最大的经济环境主要包括国民经济发展状况、消费者收入、消费者支出等。经济环境是影响零售商经营的最重要的外部力量,零售企业营销战略的制定与实施,都必须建立在正确认识和把握经济环境的基础上。

1. 国民经济发展状况

国民经济发展状况主要包括以下几个方面。

(1)总体经济形势。国民经济的总体形势在不同时期有一定的差别。它的变化会从总体上影响和制约零售商的经营和发展。当社会经济处于持续、稳定、协调发展的时期,一般会出现生产发展快,商品供应充足,市场繁荣的局面。在这种情况下,零售企业一般也能得到持续、稳定、协调的发展;反之经济不稳,出现经济过热或过冷、市场供求失衡、物价水平上涨过快或下降过快等现象,都会造成市场严重波动,对零售企业的发展产生不利影响。

但是,就某个零售商来说,还应该进行具体的分析。一般来说,国民经济增长速度下降,零售商经营也就困难。但在居民收入增长速度下降的情况下,高档耐用品的销售量的确会下降,而中低档商品却可能销售得更好。

(2)社会生产状况。社会生产状况对零售商经营有直接和间接的影响,如生产力发展水平和总规模、生产力地区布局、产业结构等。零售商的物质技术装备需要生产部门提供;零售商的商品需求,有一部分来自物质生产部门的职工,更重要的是,生产发展水平和总规模决定着商品供应的总量。社会生产发展水平越高,生产的规模越大,商品供给的总量也就越大,零售商所能获得的货源总量也就越大,经营活动的物质基础也就越雄厚。

生产力的地区布局对于全国的各种资源的合理配置,对于各个地区发挥各自的优势进行分工协作,以及对于国民经济的协调发展都有很大的影响,而这些影响又会涉及每个零售商。另外,生产力的布局问题也直接影响零售商的经营,如果零售商所在地区有某些商品的生产厂家,那么它的进货成本和运输成本就可能降低。

产业结构反映着国民经济两大部类、三大产业的状况及其相互关系,以及各部门内部的结构。产业结构对零售业在国民经济中的地位及其他部门的关系起着决定性的作用。产业结构还决定着产品结构及社会商品供给结构,从而最终会影响和制约零售商的组织结构和所经营商品结构。

(3)社会分配状况。社会分配状况包括国民收入的分配和个人消费品的分配状况,具体包括国民收入的总量、积累与消费的比例、分配的地区差异及消费者收入等因素。

国民收入总量决定国内市场的总容量,从而制约着商品流通的总规模。国民收入的分配是否控制在合理的水平上,关系到市场的供求状况和价格水平的变动。国民收入的超量分配,会导致供应紧张、需求膨胀、价格上涨;反之,则会出现需求不足、销售疲软、市场萎缩的现象。这两种情况对零售商的经营会产生完全不同的影响。

国民收入积累和消费的比例决定了生产资料市场和消费品市场的容量及其相

互关系。如果积累率过高，消费品的生产和供应就会出现紧张局面；而过低的积累率也会使国民经济发展后劲不足。无论出现哪种情况，最终都会影响零售商的经营。

由于国家分配政策等因素，各个地区之间的分配会存在一定差别。不同地区积累基金的投入不同，会导致地区经济结构的不一致；不同地区进行消费基金的分配不同，也会形成不同地区人们收入水平的不平衡。这些都会影响各地区零售商的商品经营结构和发展水平。

2. 消费者收入

消费者收入是指消费者个人所能得到的所有货币收入之和，包括个人的工资、奖金、其他劳动收入、退休金、红利等。消费者收入水平的高低直接影响着社会购买力，也影响着消费者的支出模式。所以消费者收入及其变化趋势是零售企业经营环境中的重要因素。

消费者收入有名义收入和实际收入之分。当物价总体水平保持基本不变时，名义收入和实际收入一致；当市场物价全面上涨或全面下降时，实际收入与名义收入就产生不一致，也即用同样的钱买到的商品数量少于或多于物价波动前可购买的数量。在这种情况下，名义上的一元钱所起的作用实际上不足一元或超过一元。所以，研究消费者收入还要结合物价水平来进行。

消费者收入并非全部能支配，因此，需要从消费者个人收入中区分出个人可支配收入。个人可支配收入是指个人收入减去直接负担的各项税款（如所得税等）和非税性负担（如工会会费）之后的余额。作了这种扣除后，消费者收入才成为消费者个人可以支配的收入，或者用于消费支出，或者用于储蓄。

个人可支配收入中扣掉维持生活需要的支出和其他固定支出所剩余的个人收入，则可以任意开支，可以用于购买非必需品、奢侈品（如旅游、高档汽车等），这部分收入叫个人可任意支配收入，它是影响消费需求构成的最活跃的经济因素。个人可任意支配收入越多，人们的消费水平就越高，零售商销售的机会也就越多。所以，零售商应该特别关注这部分收入。

3. 消费者支出

在研究消费者支出时需要考虑以下几方面问题。

(1)收入水平对支出模式的影响。消费者收入在各个不同方面的分配模式叫消费结构或支出模式。在这方面，有一个著名的恩格尔定律，它是德国统计学家恩格尔在19世纪提出的。其基本内容是：一个家庭收入越少，其总支出中用来购买食物的比例就越大；随着家庭收入增加，用于购买食物的支出占总支出的比例不断下降，而用于其他方面的支出（如通信、交通、娱乐、教育、保健）和储蓄所占的比重将上升。

(2)收入分配平均程度对消费模式的影响。一般来说，收入分配的平均程度越高，消费结构也越简单，反之亦然。分析收入分配的平均程度的常用方法是洛伦茨曲线和基尼系数。

为了研究国民收入在国民之间的分配,美国统计学家M.O.洛伦茨提出了著名的洛伦茨曲线。洛伦茨首先将一国的总人口按收入水平由低到高平均分为10个等级组,然后再计算每个等级组的收入总量占总收入的比重,例如,收入最低的20%人口、40%人口……所得到的收入比例为3%,7.5%……(见表2-1),最后,将这样得到的人口累计百分比和收入累计百分比的对应关系描绘在坐标轴上,即得到洛伦茨曲线(见图2-1)。图中横轴*OH*表示人口(按收入由低到高分组)的累计百分比,纵轴*OM*表示收入的累计百分比,*ODL*为该图的洛伦茨曲线。由该曲线可知,在这个国家中,收入最低的20%人口所得到的收入仅占总收入的大约3%;而收入最低的80%的人口所得到的收入还不到总收入的一半。

表2-1 某国收入分配资料

人口累积	收入累积
0%	0%
20%	3%
40%	7.5%
60%	29%
80%	49%
100%	100%

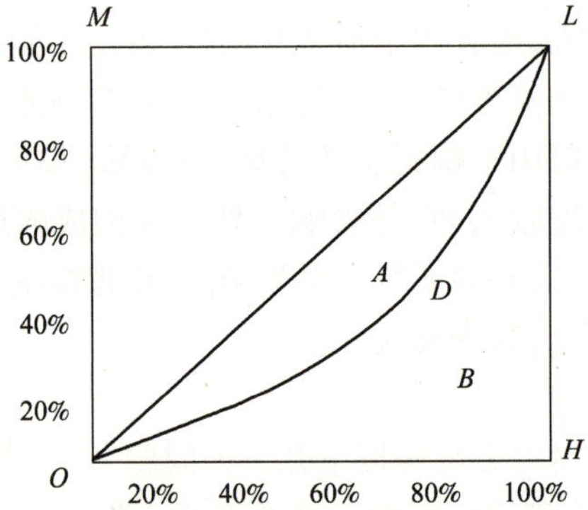

图2-1 洛伦茨曲线

显而易见,洛伦茨曲线的弯曲程度具有重要意义。一般来说,它反映了收入分配的不平等程度。曲线弯曲的程度越大,收入分配程度越不平等;反之亦然。特别是如果所有收入都集中在一个人手中,而其余人口均一无所获时,收入分配达到完全不平等,洛伦茨曲线成为折线*OHL*;另一方面,如果任一人口百分比均等于其收入百分比,从而人口累积百分比等于收入累积百分比,则收入分配是完全平等的,洛伦茨曲线就成为通过原点的45°直线*OL*。

一般来说，一个国家的收入分配，既不是完全不平等，也不是完全平等的，而是介于两者之间；相应的洛伦茨曲线，既不是折线 OHL，也不是 45°直线 OL，而是像 ODL 那样向横轴凸出，只是凸出程度会有所不同。收入分配越不平等，洛伦茨曲线就越是向横轴凸出，从而它与完全平等线 OL 之间的面积就越大。因此，可以将洛伦茨曲线与 45°线 OL 之间的部分 A 叫作“不平等面积”；当收入分配达到完全不平等时，洛伦茨曲线成为折线 OHL，OHL 与 45°线 OL 之间的面积 $A+B$ 就是“完全不平等面积”。不平等面积与完全不平等面积之比，称为基尼系数，是衡量一个国家贫富差距的标准。若设 G 为基尼系数，则：$G=A/(A+B)$

显然，基尼系数不会大于 1，也不会小于 0，即有 $0\leqslant G\leqslant 1$。

（三）社会文化环境

社会文化环境是影响零售企业战略的一个重要因素。社会文化环境包括社会阶层的形成和变动、人口的地区性流动、人口年龄结构的变化、社会权力结构、生活方式、工作方式、价值观、宗教信仰等，这些因素共同作用的结果会影响顾客最终的生活习惯。进行消费者生活习惯的研究对于零售商而言非常重要，这样有利于零售商针对自己的目标顾客制定相应的战略。

1. 人口环境

人口是构成市场的基本因素。哪里有人，哪里就有衣、食、住、行等各种消费需求。在收入水平一定的条件下，一个国家总人口的多少，决定了该国市场容量的大小。但是，任何企业都不可能面向所有的人口，因此，除了分析一国或地区的总人口以外，还要研究人口的地理分布、年龄结构、性别、家庭单位与人口数等因素。

（1）人口规模。人口规模是决定消费品需求的基本因素。在其他因素不变的情况下，人口规模越大，意味着消费需求越多，市场也就越大，零售商的机会也就越多。

（2）人口地理分布。人口在地理上的分布，与消费需求有密切关系。居住在不同地区的人群，由于地理环境、气候条件、自然环境、风俗习惯等的不同，消费需求也不尽相同，购买习惯与行为也存在差别。例如，农村居民与城市居民的生活习惯就有所不同，其购买习惯也不同。

（3）年龄结构。人口的年龄不同，其需要和偏好一般也不尽相同，在消费观念、商品需求、购买行为等方面都存在着差异。

（4）人口性别。人口的性别差异也会造成消费需求的显著差别，不但需求不同，而且购买习惯与行为也有很大差别。由于女性多操持家务，大多数日用消费品由女性采购，因此，不仅女性用品可设专业商店销售，很多家庭用品及儿童用品，也都可纳入女性商品市场。

（5）家庭单位与人口数。家庭是社会的细胞，也是商品采购的基本单位。一个国家或地区拥有多少个家庭单位以及平均成员的多少，对于零售商销售产品有很大的影响。如果家庭单位增加，炊具、家具和家用电器等需求量就会增加；而家庭人数减少,就要求零售商品适应小家庭的需要。

(6)人口教育构成。这里所谓人口教育构成是就人们所接受的学校教育程度而言的。文化教育水平在人们的购买和消费行为中起着重要作用。改革开放以来,我国人口的文化层次有了显著提高,零售商要认清这一趋势,注重人的文化和精神生活需要,多经营和经营好这类商品。

(7)人口职业构成。不同职业的人们,其消费需求是不同的。零售商应销售有针对性的商品,满足不同职业人群的需要。

2. 社会环境

每个人都生长在一定的社会文化环境中,并在一定的社会文化环境中生活和工作,其思想和行为必定要受到这种社会文化的影响和制约。社会文化,一般泛指在一种社会形态下已经形成的信念、价值、观念、宗教信仰、道德规范以及世代相传的风俗习惯等被社会所公认的各种行为规范。社会文化作为一种适合本民族、本地区、本阶层的是非观念,强烈地影响着消费者的购买行为,使生活在同一社会文化范围内的各成员的消费需求具有相似性,它体现了购买行为的习惯性和相对稳定性。零售商必须注意分析、研究和了解社会文化环境。社会文化环境具体包括以下几个方面。

(1)宗教信仰。宗教是影响人们消费行为的重要因素之一。宗教的理念、禁忌等直接影响甚至决定着人们的消费行为。

(2)价值观念。生活在不同社会文化环境下的人有不同的价值观念。例如,崇尚节俭是我国传统价值观念之一,人们一向以节俭为荣,以挥霍奢华为耻,这种朴素的民风和节俭的心理,表现在消费行为中就是精打细算,在购买商品时,花钱较慎重,注意商品质量,讲究经久耐用。

3. 消费习俗

习俗就是指风俗习惯。一般来说,风俗是指世代相袭固化而成的一种风尚。习惯是指由于重复或练习而巩固下来的并变成需要的行为方式。消费习俗是人们各类习俗中的重要习俗之一,是人类历代传递下来的一种消费方式,也可以说是人类在长期经济活动与社会活动中所形成的一种消费风俗习惯。例如,我国人民,每逢农历新年,都要大量购买各种食品、礼品、鞭炮等节日用品,家家户户贴着吉祥如意的春联,有些地方举办庙会、灯会等进行庆祝。西方国家人们圣诞节前大量购买圣诞树、礼品、各种食品和日用品,互送圣诞贺卡,欢度圣诞节。不同的消费习俗具有不同的商品需要。研究消费习俗,不但有利于组织好消费习俗用品的生产与销售,而且有利于正确、主动地引导健康的消费。

4. 道德规范

道德是一种社会意识形态,也是一个社会中调整人们之间及个人和社会之间关系的行为规范的总和。道德规范对消费也有重要影响。不同的道德规范决定不同的交往行为,决定不同的家庭模式及消费方式。我国向来以“礼仪之邦”著称于世，我国人民对于人与人之间的关系和感情极为重视。个人行为往往习惯与周围环境或他人保持一致。这种重人情、求同步的心理，在消费行为中表现为向多数“看齐”。

5. 审美观念

人们的消费行为归根到底是为了维护每个社会成员的身心健康和不断追求生活的日趋完美。人们在市场上挑选、购买商品的过程，实际上也就是一次审美活动。这个审美活动的全过程完全由消费者的审美观念来支配。消费者个人的审美活动，表面上看起来纯属是个人的行为，但实质上却反映了一个时代、一个社会中人们共同的审美观念和审美趋势。近年来，我国人民的审美观随着生活水平的提高，发生了明显的变化。

(1)追求健康的美。体育用品和运动服装的需求量呈直线上升的趋势，各种体育健身活动在我国一些大中城市开始流行。各种滋补保健品相继问世，品种齐全的护发、护肤和化妆用品趋于系列化、高档化。儿童保健食品花样繁多，保健饮料供不应求。

(2)追求形式的美。服装市场异军突起，不仅美化了人们的生活，更重要的是迎合了消费者求美的心愿。在服装样式上，青年人一扫过去那种多层次、多线条、重叠反复的造型艺术，转而追求强烈的时代感和不断更新的美感，服装款式由对称转为不对称，由求同变为求异，由灰暗色调转为鲜艳、明快、富有青春活力的色调。

(3)追求环境美。消费者对环境的美感体验，在购买活动中表现得最为明显。新型商业街、现代化的橱窗设计、富于协调美的柜台摆放及优质的服务态度等，都给顾客以环境美的享受，诱发顾客潜在需求，促成购买行为。零售企业的销售人员应把消费者对商品的评价作为重要的反馈信息，使商品的艺术功能与经营场所的美化效果融为一体，更好地满足消费者的审美需求。

(四)科技环境

科学技术在零售业的普遍应用，已经成为现代零售企业创造竞争优势的一个重要来源。毫无疑问，科学技术的应用使整个供应链条的信息流通更为顺畅，从而提高了供应链条的管理效率。同时电子商务也使零售商有了更广泛的发展空间。

科学技术是社会发展和经济进步的主要推动力之一。科技对零售商的影响作用也是客观存在的，而且有日益明显和增强的趋势。科技发展使产业调整、产品更新、技术创新的节奏明显加快，产业结构、产品结构迅速发生变化，社会生产发展的速度加快。这一方面使社会产品极大地丰富起来，给零售商经营提供了坚实的物质基础；而另一方面，也使一些传统的商品经营艰难。另外，科技的发展还深刻地影响着人们的生活方式以及消费需要和消费行为，影响市场商品的供应，进而对零售商的经营产生影响。

科技发展对零售商的物质技术设施、经营管理手段和管理思想更是产生直接的影响。改革开放以来，计算机应用技术、通信技术和电子技术的发展促使零售企业在许多方面发生了重大变革。这种影响是广泛的,如果哪个零售商,尤其是规模较大的零售商,不注意这种科技环境的发展变化,就很难在市场竞争中生存与发展。

科技对零售商经营管理的直接影响可以分为三类:创造零售新形式、使零售交易更有效率、改善零售经营控制。

1. 创造零售新形式

可视图文系统和家庭购物网络是通信技术进步所催生的新型零售形式。可视图文是交互式电子系统的俗称,通过它,用户可以获得各个零售商的商品信息。购买者首先选择感兴趣的商品类型,然后通过家庭计算机终端直接订购商品,并用信用卡付款。另一种零售新形式是电子目录商店。这种商店自己没有任何库存,它就像顾客和其他零售商之间的经纪人。购物者首先要求商店从电脑中打印出所有经营其所需商品的企业的名单,以及各家企业的该类商品的具体情况,然后可以将各企业的商品进行比较,确定购买哪家企业的商品后向目录商店订货。目录商店与购物者所选的企业联系确认有货后,便帮助购物者订货,并代企业接受付款。被选中的售货企业将货物送给顾客,向目录商店支付服务费。

2. 使零售交易更有效率

除了产生零售新形式外,技术进步也使零售买卖活动更有效率。一个鞋店不可能存有许许多多不同款式和尺寸的鞋,但对顾客来说,如果在商店里找不到他们所喜欢的款式和尺寸的鞋,就会感到失望。而现在的视频订货系统可以使顾客看电视显示器上该商店所能提供的款式和尺寸,如果商店库存中现在没有这个顾客所需要的鞋,顾客能够直接在电视柜台订货,然后在家等待商店送货上门。

介绍商品的可视光盘的使用是电子技术进步带来的另一个革新。消费者可以通过键盘选择商品类别,目录中的信息就出现在屏幕上。与印刷目录相比,商品介绍在屏幕上要生动得多。一些仪器如扫描仪和声音合成器提高了零售商收款台的工作效率。这些技术的创新对消费者和零售商都是有利的。例如,高技术的收款机加快了许多超市的收款速度,消除了排长队交款的现象。

3. 改善经营控制

计算机化的收款柜台(通常叫作 POS 或营业现场系统)不仅能减少排队和劳动力成本,而且能为企业获得销售和库存的最新信息。

计算机正影响着大大小小的商店,它是一个有竞争力的工具。如果没有计算机,从长远来看,企业就无法在零售业立足。商店可以用一台计算机跟踪库存和销售情况。每天打烊时可以做一个总结报告,说明当天商品的销售数量和库存数量及每件商品的价格等。报告还可显示每一商品的直接利润以及它们的销售趋势。根据这些资料,企业管理者可以决定哪些商品需要追加订货,哪些商品需要降价销售。最后,企业管理者通过与批发商相连的计算机直接订货。连接零售商与其供货企业的电子数据交换系统(EDI),能使零售企业更有效地管理库存商品,从而减少库存商品投资。EDI 是今后一段时间内最重要的技术发展趋势之一。

二、零售行业环境分析

零售行业环境是对零售企业影响最直接、作用最大的外部环境。进行零售行业环境分析的目的在于使企业能清晰地判断行业的总体情况、发现行业中所存在的机会和威胁,帮助企业把握行业竞争态势,以便帮助企业确定在行业中有利的竞争地位。零售行业环境分析通常采用著名战略专家迈克尔·波特的五种力量分析模型,具体分析如下。

(一)现有零售企业之间的竞争

目前零售业企业之间的竞争是非常激烈的,这主要是源于零售业具有进入壁垒较低、退出壁垒较高等特点。众多势均力敌的大中型零售企业的竞争决定了零售业的利润率水平较低。例如,在我国部分经济发达的地区,大中型零售商的分布已经饱和,由于这些零售商无论是在经营布局,还是经营商品种类、档次甚至服务水平上都极其相似,因而竞争手段只能是采取极其残酷而又两败俱伤的“价格大战”。同时大量对利润率预期较低的小零售商的存在使行业的收益水平进一步恶化。

(二)潜在进入者的威胁

由于零售业的进入壁垒低,潜在进入者进入该行业不需要太高的资金要求,对于投资者来说,只要其具备了一定的资金和有经验的管理人员后,就可以轻松地进入,这无疑将加剧目前国内零售企业间的竞争。同时,随着经济全球化趋势的加剧,国外的零售商也纷纷进入国内市场,与国内零售商展开全方位的竞争,这对于我国零售商来讲,更具有杀伤力。

(三)替代服务的威胁

对于现有零售商而言,替代服务的威胁同样不可忽视。替代服务的威胁主要体现在零售业的业态随着社会经济的不断发展,一直在进行着更新。零售业发展至今已经历了百货业、超级市场、便利店、仓储超市等经营业态,目前我国把零售业态划分为 17 种,每种业态都是适应当时社会经济发展水平而产生的,在当时的环境下具有竞争优势。

(四)来自顾客的压力

在当前的零售市场上,顾客的力量越来越强,给零售商带来了巨大的压力。这些压力主要体现为随着顾客自身素质的提高,他们对于商品与服务的要求越来越高。一方面,顾客不但要求零售商提供物美价廉的商品,同时也要求服务完美,而且对于个性化的需求同样提高;另一方面,顾客自我保护意识也显著提高,“顾客是上帝”的意识已经深深地扎根于顾客心中,他们变得非常挑剔,这大大加大了零售商向顾客提供满意服务的难度。再加上顾客选择不同零售商的成本比较低,信息的透明度也比较高,从而也给零售商带来了压力。

（五）供应商的实力

供应商处于供应链的上游,其实力,包括生产设计能力、品牌的知名度、市场竞争能力、管理水平、市场适宜能力、讨价还价的能力,以及与零售商的合作关系等对供应链的价值创造有直接的影响。

三、零售商内部条件分析

零售商内部条件是相对于外部环境而言的,是指影响企业生存和发展的内部因素。对于零售商内部条件的分析,其目的在于确定和评价零售商内部战略要素,从而发现其能力与不足,进而结合外部环境的分析确定其应当采取的战略。零售商内部条件分析主要有三种方法:经营资源分析法、企业能力分析法和价值链分析法。

（一）经营资源分析法

企业资源是企业竞争优势的根本源泉,是零售商参与市场竞争的根本条件。企业资源是指贯穿于企业经营、技术开发、市场营销等各个环节的一切物质和非物质的要素,包括有形资源和无形资源。有形资源包括人力、财务、物质、组织等资源;无形资源包括技术与商誉等。资源分析法用于确定企业的资源状态,发现企业在资源上所表现出的优势与劣势,从而找出在资源使用中所需要进行的变革。其主要分析的内容包括现有资源及其利用情况、资源的应变力、资源的平衡性与适应性等。

（二）企业能力分析法

企业能力是企业将资源加以统筹整合以完成预期任务和目标的能力。零售企业任何一项单独的资源并不能产生实际的能力,必须将各项资源进行有效的整合与配置才能够产生真正的能力,因此,企业能力实际上是各项资源有机组合后的结果和表现。企业能力往往是多样的,同时又是多层次的,存在于企业经营的各个环节和各职能领域。一般把能够帮助企业赢得持久竞争优势的能力称之为企业的核心能力。

对于零售商而言,其能力分析主要集中在以下几个方面:一是公司的管理能力,包括有效的财务控制系统、强有力的领导与各部门的协调能力、企业文化、企业的激励机制等;二是管理信息能力;三是研究与开发能力,包括开设新店的能力、引进新产品的能力、开发新的应用技术的能力等;四是门店运营能力;五是分销配送能力。能力分析法的目的在于了解企业在各个方面的能力,发现其能力的优势与劣势。

（三）价值链分析法

零售商为顾客所创造的价值的大小,满意程度的高低,实际上是由企业一系列链条的各个活动共同创造的,包括采购、营销、陈列、交货以及起辅助作用的各种活动。这些价值创造活动共同组成的链条,称之为价值链。价值链活动可以分为两大类:基本活动和辅助活动。

1. 基本活动

基本活动是企业经营的实质性活动,这些活动与商品实体的流转有关,是企业的基本增值活动。对于零售企业而言,其价值链上的基本活动包括进货、分类整理、配送、上架陈列、促销宣传、售后服务等。

2. 辅助活动

辅助活动是配合基本活动用于完成产品增值目的的活动。包括商品采购、技术开发、人力资源管理,以及零售企业总部的计划、财务、行政和质量管理等活动。

四、内外部环境的 SWOT 综合分析

在对外部环境和内部条件进行分析后,企业还必须将两者综合起来进行分析,这样才能够使制定的战略既考虑到外部环境,同时又兼顾到企业的内部条件,使两者之间达到一种平衡。对于内外部环境的分析通常采用 SWOT 分析法。SWOT 分析法是系统确认企业面临的优势(strength)、劣势(weakness)、机会(opportunity)和威胁(threat)并据此提出战略的一种有效的方法。

(一)优势与劣势分析

优势与劣势分析主要分析企业的市场竞争位置是否清楚、企业的竞争能力如何、顾客对企业的商品和服务的看法如何、企业规模效益如何、企业有无成本优势、企业是否有充足的资金来源、企业是否有明确的战略方向、企业营销力如何、企业的配送能力如何、企业的管理水平如何等。

(二)机会与威胁分析

机会与威胁分析主要分析是否存在进入新的市场的机会、是否可以引进新的商品系列、是否存在纵向或横向一体化的机会、外部环境是否发生有利于本企业的重要事件、市场增长空间如何、主要竞争对手做出了哪些调整、是否出现新的竞争对手、其他业态的发展情况如何、本行业的竞争强度是否有所增加等。

第三节 零售战略任务和目标

零售企业的任务是其经营的总的宗旨,它表明了企业存在的意义。为了确定好企业使命,必须认真回答两个问题:现在企业的任务是什么? 企业的业务应该是什么?

一、零售企业的任务

所有零售企业都必须满足市场的需求以获得生存和发展,但每个零售企业满足这些需求的方式各不相同,这些方式反映了每个零售企业的经营思想以及经营

风格。零售企业的任务概括了零售企业将进行的活动类型范围和指导这些活动的经营思想。

零售企业的任务不应随时间和商品的不同而变化，而应相对固定。也就是说，不仅在今天是适用的，而且在今后一段时间仍然是适用的。例如，化妆品商店的任务不应是出售"潘婷""玉兰油""欧柏莱"等品牌，甚至也不是出售化妆品，而是帮助消费者实现美容的需要。这是因为顾客光顾商店不是为了获得商品本身，而是为了获得需要的满足。因此，女装店的任务是使女士们更加美丽动人；书店的主要任务是帮助各年龄段的人们拥有丰富的精神世界；礼品店的任务是帮助人们更好地表达他们的心意；摩托车店的任务是使人们的交通变得快捷、舒适和安全。

二、零售企业的战略目标

对于零售企业而言，要想制定正确的战略，仅有明确的企业使命还不够，还必须把这些共同的愿景和良好构想转化为战略目标，这样才能保证战略具有可操作性。零售企业战略目标是指在一定时期内，根据其外部环境变化和内部条件的可能，为完成使命所预期达到的效果。战略目标是企业战略的重要内容，指明了企业的发展方向和操作标准。

对于零售企业而言，其战略目标主要包括以下几方面的内容。

（一）企业的赢利能力

获利是企业的终极目的，一个赢利能力强的零售商，就能够保证企业获得较多的利润，从而为企业的发展提供资金的支持，因此零售企业的赢利能力是制定战略目标时所考虑的最重要的目标。赢利能力往往用资产利润率、投资收益率、销售利润率三个指标来衡量。

（二）市场能力

市场能力是反映一个企业与竞争对手进行竞争的过程中赢得顾客青睐的能力。能够赢得顾客青睐的零售商就能够在市场竞争中占有有利的地位，因此零售商的市场能力是企业制定战略目标时考虑的另一个重要目标。市场能力往往用市场占有率、销售额或销售量来衡量。

（三）公众满意度

任何一个企业都不能够把自己的目标仅仅定位在获取利润上。因为企业往往要面对众多公众，这里面不仅仅有股东，还有政府、供应商、企业员工以及媒体等。让众多公众满意就要考虑不同公众对企业的期望，要尽可能达到各种公众的期望，这样才能够使众多公众满意。公众满意度往往可以用顾客满意度、纳税额、提供的就业岗位数、及时付款等指标来反映。

（四）企业形象

形象是顾客、社会人士对零售企业的评价。好的形象是企业的一笔非常重要的无形资产，是竞争优势的来源。良好的企业形象能使顾客慕名而来，生意长盛不衰。因此,获取良好的企业形象也是零售企业的重要战略目标之一。良好的企业形象主要表现为高的美誉度和知名度。

三、零售战略目标体系

由于企业内部不同利益主体的存在,战略目标之间不可避免地会出现矛盾与冲突。因此制定战略目标的有效办法就是构筑战略目标体系,使战略目标之间相互衔接、相互制约,以达到目标体系的优化。目标体系往往由总体战略目标和主要的职能目标组成。总体战略目标是在企业使命的基础上,制定总体战略目标,然后层层分解,规定保证性的职能战略目标,这样就能够保证战略目标的确立与执行。零售战略目标体系主要由经济性目标、社会性目标、精神性目标三部分构成。

第四节　零售企业总体发展战略

零售企业总体发展战略是指零售企业从全局出发制定的关于经营活动的总谋划、总方针和总体部署。它要解决零售企业未来经营的方向问题,而不是对经营环境短期波动做出的反映,更不是解决零售企业的日常事务问题。它是零售企业各项经营活动计划综合平衡形成的全局的、整体的规划,而不是企业单项活动计划,也不是单项经营活动的长期计划。

此外,发展战略必须是实事求是、切实可行的,而不是表达美好的动机或最佳意愿的,不是主观臆断。零售企业发展战略主要有三种类型,即增长战略、收缩战略和竞争战略。

一、增长战略

增长战略又称发展战略,或扩张战略,其核心是追求企业规模的增长,实现企业在赢利能力、市场占有率、销售额、市场竞争能力等方面的增强。零售企业发展新业务的方法有两种:一体化增长和多元化增长。

(一)一体化增长

如果企业的发展很好,而且企业在供、产、销等方面实行一体化能提高效率,加强控制,扩大销售,则可实行一体化增长战略。这种战略包括以下几种形式。

1. 后向一体化

后向一体化即企业通过收购或兼并若干原材料供应商,拥有和控制其供应系统,实行供产一体化。例如,某零售企业收购了几家食品生产企业将其生产的商品打上该零售企业的品牌来销售实行产销一体化。

2. 水平一体化

水平一体化即企业收购、兼并竞争者的同种类型的企业,或者在国内外与其他同类企业合资生产经营等。例如,零售行业内各企业之间的联合式合并等。

(二)多元化增长

多元化增长就是指零售企业尽量增加产品种类,跨行业生产经营多种产品和服务,扩大企业的市场范围,使企业的特长得到充分发挥,人力、物力、财力等资源得到充分利用,从而提高经营效益。多元化增长的主要方式有以下几种。

1. 同心多元化

同心多元化即企业利用已经营产品的特长,扩大经营范围,提供更多同类产品,或者经营多种相关产品,形成在某类产品经营方面的专业和特色。例如,汽车零售商向汽车配件经营上的扩展。

2. 水平多元化

水平多元化即企业利用原有市场,在满足该类市场多样化需求的基础上,提供有针对性的产品类别,专门满足某一群体广泛的需要。例如,由专营童装与专向经营所有儿童用品。

3. 集团多元化

集团多元化即大企业收购、兼并其他行业的企业,或者在其他行业投资,把业务扩展到其他行业中去,新产品、新业务与企业的现有产品、技术、市场毫无关系。例如,国美电器在电器专营店的经营取得成功后,又不断投资于其他类型的零售业态,形成集团化经营。

二、收缩战略

企业的资源是有限的,由于零售企业采取了某种战略进入了新的行业或扩大了经营范围,它可能在必要时必须退出某些业务领域;或者由于经营环境的变化,致使现有的一些经营领域已经没有了多大吸引力,而放弃某些业务领域。这些情况的发生,都会迫使其退出这些领域,这就是收缩战略。

收缩战略,是企业从目前的战略经营领域收缩或撤退,且偏离战略起点较大的一种战略。收缩战略是一种消极的发展战略,其目的是"以退为进",是"退一进二"的缓兵之计。收缩战略的基本特征是:对企业现有商品或市场领域实行收缩、调整和撤退战略,放弃某些商品和市场的经营;对企业现有资源的配置严格控制、消减费用开支。这一战略的实施往往伴随企业的裁员及一些大额资产的暂停购买。收缩战略具有短期性,它是一种过渡战略,是为今后的发展积蓄力量。收缩战略主要包括以下几种形式。

(一)抽资转向战略

抽资转向战略是企业在现有业务领域不能维持原有的市场规模,或发现新的更好的发展机遇的情况下,对原有业务领域压缩投资、控制成本的战略。一般情况下,抽资转向战略的具体方式有:调整组织结构、降低成本和投资和加快回收企业资产。在此需要注意的是,抽资转向战略往往会使企业的经营主方向发生转变,可能会涉及公司使命的变化,这时公司最高管理层必须有明确的战略意图,即决断是保留现有业务还是重新确定企业使命。

（二）放弃战略

放弃战略是将企业一个或几个部门转让、出售或停止经营的战略。对于零售商而言，主要表现为放弃某些店铺、出售某些配送中心等。当然，放弃战略往往会遭受各方面的阻力，如公司管理层和普通员工的阻力等。

（三）清算战略

清算战略是指卖掉其资产或终止整个企业的运行的战略。显然，选择这种战略的企业等于承认失败，是一种感情上最难以接受的战略，也是企业在无药可救的情况下才采取的一种战略。

三、竞争战略

竞争战略的中心问题是确定企业在其行业中的相对地位。这一地位决定了企业的赢利能力是高于还是低于行业的平均水平。一个地位选择得当的企业，即便行业结构不利、行业的平均利润水平不高，也能够获得较高的收益率。而要获取较高的获益率，其根本途径就是要有持久的竞争优势，而取得竞争优势的一个关键因素是企业是否选择了正确的竞争战略。根据美国竞争战略专家迈克尔·波特的观点，企业的竞争战略主要有三种类型：成本领先战略、差异化战略和目标集中战略。

（一）成本领先战略

成本领先战略是零售商常用的一种竞争战略。成本领先战略是指通过采用一系列具体措施使企业在本行业中赢得总成本领先。与采取其他战略的企业相比，贯穿于整个成本领先战略中的主题是使其成本低于竞争对手。为了达到总成本领先，企业必须在经营管理的各个方面进行严格控制，发现和挖掘所有能够带来成本优势的来源。零售业成功采取该战略的典型代表是美国“零售大鳄”沃尔玛公司。

美国学者 Barry Berman 认为，零售商要想获得成本领先优势，可以采取以下方式中的一种或几种：①使运营程序更加标准化；②商店布置、规模和经营商品的标准化；③利用次等位置、独立的建筑以及在较老的狭窄商业中心区选址，或者利用其他零售商废弃的店址；④将商店置于劳动力成本低、建筑和运营成本低的小社区；⑤使用廉价的建筑材料，进行简单的装修；⑥利用简易的设施和低成本展台；⑦加入合作采购团体；⑧鼓励制造商为存货提供融资。

（二）差异化战略

差异化战略是零售商可以选择的第二种基本竞争战略。差异化战略是指在一定的行业范围内，企业向顾客提供的商品或服务与其他竞争者相比独具特色、别具一格，使企业建立起独特的竞争优势。对于零售企业而言，差异化战略就是在力求就顾客广泛重视的一些方面在行业中独树一帜，并为其选择一种独特的地位来满足顾客的需要，而企业将因其所拥有的独特地位而获得溢价。差异化战略并不是说企业可以忽略成本因素，只不过这时的战略目标不是低成本而已。

1. 差异化战略的益处

零售企业可以通过差异化战略建立起稳固的竞争地位,从而使企业获得高于行业平均水平的收益。差异化战略的益处主要表现在以下几个方面。

(1)建立起顾客对商品或服务的认识和信赖,降低顾客对商品价格或服务发生变化时的敏感性。

(2)顾客对品牌的信赖和忠实形成了强有力的行业进入壁垒。

(3)差异化战略产生的高边际收益增强了企业对供应商的讨价还价的能力。

(4)差异化战略使得顾客缺乏与之比较的商品或服务的选择,降低顾客的讨价还价能力。

(5)差异化战略建立起顾客对本商场商品的信赖,使其他商场很难与之竞争。

2. 差异化战略的风险

对于零售商而言,实行差异化战略同样存在着风险。其风险表现如下:①实行差异化战略,零售商服务成本有可能很高;②顾客会变得更加精明,他们会降低对产品或服务差异化的要求;③竞争对手的模仿可缩小顾客感觉到的产品差异,这是随着行业成熟而发生的一种普遍现象。

(三)目标集中战略

目标集中战略是零售企业可以选择的第三种基本竞争战略。与总成本领先战略和差异化战略所不同的是,目标集中战略不是在整个行业范围内取得竞争优势,而是围绕行业中某个或某组特定目标市场开展战略经营活动。它要求零售商着眼于行业中的一个较小空间,为这一较小市场的顾客量体裁衣并开展服务。其战略的中心是:企业能够比竞争对手更有效地为较窄范围的目标顾客群服务。从总体市场来看,也许集中战略并未取得成本领先或差异化优势,但它却能在较窄的市场范围内,取得成本方面或差异化方面的竞争优势。

第五节　零售企业战略实施与控制

当零售企业制定了自身的发展和竞争战略后,就要付诸实施,这样才能够实现企业的战略目标。由于在实施战略的过程中,企业的外部环境和内部条件都在不断地变化,因此需要对整个战略实施过程进行监督控制,以便进行必要的信息反馈和调整。

一、战略实施

实践证明,战略实施并不能轻而易举、水到渠成地对资金、时间和人力进行安排。因此,战略实施较之战略分析和战略选择来说,可能涉及面更广,问题也更多。

(一)战略实施涉及的因素

战略实施涉及的因素很多,实践证明,只有当影响战略实施的各种因素相互匹配时,战略实施才会成功。根据麦肯锡公司的研究,战略实施与几个重要因素密切相关,构建了著名的"麦肯锡 7 – S 模型"。它认为,卓越企业非常重视 7 个管理因素的协调,即战略(strategy)、结构(structure)、制度(system)、作风(style)、人员(staff)、技能(skill)和共同价值观(share values)。将上述 7 个"S"因素在组织中相互结合,组成一个互补互助的管理体系,才能够保证战略顺利实施。在这个模型中,7 个"S"分别表示以下内容

(1)战略:企业取得竞争优势的长远发展筹划。

(2)结构:组织结构。

(3)制度:规定的制度和例行程序,如会议方式、业务流程、财务预算系统等。

(4)作风:主要领导人为实现组织目标所采用的方法、技巧,以及企业的传统作风。

(5)人员:企业内部人员的分工与安排,尤其是重要员工的分工。

(6)机能:主要员工或整个企业的独特能力。

(7)共同价值观:企业长期形成的宗旨、经营哲学等。

(二)战略实施的内容

1. 建立完成战略计划的组织

根据企业战略的要求,建立与之适应的组织结构,并通过合理分工的组织结构来执行与战略要求相一致的各种短期计划。

2. 围绕战略目标有重点地配置资源

按照战略的要求,合理地分配资源,使企业能将有限的资源集中用于战略实施上,为此要搞好部门战略项目规划及预算。

3. 创造良好的战略实施环境

战略的实施,必须要有良好的实施环境,才能保证战略的顺利实施。为此应当树立和调整企业文化,使之与战略要求相适应,从而保证战略能在和谐有序的内部气氛中得到彻底贯彻。

4. 设置战略管理支持系统

制定有助于战略实施的政策和程序,建立战略信息报告系统,以及完善内部控制机制以保证战略方向不偏离预定目标。

5. 发挥战略实施中领导的作用

在战略实施的过程中,企业领导要发挥重要的领导作用,坚定不移地推动战略的实施,同时要协调内部各类关系,激发员工的潜力。

二、战略控制

战略控制是监督战略实施过程,及时纠正偏差,确保战略有效实施,使战略实施结果基本符合预期计划的必要手段,是企业根据战略决策的目标对战略实施过程进行的控制。之所以要进行战略控制,主要原因在于企业内外部环境在不断变

化,致使原有的战略不大符合实际;或者由于企业战略本身有重大缺陷或目标不明确,在实施过程中,难以贯彻,偏离了战略计划预期目标;或者在战略实施过程中,受企业内部某些主客观因素变化的影响,偏离了战略计划预期目标。

对战略进行控制主要包括以下几个步骤。

(一)制定控制的定量和定性标准

控制标准是企业进行战略控制的关键项目,项目控制需要采用定量和定性相结合的方式,体现出企业一定的期望。

(二)测量执行过程中的实际效果

实际效果是企业在执行战略过程中实际达到的水平。企业一般通过信息渠道把各种战略目标执行情况汇集起来,进行整理。为了准确衡量实际效果,企业必须制定出具体的衡量方法以及衡量范围。

(三)比较控制标准和实际效果的差异

由于企业本身是一个开放、动态的系统,因此企业内部条件和外部环境因素是在不断变化的,也就有可能导致实际的结果与预期目标之间出现差异。为此就必须将实际效果与控制标准之间进行对比,确认两者之间的差异程度。找出差异度大的,尤其是影响到战略总目标的差异,对导致这种差异进行分析,找出真实原因。

(四)判断差异情况,采取纠正措施或维持现状

企业将实际结果与控制标准进行比较,可能出现以下三种情况。

(1)实际效果达到或超过控制标准,但在合理范围内,属于弱偏差,表明企业战略执行正常,企业可按原计划继续执行。

(2)实际效果尚未达到控制标准,但仍在合理范围内,属于弱负偏差。如果判断是具体战略计划执行中出现的问题,则一般采取战术纠正措施,以确保战略目标的顺利实现。

(3)实际效果偏离控制标准较大,如果判断是外部环境引起的重大原因或是原先制定的战略目标不当,应视具体情况,进行综合分析,必要时采取战略纠正措施,或调整目前的战略目标。

本章案例

外资零售频繁关店 国内零售业迎契机?

从2012年开始,整个零售行业进入冷冻期。2013年全球第三的零售大佬乐购在中国连关4店后,乐购上海镇宁店也于2013年5月31日关闭,乐购进入中国市

场后的首家门店、位于长宁国际体操中心的乐购长宁店也于2013年9月21日结束长达15年的营业。

2012年，沃尔玛、家乐福等多家外资零售商都出现了在华扩张放缓、关闭门店的现象。2013年4月，沃尔玛更是遭遇连关3店的“尴尬”。家乐福2010年相继关闭了中国市场的6家门店。

“近来外界一直关心的一个话题就是零售业的困境与不断的关店现象。其实这是再正常不过的事情！”上海通略零售业顾问公司董事长沈建国说。从表面上看，外资超市似乎在华的确陷入了发展困境，但商业现象从来没有看上去的那么简单。

重新洗牌？

事实上，像乐购、沃尔玛、家乐福等外资零售大佬，门店的频频关闭，是运营的“滑铁卢”，还是战略的再重组，依然真相不明！

诚如“有关专家”所言，对这些全球规模的企业来说，关几个门店实在不应该大惊小怪。毕竟拳头收回之举是否蓄势更大的杀招，谁也说不清楚。“罗森现在在重庆有了53家24小时便利店，今年我们关了5家开了4家，引起了大家的一些猜疑。”对于门店关张，罗森重庆公司的总经理福田晓村可能是外企中少有的正面回应者，他表示：“2013年重庆罗森增开新店的目标是‘保底100力争120’，而关5家店只不过是罗森重庆公司整体运营的需要而已。”有关分析师认为，这种频繁的关店行为，可能是企业本身在资金、人力等方面的“重新洗牌”，其目的是为了博取更多的利好。

北京工商大学教授洪涛认为，关店是减少亏损，面对现实的实际举措，外资不可能一夜之间在中国市场集体水土不服。可以肯定的是，目前，沃尔玛已经确定在深圳同城开设一家全新的商场。调整后，沃尔玛在无锡还有3家门店，在深圳还设有21家门店。“沃尔玛没有调整‘三年内开设100间门店’的目标。”沃尔玛中国公司事务高级总监李玲说。

一位资深零售人士表示：“偶尔关店并不算是什么新闻，其实，外资也是在有选择性地关店，并不像外界传言的那样外资即将灭亡。相反，更应该引起内资企业注意的是，这或许是外资企业在借调整之机酝酿更多的新战略。”

战略收缩？

零售行业没有“常胜将军”。

“没有哪一个企业能无限制地发展和提升，像沃尔玛这样的企业，其运营模式一旦固定，要从根本上改变，是完全不可能的。在某个特定的历史阶段，很可能会获得长足的发展。可是一旦历史条件发生根本性的改变，背负那么多的‘坛坛罐罐’，必然后继乏力。”零售专家、上海尚益企业管理咨询有限公司总经理胡春才认为。

沈建国则指出，当新一轮市场大战打响时，谁的“坛坛罐罐”越多，谁就越摔不起。与其在激烈的商业战场上被别人打碎,不如自己主动关张。这样不仅可以将损失降到最小,也可以集结优势兵力"突出重围"。对于这样的企业而言,门店关张表面上看起来是运营的滑铁卢,实际上却是战略的再重组。

乐购、沃尔玛、家乐福这样的零售大佬,以往凭借着覆盖区域广、坛坛罐罐多的优势将超级卖场打造成了"铁板一块"。然而随着众多 B2B、B2C 电子商务平台的出现,这块铁板也开始出现了裂缝。

"电商时代,零售大佬们身上的优势已不再那么明显!无论是多么强大的线下零售卖场,要和以网络技术为基础,借助现代物流运作的电商们比地域覆盖,胜算很低。"北京工商大学教授洪涛分析说:"为使企业提高自身竞争力,就必须进行收缩,使企业本身能接地气,减少坛坛罐罐的负担,是必然要迈出的步子。"

创新契机

沃尔玛、家乐福、乐购这样的国际零售大佬都遭遇到尴尬,国有零售企业仍然闷头闷脑打出"要做中国沃尔玛"之类的旗号,企图复制沃尔玛十几年前的成功经验,那无疑是自掘坟墓。

那么,中国本土的线下零售卖场该怎么做,才能在激烈的市场竞争中提高自身的竞争力,最后能像沃尔玛这样的企业冲出国门,成为世界性的零售企业?

正如北京牛街清真超市总经理平国栋所说:"任何创新都应该符合市场规律,符合客户的要求,在研究消费需求,尤其是越来越个性化的需求方面,我们跟外资企业相比,仍然有很大的差距……"

也许,创新是唯一的办法。

"企业得有自己的一套东西,光靠外面的人往里带是不行的。落后了这么多年,虽说在加速追赶,也还只是刚学了点皮毛,内功还差得远,比如商业理念和商业文化的前瞻性和引导性,我们总是跟在人家后面跑,等你学会了,人家又出了一套新的东西,这是不行的。"平国栋强调。

随着国内经济的飞速发展,消费需求越来越多元化起来,国内市场格局也随之发生改变。这一动向甚至那些多次缔造"零售传奇"的外资大佬们都未能把准,只能通过战略紧缩来换取进一步决策的时间。国内企业所面临的挑战就更不必说了,但挑战与机遇并存,正是因为国内市场格局的改变,才使本土企业迎来了"深化管理改革,创新运作模式"的最佳时机。

"外企频频关店现象的背后,我们应有所反思。当线下零售的'坛坛罐罐'成为一种负担,适当地缩减是可以理解的。但是战略缩减与模式创新应该齐头并进。怎样发挥优势,怎么样实现创新,成了国内零售企业必须破解的'摩斯密码'。可能电子商务会是一个很好的切入点。"胡春才如是说。

资料来源:梁寒怡. 外资零售频繁关店,国内零售业迎契机?. 中国商报 · 超市周刊,2013. 06. 03, http://www.linkshop.com.cn/web/ archives/2013/253637. shtml

案例讨论:从战略的视角出发,讨论外资零售大佬为何频繁关店?对于国外零售业而言有何启示？

本章小结

零售企业的长期业绩在很大程度上取决于它的战略正确与否。零售战略是对企业全局发展的筹划和谋略，它实际上反映的是对重大问题的决策结果，以及将要采取的重要行动方案。战略管理则不仅是决策方案的制订，还要涉及战略方案的选择、实施和控制，因此战略管理是一个系统过程。它包括：确定战略目标；制定总体发展战略；确定竞争战略；对战略实施和控制。

战略分析是零售企业实施战略管理的基础阶段，是制定有效战略的关键环节。零售企业的战略分析主要从三个方面展开：一是零售企业宏观环境分析；二是零售企业的行业环境分析；三是零售企业内部条件分析。其中宏观环境和行业环境作为零售企业的外部环境，既为企业提供发展的机会，同时又给企业带来威胁；而对企业内部条件的分析在于使企业了解自身的实力，判断其能否很好地应对外部环境给它带来的机遇与威胁。

零售发展战略是指零售店经营者从全局出发制定的关于经营活动的总谋划、总方针和总体部署。零售企业发展战略决策往往有三种类型，即增长战略、收缩战略和竞争战略。当零售企业制定了自身的发展和竞争战略后，就要付诸实施，这样才能够实现企业的战略目标。

思考题

1. 什么是零售战略？
2. 零售战略管理的特征是什么？
3. 如何分析零售企业的宏观环境？
4. 对零售企业影响最直接、作用最大的外部环境是哪种环境？
5. 什么是差异化战略？
6. 对于零售企业而言，其战略目标主要包括哪几个方面的内容？
7. 零售企业发展战略决策有哪几种类型？
8. 零售企业在战略实施的过程中需要考虑哪些因素？
9. 战略控制的步骤主要有哪些？

第三章

零售顾客分析

了解零售顾客需求的特点和需求的类型。掌握零售顾客需求的内容。理解购买动机的含义并了解影响购买动机的因素,掌握购买动机的类型。理解消费者购买行为的含义,了解影响消费者购买行为的因素,掌握消费者购买决策的特点和消费者购买决策的原则,能够分析消费者购买决策程序。

零售企业经营活动的最关键环节就是销售,而其销售服务的对象是顾客。要想使零售获得成功就需要了解顾客、分析顾客,有针对性地为顾客提供服务。因此,零售企业管理者必须了解零售顾客的需求、熟悉零售顾客的动机并能够对零售顾客的购买行为进行分析。本章将在讲解顾客需求、动机和购买行为等基本概念的基础上详细分析顾客需求、动机的构成以及顾客购买行为的各个阶段,帮助零售管理者把握零售顾客,更好地服务于零售顾客。

第一节　零售顾客的需求

需求是个体由于缺乏某种生理或心理满足而产生内心紧张,从而形成与周围环境之间的某种不平衡状态。其实质是个体为延续和发展生命,以一定方式对适应环境所必需的客观事物的需要反映,这种反映通常以欲望、渴求、意愿的形式表现出来。

顾客消费需求包含在人类的一般需求之中,它反映了顾客某种生理或心理体验的缺乏状态,并直接表现为顾客对获取以商品或劳务形式存在的消费对象的要求和欲望。例如,人们感到饥饿时,会产生对食物的需求;感到寒冷时,会产生对御寒衣物的需求;感到孤独寂寞时,会产生对交往、娱乐活动,以及礼品、娱乐品的需求;感到被人轻视时,会产生对有助于提高身份地位的高档、贵重商品的需求。这些需求成为人们从事消费活动的内在原因和根本动力。正是为了满足形形色色的消费需求,顾客才努力实施相应的消费行为。

应注意的是,任何需求都是有对象的。顾客的需求总是针对能满足自身生理或心理缺乏状态的物质对象而言的。在商品社会中,消费需求具体体现为对商品和劳务的需求。倘若现实生活中不存在或社会尚不能提供某种商品,对这种商品的消费需求就无从产生,需求本身也就变得毫无意义。

值得指出的是,有时顾客并未感到生理或心理体验的缺乏,仍有可能产生对某种商品的需求。例如,面对美味诱人的佳肴,人们可能产生食欲,尽管当时并不感到饥饿;而华贵高雅、款式新颖的服装经常引起一些女性消费者的购买冲动,即便她们已经拥有多套同类服装。这些能够引起消费者需求的外部刺激(或情境)称作消费诱因。

一、顾客需求的特点

现实生活中,顾客的需求丰富多彩、纷繁复杂,并随着社会的发展而不断丰富、发展和变化。尽管如此,顾客的需求仍具有共同的趋向性和规律性。这些共性体现在顾客需求的基本特征之中,具体表现为以下几个方面。

(一)多样性和差异性

多样性和差异性是顾客消费需求最基本的特性,它既表现在不同顾客之间多种需求的差异上,也体现于同一顾客多元化的需求内容中。

顾客消费需求作为消费者与所需消费对象之间的不均衡状态,其产生取决于消费者自身的主观状况和所处消费环境两方面因素。不同的消费者在年龄、性别、民族、宗教信仰、生活方式、文化水平、经济条件、个性特征、所处地域的社会环境等方面的主客观条件千差万别,由此形成多种多样的消费需求。每个消费者都按照自身的需求选择、购买和评价商品,例如,有人以经济实用作为选择标准,有人则要求商品外观美观新颖,等等,从而鲜明地显示出不同消费者之间消费需求的差异性和异质性。

(二)层次性和发展性

顾客的消费需求是有层次的。按照不同的划分方法,可以把消费需求划分为若干个高低不同的层次。例如,充饥、御寒属于较低层次的需求;受人尊重、实现自我属于较高层次的需求。通常,顾客必须首先满足低层次的需求,在低层次需求得到满足的基础上才能追求高层次需求的满足。但在特殊情况下,需求的层次顺序也可以改变,即消费者可能跨越低层次需求去首先满足高层次需求,也可能在高层次需求满足之后,转而寻求低层次需求的满足。

顾客的消费需求还具有发展性,这体现在顾客的消费需求是一个由低级向高级、由简单向复杂不断发展的过程。这一过程与人类社会的历史进程密切相关,是随着满足需求的消费对象在内容、范围、方式上的改变而变化发展的。

(三)伸缩性和周期性

伸缩性又称需求弹性,是指顾客对某种商品的需求会因某些因素如支付能力、价格、储蓄利率等的影响而发生一定限度的变化。从支付能力上看,现实生活中,每个顾客都同时具有多种需求,但在一定时期内,多数顾客的支付能力是有限的。多方面的消费需求与有限的支付能力之间的矛盾斗争、转化平衡,使消费需求有限地得到满足,并表现出一定的伸缩性,即在需求数量和程度上可多可少,可强可弱。价格亦是引起需求伸缩性的主要因素。

在具有伸缩性的同时,顾客消费需求的变化还具有周期性的特点。一些消费需求在获得满足后,于一定时期内不再产生,但随着时间的推移还会重新出现,并显示出明显的周期性。重新出现的需求不是对原有需求的简单重复,而是在内容、形式上有所变化和更新。因此,消费需求的周期性循环出现不仅是需求形成和发展的重要条件,也是社会经济发展的重要推动力。

顾客消费需求的周期性主要由消费者的生理活动特征及某些心理特性引起,并受到自然环境变化周期、商品生命周期和社会时尚变化周期的影响。在上述因素的共同作用下,消费需求的周期性呈现出多种不同的表现形式。例如,食品的需求周期具有时间短、循环快、重复性高的特点;服装的需求周期直接受气候变化的影响,表现出明显的季节性;而某些流行时尚需求的变化周期则具有不确定性,一种着装方式可能在消退5 年、10 年,甚至更长时间后重新流行起来。

(四)可变性和可诱导性

消费需求是消费者个体与客观环境之间不平衡状态的反映,因此其形成、发展和变化直接受到所处环境状况的影响和制约。客观环境包括社会环境和自然环境,它们无一不在变动、发展之中。因此,一定阶段社会政治经济制度的变革、伦理道德观念的更新、生活和工作环境的变迁、社会交往的启示、广告宣传的诱导、生态环境的变化等,都可能改变人们消费需求的指向或程度,使此项需求转变为彼项需求,潜在的需求转变为显现的需求,微弱的需求转变为强烈的需求。

消费需求不是一成不变的,无论何种内容、层次的需求都会因环境的变化而发生改变。因此,消费需求具有可诱导性,即可以通过人为地、有意识地给予外部诱因或改变环境状况,诱使和引导消费需求按照预期的目标发生变化和转移。

实践中,许多企业正是利用消费需求的可变性和可诱导性这一特点,开展广告宣传,倡导消费时尚,创造示范效应,施予优惠刺激,以影响、诱导消费者形成、改变或发展某种需求。

二、顾客需求的类型

顾客需求的类别极其丰富,有关学者对其研究的角度不尽一致,因此分类的结果也不相同。本书将对这些分类方式进行简单的归纳总结,并从中探求顾客消费需求的构成。

(一)按照需求的起源划分

按照需求的起源划分,顾客需求可以分为自然的需求、社会的需求,或生理的需求、心理的需求。自然的需求是指顾客为维持和延续生命，对于衣、食、住、睡眠、安全等基本生存条件的需求。社会的需求是指顾客在社会环境的影响下，所形成的带有人类社会特点的某些需求，如社会交往的需求、对荣誉的需求、自我尊重的需求、表现自我的需求等。

（二）按照需求的对象划分

按照需求的对象划分，顾客需求可以分为物质的需求、精神的需求。物质的需求指顾客对以物质形态存在的、具体有形的商品的需求。这种需求反映了顾客在生物属性上的欲求，其中又可以进一步作低级和高级之分。低级的物质需求是指维持生命所必需的基本对象；高级的物质需求指人们对高级生活用品如现代家用电器、高档服装、美容美发用品、健身器材等，以及用于从事劳动的物质对象如劳动工具的需求。

精神需求指顾客对精神产品的需求。具体表现为对艺术、知识、美、认识和追求真理、满足兴趣爱好以及友情与亲情等方面的需求。这种需求反映了顾客在社会属性上的欲求。

（三）按照需求的形式划分

按照需求的形式划分，顾客需求可以分为生存的需求、享受的需求和发展的需求。生存的需求包括对基本的物质生活资料、休息、健康、安全的需求。满足这类需求的目的是使顾客的生命得以维持和延续。

享受的需求表现为要求吃好、穿美、住得舒适、用得奢华，有丰富的娱乐生活。这类需求的满足，可以使顾客在生理和心理上获得最大限度的享受。

发展的需求体现为要求学习文化知识，增进智力和体力，提高个人修养，掌握专门技能，在某一领域取得突出成就等。这类需求的满足，可以使顾客的潜能得到充分发挥，人格得到高度发展。

（四）按照需求的层次划分

按照需求的层次划分，顾客需求可以分为生理的需求、安全的需求、爱和归属的需求、尊重的需求、自我实现的需求。这种分类方法是按照美国人本主义心理学家马斯洛于 1943 年提出的“需求层次理论”来划分的。其中生理的需求是个体为维持生存和发展而对基本生活资料的需求，也是各类需求中必须首先得到满足的最基本的需求。

安全的需求是人们希望保护自己的身体和精神不受危害的欲求，包括要求社会环境安全，职业稳定，生活有保障，有良好的医疗保健条件等。

爱和归属的需求是人们作为社会成员，希望获得友情、亲情和爱情，与他人保持密切的交往，归属于某一社会群体，得到群体的关心和帮助。

尊重的需求包括自我尊重和受人尊重两方面的要求，具体表现为渴望实力、成就、独立与自由，渴望名誉、声望与受到别人的赏识和高度评价等。

自我实现的需求指人们希望发挥自己的特长和潜能，实现对理想、信念、抱负的追求,取得事业的成功,使自我价值得到充分实现。

三、顾客需求的内容

无论顾客需求的种类有多少,但在消费过程中,顾客需求的内容基本上是统一的。也就是说顾客在消费过程中所追求的东西是一致的,多姿多彩的顾客需求具有统一性。在广泛借鉴和综合前人研究成果的基础上,紧密结合顾客的消费实践,本书将顾客需求的内容划分为以下几个方面。

(一)对商品基本功能的需求

商品基本功能指商品的有用性,即商品能满足人们某种需求的物质属性。商品的基本功能或有用性是商品被生产和销售的基本条件,也是消费者需求的最基本内容。

任何消费都不是抽象的,而是有具体的物质对象的。而成为消费对象的首要条件就是要具备能满足人们特定需求的功能。例如,小汽车要能高速灵活驾驶,冰箱要能冷冻、冷藏食品,护肤用品要能保护皮肤,这些都是消费者对商品功能的最基本要求。正常情况下,基本功能是顾客对商品诸多需求中的第一需求。

顾客对商品基本功能的需求具有如下特点。

第一,要求商品的基本功能与特定的使用用途相一致。例如,健身器材应有助于强身健体,倘若附带办公、学习功能则属多余。因此,商品功能并非越多越好,而是应与消费者的使用要求相一致。

第二,要求商品的基本功能与顾客自身的消费条件相一致。就消费需求而言,商品功能的一物多用或多物一用的优劣不是绝对的,评判的标准只能是与顾客自身消费条件的适应程度。

第三,顾客对商品功能要求的基本标准呈不断提高的趋势。基本标准指商品最低限度应具备的功能。随着社会经济的发展和消费水平的提高,顾客对商品应具备功能的要求标准也在不断提高。以小汽车为例,20 世纪五六十年代的功能标准是安全、高速、灵活、省油;而到 20 世纪 80 年代以后,人们不仅对原有功能要求更严格,而且要求同时具备娱乐、舒适、通信、适应流动性生活等多种功能。

(二)对商品质量性能的需求

质量性能是顾客对商品基本功能达到满意或完善程度的要求,通常以一定的技术性能指标来反映。但就消费需求而言,商品质量不是一个绝对的概念,而是具有相对性。构成质量相对性的因素,一是商品的价格,二是商品的有用性,即商品的质量高低是在一定价格水平下,相对于其实用程度所达到的技术性能标准。

与此相适应,顾客对商品质量的需求也是相对的。一方面,顾客要求商品的质量与其价格水平相符,即不同的质量有不同的价格,一定的价格水平必须有与其相称的质量;另一方面,顾客往往根据其实用性来确定对质量性能的要求和评价。某些质量中等,甚至低档的商品,因已达到消费者的质量要求,也会为消费者所接受。

例如,甲、乙两种品牌的洗衣机,乙品牌在容量、耗电量、洗净率、磨损率、振动噪声等技术指标方面均逊于甲品牌,但甲品牌的价格远高于乙品牌,且更适合于多人口家庭使用;因而对于中低收入、单身或人口少的家庭的消费者来说,乙品牌洗衣机的质量就是令人满意、可以接受的。这种相对特性,对于企业正确进行产品市场定位具有重要意义。

(三)对商品安全性能的需求

顾客要求所使用的商品卫生洁净,安全可靠,不危害身体健康。这种需求通常发生在对食品、药品、卫生用品、家用电器、化妆品、洗涤用品等商品的购买和使用中,是人类追求安全的需求在消费需求中的体现。具体包括如下要求。

第一,商品要符合卫生标准,无损于身体健康。例如,食品应符合国家颁布的食品卫生法、商品检验法等法规;在保质期内出售和使用;不含任何不利于人体健康的成分和添加剂。

第二,商品的安全指标要达到规定标准,不隐含任何不安全因素,使用时不发生危及身体及生命安全的意外事故。这种需求在家用电器、厨具、交通工具、儿童玩具、化妆品等生活用品中尤为突出。

第三,商品要具有保健功能,能防病祛病,调节生理机能,增进身体健康。近年来,消费品市场上对健身器材、营养食品、滋补品、保健品的需求强劲,形成新的消费热点。这表明现代顾客对商品安全的需求已不仅仅局限于卫生、无害,而是进一步上升为有益于身体健康。

(四)对商品消费便利的需求

消费便利的需求表现为顾客在购买和使用商品过程中对便利的要求。在购买过程中,顾客要求以最少的时间、最近的距离、最快的方式购买到所需商品。同类商品,质量、价格几乎相同,其中购买条件便利者往往成为顾客首先选择的对象。在使用过程中,顾客要求商品使用简单、易学好懂、操作容易、携带方便、便于维修。实践中,许多商品虽然具有良好的性能、质量,但由于操作复杂、不易掌握,或不便携带、维修困难,导致不受顾客的欢迎。

(五)对商品审美功能的需求

对商品审美功能的需求表现为顾客对商品在工艺设计、造型、色彩、装饰、整体风格等方面审美价值上的要求。对美好事物的向往和追求是人类的天性,它体现在人类生活的各个方面。

在消费活动中,顾客对商品审美功能的需求,同样是一种持久性的、普遍存在的心理需求。在审美需求的驱动下,顾客不仅要求商品具有实用性,同时还要求商品具备较高的审美价值;不仅重视商品的内在质量,而且希望商品拥有完美的外观设计,即实现实用性与审美价值的和谐统一。

(六)对商品情感功能的需求

对商品情感功能的需求是指顾客要求商品蕴含浓厚的感情色彩,能够体现个人的情绪状态,成为人际交往中沟通感情的媒介,并通过购买和使用商品获得情感的补偿、追求和寄托。情感需求是顾客心理活动过程中的情感过程在消费需求中的独立表现,也是人类所共有的爱与归属、人际交往等基本需求在消费活动中的具体体现。

顾客作为拥有丰富情绪体验的个体,在从事消费活动的同时,会将喜怒哀乐等各种情绪体验映射到消费对象上,即要求所购商品与自身的情绪体验相吻合,相呼应,以求得情感的平衡。例如,顾客在欢乐愉悦的心境下,往往喜爱明快热烈的色彩;在压抑沉痛的情绪状态中,经常倾向于暗淡冷僻的色调。

此外,顾客作为社会成员,有着对亲情、友情、爱情、归属等情感的强烈需求。这种需求主要通过人与人之间的交往沟通得到满足。许多商品如鲜花、礼品等,能够外现某种感情,因而成为人际交往的媒介和载体,起到传递和沟通感情、促进情感交流的作用。有些商品,如毛绒玩具等,被赋予独特的情感色彩,可以帮助顾客排遣孤独和寂寞,获得感情的慰藉和补偿,从而也具有满足消费者情感需求的功能。

(七)对商品社会象征性的需求

商品的社会象征性是指顾客要求商品体现和象征一定的社会意义,使购买、拥有该商品的顾客能够显示出自身的某些社会特性,如身份、地位、财富、尊严等,从而获得心理上的满足。

在人的基本需求中,多数人都有扩大自身影响、提高声望和社会地位的需求,有得到社会承认、受人尊敬、增强自尊心与自信心的需求。对商品社会象征性的需求,就是这种高层次的社会性需求在消费活动中的体现。

应当注意的是,社会象征性并不是商品本身所具有的内在属性,而是由社会化了的人赋予商品的特定的社会意义。某些商品由于价格昂贵,数量稀少,加工制作难度大,不易购买,适用范围狭窄等,使消费受到极大限制,因而,只有少数特定身份、地位或阶层的消费者才有条件购买和拥有,由此,这些商品便成为一定社会地位、身份的象征物。通常,出于社会象征性需求的消费者,对商品的实用性、价格等往往要求不高,而特别看重商品所具有的社会象征意义。社会象征性需求在珠宝首饰、高级轿车、豪华住宅、名牌服装、名贵手表等商品的购买中,表现得尤为明显。

(八)对享受良好服务的需求

在对商品实体形成多方面需求的同时,顾客还要求在购买和使用商品的全过程中享受到良好、完善的服务。

良好的服务可以使顾客获得尊重、情感交流、个人价值认定等多方面的心理满足。对服务的需求程度与社会经济的发达程度和顾客的消费水平密切相关。

在商品经济不发达时期,由于商品供不应求,顾客首先关注的是商品的性能、质量、价格,以及能否及时买到所需商品,因而对服务的要求降到次要地位,甚至被忽略。随着市场经济的迅速发展,现代生产能够充分满足人们在商品质量、数量、品种方面的需求，顾客可以随时随地购买到自己所需求的各种商品，因此，服务在消费需求中的地位迅速上升，顾客对在购买和使用商品过程中享受良好服务的需求也日益强烈。

第二节　零售顾客的购买动机

动机是引起行为发生，造成行为结果的原因。零售商研究顾客购买动机，可以把握顾客购买行为的基本特点和基本规律，以便更好地满足顾客的需求。

一、购买动机的含义

从心理学上来说，动机是推动和指引人们从事各种活动的内在动因。所谓购买动机，是指消费者为满足某种需求而引起购买行为的内在驱动力。消费者购买动机由需求驱使、刺激强化和目标诱导三个要素组成。

（一）需求驱使

当消费者有了某种需求，并期望得到满足时，就会产生一种内在推动力（动机），消费者有了购买动机，就要寻找能满足需求的目标，并进行满足需求的活动，当行为产生之后，需求或动机得到满足，生理的或心理的紧张状态得以解除，这时新的需求又会产生。因此，消费者内在需求是其产生购买动机的根本原因和动力。

（二）刺激强化

消费者的内在需求与购买动机紧密联系，但并不能说需求和动机可以直接等同。消费者购买动机的形成有时还需来自外界环境对消费者的刺激。如当一个饥饿的人走在街上，路边面包房的招贴画和诱人的香味都会带给其一定的刺激，使其产生较强的购买动机。

（三）目标诱导

目标诱导是指消费者在接受众多的刺激时，能够引起消费者注意，促成购买行为的目标商品的诱发作用。如商品的质量、款式、包装、价格、广告宣传、营业员的介绍和服务等。

如上所述，消费者购买动机实质上是需求驱使、刺激强化、目标诱导三种要素相互作用的一种合力。购买动机一旦形成，便会对消费者购买行为发挥如下作用。

(1)唤起行动，指购买动机能驱使消费者采取某种购买行为。

(2)使活动指向一定的目标，即购买动机对购买行为的驱使，具有一种导向性。

(3)使活动坚持下去，并及时调整活动的强度。购买动机可以贯穿于某一购买行为的始终，不断激励，直至动机实现，也可在购买行为的实施过程中进行目标方向的调整，当某种动机得到满意的结果后便会停止相关的购买行为。

二、购买动机的类型

消费者的需求与刺激因素的多样性，决定了消费者购买动机的复杂性。据心理学家分析，驱使人们行动的动机约有600种之多，这些动机按照不同的方式组合和交织在一起，相互联系，相互制约。在消费者的购买行为中，一种行为往往包含若干个动机，而不同的动机有可能表现出相同的行为，相同的动机有可能表现出不同的行为。零售顾客的购买动机可以分为以下几种类型。

（一）求实型动机

求实型动机是一种以追求购买商品的使用价值为主要目的的购买动机。其核心是讲求“实用”和“实惠”。在购买活动中比较注重商品的功能和质量，而不过分注意商品的外形、色彩、线条和个性等。

（二）求名型动机

求名型动机是一种以追求名牌商品、地方土特产品或传统产品的名望为主要目的的购买动机。其核心是“崇拜”和“纪念”。在购买活动中强调物品要名贵，商标要名牌，产地要正宗。

（三）求新型动机

求新型动机是一种以追求商品的新颖、奇特为主要目的的购买动机。其核心是“时髦”和“独特”。在购买活动中为追逐新潮，不落俗套并特别重视商品的款式和社会流行式样，一般不关心是否实用和价格高低。

（四）求美型动机

求美型动机是一种以追求商品的欣赏性和艺术性等审美价值为主要目的的购买动机。其核心是“修饰”和“鉴赏”。在购买商品时重视的是商品的造型美、装饰美、艺术美等，一般不太注重商品的价格。

（五）好胜型动机

好胜型动机是一种以争强好胜为主要目的的购买动机。其核心是“攀比”和“争雄”。在购买商品时通常缺乏充分的考虑，不是为了急需，而是为了赶超他人，以求心理上的满足。

（六）炫耀型动机

炫耀型动机是一种以显示自己地位威望和富有为主要目的的购买动机。其核心是“自我炫耀”“自我表现”。在购买商品时特别注重商品的品牌和象征性价值，喜欢购买一些高档的、超过一般消费水平的名牌商品。

（七）实惠型动机

实惠型动机是一种以追求价廉物美为主要目的的购买动机。其核心是“经济”“实惠”。在购买商品时特别重视商品的价值，对同类商品之间的价格差异会仔细地进行比较，喜欢购买折价和处理的商品，不太注意商品的包装、款式。

（八）平等型动机

平等型动机是一种以求得营业员和他人尊重为主要目的的购买动机。其核心是“平等”“友好”。在购买商品时希望能得到营业员的欢迎和接待。持此种购买动机的消费者在购物时由于某种因素的刺激很可能出现中断购买、被迫性购买或冲动式购买等行。

（九）求便型动机

求便型动机以追求购买过程简便、省时为主要特征。这类顾客的时间、效率观念很强，希望尽可能简单、迅速地完成交易过程，不能容忍烦琐的手续和长时间的等候，但对商品本身却不大挑剔。

（十）嗜好型动机

嗜好型动机以满足个人特殊爱好或兴趣为主要特征。这类顾客往往对所购商品有着丰富的知识和很强的鉴赏力，他们的购买行为取决于个人的嗜好，一般不受广告宣传的影响，具有集中性、稳定性和经常性的特点。

以上是对顾客购买动机的大致划分，顾客在购买过程中的心理动机远比这些复杂，而且，经常是几种动机交织在一起。因此，营业员在接待顾客时，要细心观察、揣摩顾客心理，透视出顾客的真实动机。零售企业要研究其目标顾客的购买动机，根据顾客的购买动机制定相应的营销组合，刺激消费者的购买动机，加快消费活动的实现。

三、影响购买动机的因素

影响购买动机的因素主要有以下几个。

（一）商品因素

商品是满足顾客需求的基础，它直接刺激消费者的感官，给其以直观印象，是影响购买动机的最主要的因素。

（二）顾客个人因素

顾客个人因素包括顾客因年龄、性别、文化程度、职业、经济收入、民族、宗教信仰、居住区域等方面的不同而造成购买动机上的不同。

（三）媒介因素

零售商角度的媒介是指介绍或引导买卖双方发生关系的人或物。介绍商品的方法很多，如口头介绍、商品陈列与展示以及各种形式的广告，这些无疑成为影响消费者购买动机的一个重要因素。

（四）经营因素

经营因素是指在经营上或服务上能引起顾客产生特殊感情、偏好与信任，使之习惯于前往该店购买或吸引一些慕名而来者购买的因素，即惠顾动机。产生惠顾动机涉及的因素很多，如商店地址便利、售货迅速、服务周到、秩序良好、陈设美观、品种齐全、质量可靠、价格适宜和环境幽雅等。

课堂案例讨论

露露柠檬的经营之道

1998年成立于加拿大的瑜伽服装新贵露露柠檬(Lululemon),在短短几年时间就从众多体育服装品牌中脱颖而出,而且如今已俨然成为时尚的代名词。无论是大牌明星还是普通主妇,每人都以拥有一件露露柠檬的产品为荣。它是世界上发展最快的运动服装公司,下面来看看这家公司是怎么做的?

1. 墙上挂着当地人的照片

每家店里都装饰着当地瑜伽练习者、运动员、跑步者和舞蹈者在城里各显眼处摆姿弄态的照片。在更衣室旁边有一系列的布告栏,上面写着:当地的瑜伽班、作为本公司"大使"的本地教练以及这个露露柠檬专卖店里的员工名字与爱好。露露柠檬在开拓一个新市场之前,会花几个月的时间去接触当地的瑜伽馆和它们中有影响力的教练,送给他们衣服以换取他们对服装舒适度与设计的反馈意见。结果,城里每个有影响力的瑜伽练习者都穿上了露露柠檬的服装,不仅在街上能看到他们,在店里墙上的照片中也看到了。

2. 贴近顾客——不仅是销售员

在温哥华,一个十分普通的星期天,公司CEO克里斯汀正手忙脚乱地在试衣间里帮顾客折裤边。在露露柠檬公司,这是司空见惯的业务流程。从最高层管理人员、财务会计到设计团队,公司的每位员工每月都必须至少在店铺里工作8个小时。

3. 销售员就是运动员

公司雇佣运动员和瑜伽练习者到店里工作。公司不做传统的大众市场广告,也不做任何方式的销售广告,却花钱来训练员工。公司负责人认为:如果你带来了大人物,他们会吸引其他大人物的到来,这样生意自然就做起来了。

4. 呼叫顾客的名字

每间更衣室在门外都放一块可擦涂的白板,销售员会把顾客的名字写在上面——甚至还会问顾客如何正确拼写。接下来当顾客试穿的时候,会听到有人呼叫自己的名字,问顾客是否需要帮助。这是很简单的技巧,但给人留下深刻的印象。店里还有为购买者的同伴准备的座位。

5. 推广他们的愿景

露露柠檬把公司宣言摆在了墙上很显眼的位置,其中有以下内容,"跳舞、唱歌、剔牙和旅游","你对生活的见解就是你多么喜欢自己的直接写照"。他们也会把宣言印在露露柠檬的包上:这样的包非常流行,连《纽约时报》也把它们当作时尚潮流放在头版位置。

6. 为顾客买的服装提供免费改装

这不仅在女性的大众服装市场上极其少见,在运动类服饰里更是从没听说。

7. 把顾客的反馈意见公之于众

他们专门放了一块黑板让顾客写下对露露柠檬产品舒适度和尺寸的意见,邀请顾客公开发表意见。

8. 每周末提供免费瑜伽课

这类课程通常在店里,免费对外开放。露露柠檬的使命就是要尽其所能地把瑜伽的益处介绍给更多人。当顾客跟员工一起在树下学习怎么做拜日姿势时,就会相信这一切了。

资料来源:布里吉特·布伦南.女人为什么喜欢买东西[M].北京:中国轻工业出版社,2010.

案例讨论:露露柠檬是如何把握女性消费者的购买动机和心理的?

第三节　零售顾客的购买行为

顾客购买行为是顾客需求和购买动机在实际购买过程中的具体表现,它较之购买动机有着更加直观、具体和丰富的内容。

一、消费者购买行为的含义

所谓消费者购买行为,是指消费者在购买动机支配下,为满足个人或家庭物质和精神生活的需求,用货币换取商品或劳务的实际活动。

消费者购买行为的形成过程十分复杂,它是多种因素综合作用的结果。长期以来,人们从不同的角度和方面研究消费者的购买行为,都试图揭示购买行为发生的奥秘,但由于观察角度不同,对购买行为的认识和解释也不同,归纳起来主要有以下三种。

(一)从经济学角度进行分析

经济学常把人的需求同效用联系起来,提出了有效行为学说,认为消费者购买商品,遵循"最大效用"原则,即购买者用手中的货币去购买最令人满意的商品,包括商品的价格、质量(性能、可靠性、耐用性)、购买方便性以及服务。大多数人的购买基本上是以经济需求为基础的,然而,在购买过程中除了考虑经济因素外,一般还要考虑其他一些因素。

(二)从社会学角度分析

在社会学家看来,人们的购买行为,除了受经济因素的影响和制约外,还在很大程度上受社会群体、社会环境、社会地位的影响,即消费者所处的社会地位、文化修养、相关群体都决定着他们的需求,支配着他们的购买行为。这种观点虽然有一定的道理,但却忽视了人的个性也会影响购买行为。

(三)从心理学角度分析

心理学家认为,消费者购买行为不是纯经济因素和社会因素的产物,而是生理需求和后天经验相互作用的结果,其中,消费者个性心理和社会心理因素是购买行为过程中不可缺少的重要因素。个性,可以看作是一个人不同于其他人的性格特点、态度和购买习惯。在某种程度上,一个人的个性影响着他对产品的感知、态度及信念,从而也影响着他的购买行为。

二、消费者购买行为模式

在研究消费者购买行为的理论中,最有代表性的是刺激—反应模式,参见图3-1。市场营销因素和市场环境因素的刺激进入购买者的意识,购买者根据自己的特性处理这些信息,经过一定的决策过程形成了购买决定。

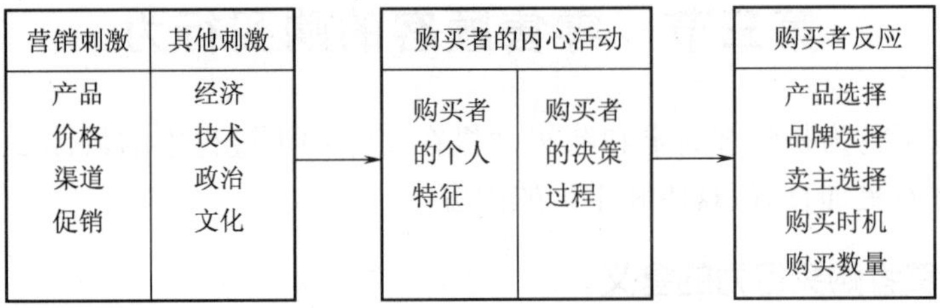

图3-1 消费者购买行为模式

营销刺激由四个因素构成:产品(Product)、价格(Price)、渠道(Place)及促销(Promotion)。其他刺激包括购买者环境中的影响因素与事件:经济的、技术的、政治的、文化的。所有这些经过消费者的内心活动,会转化成一系列可以观察到的购买者反应:产品选择、品牌选择、销售商选择、购买时间及购买数量。

那么,消费者的内心活动是如何将刺激转变成特定的反应的呢?这需要分两部分来考虑,即购买者的特性和购买者的决策过程。

三、消费者购买行为的影响因素

在现实中,消费者的购买行为受到多种复杂因素的影响,这些因素变量相互作用、彼此联系,共同构成复杂的因素体系。

(一)文化因素

文化因素对消费者的购买行为有着最广泛而深远的影响。我们来看一下购买者在文化、亚文化和社会阶层三个因素上所受的影响。

1. 文化

文化是人类欲望和行为最基本的决定因素。低级动物的行为主要受其本能的控制,而人类行为大部分是学习而来的,儿童在成长过程中通过家庭和其他主要社会机构学到了一系列基本的价值、知觉、偏好和行为。

2. 亚文化

每种文化都由更小的亚文化组成，亚文化为其成员带来更明确的认同感和集体感。亚文化主要包括民族、宗教、种族和地域文化。亚文化促成了重要的产品细分市场。

3. 社会阶层

在一切人类社会中，都存在着社会层次。它经常以社会等级制形式出现，不同等级的成员都被培训成一定的角色，而且不会轻易改变他们的等级成员资格。一般情况下，社会层次以社会阶层形式出现。社会阶层，是指一个社会中具有相对的同质性和持久性的群体，它们是按等级排列的，每一个社会阶层的成员具有类似的价值观、兴趣爱好和行为方式。

社会阶层具有如下主要特点。

（1）同一社会阶层内的人，其行为要比来自两个不同社会阶层的人的行为更加相似。

（2）人们以自己所处的社会阶层来判断各自在社会中所处地位的高低。

（3）一个人所处的社会阶层并非由一个变量决定，而是受到职业、收入、财富、教育和价值观等多种变量的制约。

（4）一个人能够在其一生中改变自己所处的阶层，既可以向高阶层迈进，也可以跌至低阶层。而这种变动程度会因某一社会等级森严程度的不同而有所差异。

（二）社会因素

消费者的购买行为同样也受到诸如参照群体、家庭和社会角色与地位等一系列社会因素的影响。

1. 参照群体

参照群体是指对个人的态度与行为有直接或间接影响的所有群体。直接参照群体又称为成员群体，即某人所属的群体或与其有直接关系的群体。成员群体又分为首要群体和次要群体。首要群体是指与个人直接、经常接触的一群人，一般都是非正式群体，如家庭成员、亲朋好友、同事、邻居等。次要群体是指对其成员的影响并不普遍但一般都较为正式的群体，如宗教组织等。间接参照群体是指个人的非成员群体，即不属于该群体的成员，但又受其影响的一群人。这种参照群体又分为向往群体和厌恶群体。向往群体是指个人推崇的群体。厌恶群体是指个人讨厌或反对的群体。一个人总是不愿意与厌恶群体发生任何联系，在各方面都希望与其保持一定距离，甚至经常反其道而行之。

参照群体对消费者购买行为的影响主要表现在以下三个方面。

（1）参照群体为消费者展示出新的生活方式和行为模式。

（2）由于消费者有效仿其参照群体的愿望，因而消费者对某些事物的看法和对某些产品的态度也会受到参照群体的影响。

（3）参照群体促使人们的行为趋于某种“一致化”，从而影响消费者对某些产品和品牌的选择。

参照群体的影响力取决于产品、品牌以及产品生命周期。企业应善于运用参照群体对消费者施加影响,扩大产品销售。

2. 家庭

购买者家庭成员是最具影响力的首要参照群体。购买者生活中一般要经历两个家庭。第一个是父母的家庭,在父母的养育下逐渐长大成人,然后又组成了自己的家庭,即第二个家庭。当消费者做出购买决策时,必然要受到这两个家庭的影响,其中,受原有家庭的影响比较间接,受现有家庭的影响比较直接。家庭购买决策大致可分为三种类型:一人独自做主;全家参与意见,一人做主;全家共同决定。这里的"全家"虽然包括子女,但主要还是夫妻二人。夫妻二人购买决策权的大小取决于多种因素,如各地的生活习惯、妇女就业状况、双方工资及教育水平、家庭内部的劳动分工以及购买产品种类等。市场营销人员需要确定哪个成员在采购不同产品的过程中更有影响力。这常常取决于谁更有影响或是经验。下面是一些典型的模式。

(1)丈夫支配型:人寿保险、汽车、电视机等。

(2)妻子支配型:洗衣机、儿童服装、家具、厨房用品等。

(3)共同支配型:度假、住宅、子女就学等。

孩子在家庭购买决策中的影响力不容忽视,尤其中国的独生子女在家庭中受重视的程度越来越高。随着孩子的成长、知识的增加和经济上的独立,都会使他们在家庭购买决策中的权力逐渐加大。

3. 社会角色与地位

一个人在一生中会从属于许多群体,如家庭、俱乐部及其他各种组织。每个人在各个群体中的位置可由角色和地位来确定。每一个角色都将在某种程度上影响其购买行为,每种角色都有相应的地位。人们往往选择与自己的社会角色和地位相符的产品。因此,大公司经理更愿意开奔驰轿车,戴劳力士手表。由此,产品与品牌常常成为身份地位的象征。实际生活中,地位和身份的象征物会随着不同社会阶层和不同地域而各异。

(三)个人因素

消费者的购买决策也受到个人特征的影响,特别是受年龄与人生阶段、职业、经济状况、生活方式、个性及自我观念的影响。

1. 年龄与人生阶段

人们一生中购买的商品与服务是不一样的。小时候吃的是婴儿食品,长大后吃的是各种各样的成人食品。人们对服装、家具和娱乐的需求也是同年龄有关的。

2. 职业

个人的职业也影响着消费模式。普通工人会在工作服、工作鞋和公交车票上花钱。公司经理则会在西装、飞机票和轿车上花钱。

3. 经济状况

消费者的经济状况对产品选择的影响很大。经济状况包括用于消费的收入、储蓄与借贷能力以及对消费与储蓄的态度等。世界各国的消费者的收入水平和消费特点都存在很大差异,市场营销人员应经常注意研究个人收入、储蓄和利率等的变化趋势及其对消费者购买行为的影响,以便发现商机,开拓市场。

4. 生活方式

生活方式是指在人的活动、兴趣和意见上表现出的生活模式。即使是亚文化、社会阶层和职业都相同的人,他们的生活方式也可能不同。市场营销人员应寻找自己的产品与各种生活方式群体间的关系。

5. 个性和自我观念

每个人都有影响其购买行为的独特个性。个性是指个人独特的心理特征,这种心理特征使个人与其环境保持相对一致和持久的反应。个性通常可用自信心、控制欲、民主意识、顺从、交际性、防守性和适应性等特征来描述。在能够区分出不同的个性,并且特定的个性同产品或品牌的选择之间存在很强相关性的前提下,个性就可以成为分析消费者购买行为的因素。

(四)心理因素

消费者购买行为还要受动机、感觉、学习以及信念与态度等心理因素的影响。

1. 动机

动机能够及时引导人们去探求满足需要的目标。最流行的人类动机理论有四种,即弗洛伊德理论、马斯洛理论、赫茨伯格理论和麦克里兰理论。

2. 感觉

一个受激励的人随时准备行动,但具体如何行动则取决于他对情景的感觉程度。人们是通过知觉感知事物的,即通过五种感觉:视觉、听觉、嗅觉、触觉和味觉。每个人感知、组织和解释这种感觉信息的方式各不相同。感觉可定义为"个人通过选择、组织并解释输入信息来获得对世界有意义的描述的过程"。感觉不但取决于身体的刺激,而且还依赖于这一刺激同环境的关系及个人状况。人们会对相同事物产生不同的感觉,是因为人们要经历三种感觉过程,即选择性注意、选择性曲解和选择性记忆。

3. 学习

学习是指由于经验而引起的个人行为的改变。人类行为多半源于学习。一个人的学习是通过驱动力、刺激物、诱因、反应和强化的相互影响而产生的。由于市场环境不断变化,新产品、新品牌、新技术不断涌现,消费者必须经过多方搜集有关信息之后,才能做出购买决策,这本身就是一个学习过程。

4. 信念与态度

人们通过实践与学习获得了自己的信念与态度,而信念与态度又反过来影响人们的购买行为。信念是指个人对某些事物所持有的描述性思想。企业应关注人们头脑中对其产品或服务所持有的信念,即本企业产品和品牌的形象。人们根据自己的信念行动,如果一些信念是错误的,并妨碍了购买行为,企业就应进行促销活动去纠正这些错误信念。

态度是指个人对某些事物或观念长期持有的关于好与坏的认识上的评价、情感上的感受和行动倾向。态度能使人们对相似的事物产生相当一致的行为。一个人的态度呈现为稳定一致的模式,改变一种态度就需要在其他态度方面作重大调整。因此企业最好使其产品迎合既有的态度,而不要企图改变人们的态度。当然,如果改变态度所费的高昂的成本能得到补偿的话,则另当别论。

综上所述,消费者的购买行为是文化、社会、个人和心理因素之间相互影响和作用的结果。其中很多因素是市场营销者无法改变的,但这些因素在识别那些对产品有兴趣的购买者方面很有用处。另外一些因素则受到市场营销者的影响,市场营销者借助有效的产品、价格、渠道和促销管理,可以诱发消费者的购买行为。

四、消费者购买决策的含义与特点

消费者的购买行为是由一系列环节、要素构成的完整过程,其中购买决策居于核心地位。购买决策的正确与否对于购买行为的发生方式、指向及其效果具有决定性作用。在一定意义上,购买过程的实质就是消费者不断进行决策的过程。

消费者购买行为的实质是通过购买活动及其结果满足某种未满足的需求。为实现满足特定需求这一目标指向,消费者作为行为主体,在购买过程中必须进行评价、选择、判断、决定等一系列活动。例如,在购买之前,要确定需要什么商品,买或不买,何时何处购买;在购买过程中,要选择品牌、价格、质量、款式,决定买哪种型号,买多少;购买之后,还要就所得与花费进行比较,评价其效用大小,是否达到预期目的。上述一系列选择、判断、评价、决定等活动即为消费者的购买决策活动。

消费者购买决策与其他决策活动相比具有以下特殊性。

(一)决策主体的单一性

由于购买商品是消费者主观需要和意愿的外在体现,直接表现为消费者个别的、独立的行为活动,因此,决策时一般由消费者个人单独进行,或与直接购买者关系密切的小群体如家庭、亲友共同进行。

(二)决策范围的有限性

消费者购买决策的范围并非包罗万象,而是仅仅限制在对所要购买的商品本身、购买方式及购买地点的选择决定上。因此,决策内容相对简单,决策范围相对狭小,一般无须借助现代决策技术、方法和手段,而主要依靠人脑进行。

(三)影响决策因素的复杂性

消费者购买决策虽然表现为个人的、相对简单的活动,但却受到多方面因素的影响和制约。如消费者个人的气质、性格、兴趣、生活习惯、收入水平、所处环境的生活水准、亲属朋友的期望与评价、社会风气的变化、价值观念的变化、生产和流通的发达程度、市场供求状况，以及地理、气候条件等，都会对消费者的决策内容、方式及结果产生影响。

（四）决策内容的情景性

由于影响决策的各种因素不是一成不变的，而是随着时间、环境、地点的变化不断变化，因此，消费者的购买决策具有明显的情景性，其具体内容、方式因影响因素的变化而相异。这就需要消费者在进行购买决策时，不能局限于固定模式，而必须从实际出发，根据现有变量进行分析判断，制定相应决策。

以上几种特殊性决定了在消费者的购买决策中，必须遵循其特有的运行规律和方式。实际上，消费者的购买决策虽然人各相异，事各相异，但并非完全无规律可循。在形态万千的消费者购买决策中，内含着特定的运动规律，具体表现为一定的决策程序、原则和方法。只有把握和遵从这些程序、原则和方法，消费者才能以不变应万变，在错综复杂的环境和令人眼花缭乱的商品市场上做出正确的购买决策。

五、消费者的购买决策程序

消费者的购买决策是指在特定心理驱动下，按照一定程序发生的心理和行为过程。这一过程通常包括若干前后相继的程序或阶段，如图 3－2 所示。

图 3－2　消费者购买决策过程

（一）认知需求

消费者对某类商品的购买需求源于消费者自身的生理或心理需要。当某种需要未得到满足时，满意状态与缺乏状态之间的差异会构成一种刺激，促使消费者发现需求的所在，认知需求的内容，进而产生寻求满足需求的方法和途径的动机。

引起消费者认知需求的刺激可以来自个体内的未满足需要，如饥饿、寒冷；也可以来自外部环境，如流行时尚、他人带动等。消费者对自身的各种需求加以正确认知，可以为购买决策限定范围、明确指向，因而是有效决策的前提。

（二）寻求解决方案

在认知需求的基础上，消费者受满足需要的动机驱使，开始寻找各种解决问题的方案和途径。为使方案具有充分性与可靠性，消费者必须广泛搜集有关信息，包括能够满足需要的商品种类、规格、型号、价格、质量、维修服务、有无替代品、何处何时有售，等等。

上述信息可以通过各种渠道获得，如报纸、广播、电视、杂志等媒介上刊登的广告；交谈、会议、道听途说等口头传播媒介提供的信息；个人学习的知识或亲身实践的经验;从他人或参照群体行为方式中获得的启示;等等。在广泛搜寻的基础上,对所获信息进行适当筛选、整理加工,即可建立起满足需要的多种解决方案。

(三)评价比较方案

各种方案的优劣不一,为此需要加以评价比较。评价的标准因消费者价值观念的不同而相异。例如,有人以价格低廉作为基本尺度,有人以符合时尚作为选择标准,有人要求外观新颖,有人则希望结实耐用,还有的人追求个性化、情绪化,有的人则宁可从众、与多数人趋同。因此,对同一决策方案,不同的消费者会做出完全不同的评价。

当然,对各种不同的解决方案,取舍的结果也迥然相异。但是,无论标准的具体内容如何不同,实质上都可以归结为同一尺度,即所费与所得进行比较,所得效用要大于所费。评价比较是择优选定方案的基础。

(四)择优决定

在对各种方案进行充分的比较评价之后,便可从中选择最优方案,作为实施方案确定下来。最优方案,即所费最少,所得最多,能够最大限度满足消费者需要的方案。确定最优方案是消费者购买决策中实质性环节,是直接决定决策正确与否、效用高低的关键。

为保证高质量、高效能的决策,除严格履行认知需求、搜集信息、建立方案、比较评价等前期程序外,在最后决定时,还需要消费者保持冷静的头脑,具有果敢的精神和当机立断的能力,唯有如此,才能抓住时机,准确决断。

(五)购后评价

在确定最优方案之后,消费者将方案付诸实施,即实际从事购买。但完成购买后,决策活动仍未结束。为验证所选方案是否最优,所得效用是否最大,消费者还须再次进行购买后评价。购买后评价集中指向所购商品,评价标准也以效用为主要内容。

评价可以由购买者个人进行,也可以征集亲友同事的意见,观察社会反映。评价时间可以发生在买后即时,也可以使用一段时间以后再行评价。购买后评价的主要目的是总结经验,吸取教训,以便为以后的正确决策提供依据,避免重复以往发生的失误。

从上述决策程序可以看出,消费者决策是一个完整的过程。这一过程始于购买之前,结束于购买之后。因此,只有从过程的角度加以分析,才能完整准确地理解消费者的购买决策。那种认为购买决策只是消费者购买中瞬时活动的认识,显然是片面的。

在现实生活中,由于所购买商品的特点、用途及购买方式不同,决策的难易程度与所需经过的程序也有所不同,并非所有的购买决策都必须经过以上程序。一般来说,在日常生活用品如香皂、牙膏、洗衣粉等商品的经常性购买中,消费者对所购商品的品牌、价格、品质比较熟悉,具有较丰富的购买经验,因此无须花费大量时间搜集信息，设计、评价和选择方案，仅根据以往经验或习惯就近购买特定商品，即可达到满足需要的目的，购后也无须再次评价。因此这类购买决策通常较为简单、迅速，只经过一、四两道程序即可完成。

对于服装、鞋帽、家具等功能较为复杂，具有多变性的生活用品，消费者一般了解一定的购买信息，会反复设计购买方案。但受时尚变化、个人偏好等因素影响，在现场购买中，消费者通常在式样、花色、质量、价格等方面反复比较评价，权衡优劣，最后做出购买决定，且购买后仍需进行自我或社会评价。这类以选择性购买为特征的决策相对复杂，仅可省略第二道程序。

在高档耐用消费品，如冰箱、彩电、空调、汽车的购买中，由于商品价格昂贵，使用年限较长，规格、功能、质量差异较大，需要一定的使用维修知识，而消费者大多缺乏专门知识和训练，因此，人们对这类商品的购买一般持审慎态度，带有明显的考察性。在购买前，通常通过各种途径广泛搜集有关信息，对各种可能方案反复进行评价比较，并同家人亲友共同磋商，在此基础上形成集体决策。在购买中要求售货人员当场调试挑选，并详细询问使用、保养、维修等方面事宜。购买后还要花费一定时间验证决策正误和购买效用。因此，这类决策较之其他决策要复杂得多，通常须依次经过五道程序才可完成。

总之，消费者在实施决策时，除正确掌握基本程序外，还应视具体情况灵活处理，区别对待，以保证决策的高质量和高效率。

六、购买决策的原则

消费者在购买决策过程中，总是依据一定的标准、尺度，对各种可能的方案进行比较和选择，从中确定最优方案。而选择标准或尺度的拟定，是从一定原则出发的。决策原则贯穿于决策过程的始终，起着指导或引导消费者决策的作用。消费者通常采用的决策原则主要有以下四种。

（一）最大满意原则

就一般意义而言，消费者总是力求通过决策方案的选择、实施，取得最大效用，使某方面的需要获得最大限度的满足。按照这一思想进行决策，即为最大满意原则。遵照这一原则，消费者将不惜代价，追求决策方案和效果的尽善尽美，直到达到目的为止。

但在实际中，贯彻最大满意原则，带有许多苛刻的附加条件，如需要详尽完整的商品信息；要对各种备选方案进行准确无误地评价比较；要能够精确预测各种方案的实现后果等，而消费者受主观条件和客观环境的限制，几乎不可能全部具备上述条件。此外，是否达到最大满意完全依赖于消费者个人的主观感受和评价。而且受心理因素和环境变化的影响，消费者的主观感受与评价也不是一成不变的。购买前视为最佳的方案，购买后可能评价降低，甚至产生相反的感受。因此，所谓最大满意原则是一种理想化原则。在现实中，人们往往以其他原则补充或代替之。

（二）相对满意原则

现代社会，可供消费者选择的商品浩如烟海，纷繁庞杂，市场信息瞬息万变，使人应接不暇。消费者需花费大量的时间、金钱和精力才可能搜集到制定最佳决策所需的全部信息。这即使有可能，与所付代价相比，也绝无必要。因此，在进行购买决策时，消费者只需作相对合理的选择，达到相对满意即可。例如，为购置一双皮鞋，消费者只要经过有限次数的比较选择，就可买到质量、外观、价格比较满意的皮鞋，而无须花费大量时间跑遍所有商店，对每一双皮鞋进行挑选。贯彻相对满意原则的关键是根据所得与所费的比较，合理调整选择标准，使之保持在适度、可行的范围内，以便以较小的代价取得较大的效用。

（三）遗憾最小原则

若以最大或相对满意作为正向决策原则，遗憾最小原则则是立足于逆向决策。由于任何决策方案的后果都不可能达到完全满意，而会存在不同程度的遗憾。因此，有人主张以可能产生的遗憾最小作为决策的基本原则。运用遗憾最小原则进行购买决策时，消费者通常要考虑和估计各种方案可能产生的不良后果，比较其严重程度，从中选择造成不良后果最轻微的作为最终方案。例如，当消费者因各类皮鞋的价格高低不一而举棋不定时，有人便选择购买价格最低廉的一种，以便使遗憾减少到最低程度。遗憾最小原则的目的在于减少风险损失，缓解消费者因不满意而产生的心理失衡。

（四）预期—满意原则

有些消费者在进行购买决策之前，已经预先形成对商品价格、质量、花色、品牌等方面的心理预期。为此，在对各种备选方案进行比较抉择时，既非挑选最佳方案，也不选择可能产生的遗憾最小方案，而是与个人的心理预期进行比较。从中选择与预期标准吻合度最高的作为最终决策方案。这一方案相对于预先期望，能够达到最大满意度。运用预期—满意原则，可以大大减少消费者的抉择范围，迅速准确地发现方案，加快决策进程。同时，可避免因方案过多而举棋不定，难作取舍。

七、不同群体的购买特点

零售人员所面对的顾客群体通常可分为青年、中年、老年及女性顾客。他们的需求及购买特点有较大的差别。零售服务人员应熟悉这些特点，以便为不同的顾客群提供有针对性的服务。

（一）青年顾客的购买特点

青年是从少年向中年过渡的阶段，一般指 15～35 岁之间的人。其主要特点是人数众多，分布广泛、均匀，具有独立的购买能力和较大的购买潜力。

1. 青年顾客的需求特点

(1)追求时尚。青年人富于幻想，勇于创新，渴求新知，乐于追随时代潮流。这些需求特征反映在消费需求方面就是追求新颖、时尚，追赶乃至领导消费潮流，体现时代特征。一般来讲，投入市场的新商品或时尚商品，都会引起青年顾客的极大兴趣和购买欲望。青年顾客往往是新商品或新的消费方式的追求者、尝试者和推广者。

(2)突出个性。青年顾客处于由少年不成熟阶段向中年成熟阶段的过渡时期。他们追求个性独立，希望形成完善的个性形象，自我意识迅速增强。反映在消费需求上就是消费从不稳定向稳定过渡，能够表现自我个性与追求的消费需求不断增强，因而非常喜欢个性化的商品，有时还往往把所购买的商品同自己的理想、职业、业余爱好、时代追求和性格特征等联系在一起，力求在消费活动中充分表现自我。

(3)科学消费。青年顾客在追求时尚时，虽然带有一定的盲目性，但由于他们大多精力充沛，思维敏捷，具有较高的文化水平，因而在追求时尚、表现个性的同时，也具有追求实用与科学的消费心理，要求商品经济实用，货真价实。他们善于对商品的知识性和科学性进行全面分析，理智地进行决策，购买动机及购买行为表现出一定的成熟性。

2. 青年顾客的购买特点

(1)肯出高价购买名牌。青年顾客所具有的追求时尚与新颖、追求个性的消费心理，决定了他们在选购商品时，对新品种、新花色、新式样感兴趣，以代表时代新潮流为荣，对旧品种、旧花色、旧式样的商品不大留恋。对于购买同样质量和用途的商品，宁愿多花钱购买名牌商品。

(2)决策迅速。变化性强的青年顾客注重情感，易于冲动，所以，他们在购买商品时反应灵敏，注意力往往集中在自己特别感兴趣的某个方面，而忽略其他方面，考虑时间短暂，决策迅速。另外，青年顾客在购买商品时的需求对象和需求程度不固定，购买目标变化跨度大。只要认为商品合意，即使预先没有购买计划或是暂时没有购买力，也可能会想方设法，迅速做出购买决策。

(3)商品购买态度明朗。青年顾客在购买商品时，往往个性比较分明，不加掩饰，对商品的态度，如喜爱、厌弃、接受、拒绝、肯定和否定等都会直截了当地表达，既明了，又突出。

(二)中年顾客的购买特点

中年顾客一般是指35岁至退休年龄阶段的人。在我国，中年顾客人数众多、负担重、多处于购买商品的决策者位置。因此，了解和把握中年顾客的心理特征对零售服务人员提高服务技能有重要意义。

1. 中年顾客的需求特征

(1)理智性强，冲动性小。中年顾客阅历和生活经验丰富，情绪一般比较平稳，多以理智支配自己的行动，感情用事的现象不多见。注重商品的实际效用和价格与外观的统一，从购买欲望形成到实施购买往往是经过分析、比较和判断，随意性较小。

(2)计划性强,盲目性小。中年顾客处于从青年向老年的过渡阶段,是家庭经济的主要承担者。尽管他们收入不低,但肩负着赡老扶幼的重任,因此,生活中经济负担重。受经济条件的限制,他们养成了勤俭持家、精打细算的消费习惯,以量入为出为消费原则,消费支出计划性强,计划外开支和即兴购买较少。

(3)注重传统,创新性小。中年顾客正处于人生的成熟阶段,青年顾客身上的一些特点在他们身上逐渐淡化。他们内心既留恋青年时代的美好岁月,又要做青年的表率,因此,希望以稳重、老练、自尊和富有涵养的风度有别于青年。反映在消费方面,就是不再完全按照自己的兴趣爱好选择商品或消费方式,而是更多地考虑他人的看法,以维护自己的形象,与众人保持一致。

2. 中年顾客的购买特点

(1)购买过程理智化。中年顾客理智,自信心较强,购物经验丰富,所以,他们在购买过程中即使遇到别人的介绍、劝诱或其他外界因素的影响,也不会头脑发热、感情用事,而是冷静地进行分析、比较、判断和挑选,使自己的购买行为尽量合理、正确与可行。

(2)选购商品实用化。在经济条件有限的情况下,中年顾客的节俭心理较强,求实心理较重。在购买过程中,往往格外关注商品的价格及实用性,甚至会对与商品价格和实用性有关的因素,如商品的品种、数量、质量、用途、型号、购买时间、场所等都进行全面衡量后再做选择。一般来讲,物美价廉的商品往往能激发中年顾客的购买欲望。

(三)老年顾客的购买特点

老年顾客一般是指年龄在60岁以上的人。随着社会生活环境的改善和卫生保健事业的发展,世界人口出现老龄化的趋势,老年人在社会总人口中所占的比例不断增加。老年顾客在生理上和心理上同中青年顾客相比都发生了明显的变化,因此,零售服务人员有必要对老年顾客的购买特点有所了解。

1. 老年顾客的需求特点

(1)怀旧心理强,品牌忠诚度高。老年顾客在几十年的消费实践中,积累了极其丰富的经验,对某些商品印象非常深刻,形成了反复购买使用的习惯,且不易改变,品牌忠诚度高。另外,老年顾客比较留恋过去的生活方式,情感很难转移,外界刺激很难改变这种情况,对消费有一定的怀旧心理。

(2)注重实际,要求得到良好的服务。老年顾客心理稳定程度高,其消费已不像青年人那样富于幻想,重视情感,购买动机形成与否常取决于这些商品给他们带来的方便与合适程度。同时,老年顾客也特别关注商品质量、使用性能以及携带是否方便等。另外,老年顾客身体各器官的生理机能都有所下降,所以,他们总希望购买场所交通方便,商品标价和商品说明清晰明了,商品陈列位置和高度适当,便于挑选,购买手续简便,服务热情、耐心、周到。

(3)需求结构发生变化。随着生理机能的衰退,老年顾客的需求结构发生变化，用于食品和医疗保健用品的支出增加。只要某种食品、医疗保健用品对健康有利，价格一般不会成为老年顾客的购买障碍。用于穿着和日用品方面的支出相对减少，对满足于旧的嗜好和兴趣的商品的支出有所增加。

（4）较强的补偿性消费动机。在子女都成家立业没有过多的经济负担之后，部分老年顾客产生了较强的补偿性消费心理。在美容美发、衣着装饰、营养食品、健身娱乐、旅游观光等商品的消费方面，有着与青年顾客类似的强烈的消费兴趣，以补偿那些过去未能实现的消费愿望。

2. 老年顾客的购买特点

（1）心理惯性强。老年顾客的购买欲望和行为往往受生活习惯的支配，对市场上的新商品趋于保守，想念传统商品。在购买商品时总是不假思索地按照习惯行事，很难被营销人员所引导。

（2）防范意识明显。老年顾客虽然消费经验十分丰富，但由于生理和心理机能衰退，对于假冒伪劣商品及欺骗性的经营手段的判断、识别能力下降，容易上当受骗，蒙受经济损失。因此，在购买商品时顾虑心较重，防范意识强烈。

（3）自尊感强烈。老年顾客在社会和家庭中属于长者，阅历广，辈分高，他们既自尊，又希望得到别人的尊重。因此，在购买商品时，总喜欢受到营销人员的尊重和礼遇，害怕受到冷落。营销人员在接待老年顾客及介绍商品时，若能做到积极、主动、热情、耐心、周到，老年顾客就会非常高兴。

（四）女性顾客的购买特点

女性顾客作为购买商品的主体以及在消费活动中所处的特殊地位和扮演的多重角色，决定了其独特的消费需求和购买特点，并成为整个社会生活消费品购买的最重要的主体。所以，了解女性顾客的购买特点，对于做好零售服务工作有重要作用。

1. 女性顾客的需求特点

（1）爱美需求。爱美心理是女性顾客普遍存在的一种心理状态。这种心理反应在消费活动中，就是无论是青年女性还是中老年女性，都希望通过消费活动既能保持自己的自然美，又能增加修饰作用。因此，在挑选商品时，格外重视商品的外观、形象，并往往以此作为是否购买的依据。

（2）情感需求。女性顾客在个性的表现上具有较强的情感性特征，即感情丰富、细腻，心境变化剧烈，富于幻想、联想。这种特征反映在消费活动中，就是容易在感情的支配和作用下临时产生购买欲望或形成对某种商品的偏爱，尤其是在为父母、丈夫、子女等亲人购买商品时，这种心理特征更为突出。

（3）实惠需求。女性顾客在家庭中大都掌管家庭收入，负责安排全家衣食住行等开销。女性顾客普遍形成了精打细算、勤俭持家的美德。这种美德反映在消费活动中，就是希望所购物品既能最大限度地满足自己的某种需求，又具有物美价廉、经久耐用等特点，即实惠心理。

(4)炫耀需求。一些女性顾客希望自己比别人富有或有地位,因此,除了为满足自己的基本生活消费需求之外,还可能通过追求高档次、高质量、高价格的名牌商品或在外观上具有奇异、超俗、典雅、洒脱等与众不同的特点的商品,来显示自己的某种超人之处。

2. 女性顾客的购买特点

(1)注重商品的外观和情感特征。女性顾客所购买的商品具有种类繁多、使用时间短、价格低、花色款式变化频繁、更新换代速度快等特点。在求美心理和情感性心理的作用下,女性顾客在购买这些商品时比较注重商品的外观、形象以及商品象征性价值和感情色彩。

(2)注重商品的实用性和具体利益。女性顾客的实惠心理决定了她们在实际购买活动中,对商品的实际效用和具体利益要求强烈。为了实现购买目的,女性顾客在购买过程中往往要认真仔细挑选,全面衡量利弊得失,甚至是细微之处的优点,都能引起注意。

(3)注重商品的便利性。现代女性,除了承担繁重的家务劳动之外,还从事一定的社会工作,因此,非常欢迎那些能给生活带来方便的商品和服务,并愿意及早尝试,以减轻家务劳动负担。

(4)具有自我意识和自尊心。一般来讲,女性顾客对商品的变化、周围环境、商品的宣传以及其他顾客对商品的评价等很敏感,在购买过程中自我意识和自尊心比较强,往往以自己对商品的印象与好恶来分析、评价和决定自己的购买行为,以体现自我价值。同样,别人对她们购买活动的评价也会影响她们的自尊心。

(5)购买商品挑剔,选择性强。女性顾客所购买的商品种类繁多,需求弹性较大,加之女性顾客所特有的认真和细腻等特点,使她们在购买商品时往往选择多,询问多,挑选细,占用时间长。

(6)购后遗憾感较强。尽管女性顾客在购买商品时已进行了全面衡量和认真挑选,但由于具有较强的求全心理和易受外界环境的影响,因此,常常会产生购后遗憾感,甚至产生退换货行为。

第四节　零售顾客的细分

随着社会和经济的发展,商品越来越丰富,人们的消费需求呈现多元化、个性化的趋势,一个零售企业已难以满足所有消费者甚至一个消费者的所有需求,零售企业应在市场细分的基础上,根据自身的市场战略和经营目标选定目标市场,更好地为其目标顾客服务。

一、市场细分

市场细分就是按照一定标准,把由所有消费者组成的整体市场划分成由不同消费者群组成的若干子市场的过程。

现代零售企业应体现以消费者为中心的营销观念,按消费者需求对市场进行细分,把具有相同和相似需求的消费者归为一个子市场,把具有明显需求差异的消费者分为不同的子市场,针对选定的目标市场建立相应的经营模式和采取相应的营销策略,满足消费者多样化和个性化的需求。因此零售市场呈现出业态多元化、单店个性化的趋势。

(一)市场细分的标准

市场细分是按照一定标准进行的。这里所说的标准,是指使消费者产生需求差异的影响因素。消费者的生理特征、文化素养、社会经济地位和心理性格的不同,使其消费需求产生了差别,市场细分就是对这些影响因素进行分析,从而明确消费者的消费需求的差异。不同业态的零售企业应根据自己的营销特点,有选择地适应这些标准。常用的市场细分标准有以下几个。

1. 地理细分

按照消费者所在的地理位置来细分市场称为地理细分。地理细分的具体标准有:国家、地区、城乡等因素。

2. 人口细分

按照人口统计指标对消费者进行市场细分称为人口细分。人口细分的具体标准包括性别、年龄、职业、收入、教育、社会阶层等。

3. 心理细分

按照消费者心理特征来细分市场称为心理细分。心理因素是十分复杂的,包括个性、兴趣、偏好、购买动机等。

4. 行为细分

按照消费者购买行为特点来细分市场称为行为细分。行为细分包括的具体标准主要有进入市场程度、购买数量、对商店和商品的忠诚程度以及利益追求等。

按消费者进入市场的程度,可以将消费者分为经常购买者、偶尔购买者、初次购买者和潜在购买者等不同类型的群体。

对市场进行细时,通常不是单独使用一个细分标准,而是采用几个细分标准,这就使市场细分标准组合中任何一个标准的变动,都可能形成一个新的子市场。因此,企业在对市场进行细分时,必须进行认真的市场调查,掌握准确的市场细分标准,决不能主观臆断。

(二)市场细分的原则

零售企业进行市场细分时可以根据市场细分标准组合划分许许多多的子市场,但不是所有的子市场的划分都是有效的,要使市场细分有效,应该遵循以下基本原则。

1. 可衡量性

市场细分的标准是明确的,细分出的不同子市场之间要有明显的需求差异。

如果细分出的各个子市场之间需求差异并不明显,就难以制定不同的营销策略,这样也就失去了细分的意义。同时,市场细分的标准必须是明确的,能够识别和把握,凡是难以测量的因素,都不能作为市场细分的标准。

2. 可进入性

零售企业要能够有效地进入细分市场。市场细分和选择时要认真分析本企业的营销力量和开发能力,保证自身足以赢得消费者并与竞争者相抗衡。

3. 可获利性

细分出的市场应该能使零售企业获得足够的目标利润。在进行市场细分时,必须考虑细分市场上消费者数量、购买能力和购买频率。可获利性强的细分市场,应该有足够的现实和潜在的购买者,并且他们有充足的货币支付能力。

二、目标市场的选择

(一)目标市场的评估

目标市场是企业经过比较和选择,决定作为服务对象的相应的细分市场。目标市场必须具备以下几个基本条件。

1. 有一定的规模和发展前景

目标市场有一定的规模和发展前景体现在下面两个方面:①有足够的购买力,足以实现预期的销售额;②有尚待满足的需求,有充分的发展潜力,消费需求具有成长性。

2. 有足够的吸引力

有一定的规模和发展前景,有时未必就是理想的目标市场。因为从经济效益或赢利的角度来看,该子市场或许企业难以进入,或许企业无法占有预定的市场份额,因而缺少内在的吸引力。市场有无足够的吸引力,可从以下三个方面来衡量。

(1)能否获得预期的企业市场目标。零售企业市场目标是通过一定的市场占有率来体现的,受到该企业市场营销活动程度的影响。

(2)比较企业目标收益与企业成本。企业收益必须大于企业成本,市场才有吸引力。

(3)是否拥有在该市场获胜所需的技术和资源。如果无法在该市场创造某种形式的相对优势地位,就不应该贸然进入。

3. 符合企业的目标

某些子市场也许有较大的吸引力,但不符合企业的长远目标,因而只有放弃。这些子市场本身可能具有吸引力,但是却不能帮助企业实现自己的整体目标,甚至会分散企业的精力,使之无法完成主要目标。

(二)目标市场的选择

目标市场的选择就是确定目标市场,通过对有关细分市场的评估,企业会发现一个或若干个值得进入的市场,即选择目标顾客群,根据目标顾客群制定相应的营销策略。一般情况下，零售企业选择目标市场主要有以下几种模式。

1. 集中化策略

零售企业在市场的选择和商品的经营上，都集中于一个细分市场，即针对某一顾客群，只经营少数种类的商品。如便利店经营的品种不多，主要为附近的要求便捷的消费者提供日常需求的少量商品。

2. 市场专业化策略

零售企业选择一个细分市场，经营不同品种的同类商品，仅针对某一顾客群，满足他们有差别的共同消费需求。例如，社区型超市以社区消费者为主要服务对象，为他们提供日常生活消费品。

3. 商品专业化策略

零售企业经营某一类商品，面向各个细分市场，即针对各类的顾客群，满足他们相同和近似的消费需求。例如，电器专卖店经营各种电器，满足不同层次消费者对电器的需求。

4. 选择专业化策略

选择专业化策略是指有选择地进入几个细分市场，经营相应的几类商品，即针对几个不同的顾客群，分别满足他们有差别的消费需求。

5. 全覆盖策略

零售企业全方位地进入各个细分市场，经营各种类别的商品，即针对各种各样的顾客群，分别满足他们各种各样的消费需求。如百货商店、购物中心经营几万至几十万种的商品，满足不同消费者的各种消费需求。

本章小结

消费者的需求是消费者对商品的具体要求和欲望，它来源于消费者的需要，而消费者的需求会引发购买动机。购买动机是消费者为满足某种需求而引起的购买行为的内在驱动力。消费者是零售市场的买方主体，为了最大限度地满足其消费需求，零售企业必须加强对零售顾客的分析、研究，以便更好地争取顾客、服务顾客。

消费者购实行为是指消费者在购买动机支配下为个人或家庭物质和精神生活的需求用货币换取商品或劳务的实际活动。消费者的购买行为受到多个因素的影响，主要包括：文化因素、社会因素、个人因素和心理因素。消费者的购买行为是一个过程的体现，这个过程主要包括：认知需求、寻求解决方案、评价比较方案、择优决定和购后评价。

消费者在购买决策过程中，总是依据一定的标准和尺度，对各种可能方案进行比较与选择，从中确定最优方案。常见的原则主要包括：最大满意原则、相对满意原则、遗憾最小原则和预期—满意原则。

市场细分就是按照一定标准,把由所有消费者组成的整体市场划分成由不同消费者群组成的若干子市场的过程。目标市场是指企业在市场细分的基础上,所选择的要进入和占领的市场,即企业将要为之服务的消费者群。目标顾客的选择就是确定目标市场,通过对有关细分市场的评估,发现一个或若干个值得进入的市场,即选择目标顾客群,根据目标顾客群制定相应的营销策略。

思考题

1. 什么是顾客需求,其内容有哪些?
2. 顾客的购买动机有哪些类型?
3. 影响消费者购买动机的因素有哪些?
4. 消费者的购买心理活动过程包括哪些环节?
5. 消费者购买决策的原则主要有哪些?
6. 市场细分的常用标准是什么?
7. 什么是目标市场?零售企业选择目标市场的模式有哪些?
8. 比较青年、中年与老年顾客的购买特点。

第四章

零售店址规划

理解零售选址的意义，掌握零售店址的类型，了解零售选址应该考虑的因素及零售选址的步骤。理解商圈的含义，了解商圈分析的意义，掌握商圈的构成以及商圈的影响因素，把握划定商圈的方法，并能够运用这些方法来划分商圈。掌握选择零售开设区域时应该考虑的因素。

零售企业的经营活动与其他类型企业的经营活动的主要不同之处在于，零售企业必须具有固定的地理位置，零售企业必须吸引顾客到自己所在的地理位置来消费。因此，零售企业所在的地理位置成为决定零售企业能否成功经营的关键因素之一。零售企业必须对自己的店址进行很好的规划和选择，方便顾客光临成为零售企业选址的主要原则。那么零售企业在规划自己的店址时主要开展哪些工作？在确定具体店址时应该考虑哪些因素？采用什么方法来确定店址？本章将在商圈分析的基础上对零售企业的选址进行详细分析，为零售企业选择店址提供参考。

第一节　店址与零售战略

零售店的开设地点被视为开业前所需要的主要资源之一，因为开设地点决定了零售店可以吸引有限距离或地区内的潜在顾客的多少，这也就决定了零售店可以获得销售收入的高低。因此，零售店店址的选择关系着零售企业的发展前途，是零售店确定经营目标和制定经营策略的重要依据。

一、零售店选址的意义

零售店店址的确定是零售企业开业前所需准备的一项重要资源，它不仅决定了零售企业可获取销售收入的高低，也体现出零售企业的市场地位和企业形象，决定着后续零售活动的开展。零售店店址选择的重要性主要表现在以下几方面。

（一）零售店店址的选择是一项长期性、规模较大的投资项目

零售店店址关系着零售企业的发展前途。零售营业场所不管是租赁的，还是购买的，一经确定就需要大量的资金投入，营建店铺，购买商品，而且零售店址具有长期性、固定性的特点，当外部环境发生变化时，它不能像人、财、物等要素可以作相应调整，而外部环境的变化往往对零售企业的经营产生很大影响。外部环境的变化因素主要有以下几点：①该地区内常住人口大量迁出；②城市发展规划使得这一地区不再作为商业区而向其他方向发展；③商品经营的范围受限制，如该地区变为小商品经营地区或改为服装商业街等；④商圈内购买力水平下降；⑤交通条件变化，如道路、客货运输的限制等，使光顾零售店的流动顾客减少，零售店运送货物不方便；⑥社会环境的变化，如文娱活动场所迁移等；⑦同类竞争零售店增多。

以上列举了一些不利于零售企业经营的环境变化，导致零售企业难以以固定地点适应新的变化；同样地，若发生有利于零售企业经营的环境变化，零售企业同样难以以固定的地点适应其变化。这些变化所带来的限制是难以通过增加商品种类及数量来解决的。所以，零售店选址应十分谨慎，不能轻举妄动。

（二）零售店店址是零售店确定经营目标和制定经营策略的重要依据

不同的地区有不同的社会背景、地理环境、人口状况、交通条件、市政规划等特点，它们制约着所在地区的零售店顾客来源及顾客特点，也制约着零售店对所经营的商品、价格和促销活动等的选择。零售店店址一经确定，就需要在商品编配、商品价格和促销策略方面围绕特定地区消费者的需求特点展开工作。如果不能充分考虑商圈内消费者的需求，就会影响零售店的经营。因此，零售企业经营者在确定经营目标和制定经营策略时，必须考虑店址所在地区的特点，以达到策略的可实施性和目标的可实现性。

（三）零售店店址选择是否得当，是影响零售店经济效益的重要因素

零售业有句行话叫“一步差三市”，企业的店址选择得当，就意味着其享有优越的“地利”优势。一般情况下，交通便利、地理位置好的商店都能创造出较高的经济效益。因而在选址时，不能贪图租金的便宜而选择人流少、交通不方便、位置偏僻和市场未成熟的地点。

（四）零售店店址是零售企业市场形象的体现

零售店的店址应该具有该地区显著的特征，零售企业在此地经营时，需要将所经营商品与该地区的环境、气氛协调起来。零售企业在展示自身期望的形象时，会主动显示出带有该地区明显特征的商店形象。例如，在高租金地区，商店经营的商品就趋向于高档化，商店的环境趋向于豪华，服务完美、周到，气氛典雅恬静，给人们以高品位的感觉，高品位的享受。在工薪阶层居住区，商店经营的商品就应该以

中档商品为主，兼营高档商品，商店环境洁净整齐，人员服务到位，商店气氛虽有渲染但不过分，给人热烈而诚恳的感觉。

（五）零售店店址的选择要贯彻便利顾客的原则

零售店店址的选择要以便利顾客为首要原则，从节省顾客的购买时间、购买精力和购买费用的角度出发，最大限度地满足消费者的需要，否则失去了消费者的信赖、支持，企业也就失去了存在的基础。当然，在考虑便利消费的原则时，不能单纯理解为开店的地点要最接近顾客，这在实践中是不可能实现的。另外，还要考虑到大多数目标消费者的需求特性和购买力特性，在符合市场规划的前提下，力求为消费者提供广泛的选择机会，使其购买到最满意的商品，获得满意的服务，实现社会效益与经济效益的最佳结合。

二、店址的类型

商店位置一般分为三种基本类型：孤立商店、无规划的商业区和规划的购物中心。目前，我国零售业态主要以孤立商店及无规划商业区为主，规划购物中心正在快速发展。

（一）孤立商店（Isolated Store）

孤立商店是坐落在公路或街道旁的单独零售建筑，邻近没有其他零售企业与之分享客流。

1. 孤立商店的优势

孤立商店的优势是：无竞争对手与其争夺客流；租金相对较低，有可能降低成本，从而降低价格；道路及交通的可见度高；经营上具有较大的灵活性。

2. 孤立商店的劣势

孤立商店的劣势是：吸引客流的难度较大；需要单独承担促销宣传费用；在多数情况下，建筑不能租用而需要新建，成本高。

孤立商店要吸引并保持稳定的目标顾客群很不容易，因此通常适合开设大型购物中心或适合建立顾客一站式购物的大型综合性超市；而小规模的专业店无法在此立足，因为它们既不可能做到花色品种齐全，又无价格上的优势或形成鲜明的经营特色，很难吸引到大量的顾客。

当然若孤立商店依附于某一特殊的设施，如学校、厂矿或加油站，则可以吸引周边的流动顾客，而且孤立商店周围的情况也会发展变化，有些购物中心或商业区最初可能是由一家有特色的孤立商店发展而来的。

（二）无规划商业区（Unplanned Business District）

无规划商业区是指两家或两家以上的商店坐落在一起或非常接近，但商业区的总体布局或商店的组合方式未经事先长期规划。这些商店的布局并非按一定的模式，而是随时间的推移（先来先开）、零售业的发展趋势及机遇而定的。无规划商业区主要有四种类型：中心商业区、次级商业区、邻里商业区和商业街。

1. 中心商业区(Central Business District,CBD)

中心商业区是一座城市或城镇的零售业中心,是市内最大的购物区。中心商业区是城镇或城市内办公大楼和零售店最为集中的区域,车流和人流高度集中,这里吸引着来自整个地区的消费者。中心商业区一般不超一平方公里,至少有一家大型百货商店、大批专业店和便利店,周围是文化和娱乐设施。

中心商业区能够吸引大量顾客,其优点主要有:商品丰富、交通便利、商品价格档次有较大选择余地、靠近商务和社交设施,并可提供多样化的服务。

但中心商业区也有其固有的缺点,主要表现为:交通拥挤、停车场地紧张;住在郊区的人前往费时费力;租金较高。

2. 次级商业区(Secondary Business District,SBD)

次级商业区是一座城市或城镇内无规划的购物区域,通常位于两条主要道路的交叉处。一座城市,特别是大中型城市通常有多个 SBD,每个次级商业区至少有一家小型百货商店、几家专业店和多家便利店或杂货店。这些商店与中心商业区的商店相比,往往规模较小、商圈也不大,商店经营商品的花色品种少,以日常生活用品为主。

次级商业区的优点是商品花色品种基本齐全,没有中心商业区那么拥挤,且比中心商业区离住宅区更近。次级商业区的主要缺点是:供应的商品和服务不均衡,设施老化、货运不便、停车困难等。

3. 邻里商业区(Neighborhood Business District,NBD)

邻里商业区是为了满足单一住宅区购物和服务便利需要发展起来的无规划的购物区。这类商业区位于住宅区的主要街道上,通常以一家超级市场或杂货店为主,由若干个小店组成,这些小店大多是干洗店、美容店、理发店、小饭店等。

邻里商业区具有营业时间长、环境安静和购买方便等优势,同时也存在商品的选择范围有限和价格相对较高等缺点。

4. 商业街(String)

商业街是由一组零售店组成的未经规划的购物区,这些小店坐落于沿街或公路旁,一般经营相似或具有互补性的商品。商业街可能是从一家成功经营的孤立商店发展而来。位于商业街的商店一般有服装店、小吃店和汽车维修店等。

商业街具有许多与孤立商店一样的优势,如租金低、经营灵活、运营成本低、停车方便等,也有一些相似的缺点,如商品品种有限、广告费高、需要自建店房等。此外,商业街的商店因为存在竞争者,一方面因为竞争店铺的存在可分担宣传费用,以吸引更多顾客;另一方面,也需要分享客流和利润。

(三)规划的购物中心(Planning Shopping Center)

规划的购物中心是由一组统一规划、建在一起的商用建筑所构成,产权集中,实行集中管理。规划的购物中心作为一个整体来进行设计和运作,各类商店平衡配置,通常是由一家或多家大型商店(骨干商店)和许多小商店组成。

规划的购物中心具有以下优点:由于有长期规划,商品和服务品种的组合合理;各商店的客流达到最大化;租金通常比 CBD 低;拥有各具特色但又统一规划的购物中心形象。

尽管规划的购物中心有以上优点,但也有其局限性,主要表现为:房产所有者的硬性规定,减少了每个商店经营的灵活性,每家商店经营的商品和服务受到一定限制;租金虽比 CDB 低,但远高于孤立商店;购物中心内同类商店间竞争激烈。

规划的购物中心主要有三种类型:区域购物中心、社区购物中心和邻里购物中心。

1. 区域购物中心

区域购物中心是一种大型购物中心,它至少有一家大型百货商店,并由 50 ~ 150 家甚至更多小零售店组成。区域购物中心以商品为导向,商品品种广而深,同时提供大量服务,以鼓励消费者在中心购物。在国外,一个典型的区域购物中心的服务对象在 10 万人以上,他们居住或工作在距中心车程 30 分钟范围内,人们前往购物的车程平均不到 20 分钟。区域购物中心占地大,投资高,因此,发展区域购物中心时必须慎重。

2. 社区购物中心

社区购物中心是一种中等规模的购物设施,一般拥有一家百货商店和大型专业商店,此外有几家小商店。社区购物中心有比邻里购物中心更完善的长期规划,商店配置更均衡。它提供以购物便利为导向的商品和服务,品种结构适中,消费者来自一个或多个邻近人口较多的住宅区。服务对象是居住或工作在距中心车程 10 ~20 分钟范围内的大约 2 万 ~10 万人。

3. 邻里购物中心

邻里购物中心是一种以超级市场或药店作为最大商店的规划的购物中心,其他商店还包括理发店、美容店、干洗店、五金店、快餐店、加油站等。邻里购物中心主要向居住或工作在附近的居民提供便利的商品和服务。其服务半径是车程不到 15 分钟范围内的人口。

三、选址考虑的因素

零售企业在选择具体的店址时应该考虑以下几个方面的因素。

(一)经营商品的种类

每一城市和社区的人口构成、消费习惯和收入水平的差异,都会造成每个城市和社区对商店所经营商品的制约,这些是选址时首先应注意的。经营商品不同,选择地点也应该有区别。

1. 生活必需品

生活必需品的特点是消费者经常需求,而且商品的同质性大、选择性不强、单价不高、交易频繁。因此,经营此类商品的商店,应尽可能接近居民区,以满足消费者短时间步行到店为目标。

2. 耐用消费品及特殊消费品

耐用品购买次数少、使用时间长、单价高、商品选择性大；顾客对特殊消费品的挑选性强。因而，经营这类商品的商店，宜开在商业中心区、商业街区和购物中心内，以满足消费者充分挑选、比较的消费心理。

（二）所经营商店的类型

不同类型的商店应选择不同的位置，以下是专家通过研究分析得出的商店类型以及与之匹配的位置条件。

1. 百货商店的位置条件

（1）选址在城市繁华商业区或交通要道，或市、区级商业中心以及历史形成的商业集聚地。

（2）商店规模大，营业面积在 5 000 平方米以上。

（3）交通便利，有较大面积的停车场。

2. 便利店的位置条件

（1）选址在居民住宅区，主干线公路边，以及车站、医院、娱乐场所、机关、团体、企业事业单位所在地。

（2）面积在 50 ~ 200 平方米以内。这个范围是便利店的最佳面积范围，既不会因面积太大而导致投入（例如，便利店的设备和装修等）和费用（例如，租金与人工费用等）太高，又可以保证有足够的空间摆放所需的商品。

（3）便利店应保证开设在建筑物的底层，一般不要设在夹层或二层，楼层间高度保证在 3 米以上。

3. 超市的位置条件

（1）大型超市：选址在市区商业中心、城郊接合部、交通要道及大型居住区，辐射半径 2 公里以上，目标顾客以居民、流动顾客为主；交通方便，停车便利，设不低于营业面积 40% 的停车场。

（2）中型超市：一般选在城市中小型的商业区，距离居民区只有步行 10 分钟或驾车 5 分钟左右的距离，配有停车场及自行车和摩托车的停车位。

（3）小型超市：店址一般设在居民聚集区或小型商业区，顾客步行 5 分钟，乘车或骑车几分钟就可到达。

4. 购物中心的位置条件

（1）社区购物中心选址在市、区级商业中心；商圈半径为 5 ~ 10 公里；建筑面积为 5 万平方米以内；有较大停车场，停车位 300 ~ 500 个。

（2）市区购物中心选址在市级商业中心，商圈半径为 10 ~ 20 公里；建筑面积 10 万平方米以内；停车位 500 个以上。

（3）城郊购物中心选址在城乡接合部的交通要道；商圈半径为 30 ~ 50 公里；建筑面积 10 万平方米以上；设有超大停车场，停车位 1 000 个以上。

（三）所选地区的客流量

客流量是决定一个零售店能否成功的关键因素。客流包括现有客流和潜在客流。商店选择开设地点总是力图设在客流大而集中的地点，以便多数人就近购买商品。但客流规模大，并不总是带来相应的优势，应对客流作具体分析。

1. 分析客流类型

依照顾客与本商店的关系，可以把客流分为以下三种类型。

（1）自身客流。自身客流是指那些专门为购买本商店经营的某商品而来店的顾客所形成的客流，这是商店客流的基础，也是一家商店能否生存与赢利的基础。只有拥有自身客流，商店的收入才有保证，在选址时，首先要评价的就是商店能否建立起足够数量的自身客流。

（2）分享客流。分享客流是指一家商店从邻近商店形成的客流中获得的客流。这种分享客流往往产生于经营相互补充商品种类的商店之间，或大商店与小商店之间。商店要想得到分享客流，就要对社区或商业中心区商圈进行分析，准确地判断市场的空白点，找准自己商店的立足点，并判断能否构成商店生存与赢利的基础。

（3）派生客流。派生客流是指那些顺路进店而非专程来店的顾客所形成的客流。在一些旅游点、交通枢纽、公共场所附近设立的商店，主要利用的就是派生客流。这些商店可以没有自己的商圈，每天大量流动人口产生的派生客流足以支持商店所希望的销售水平，但对于百货店、超市、便利店等业态商店，则不能只寄希望于派生客流。

2. 分析客流目的、速度和滞留时间

有的地点客流量很大，但客流速度很快，停留的时间很短，如地铁出入口、火车站、汽车站、码头附近，显然，这些地点并非是开设百货店、专卖店的理想之地；而在商业中心区和住宅区内，虽然客流量并非最大，但所来顾客均有消费的欲望和准备，是开店的较好地点。

3. 分析街道的特点及客流规模

道路对商店的影响也是极为明显的，初始客流的方向、道路的坡度、受阳光照射的情况、公共交通站点以及有无停车场等，都会影响到商店的客流。

（四）所选区域的交通条件

从商店经营的角度来看，交通条件是影响零售店店址选择的一个重要因素，它影响着企业经营的顺利开展和顾客购买行为的顺利实现。一般来说，分析交通条件对商店的影响，可以从商店经营和顾客出行这两个方面进行分析。

1. 从商店经营角度分析

评估交通条件是否对商店有利，主要有以下两个方面。

（1）在开设地点或附近，是否有足够的停车场可以利用。随着大中城市家用汽车的普及，开私家车购物已成为一种必然。对大型百货商店、超市而言，有无足够的停车场是商店能否吸引消费者的一个重要指标。对大型商场而言，停车场面积与商店营业面积之比应达到1:1.5为好。

(2)商品运至商店是否容易。零售店每天有大量的商品由供应商或配送中心送到，如果没有顺畅的商品运入通路和验收场地，对商店进行商品管理会造成一定影响，对商品的安全也不利。

2. 从顾客出行角度分析

站在顾客的角度，分析交通条件是否方便购买行为的顺利实现，主要有如下几个方面。

(1)开设在远离商业中心的商店，要分析其与车站、码头的距离和方向。一般距离车站、码头越近，购买越方便，客流较多。

(2)设在市内公共汽车站附近的商店，要分析车站的性质，是中转站还是始发站，是主要停车站还是一般停车站。主要停车站一般客流量大，商店可以吸引的潜在顾客较多。

(3)要分析交通管理状况所引起的有利与不利条件，如单行线街道，禁止车辆通行街道，远离公交车站，没有足够停车场等都会影响客流量。

四、店址选择的步骤

零售店的经营地址对零售店开业后能否生存并取得效益有重大影响，而与选择经营地址有关的因素又很多，所以，对店址的选择需要进行系统的分析和科学的论证。一般情况下，选择商店店址的步骤如下。

(一)确定类型

要求零售企业从孤立商店、无规划商业区和规划的购物中心这三种基本类型中选择一种，这一决策取决于公司的战略和对每一类位置优劣势的慎重评价。一旦位置类型确定，零售企业就必须为其商店确定大致的店址类型。当然，自己的资金、实力、经营风格和商品类型是制约这一选择的前提。每种经营形式对地点的选择都是有具体要求的，对于孤立商店，其自身应有一定的经营能力和资金实力，能够支撑起一个可以吸引一定顾客量前来购物的营业场所。

(二)做出决策

第一，必须在选定孤立商店、无规划商业区或规划的购物中心的店址类型后为其确定具体的地区。第二，必须确定商店的大体位置。对一家孤立商店而言，这意味着选择一个具体的社区中心或一条街道。对一个无规划商业区或规划的购物中心来说，则意味着选定一个具体的商业区或购物中心。

(三)确定位置

进一步缩小前两步所作决策的范围，然后选定一个具体的位置。如果是在规划的购物中心，那么确定选择在入口、中间，或出口处；是培育自有的顾客群还是采用跟随形式分享客流；是选择在道路的左侧还是右侧；是向阳面还是背阴面……

在商店选择某地区时，社区内居民住户数、人口特性、消费能力和消费特点一般都已定型，作为零售企业，所能做到的，仅仅是适应这一社区的消费特性，而很难去改变社区内人口的消费习惯。因此，在选择社区时，要与零售企业自身的商品经营范围、商品价格相适应。如果能做到这一点，开业后，一般能做到顾客盈门、生意良好；相反，经营商品范围过宽或过窄，价格太高或太低都难以吸引消费者上门。当然，每个区域的消费能力和消费特点不同，能适应的商店类型也不同。适合所有商店开业的理想地址是没有的，只能是某个地点适合某一类的商店生存。

课堂案例讨论

北京最大苹果零售店开业

北京时间2014年1月10日10点，苹果在北京第四家Apple Store官方零售店正式开业，该店地处北京CBD地区，位于朝阳区建国路华贸商圈中的华茂购物中心一层西侧，单层面积约1 000平方米，一跃成为苹果在北京单层面积最大的官方零售店。此前，苹果在北京的其他三家官方零售店分别为三里屯太古里、西单大悦城以及王府井APM。

苹果华贸店附近就是高端购物中心新光天地。在华贸商圈中云集了上千个国际品牌，10余家国际顶级品牌旗舰店均在此开店，而苹果将北京第四家Apple Store官方零售店选址在这里，也与其高端、时尚以及现代的商圈定位不谋而合。

苹果Apple Store华贸店是大中华区第13家官方零售店，与之前的零售店风格一样，超高落地大玻璃窗，可以从外面直接看到内部，拥有一个具有专利设计的旋转门。与其他苹果店不同的是，这家店只有一层，不过配备150多名店员，提供一对一的培训以及天才吧等服务。从下周一开始，这里将推出新春订制培训讲座，并且为孩子们推出青少年讲座，告诉孩子们如何使用iPad，以及如何制作电子相册等。该店拥有150个接触点，也就是产品展示，可以让消费者亲身体验到苹果所有产品并进行试用。

资料来源：闵媛．Apple Store华贸店开业，北京第四家官方零售店[EB/OL]．腾讯数码，2014年01月10日，http://digi.tech.qq.com/a/20140110/005932.htm.

案例讨论：收集相关信息，试分析苹果零售店开店选址的特点及合理性。

第二节　零售企业商圈分析

零售店销售活动的范围通常都有一定的地理界限，即有相对稳定的商圈。商圈(Trading Area)是指商店吸引顾客的地理区域，它以商店为中心向四周扩展，构成一定的辐射范围，形成一定的商业区。商圈中心点是店铺所在的位置，因此，店铺位置一旦确定,商圈中心点就相应得到确定。

一、商圈的定义

国内外对商圈的定义有很多,有的把商圈定义为“经营某种产品或服务的某家零售店的顾客的分布区域”,也有的定义为“销售或运输产品与服务的营销组织在追求数量和成本经济性过程中形成的一定规模的区域”。

本书所使用的定义为:商圈是指零售店以其所在地点为中心,沿着一定的方向和距离扩展,吸引顾客的辐射范围。

商圈分析就是经营者对商圈的构成情况、特点、范围以及影响商圈规模变化的因素进行调查和分析,为选择店址,制定和调整经营方针与策略提供依据。进行商圈分析,首先,要了解商圈内消费者的人口数,未来发展情况及社会经济特征,这些都是商圈购买力的基础;其次,要在取得上述资料后,有的放矢地举办针对消费者的促销活动,做到低投入、高效益;最后,要了解现有商圈内的竞争状况,为商店的下一步发展未雨绸缪,及早安排。

零售企业的经营活动通常有一定的地理界限,即有相对稳定的商圈。不同的零售企业由于其地理位置、交通状况、经营规模、经营方式、经营品种和经营条件的不同,商圈规模、商圈形态等存在很大差别。而且,同一零售店在不同的经营时期受到不同因素的干扰和影响,其商圈并不是固定不变的,商圈规模时大时小。商圈形态表现为各种不规则的多边形,为了便于分析研究,一般将其视为以零售店为中心的同心圆。

二、商圈分析的意义

零售企业的地理位置关系到其战略的实施和经营目标的实现,因此,选址决策是零售企业最重要的决策之一。店址的好坏,决定了其商圈的规模和商圈的质量。商圈与零售企业经营活动有着极为密切的关系,无论新开店还是老店,都不应忽视对商圈的分析。

(一)商圈分析是新开商店合理选址的前提

零售企业通过商圈分析确定商圈范围,了解商圈内人口分布状况及相关资料,进行市场细分与定位,根据经营计划选择一个或多个消费群,进行经营效益评估,衡量店址的使用价值。

(二)商圈分析有助于零售店制定竞争经营策略

通过商圈分析,可以掌握客流来源和客流类型,了解顾客的不同需求特点,采取有针对性和竞争力的经营策略,满足顾客现实与潜在的需求。

(三)商圈分析有助于零售店制定市场开拓策略

通过商圈分析,可以明确哪些是本店的基础顾客群,哪些是潜在顾客群。力求在保持基础顾客群的同时,吸引和扩大潜在顾客群,并通过制定相应的市场开拓战略，不断延伸经营触角，扩大商圈范围，提高市场占有率。

（四）商圈分析有助于加快资金周转

通过商圈分析，可以了解商圈内顾客的消费行为与购买习惯，从而合理组织商品，加快商品周转，提高资金使用效率。

（五）商圈分析有助于为开设分店和连锁店提供参考

对分店进行商圈分析所得到的结果可以为开设其他分店或连锁店提供相关信息，并避免自身商圈范围交叉重复。

三、商圈的构成

为便于分析，可以把商圈视为以零售店为中心的、吸引顾客程度不同的同心圆，如图 4－1 所示。这样可以细分顾客光临本店的次数，在此基础上把商圈进行细分，如此就能确定商店吸引各类型顾客的能力。

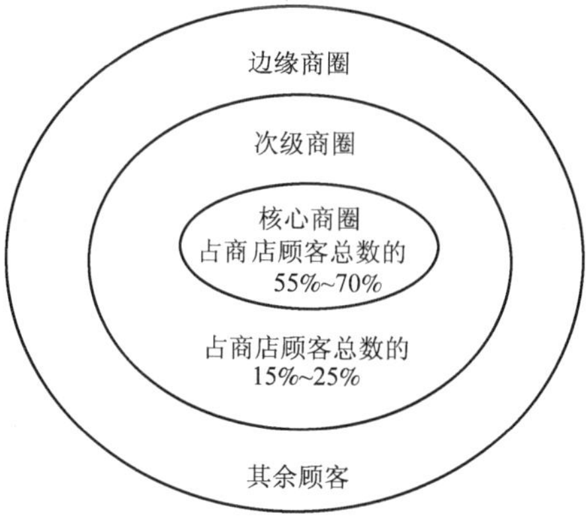

图 4－1 商圈的构成

（一）核心商圈（Primary Trading Area）

核心商圈是最接近零售店的区域，核心商圈内的顾客是商店的忠诚顾客，是商店生存的基础。

（二）次级商圈（Secondary Trading Area）

次级商圈是紧邻核心商圈、位于核心商圈以外的区域。这个地区消费者的购买力大，但它与竞争者的次级商圈往往是重叠的，故该地区的消费者是商店要重点争夺的顾客，且是商店获取利润的关键。

（三）边缘商圈（Fringe Trading Area）

边缘商圈是位于次级商圈以外的区域，这个商圈的消费者太分散，所占比例也小，商店的营销手段也不易产生有效作用，因此，商店的营销工作一般不把这部分商圈纳入争取范围。

在进行商圈的划分与研究时，并不是所有类型的零售店都适合于上述的商圈划分。这是因为零售业态具有多样化的特点，零售企业的差异化和个性化有多种多样的表现。一般而言，在一个相对独立的生活区，零售业态并未形成多样化，也未形成商业中心区格局，商圈划分就不会很明显。但是，对一个地区性大中型超市的商圈分析，就适用上述分类。核心商圈是顾客密度最大的区域，是主要商圈；次级商圈顾客密度较小，是次要商圈；边缘商圈顾客最少，密度亦最小。

但是，在现实生活中，这样典型的地区性商店所占比例并不是很大，而出现的例外情况却非常多，例如：位于商业区域购物中心内，有影响、有特色的专业店、专卖店，其商圈可能比整个商业区更大，可称为目标商店；附属于大商场、商业区、购物中心内的小食档、报刊亭、音像亭，自身并无商圈可言，其顾客是分享所在商场的客流，这类商店可称为依附式商店；居民区内的便利店，其服务的顾客就在居民区内，所以几乎没有边缘商圈的顾客。而位于商业中心的零售店，核心商圈的顾客密度较小，也不是商圈的主要组成部分；相反，次级商圈和边缘商圈的顾客密度相对更大。

对大型零售店而言，由于经营规模与商品品种等原因，吸引了很多以购物为目的的顾客，这类大型店，其边缘商圈的顾客往往最多。

四、商圈顾客的来源

零售店有特定的商圈范围，在这一范围内，零售店的服务对象，即顾客来源可分为以下三部分。

（一）居住人口

居住人口是指居住在零售店附近的常住人口，这部分人具有一定的地域性，是核心商圈内基本顾客的主要来源。他们的忠诚度较高，消费场所比较固定，但是顾客人数弹性较小，难以扩大市场，单店规模不宜在短期内进行大调整。

（二）工作人口

工作人口是指工作地点在零售店附近的人口，这部分人中常常利用上下班就近购买商品，他们是次级商圈基本顾客的主要来源。商圈内工作人口越多，商圈规模越容易扩张，潜在的顾客数量越多，单店扩大规模越具有可行性。

（三）流动人口

流动人口是指在交通要道、商业繁华地区和公共活动场所过往的人口。这部分人是处于商业区内的零售商店的主要顾客来源，是构成边缘商圈内顾客的基础。流动人口选择消费场所的随意性较大，忠诚度较低，从而较易受到商业竞争对手的影响。

五、商圈的影响因素

影响商圈大小的因素有很多，概括起来主要有以下几个方面。

（一）商店业态

目前我国的零售业态主要有 17 种，其中主流业态有百货商店、食杂店、便利店、专业店、专卖店、超市和大型超市等。一般来说，百货商店、专业店、专卖店的商圈相对较大，大型超市和超市次之，食杂店与便利店最小。这是由于不同业态的零售店经营的商品范围和服务特点造成的。

（二）商店的经营规模

一般情况下，商店的规模越大，其经营的商品品种相对较多、商品的挑选余地较大，其能有效吸引顾客的地理区域相应扩大，商圈就相对较大。商圈范围虽然因商店经营规模增大而扩大，但并非成比例增加。

（三）商店的商品经营种类

一般情况下，经营日用品的商店，其商圈范围相对较小，往往仅限于附近几个街区；而经营选择性强、技术性高、需要提供完善售后服务及满足特殊需要的商品，则往往有更大的商圈范围。

（四）商店本身的地理位置

一般情况下，区域性的商店，核心商圈顾客密度较大，是主要目标顾客；次级商圈顾客密度较小，对零售店的重要性也相对较弱；而边缘商圈的顾客只是偶尔来光顾，在商店的经营计划中一般不会考虑这部分顾客。

居民区的便利店，商圈范围一般较小，顾客密度很大，很少有次级商圈和边缘商圈的顾客。

位于商业中心、交通要道的大型百货商场和专业店等业态形式，核心商圈的顾客一般密度较小，次级商圈和边缘商圈的顾客对这类店的贡献较大，需要非常重视。

（五）竞争商店的位置

竞争对手的位置对商圈大小也有影响，如果潜在顾客位于同行业、同业态的两家商店之间，则这两家商店的商圈都会缩小。当然，也可能由于同行业的商店集中，使顾客有更多的选择机会，使商圈因竞争而扩大，例如，某些商业特色街就是如此。

（六）交通状况

交通状况是影响商圈大小的重要因素。如果企业所处位置交通便利，则有利于扩大商圈，反之，则可能限制商圈的扩大。地理上的障碍，如街道、河流、铁路及城市交通管制设施等均会影响商圈的规模。

（七）商店的经营特色和促销手段的运用

商圈的规模可以通过广告宣传、推广手段、服务方式及经营特色等各种促销手段来扩大。知名度高、有经营特色的商店往往能够吸引边缘商圈的顾客慕名前来购物。

六、划定商圈的方法

1929 年，威廉·雷利借鉴物理学中万有引力定律的公式最早提出了划定商圈的方法。近一个世纪过去了，虽然现在已经发展到可以使用计算机软件来划定商圈，但几十年的实践证明，这些公式仍然有着简便实用、操作性强的特点，仍是零售业界划定商圈时常用的方法。

（一）零售引力法则

零售引力法则（Law of Retail Gravitation）又叫雷利法则。他认为，商圈由人口（市场）和距离两个因素确定：两个市场（城区）吸引顾客的比率，与该市场（城区）大小成正比，与到两个市场距离的平方成反比。

设 B_x 为 x 城区的吸引力；B_y 为 y 城区的吸引力；P_x 为 x 城区人口；P_y 为 y 城区人口；D_y 为从 y 城区至两城区间中间点的距离；D_x 为从 x 城区至两城区间中间点的距离。雷利法则的前提假设为：两个城区之间的交通条件和便利性相同，位于两个城区之间中间点的居民，被 x 城区或 y 城区吸引前去购物的吸引力大小是与该城区的市场规模成正比的。其他的影响因素还有到该城区的距离，距离越远，吸引力越小。这样，就可得到公式 1：

$$\frac{B_x}{B_y}=\frac{P_x}{P_y}\times(\frac{D_y}{D_x})^2 \qquad \text{（公式 1）}$$

而当 $\frac{B_x}{B_y}=1$ 时，即假设 x，y 城区对某一点居民的吸引力相等，对该点的居民而言，去 x 城区或去 y 城区的吸引力均衡。这样，就可得到公式 2：

$$D_y=\frac{d_{xy}}{1+\sqrt{\frac{P_x}{P_y}}} \qquad \text{（公式 2）}$$

公式 2 中：D_y 表示 y 城区向外覆盖的商圈范围；
d_{xy} 表示 x 和 y 城区之间的距离；
P_x 表示 x 城区的人口；
P_y 表示 y 城区的人口。

公式 2 不仅解释了平面上两点间吸引力的简单现象，而且可用于分析城市中多元化的商业布局、各自的吸引力和商圈范围。举例说明如下。

例 4－1：某地级城市，有各自独立的 A，B，C 和 D 四个地区，四个地区人口和距离的资料为：A 地区位于中心位置并且是最大的，拥有 20 万人口，围绕在它四周的是三个比较小的地区；B 地区有 2 万人口，距离 A 地区 12 公里；C 地区有 4 万人口，距离 A 地区 10 公里；D 地区有 5 万人口，距离 A 地区 6 公里。根据雷利法则的计算公式，可以分别计算出 A 地区能够吸引 B，C 和 D 地区居住人口的距离，即 A 地区在这些方向的商圈范围。计算过程如下：

$$D_{AB}=\frac{d_{AB}}{1+\sqrt{\frac{P_B}{P_A}}}=\frac{12}{1+\sqrt{\frac{20\ 000}{200\ 000}}}=9.1\text{（公里）}$$

$$D_{AC}=\frac{d_{AC}}{1+\sqrt{\frac{P_C}{P_A}}}=\frac{10}{1+\sqrt{\frac{40\ 000}{200\ 000}}}=6.9\text{（公里）}$$

$$D_{AD}=\frac{d_{AD}}{1+\sqrt{\frac{P_D}{P_A}}}=\frac{6}{1+\sqrt{\frac{50\ 000}{200\ 000}}}=4（公里）$$

计算的结果用图 4－2 表示。

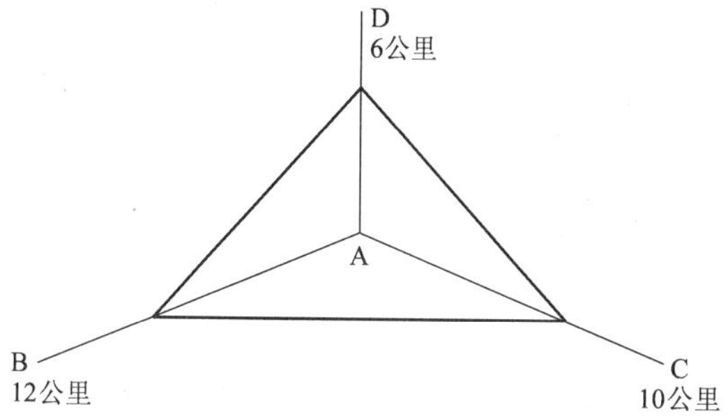

图 4－2　商圈计算示意图

结论：A 区的商圈覆盖面大，成为四区中的中心点，是消费中心。表面上看 A 区是人口多，实际上，人口多的地方往往商店和服务业也多，其吸引顾客的能力就大，所以可以用人口数代表市场的大小。雷利的零售引力法则推出后至今仍是划分商圈首选的方法，当然，这种方法的缺陷也是明显的，如计算距离时只考虑干道，未考虑其他道路，未考虑自驾车和乘坐公共交通工具的区别，也未考虑商品中生鲜果品的影响等。所以美国另一学者康巴斯在伊利诺伊州经过实验后，提出包含有竞争因素和生鲜果品经营特性的补充方法，被称为新零售引力法则。

（二）竞争与市场饱和度分析法

零售企业只有在分析竞争状况之后才能正确评估某区域的市场机会。尽管某些区域的消费者特点与目标市场很接近，经济状况良好，但如果竞争过于激烈，仍然不是最佳选址。同时，一个地区即便人口少，经济状况一般，但如果竞争较缓和，也可能不失为较好的选址。

考察一个地区的竞争状况，应着重分析以下因素：现有商店的数量、规模，新开店的发展速度，各商店的优势与劣势，长远的发展趋势以及市场饱和度。应该将这些指标与地区的人口数量和增长速度联系起来进行综合分析，不能只看绝对数值。

分析零售业竞争就不能不提到市场饱和度的概念，一个地区零售市场的饱和度可以具体分为商店不饱和区、商店饱和区和商店均衡区三种情况。

商店不饱和区（Understored Trading Area）是指销售某一种产品或服务的商店太少，以至于难以满足所有消费者需求的区域。

商店饱和区（Overstored Trading Area）是指销售某一种产品或服务的商店数量太多，以致某些零售企业难以获取正常利润的区域。

商店均衡区（Saturated Trading Area）是指零售企业的数量与消费者需求大致

相符，同时零售企业又能正常赢利的区域。

1. 衡量商圈的市场饱和度

衡量商圈内零售市场饱和度时，经营者应首先认识到对某类商品而言，消费者的购买力在一定时期内是恒量的，因而，任何商圈只能容纳一定数量的商店或一定的营业面积。零售企业可以对比实际数值与标准数值，以衡量商圈的市场饱和度，并将不同地区的数值进行比较分析。

零售企业常用以下一些数据来衡量商圈的市场饱和度：①总人口数/商店总数；②商店的平均零售额；③某类商店的平均零售额；④零售额/人口数或家庭数；⑤单位营业面积的零售额；⑥零售额/零售业从业人数。

当考察某类商品或服务的市场饱和度时，应对各数据作具体分析。有时，不同的数值并不能代表各地区市场饱和度的实际差别。特别值得一提的是，在计算单位营业面积零售额时，零售企业应该将自己计划开发的新店纳入考虑范围。如果忽略了这一部分，计算结果将严重失真，开设新店后实际的单位营业面积零售额将大大减少。此外，零售企业还应考虑新商店开设的结果是扩大了此类商品的总市场，还是在总市场不变的前提下增加了本企业的市场份额。

2. 测算饱和度指数

饱和度指数是通过计算零售业市场饱和系数，测定特定商圈内某类商品销售饱和程度的指标。饱和度指数用以帮助新设商店的经营者了解某个地区内同行业是过多还是不足。一般来说，位于饱和度指数低的地区的商店，其成功的概率必然高于高饱和度的地区的商店。

饱和度指数的计算公式如下：

$$IRS=(H)(RE)/RF$$

式中：IRS 表示某地区某类商品零售饱和系数；

H 表示某地区购买某类商品的潜在顾客人数；

RE 表示某地区每一顾客用于购买某类商品的费用支出；

RF 表示某地区经营同类商品商店的营业总面积。

举例说明如下：

例 4－2：为一家新设日用品商店测定市场饱和系数。根据资料分析得知，该地区购买日用品的潜在顾客人数是 140 000 人，每人每周在日用品商店平均购买 8 元商品，该地区现有日用品商店 10 家，营业总面积 17 500 平方米。据上述公式，该地区日用品行业的市场饱和系数如下：

$$IRS=140\,000\times 8\div 17\,500=64(\text{元/平方米})$$

64（元/平方米）表明该地区日用品商店每周每平方米营业面积销售额的饱和系数。

用这个数字与在其他地区测算的数字比较，IRS 越低，表明该市场尚未饱和，成功的可能性越大。

根据历史经验，对大中城市大型百货商店而言，该指标的年经验值为：10 000元/平方米，亏损；15 000 元/平方米，保本；20 000 元/平方米，赢利。

（三）赫夫法则

20 世纪 60 年代，美国另一位研究商圈的学者赫夫分离出几个与商圈范围相关的变量（雷利只考察了一个变量），提出了分析顾客吸引力的赫夫法则（Huff's Law of Shopper Attraction）。赫夫法则的具体内容是：从不同地区某商品种类的营业面积、顾客从家庭住所到购物区所花的时间，以及不同类型顾客对路途时间的重视程度这三个因素出发，对商圈进行分析。商品种类以商业区各商店某类商品的总销售面积（以平方英尺为单位，为不影响该公式的原创性，以下该公式计算均沿用平方英尺为计量单位）来测算。在考察顾客对路途的重视程度时，购物类型既包括购买目的（大量采购还是选购），也包括购物内容（家具、服装或杂货等）。

赫夫法则用公式表示如下：

$$P_{ij} = \frac{\dfrac{S_j}{(T_{ij})^{\lambda}}}{\sum\limits_{j=1}^{n} \dfrac{S_j}{(T_{ij})^{\lambda}}} \qquad \text{（公式 3）}$$

公式 3 中：P_{ij} 表示消费者从住所前往商业区的可能性；

S_j 表示某类商品在商业区内的总营业面积（以平方英尺为单位）；

T_{ij} 表示消费者从住所到商业区所需花费的时间；

λ 表示指数，用来衡量顾客因购物类型不同而对路途时间的重视程度，需要通过实际调研或运用计算机程序加以确定；

n 表示不同商业区的数量。

举例说明如下：

例 4－3：假设一家专业用品商店考虑 A，B，C 三个选址位置。在这三个区域中，家用吸尘器的总营业面积分别为 200 平方英尺、300 平方英尺和 500 平方英尺。潜在顾客群的住所距离这三个区域分别为 7 分钟、10 分钟和 15 分钟。通过调研，顾客对路途时间的重视程度为 2。因此，在区域 A，顾客购买的可能性为 43.9%；区域 B 为 32.3%；区域 C 为 23.9%。

具体计算过程如下：

$$P_{iA} = \frac{200 \div (7)^2}{200 \div (7)^2 + 300 \div (10)^2 + 500 \div (15)^2} \times 100\% = 43.9\%$$

$$P_{iB} = \frac{300 \div (10)^2}{200 \div (7)^2 + 300 \div (10)^2 + 500 \div (15)^2} \times 100\% = 32.3\%$$

$$P_{iC} = \frac{500 \div (15)^2}{200 \div (7)^2 + 300 \div (10)^2 + 500 \div (15)^2} \times 100\% = 23.9\%$$

在应用赫夫法则时应注意以下几个问题。

（1）为完整描述区域 A 的商圈，应分别对距离商店 5 分钟、10 分钟、15 分钟、20 分钟……路程的顾客进行同样的分析，并加以汇总。这样才能全面估计区域 A

内各商店的市场规模、商圈范围及各类商品的主要、次要和边缘商圈。

(2)顾客前来选购的可能性很大程度上取决于商品种类。因为商品种类不同,顾客对路途时间的感受也不同。在上例中,如果顾客认为商品更加重要,那么对路途时间的重视程度便有所下降。此时取值为1,结果变为区域A为31.1%;区域B为32.6%;区域C为36.3%。由于商品种类不同,区域3的吸引力大大提高。

(3)绝大多数变量都很难量化,为了制图方便,路途时间应转换为以公里为单位的距离。此外,路途时间也随交通方式的不同而不同。

(4)顾客每次光顾时购买的商品都不完全相同,这意味着商圈处于不断变化之中。

第三节　零售店开设区域选择

在分析研究商圈的基础上,正确确定零售店店址,对零售企业来说有极其重要的意义。理想的店址可使营销工作上的某些缺陷所引起的不良影响减少到最低程度;而店址不恰当,即使最能干的零售企业也无法克服这一不利条件。零售企业对地区的分析,要从需求和供给等几个方面入手。

一、需求测量

零售企业通过对一个地区的人口规模、收入及可支配收入等情况的分析,可以大致地判断出这一地区潜在的购买力水平,从而估计出这一地区的大致需求。但是零售企业仅仅依靠对人口规模、收入及可支配收入的分析是不行的,零售企业还必须根据本店的目标市场的要求,进行目标顾客群的需求分析。例如,美国REEL时尚百货进入中国时,对上海和深圳进行了选址分析。从人口总量上看,上海人口规模远远高于深圳,但在深圳人口结构中女性比例较高,且趋于年轻化,平均年龄仅30岁左右,收入高,消费水平高,追求时尚、超前。因此,以年轻、时尚、高收入的女性为目标顾客,经营时尚女性服饰为主的REEL选择了深圳。

零售企业对需求测量通常要搜集人口统计资料,如性别、年龄、人均收入、家庭规模、消费类型,等等,以便得到确定目标市场需求的准确依据。

二、购买力测量

地区购买力的测量经常使用购买力指数。购买力指数是通过测量市场的购买能力来反映市场对商品或服务有支付能力的需求的重要指标。国家统计部门经常发布有关全国主要城市的购买力统计资料,零售企业可以借助这些资料了解市场的需求。

购买力指数即货币购买力指数,表示单位货币购买商品或取得服务数量的能力。购买力指数的高低受商品或服务价格变动的影响:价格上涨,购买力下降;价格下跌,购买力上升;价格不变,购买力不变。购买力指数通常由消费价格指数得出,消费价格指数的倒数便是购买力指数。消费价格指数反映了日常生活费用价格水平变动程度,是反映商品价格或服务价格的综合动态指数。

购买力指数 = 1/消费价格指数

三、饱和程度测量

零售企业虽然可以利用购买力指数或国家统计部门发布的统计资料测量一个地区的零售总需求,但是零售企业需要考虑比总需求更多的因素。一方面,对于新建商店而言,一个地区有较高的需求水平,也可能同时有较高的竞争水平,选择这一地区对于力图规避竞争的商店可能是不合适的;另一方面,一个地区有较低的需求,但同时竞争水平也是很低的,那么这个地区可能更有吸引力。

一个新建商店在确定一个地区的潜力时,需要测量一定需求水平下的供给饱和程度,通常用饱和指数来衡量地区的市场潜力。

饱和指数可以测量在特定地区市场假设的零售店类型情况下,每平方米的潜在需求。饱和指数是通过需求和供给的对比,来测量这一地区零售企业的饱和程度。计算公式见上一节的介绍。

四、市场发展潜力测量

市场发展潜力与零售企业的营销能力密切相关。如果零售企业不能满足目标消费者的需求,消费者就会转移到能够提供较好商品、服务或更便利的其他地区的零售企业那里购物,这就会降低当地的客流量,减少零售企业的利润。

顾客到外地区的商店购物的现象,使饱和指数不能真实反映本地区的吸引力。一个有竞争意识的零售企业应该意识到这点:即使进入饱和指数低的地区,也会通过塑造商店的良好形象,提供优质的商品与服务,以吸引消费者,降低到外地区购物的顾客数量。由此可见,市场的发展是增加新需求的最佳途径。

测算市场发展潜力的方法有以下两种。

(1)测量当地消费者到外地区或较远距离的商店购物的比例。这种方法可以以一个地区的常住人口花费在外地区的货币量计算。

(2)运用质量指数测量。质量指数表示一个市场的质量是高于平均购买力水平还是低于平均购买力水平。

顾客到外地区购物的现象,也给零售企业提供了增加销售的机会,只要吸引外地区的顾客到本店购物,就使增加销售、扩大市场成为可能。

五、可开设商店数量测量

在对某一地区市场做进入决策时,既要看到其吸引力,还应考虑到可能进入者的数量。一个地区如果能吸引这家企业进入,开设新店,那么也会吸引其他企业进入。

如果在这一地区同时开设的商店的数量过多,类型相同,那么这个地区就失去了它的吸引力。

六、其他因素分析

对于一些零售企业,如连锁店,还要考虑仓库系统和商品配送中心能否及时合理地为连锁分店采购、配置、运送商品。此外,还有以下一些因素需要考虑:①广告宣传的成本和有效性;②劳动力成本和有效性;③地方政府针对新商店的政策和法规。

本章案例

家乐福的选址策略

在国际商业界,家乐福不仅是一个举世闻名的国际零售巨子,而且是一个响亮的品牌。这个来自法国的连锁商业企业,在短短40年间,就发展成为年销售额突破600亿美元的全球第二大零售商,目前家乐福已在世界26个国家和地区拥有连锁超市9 500多家,其中在中国内地的近20个城市就开设有30多家超市,年销售额已突破60亿元人民币。

家乐福的成功是多方面的,而正确的选址可以说是成功的重要因素之一。家乐福每开一家店,首先会对当地商圈进行详细而严格的调查与论证,历时都在一年以上,涉及的调查范围包括文化、气候、居民素质、生活习惯、购买力水平及竞争情况等诸多方面。

首先,家乐福对商圈内的人口的消费能力进行调研。例如,在中国内地,由于缺乏现有资料,家乐福不得不借助于市场调研公司的力量来收集各方面的数据。具体做法是以某个原点出发,分别测算5分钟、10分钟、15分钟步行到达的地方;根据中国的特色,还要测算自行车出发的小片、中片和大片半径,最后以车速来计算小片、中片和大片的覆盖的地区。在此基础之上,再对这些区域进一步细化,展示这片区域内各居住小区的人口规模和特征等详尽资料,包括人口规模、人口密度、年龄分布、文化水平、职业分布和人均可支配收入等多项指标。

其次,家乐福会对商圈内的城市交通情况进行研究。家乐福认为,如果一个未来的店址周围有许多公交车,或是道路宽敞、交通方便,那么销售的半径就可以放大。家乐福上海北古路店周围的公交线路不多,家乐福干脆自己租用公交车定点在一些固定的小区间穿行,方便那些较远的小区居民上门一次性购齐一周的生活用品。

最后，由于未来潜在销售区域会受到很多竞争者的挤压，所以家乐福也将未来的竞争对手计算进去。家乐福在开店前将周边的其他商店情况摸得很透，分析它们的优势和不足，以完善自己。

家乐福的选址一般在城市边缘的城乡接合部，以便靠近中心城区和大型居住区，因此，通常设在十字路口。家乐福的第一家店就是开在法国巴黎南郊的一个小镇的十字路口，家乐福的火爆使大家都说去十字路口，反而把店名省了。因此，十字路口就成了家乐福选址的第一要素。当然，随着市场环境的变化，家乐福的选址的具体地点也在变化，但不变的是其选址过程中耐心的调研和慎重的决策。

资料来源：曾庆均．零售学［M］．北京：中国商务出版社，2005．

本章小结

选址是零售企业的重要决策。零售企业要想准确地评价其位置，就必须分析和评估商圈。商圈是指零售店以其所在地点为中心，沿着一定的方向和距离扩展，所能吸引顾客的辐射范围。划定商圈的方法主要有：零售引力法则、市场饱和度分析法和赫夫法则等。在分析研究商圈的基础上，企业还需要从需求和供给两个方面入手对零售店店址进行分析。

思考题

1. 零售店店址选择的重要性主要表现在哪几个方面？

2. 选择零售店的地理位置时要进行哪些方面的分析？

3. 商店位置可以分为哪三种基本类型？它们各有什么样的优势与劣势？

4. 什么是商圈？进行商圈分析的意义是什么？

5. 一个地区零售市场的饱和度可以分为哪几种情况？

6. 赫夫法则的具体内容是什么？

7. A 与 B 两地之间距离为 3.6 千米，A 地区有 20 万人，B 地区有 80 万人，试测算商圈分界点位于距 A 地多少千米的地方。

8. 结合实践，选择一家新开的零售企业，对其商圈进行分析，并对其选址进行评价。

第五章

零售商品的采购与分类

掌握零售商品分类的依据，了解零售商品结构的含义，能够对零售商品结构进行分析，掌握零售商品结构配置的策略，学会零售商品结构优化的方法。理解零售商品组合的含义，学会分析零售商品组合的方法。掌握零售商品采购的步骤，重点把握采购预算制订的方法和供应商选择与审核的方法。了解商品配送的模式和配送管理中的关键点，重点掌握常用的配送方法。

对零售企业的管理人员来说，商品的采购是其工作的一个重要构成部分，零售企业的业务活动都是在采购的基础上展开的。如何采购？采购中应该坚持什么原则？怎样做才能优化采购过程？在商品采购之前如何对商品进行分类？如何组建有利于经营的商品组合和结构？在采购过程中如何对商品进行配送？这些问题都是零售企业管理人员需要明确的，是零售企业管理人员提高管理效率所必须具备的管理技能。本章将对这些问题进行分析。

第一节　零售商品的分类组合

零售企业的主要目标是通过销售商品来获取利润。因此，决定采购什么商品和采购多少商品对任何零售企业来说都是最重要的工作之一。为此，零售企业必须对商品进行分类，设计一个合理的商品结构，以确定商品经营范围，形成一个与众不同的商品组合。不进行商品分类，就很难规划商品的具体经营范围和种类，采购过程就无法顺利开展。

一、零售商品的分类

零售企业经营的商品范围广泛，种类繁多。因此，零售企业要对所经营的商品进行适当的分类，认识和了解各类商品的特点。零售企业可以从多个角度对所经营的商品进行适当的分类，根据各类商品的特点制定零售企业的商品经营策略。

（一）按照商品的耐用性和有形性划分

按照耐用性和有形性的划分原则，可以将商品划分为耐用品、非耐用品和服务。

1. 耐用品

耐用品是指在正常情况下，能多次使用的有形物品。例如，音响、电冰箱和电视机等。这类商品的特点是：使用周期长，商品价格一般较高，顾客购买慎重。因此，经营耐用品需要更多的销售服务和销售保证，如维修、运送、保退和保换等；销售的重点是形成促使顾客购买的气氛，做耐心细致的商品介绍，指导使用；建立完善的售后服务体系。

2. 非耐用品

非耐用品是指在正常情况下，经过一次或几次使用就被消费掉的有形物品，如牙膏、洗衣粉和文具等。这类商品的特点是：消费快、顾客购买频繁、商品价格较低、商品利润较低。因此，经营非耐用品必须方便顾客的购买，商店选址应接近居民区。

3. 服务

服务是非物质实体商品，服务的核心内容是向顾客提供效用，而非转移所有权。服务与有形商品相比具有以下特点：服务通常是无形的，服务内容不易标准化，生产过程与消费过程同时进行。

（二）按照消费者的使用方向划分

按照消费者的衣、食、住、行等使用方向，可以将商品划分为食品类、服装类、鞋帽类、日用品类、家具类、家用电器类、纺织品类、五金电料类、厨具类，等等。这是零售企业商品的基本分类，零售企业按商品部管理，卖场布局和陈列基本是按这种分类进行的。由于是按消费者的使用方向来划分，以此种分类进行商品管理能较好地满足市场需求。

（三）按照消费者的性别与年龄划分

按照消费者的性别与年龄，可以将商品划分为女士用品、男士用品、老年用品、青少年用品、儿童及婴儿用品等。对于由于性别和年龄不同而需求有明显区别的商品，如服饰、食品、化妆品等，按这种分类方法有利于市场的定位，商品的组织和销售易于满足消费者的需求。

（四）按照消费者的选择情况划分

按照消费者的选择情况，可以将零售商品划分为以下几种。

1. 便利品

便利品是指顾客经常购买，而且不愿意花时间作过多比较选择的商品。便利品又可分为以下三种。

(1) 日用品。日用品是指单位价值较低，经常使用和购买的商品，如牙膏、牙刷、洗涤用品等。顾客购买日用品的主要要求是随时可以买到，所以愿意接受任何性质相同或相似的替代品，并不坚持特定的品牌。因此，经营者应利用各种媒体广泛宣传，并在保证质量的前提下，力求商品外形设计美观，使之更富有吸引力。

(2)冲动品。冲动品是顾客事先并无购买计划，因视觉、嗅觉或其他感观直接受到刺激而临时决定购买的商品。对顾客感观的刺激是冲动品促销的重要手段，示范表演、现场制作、POP 广告等等都是有效的促销手段。

(3)应急品。应急品是顾客紧急需要时所购买的物品，如突降大雨时的雨具等。在应急品的经营中，商品布置的可见度对销售影响较大。

2. 选购品

选购品是顾客在购买过程中，愿意花费较多的时间观察、询问和比较选择的商品。这类商品的特点是价格较高，使用期长，多数属中、高档商品，如家具、组合音响、服装等。选购品的购买者，一般愿意到商店集中地区或有声望的大商场去买，以便比较选购。

3. 特殊品

特殊品是具有特定性能、特殊用途、特殊效用和特定品牌的商品。它有专门的消费对象。例如，无糖食品、孕妇用品和婴儿用品等。由于特殊品有特定的消费对象，从而排除了其他商品的竞争。经营特殊品会使经营者获得较大的收益。销售特殊品，宜开设专门商店或专柜，并适宜集中经营。

4. 非渴求品

非渴求品是指顾客尚不知道，或者知道但尚未有兴趣购买的商品。例如，某些刚上市的新商品、待换季的商品等。非渴求品的性质，决定了零售企业必须加强广告宣传和推广工作，使顾客对这些商品有所了解，发生兴趣，千方百计地吸引潜在顾客，扩大销售。

二、零售商品结构

零售商品结构是指零售企业在一定经营范围内，按一定的标准将经营的商品划分为若干类别与项目，并确定各类别和项目在商品总构成中的比重。商品结构是由类别与项目组合而成的。商品结构是否合理，对于零售企业的发展具有重要意义。

商品经营范围只是规定经营商品的种类界限，此外还应当确定哪些商品是主力商品，哪些商品是辅助商品和一般商品，它们之间应保持什么样的比例关系；主要经营哪些档次等级、花色规格的商品等。这些属于商品结构的问题，必须在零售经营策划中确定。

(一)零售商品结构分析的意义

商品结构在零售企业经营中居于枢纽位置，经营目标能否圆满完成，经济效益能否顺利实现，关键不在于经营范围而在于商品结构是否合理，商品结构直接影响经营成果。零售商品结构分析的意义如下。

1. 零售商品结构分析是实现零售企业经营目标,满足消费者需求的基础

零售企业经营者满足消费者需要的程度如何,关键在于有没有适合目标顾客需要的商品,不仅要满足基本需要和共同性的需要,还要向顾客提供不同的选择机会,满足个性化的需要。如果商品结构不合理,该经营的商品未经营,不适合目标顾客需要的商品反占较大比重,就不可能很好地实现企业的经营目标。

2. 零售商品结构分析是商品经营计划的基础

零售企业组织商品购、销、存活动,必须确定商品结构,以保持各种商品合理的比例关系,这是计划管理的基础。以商品购、销、存的比例关系来看,销售比重、进货比重、库存比重三者之间是相互协调、相互适应的,即以销售比重为中心,掌握进货比重和库存比重,达到购销存之间的平衡。零售企业经营者应经常分析三者之间的比例关系,据以指导业务活动。

3. 零售商品结构分析是有效利用经营条件,提高经济效益的基础

确定商品结构,一方面可以按照商品构成比重,合理调配人、财、物,集中力量加强主力商品的经营,突出经营特色,发挥经营优势;另一方面,及时调整经营范围,以适应市场变化,减少经营损失。

(二)确定商品结构的要求

1. 适合顾客对商品的选择

零售企业经营者要根据所在地区特点和目标顾客对各类商品的选择要求,确定商品构成比例,保持适销和应备的花色品种。

2. 满足顾客需要的结构

顾客需要既包括商品品种构成,也包括同种商品不同规格和质量等方面的构成。对于顾客基本需要的品种、规格和质量,应保持必要的经营比例,保证销售。某些商店还可确定顾客特殊需要的品种、规格,以满足特殊需要。

3. 保证顾客对商品配套的需求

对于一些配套使用的商品及连带消费的商品,应当列入商品规划,以便利顾客购买。

4. 适合商品销售规模和经济效益的要求

正确处理经济效益与商品构成之间的关系,主要表现在两方面:一是正确处理商品构成与商品周转速度之间的关系。品种越多,资金占用越分散,而所有品种并非均可销售,所以不能片面地增加品种;但也不能片面压缩品种,不便顾客选购,从而影响经济效益。二是正确处理商品构成与商品利润率之间的关系。既要处理好不同利润率的商品之间的比例关系,保证经济效益;又不能只经营利润大的商品,而不经营微利商品,这样就不能保证顾客的需要。

(三)影响商品结构的因素

1. 商品生产的发展

零售店经营商品结构的变化,主要源自于商品生产的发展。商品生产发展越

迅速,新旧商品交替越频繁,商品生命周期也就越短。零售店经营者应时刻注意这种变化对商品结构带来的影响,扩大新商品的经营比重,减少以至淘汰不适合市场需要的老商品和滞销品,使商品结构不断更新。

2. 消费结构与消费习惯的变化

随着顾客购买力的提高,顾客的需求不断变化,这种变化既反映为顾客对商品数量需求的增长,又更多地表现在顾客的消费结构和爱好习惯上的变化,因此要预测这种变化趋势,有预见地迎合消费,及时调整商品结构。

3. 商品季节性的变化

季节性商品在不同时期内有着不同的经营比重,因此,适应生产季节或消费季节的需要,调整各个时期不同商品的比重,既能保证顾客的需要,又能防止商品积压。

4. 经济条件的变化

由于零售企业经营规模扩大或缩小,人员增加或减少,都势必要相应地调整商品结构,增加或减少所经营的商品种类。此外,社会风气和生活习惯的改变,国家某项政策的实施,科学文化事业的发展等,都直接或间接地影响着商品结构。

(四)商品结构的内容

零售店经营的商品结构,按不同标准可以划分为不同类型。按商品自然种类划分,可以划分为商品类别、商品品种、商品花色、规格、质量、等级、品牌等;按销售程度划分,可以划分为畅销商品、平销商品、滞销商品;按商品的关系划分,可以划分为主力商品、辅助商品和关联商品等。

上述分类是从适应顾客不同需求的特点和零售店的经营活动出发的,按照上述标准来研究商品结构,能够使商品结构更趋于合理。

1. 主力商品

主力商品是指在零售企业经营中,无论是数量还是金额均占主要部分的商品。一个零售企业的主力商品要体现它的经营方针、经营特点以及企业性质。可以说,主力商品的经营效果决定着零售企业经营的成败。因此,零售企业应将注意力放在主力商品的经营上。

零售企业选作主力商品来经营的应该是在市场上具有竞争力的商品或名牌、畅销商品。这就要求经营者必须掌握主力商品的发展趋势、增长状况和竞争能力,同时还应注意掌握顾客的需求动向和购买习惯的变化。如果在经营中发现主力商品中的某些品种滞销,就必须及时采取措施加以调整,防止由于某些品种的影响而使零售企业销售额下降。零售企业掌握了主力商品的变化情况,也就掌握了经营的主动权。

2. 辅助商品

辅助商品是对主力商品的补充。零售企业经营的商品必须是辅助商品与主力商品相搭配,否则会显得过分单调。辅助商品不要求与主力商品有关联性,只要是企业能够经营,而且又是顾客需要的商品就可以。辅助商品可以陪衬出主力商品的优点,成为顾客选购商品时的比较对象。辅助商品不但能够刺激顾客的购买欲望,而且可以使商品结构更加丰富多彩,增加顾客光顾频率,进而促进主力商品的销售。辅助商品的配备,必须考虑它的季节性和流行性,应随季节和流行趋势的变化而调整,做到少进、勤进和快销。

3. 关联商品

关联商品是在用途上与主力商品有密切联系的商品。例如,录音机与磁带、西服与领带等都是关联商品。配备关联商品,可以方便顾客的购买,可以增加主力商品的销售,扩大商品销售量。配备关联商品的目的是适应顾客购买中图便利的消费倾向,这也是现代零售企业经营中的重要法则。

(五)零售商品结构的配置

商品结构就是由不同种类形成的商品宽度(广度)与不同花色品种形成的商品深度的综合。商品宽度是指经营的商品系列的数量或商品的种类;商品深度是指商品品种的数量。按照商品种类与商品品种的多少,可以形成四种商品结构的配置策略,见表5-1。

表5-1 商品结构配置的宽度与深度的组合

		商品品种	
		深	浅
商品种类	宽	商品种类多 商品品种多	商品种类多 商品品种少
	窄	商品种类少 商品品种多	商品种类少 商品品种少

1. 宽且深的商品结构配置策略

宽且深的商品结构配置策略的特点是商品种类多、品种多,目标市场广阔,商圈范围大,对消费者有吸引力,能全方位满足不同需求的消费者,能培养顾客的忠诚度。但它的缺点也是十分明显的,如投资大,占用资金、空间、固定设备多,管理难度大等。该种策略一般适合大型综合性商场。

2. 宽且浅的商品结构配置策略

宽且浅的商品结构配置策略的特点是商品种类多、品种少,目标市场比较广泛,能形成较大的商圈,对消费者有一定吸引力,能较好满足消费者不同的购物需求,可控制资金占用,强调方便顾客。其缺点是:缺乏品种选择机会,容易流失顾客,企业形象一般化等。该策略通常适合于廉价商店、杂货店、折扣店、普通超市等零售企业。

3. 窄且浅的商品结构配置策略

窄且浅的商品结构配置策略的特点是商品种类少、品种少、投资少、成本低、见效快，经营的商品大多为周转迅速的日常用品，便于顾客就近购买。不足之处在于：种类有限，花色品种少，商圈较小，顾客的一些需要不能满足，容易流失顾客。该种策略主要适合于小型零售商，尤其适合便利店，也适合自动售货机和上门销售商品的零售商。这种策略成功的关键有两个因素，即时间和地点。在消费者想得到商品的地点与时间内，采取这种策略可以成功。

4. 窄且深的商品结构配置策略

窄且深的商品结构配置策略的特点是商品种类少、品种多，优点是目标市场小而集中，企业形象鲜明，有特色，顾客能买到自己称心如意的商品，进而培养顾客的忠诚度，促进采购、销售和管理的专门化。不足之处在于：不能满足顾客的多种需要，市场有限，风险大。该种策略适合于专业店、专卖店。

（六）零售商品结构的优化

零售企业的经营活动，是围绕如何以其商品和服务来满足消费者的需求这个中心环节来进行的。零售企业的生存与发展，关键在于其商品和服务对消费者需求的满足程度。为适应消费者需求变化和市场发展趋势，零售企业应及时调整自己的商品策略，优化零售商品结构。

1. 完善主力商品、辅助商品与关联商品结构

一般情况下，主力商品要占商品构成的绝大部分，而辅助商品与关联商品的比重则应少一些。主力商品的数量与销售额，要占商品总量和全部销售额的70%～80%，辅助商品与关联商品约占20%～30%。其中关联商品应与主力商品具有很强的关联性。在经营过程中，如果发现商品结构发生变化，则应迅速调整，使之趋于合理。

2. 完善高、中、低档商品结构

完善高、中、低档商品的配备比例，是由零售企业目标市场的需求特点决定的。在高收入顾客占多数的地区，高档商品应占大部分；在低收入顾客占多数的地区，则应以中低档商品为主，这样才能满足顾客的需要。

以高消费阶层为目标市场的零售企业，可以采取以高档商品、中档商品占绝大多数的政策，其商品结构比重为：高档商品占50%、中档商品占40%、低档商品占10%。主要面向大众顾客的零售企业，可以采取以低档商品、中档商品占绝大多数的政策，其商品结构比重为：高档商品占10%、中档商品占40%、低档商品占50%。以低消费阶层为目标市场的零售企业，可以按中档商品占30%、低档商品占70%的比例配置商品。

高、中、低档商品结构的配置，受到顾客的消费结构的制约，当消费结构发生变化时，零售企业应相应调整高、中、低档商品的比重。

应当指出，在零售企业经营商品的品种中，有相当大一部分由于供求的季节性波动而形成周期性的商品交替，这些商品有明显的季节性，所以零售企业要随季节的不断变更，随时调整商品结构。由于商业的季节性比自然季节性来得早些，因

此,零售企业应在季节到来之前,调整好经营商品的结构。

3. 新产品的引入

引入新产品,是改善零售商品结构,增强企业竞争能力的重要内容与手段。新产品是指本商店未曾经营过的产品,而不是市场上新开发出来的产品。有的产品对其他零售企业而言可能已经是旧产品,但对本企业而言却可能是新产品。引入新产品时,零售企业需注意以下几点:编制年度新产品引进计划;新产品的选择;新产品试销;通知门店做好准备;新产品的控制。经过这些步骤后,新产品才成为零售企业正常的经营商品。

4. 滞销商品的淘汰

调整零售商品结构的重要措施之一是淘汰滞销商品。许多零售企业每年通常要淘汰相当大数量的滞销产品。零售企业在淘汰滞销品时,一定要认真分析商品滞销的原因,是质量问题、定位问题,还是时机问题、分类问题,不要让有销售潜力的商品被淘汰掉。为此,需确定滞销商品淘汰的标准,例如,是以质量为标准,还是以销量为标准。

5. 畅销商品的培养

畅销商品是指市场上销路很好、不会积压滞销的商品。分析商品生命周期,畅销商品应该是处于成长期和成熟期时的商品。零售企业应该掌握商品生命周期的发展规律,不断挖掘和培养自己的畅销商品。商品畅销的原因主要是它对消费者有吸引力,能更好地满足消费者的需求。

零售企业培养和开发畅销商品的方法与制造商不同,零售企业的主要任务是选择畅销商品及市场促销。选择畅销商品的:从畅销的各因素出发选择畅销商品;根据过去的销售记录选择畅销商品;从竞争对手的营销推广中选择畅销商品;从发达地区和流行起源地选择畅销商品。畅销商品推广的方式主要有:商品陈列、价格策略和促销策略等。

(七)商品目录

商品目录是零售商根据本企业的销售目标,把应该经营的商品品种,用一定的书面形式,并经过一定的程序固定下来,成为企业制订商品购销计划及组织购销活动的主要依据。它是零售商在商品经营范围内确定商品品种结构的进一步具体化和规范化。商品目录包括经营商品目录和必备商品目录。

1. 经营商品目录

经营商品目录是企业经营范围和方向的具体落实。经营商品目录的制定,应在商品经营范围内,考虑商品货源和市场变化、顾客购买习惯和要求、企业的经营能力和商品的关联性、企业的经营特点和邻近同行业的经营特点等因素,逐一对商品进行分析排队,逐类地确定应该经营什么商品品种,经营到什么程度,并应具体列明商品的详细品种、规格和质量,并确定花色和品种的具体数量,以便于企业有计划地组织购销活动。

2. 必备商品目录

必备商品目录是满足顾客基本需要而必须经常备有的商品品种目录。必备商品目录规定企业在正常情况下,必须保证有货出售的商品品种。它是企业经营全部商品中的主要部分。凡是顾客日常生活基本需要的商品,要定为必备商品品种。

必备商品的需求,在较长时期内不发生变化。凡是必备商品,企业应积极组织货源,保证商品供货。

3. 经营商品目录和必备商品目录的关系

经营商品目录和必备商品目录不是两种商品目录,而是商品目录的两种表现形式。经营商品目录包含着必备商品目录,必备商品目录是经营商品目录的一个组成部分。经营商品目录包括企业经营的全部商品品种数,必备商品目录是企业必须备有的品种,是企业经营所需的最低的品种定额。商品目录一经确定,要认真执行,经常检查,并应根据市场变化情况及时地进行修订。

三、零售商品组合

零售企业不仅要向消费者提供最适当的商品种类及每类商品中最适当的商品品种,而且要提供最适当的商品类别与品种的数量,还要与自己的经营能力和市场服务的方向一致,因此,零售企业要做到这一点,就要对商品的编配选择恰当的策略,以获得商品的最佳组合,还要对特定的商品采取相应的策略。

(一)零售商品组合的含义

商品组合是指一个零售企业经营的全部商品结构和经营范围,即全部商品线和商品项目的组合方式。企业的商品组合决策,包括对商品组合宽度、长度、深度等方面的决策。

(1)商品线,也称商品系列或商品大类,是指具有相同使用功能,但型号规格不同的一组类似商品。商品线一般由若干商品项目组成。

(2)商品项目是商品线中各种不同型号、规格、款式、价格的特定商品,是商品目录中列出的每一种商品品种。

(3)商品组合的宽度是指一个企业拥有多少商品大类,拥有几条商品线,多则为宽,少则为窄。

(4)商品组合的长度是指一个企业的商品组合中包含的商品项目的总数。商品组合的总长度除以企业的商品大类数就得到商品大类平均长度,也被称为商品组合的深度。

(二)零售商品组合的类型

1. 多系列全面型

多系列全面型策略着眼于向任何顾客提供他们所需要的一切商品,采取这种策略的条件是零售商有能力照顾整个市场。整个市场的含义可以是广义的,即不同行业的商品市场的总体;也可以是狭义的,即某个行业的各个市场面的总体。广义的多系列全面型商品组合策略就是尽可能增加商品系列的宽度与深度，不受商品系列之间关联性的约束。狭义的多系列全面型商品组合策略，是指提供在一个行业内所有必需的全部商品，也就是商品系列之间具有密切的关联性。

2. 市场专业型

市场专业型策略是向某个专业市场，某类顾客提供所需要的各种商品。例如，以建筑业为其目标市场的工程机械销售公司，其商品组合就应该由推土机、压路机、载重卡车等商品组成。

3. 商品系列专业型

商品系列专业型是指零售企业专注于某一类商品的销售，将其商品推销给各类顾客。例如，某汽车销售商销售的商品都是汽车，但根据不同的市场需要，而设立小轿车、大客车和卡车三种商品系列，以适合家庭用户、团体用户及工业用户的需要。

4. 有限商品系列专业型

采取有限商品系列专业型商品组合策略的零售企业，根据自己的专长，集中经营有限的，甚至单一的商品系列，以适应有限的或单一的市场需要。例如，有的汽车销售商专门销售作为个人交通工具的小汽车，不销售大客车、运输卡车以及其他用途的汽车。

5. 特殊商品专业型

零售企业根据自己的专长销售某些具有优势销路的特殊商品项目，这种策略由于商品的特殊性，所能开拓的市场是有限的，但是竞争的威胁也很小。

（三）商品组合的发展战略

随着消费者生活水平的提高，消费者的需求呈现出不断扩大的趋势。零售企业如果固守在原定的商品组合中，就不能适应消费者需求的变化。因此，零售企业要追随着消费者需求的变化，调整商品组合。

1. 增加商品项目

在原来的商品品种中增加商品项目，扩大商品组合。零售企业增加商品项目是为了能更好地满足消费者的需求，为消费者提供更多的选择机会，满足连带需求，同时还会吸引更多的消费者前来。

2. 增加商品种类

增加商品种类是零售企业通过增加商品种类来扩展商品组合的策略。零售企业通过增加商品种类，满足消费者其他方面的需要，或者为消费者提供一揽子购物的方便。大型商店通常采取这种扩展策略。消费者的需求不断扩大，使零售企业相应地不断扩展商品组合。

（四）零售商品组合的优化

对于商品项目众多的零售企业而言，建立最佳商品组合决策是一个十分困难的问题。许多零售企业在实践中创造了不少有效的方法。下面介绍几种实践中证明行之有效的方法。

1. 商品环境分析法

商品环境分析法是把零售商经营的商品分为六个层次,然后分析研究每一种商品在未来的市场环境中的销售潜力和发展前景,具体内容如下:①目前零售企业的主要商品,根据市场环境的分析,是否继续发展;②零售企业未来的主要商品,一般是指新商品投入市场后能打开市场的商品;③在市场竞争中,能使零售企业获得较大利润的商品;④过去是主要商品,而现在销售已日趋萎缩的商品,零售企业应决定是改进、缩小或是淘汰;⑤对于尚未完全失去销路的商品,零售企业可以采取维持或保留的策略;⑥对于完全失去销路的商品,或者经营失败的新商品,一般应及时淘汰。

2. 商品系列平衡法

商品系列平衡法是国外比较流行的一种商品组合优化的方法。它是把零售企业的经营活动作为一个整体,围绕零售企业目标,从零售企业的实力(竞争性)和市场引力(发展性)两个方面,对零售企业的商品进行综合平衡,从而做出最佳的商品决策。商品系列平衡法可分为以下四个步骤进行:①评定商品的市场引力(包括市场容量、利润率、增长率等);②评定零售企业实力(包括综合生产能力、技术能力、销售能力、市场占有率等);③制作商品系列平衡象限图;④分析与决策。

3. 资金利润率法

资金利润率法是以商品的资金利润率为标准对商品进行评价的一种方法。资金利润率是一个表示商品经济效益的综合性指标,它既是一个表示赢利能力的指标,又是一个表示投资回收能力的指标,是零售企业经济效益的综合反映。

把商品资金利润率分别与银行贷款利率、行业的资金利润率水平、同行业先进零售企业商品的资金利润率、零售企业的经营目标及利润目标相对比,如果达不到这个目标的,就说明赢利能力不高。

4. 单品指标考核法

计算机技术在零售企业的普及,使企业能实现单品管理,运用计算机对管理信息进行分析,通过商品指标的评价,来调节商品的结构。

(1)商品销售排行榜。现在大部分门店的销售系统与库存系统是相连的,后台电脑系统能够整理出门店的每天、每周、每月的商品销售排行榜。从中就可以看出每一种商品的销售情况,调查商品滞销的原因,如果无法改变其滞销情况,就应撤柜。

(2)商品贡献率。只依据从商品排行榜来挑选商品是不够的,还应看商品的贡献率。销售额高、周转快的商品,不一定毛利高,而周转率低的商品未必就是利润低。没有利润的商品短期内可以存在,但是不应长期占据货架。看商品贡献率的目的在于找出贡献率高的商品,并使之销售得更好。

(3)损耗排行榜。商品损耗是不容忽视的,它将直接影响商品的毛利。对于损耗大的商品一般是少订货，同时应由供货商承担一定的合理损耗。另外，有些商品的损耗是因商品的外包装问题引起的，在这种情况下，应当及时让供应商予以修改。

(4)周转率。商品的周转率也是优化商品结构的指标之一，任何企业都不希望某种商品积占流动资金，所以周转率低的商品不能滞压太多。

(5)新进商品的更新率。门店应该周期性地增加商品的品种，增加商店的吸引力，以稳定自己的固定顾客群体。商品的更新率一般应控制在10%以下，最好在5%左右。

第二节　零售商品的采购

采购，是指采购人员或者是采购单位基于各种目的和要求购买商品或劳务的一种行为，它具有明显的商业性。通俗地说，采购是一种常见的活动，从日常生活到企业运作，人们都离不开它。在零售企业，采购管理人员的主要工作内容包括：制订采购计划、确定采购预算、从事采购作业、管理供应商和进行采购控制等。具体参见图5－1。

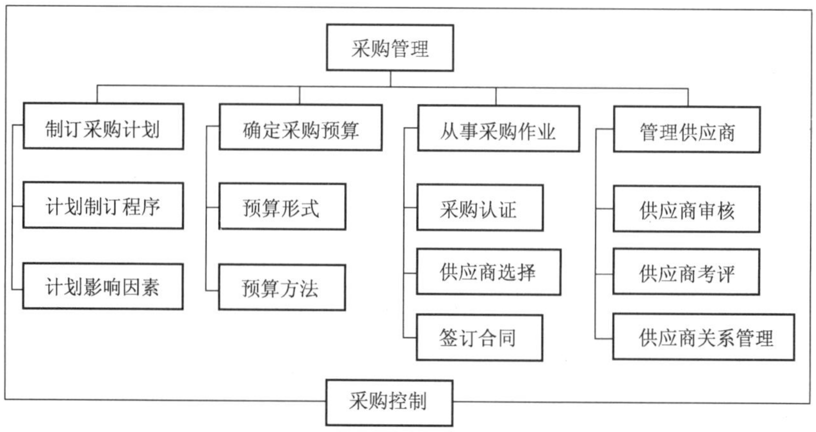

图5－1　采购流程图

一、采购计划管理

采购计划编制，是确定从组织外部采购哪些产品和服务能够最好地满足企业需要的过程。编制采购计划需要考虑的事项包括：是谁采购、怎样采购、采购什么、采购多少及何时采购。采购计划编制的内容主要包括以下几项。

(一)范围说明书

范围说明书说明企业目前的经营界限和范围。它提供有关企业需求和策略的重要信息。

（二）产品说明书

企业的产品说明书提供了与技术有关的信息。

（三）采购资源

如果执行采购的组织单位没有正式而专业的采购部门，那么企业采购人员就必须自己寻找资源和专家以支持企业采购活动。

（四）市场状况

采购计划必须考虑到市场能够提供何种产品和服务，由谁提供以及适用的合同条件。

（五）约束条件

约束条件是指限制买方选择的因素。对很多企业来说，最常见的约束条件之一是资金充裕度。

二、采购预算管理

采购预算是依据销售预算拟定的。然而，实际销售情况可能会与预测结果不同，这不仅体现在总销售额中，还体现在所销售的产品或产品类型上。编制预算的方法很多，下面对这些方法进行介绍。

（一）弹性预算

弹性预算亦称为变动预算，它是根据计划期间可能发生的多种业务量，分别确定与各种业务量水平相适应的费用预算数额，从而形成适用于不同经营活动水平的一种费用预算。

由于弹性预算是以多种业务量水平为基础而编制的一种预算，因此，它比只依一种业务量水平为基础编制的预算（一般称之为固定预算或静态预算）具有更大的适应性和实用性。即使企业在计划期内的实际业务量发生了一定的波动，也能找出与实际业务量相适应的预算数，使预算与实际工作业绩可以进行比较，从而有利于对有关费用的支出进行有效的控制。

编制弹性预算，首先要确定在计划期内业务量的可能变化范围。在具体编制工作中，对一般企业，其变化范围可以确定在企业正常能力的70%和110%之间，也可取计划期内预计的最低业务量和最高业务量为其下限和上限。

其次，根据成本情况，将计划期内的费用划分为变动费用部分和固定费用部分。在编制弹性预算时，对变动费用，要按不同的业务量水平分别进行计算；而固定费用在相关范围内不随业务量的变动而变动，因而不需要按业务量的变动来进行调整。

弹性预算一般用于编制弹性成本预算和弹性利润预算。弹性利润预算是对计划期内各种可能的销售收入所能实现的利润所做的预算，它以弹性成本预算为基础。

（二）概率预算

在编制预算过程中，涉及的变量较多，如业务量、价格、成本等。企业管理者不可能在编制预算时就十分精确地预见到这些因素在将来会发生何种变化，以及变化到何种程度，而只能大体上估计出它们发生变化的可能性，从而近似地判断出各种因素的变化趋势、范围和结果，然后，对各种变量进行调整，计算其可能值的大小。这种利用概率（即可能性的大小）来编制的预算，即为概率预算。

（三）零基预算

零基预算是指在编制预算时，对所有的预算项目均以零为起点，不考虑以往的实际情况，而完全根据未来一定期间生产经营活动的需要和每项业务的轻重缓急，从根本上来研究和分析每项预算是否有支出的必要和支出数额大小的一种预算编制方法。它是由美国彼得·菲尔于20世纪60年代提出的，目前已被西方国家广泛采用。

传统的预算编制方法，是在上期预算执行结果的基础上，考虑到计划期的实际情况，加以适当调整，从而确定出它们在计划期内应增加或应减少的数额。这种预算，往往使原来不合理的费用开支继续存在下去，造成预算的浪费或是预算的不足。零基预算的编制方法与传统的预算编制方法截然不同。使用这种方法确定任何一项预算，完全不考虑前期的实际水平，只考虑该项目本身在计划期内的重要程度，其具体数字的确定始终以零为起点。

（四）滚动预算

滚动预算又称连续预算或永续预算，其主要特点是预算期随时间的推移而自行延伸，始终保持一定的期限（通常为一年）。当年度预算中某一季度（或月份）预算执行完毕后，就根据新的情况进行调整和修订后几个季度（或月份）的预算，以此往复，不断滚动，使年度预算一直含有四个季度（或十二个月份）的预算。

滚动预算的提出根据是：第一，企业的生产经营活动在可预见的将来是延续不断的，因此，指导企业经营活动的预算也应该全面反映这一延续不断的过程，使预算方法和生产经营过程相适应；第二，现代企业的生产经营活动是复杂的，随着时间的推移，它将产生各种难以预料的结果。滚动预算在执行过程中可以结合新的信息，对其不断进行调整与修订，使预算与实际情况能更好地相适应，有利于充分发挥预算的指导与控制作用。

三、采购作业管理

采购作业流程会因采购的来源——国内采购、国外采购；采购的方式——议价、比价、招标；采购的对象——物料、工程发包等不同而在作业细节上有所差异。但基本流程则是大同小异。下面以美国学者威斯汀所主张的采购的基本作业流程进行介绍。

第一，确认需求。在采购之前应先确定买哪些物料，买多少，何时买，由谁决定等。

第二，需求说明。确认需求之后，对需求的细节，如品质、包装、售后服务、运输及检验方式等，均加以明确说明，以便使来源选择及价格谈判等作业能顺利进行。

第三，选择可能的供应来源。根据需求说明在原有供应商中选择成绩良好的厂商，通知其报价，或以登报公告等方式公开征求。

第四，适宜价格的决定。确定可能的供应商后进行价格谈判。

第五，订单安排。价格谈妥后，应办理订货签约手续。订单和合约均属于具有法律效力的书面文件，对买卖双方的要求、权利及义务予以说明。

第六，订单追踪与稽核。签约订货之后，要求销售厂商如期、如质交货，并予以严格检验入库。

第七，核对发票。厂商交货验收合格后，随即开具发票。在付清货款时，要核对发票的内容是否正确，应先经采购部门核对财务部门才能办理付款。

第八，不符与退货处理。凡厂商所交货品与合约规定不符而验收不合格者，应依据合约规定退货，并立即办理重购。

第九，结案。凡验收合格付款，或验收不合格退货，均须办理结案手续，清查各项书面资料有无缺失，绩效好坏等，报高级管理层或权责部门核阅批示。

第十，记录与档案维护。凡经结案批示后的采购案件，应列入档案，进行登记编号分类保管，以备参考或事后发生问题查考。档案应具有一定的保管期限。

四、供应商管理

所谓供应商管理，就是对供应商的了解、选择、开发、使用和控制等综合性管理工作的总称。供应商管理的目的是要建立起一支稳定可靠的供应商队伍，为企业提供可靠的商品供应。

（一）供应商选择方法

选择供应商，要根据具体情况采用合适的方法，常用的方法主要有以下两种。

1.考核选择

考核选择，是指在对供应商充分调查的基础上，认真考核，分析比较而选择供应商的方法。

（1）调查了解供应商。供应商调查可以分为初步供应商调查和深入供应商调查。初步供应商调查对象的选择非常简单，选择的基本依据就是其产品的品种规格、质量价格水平、生产能力、地理位置和运输条件等。在这些条件合适的供应商当中选择几个，就是初步的确定对象。

深入供应商调查对象的选择标准主要是企业的实力、产品的生产能力、技术水平、质量保障体系和管理水平等。

（2）考察考核供应商。初步确定的供应商还要进入试运作阶段进行考察考核，试运作阶段的考察考核更实际、更全面、更严格。在运作过程中，就要依据所有评价指标进行考核评估。同时,还要进行综合评估。综合评估就是把各个指标进行加权平均计算而得出的一个综合成绩。

(3)考核选择供应商。通过试运作阶段,得出各个供应商的综合评估成绩,基本上就可以最终确定哪些供应商可以入选,哪些供应商应被淘汰。一般试运作阶段达到优秀级的可被确定为供应商;达到一般或较差级的供应商,应予以淘汰。对于良好级的供应商,可以根据情况,将其列入候补名单。候补名单中的成员可以根据情况进行处理,可以入选,也可以落选。

2. 招标选择

招标选择是采购企业采用招标的方式,吸引多个有实力的供应商来投标,然后经过评标小组分析评比而选择最优供应商的方法。招标选择的主要工作有以下几个:①准备一份合适的招标书;②建立一个合适的评标小组和评标规则;③组织好整个招标投标活动。

(二)供应商审核方法

审核供应商就是要持续监督供应商的生产或服务能力、产品质量、交付及时性等。通过供应商审核,可以了解供应商有哪些优点和缺点;同时通过供应商审核,可以有效地控制供应过程。如果审核结果出现问题,采购方就可以在引发严重问题之前把它们提出来,从而杜绝严重事故的发生,降低企业经营风险、保持持续供应。另外,通过供应商审核还可以促进供应商的自我改善和提高。

供应商审核的标准有主观和客观两种。我们通常所说的主观法就是采购方根据个人的印象和以往的经验对供应商进行评判,评判的依据也十分笼统,都是一些难以量化的指标;而客观法则是依据采购方事先制定的标准或原则对供应商相应的情况进行量化的考核和审定。客观法又可以具体分为调查表法、现场打分评比法、供应商绩效考评法、供应商综合审核以及总成本法等。

(三)供应商考核指标

供应商考核,是指签订正式合同以后的正式运作期间企业对供应商整个运作活动的全面考核。这种考核应当比试运作期间更全面。具体考核指标主要有以下几个方面。

1. 产品质量

在开始运作的一段时间内,主要加强对产品质量的检查。检查可分为两种:一种是全检,一种是抽检。全检工作量太大,一般采用抽检的方法。质量的好坏可以用质量合格率来描述。如果在一次交货中一共抽检了 n 件,其中有 m 件是合格的,则质量合格率为 p,其公式如下:

$$p=\frac{m}{n}\times 100\%$$

显然,质量合格率 p 越高越好。如果在 N 次的交货中,每次的产品合格率 p 都

不一样,则可以用平均合格率来描述如下:

$$\bar{p} = \frac{\sum_{i=1}^{N} p_i}{N}$$

2. 交货期

交货期是一个很重要的考核指标。交货期主要是考察供应商的准时交货率。准时交货率可以用准时交货的次数与总交货次数之比来衡量。可以用公式表示如下:

$$交货准时率 = \frac{准时的次数}{总交货次数} = \times 100\%$$

3. 交货量

交货量主要是考核按时交货量,按时交货量可以用按时交货量率来评价。按时交货量率,就是指在给定交货期内的实际交货量与期内应当完成交货量的比率。用公式表示如下:

$$按时交货量率 = \frac{期内实际完成交货量}{期内应完成交货量} \times 100\%$$

4. 工作质量考核

工作质量可以用交货差错率和交货破损率来描述。用公式表示如下:

$$交货差错率 = \frac{期内交货差错量}{期内交货总量} \times 100\%$$

$$交货破损率 = \frac{期内交货破损量}{期内交货总量} \times 100\%$$

5. 信用度考核

信用度主要是考核供应商履行自己的承诺、以诚待人、不故意拖延交货时间等的程度。信用度可以用公式来描述如下:

$$信用度 = \frac{期内失信的次数}{期内交往总次数} \times 100\%$$

6. 配合度

配合度主要是考核供应商的协调精神。在和供应商相处过程中,常常因为环境的变化或具体情况的变化,需要把工作任务进行调整变更,这种变更可能会导致供应商的工作方式的变更,甚至导致供应商要做出一定牺牲。这时可以考察供应商在这些方面积极配合的程度。

另外,如工作出现了困难或者发生了问题,有时可能需要供应商配合才能解决。在这些情况下,可以看出供应商的配合程度。

考核供应商的配合度,主要靠人们的主观评分,即找与供应商相处的有关人员,让他们根据亲身体验为供应商评分。

第三节　零售商品的配送

配送,是指按用户订货要求,在配送中心或其他物流结点进行货物配备,并以最合理的方式送交用户。配送是物流中一种特殊的、综合的活动形式,是商流与物流紧密结合。

一、商品配送的模式

按供应主体、配送时间和配送数量的不同,商品配送可以划分为不同的配送模式。

(一)按供应主体划分

1. 供应商(企业)直接配送模式

供应商直接配送模式是指供应商直接向零售商或连锁企业送货的方式。

2. 零售企业(企业内)自营配送模式

零售企业自营配送模式是目前连锁零售企业广泛采用的一种配送模式。企业通过独立组建配送中心,实现对内部各门店的商品供应配送。这种配送中心的各种物流设施和设备归零售企业所拥有,作为一种物流组织,配送中心是零售企业的一个有机组成部分。它的优点是:具有灵活性;提供给零售企业更多的控制权利,这种控制能使企业把配送活动与企业内部的其他物流过程结合在一起;使零售企业拥有一定的无形利益,尤其是在市场形象方面。但是,这种隶属于某零售企业的配送中心,只服务于该零售企业的各门店,通常,它是不对外提供服务的。因此,许多零售企业都通过组建自己的配送中心,来完成对内部各门店的统一采购、统一配送和统一结算。沃尔玛公司所属的配送中心就是公司独资建立、专门为本公司所属的连锁门店提供商品配送服务的自用型配送中心。

3. 社会化配送模式

社会化配送模式是指零售企业的物流活动由第三方的专业公司来承担的配送模式,即所谓第三方物流。零售企业可以将全部或部分物流活动委托第三方物流公司来承担。其优势在于:专业公司能够通过规模性和规范性操作,带来经济利益。

4. 共同配送模式

共同配送模式是一种配送经营企业之间为实现整体配送合理化、以互惠互利为原则、互相提供便利的配送服务的协作型配送模式。共同配送是中小型连锁企业实现物流合理化的良策。在实践中,主要有两种共同配送方法:一是由两种以上不同业种的企业联合起来完成共同配送;二是具备一定的先进设备,能被各企业共同利用,并提供多功能服务的物流企业与几个中小型的连锁零售公司合作。共同配送的优点是:提高运输服务质量和降低运输成本;增强企业的应变能力;利于企业有限资源的合理互用;扩大企业运营规模;增强企业的物流能力。

(二)按配送时间及配送数量划分

1. 定时配送

定时配送是指按规定时间间隔进行配送,如数天或数小时配送一次等,每次配送的品种及数量可按计划执行,也可在配送之前以商定的联络方式通知配送品种及数量。这种配送方式的优点是:时间固定,易于安排工作计划,易于计划使用车辆;对用户而言,也易于安排接货。缺点是:由于配送物品种类多、数量变化大,配货、装货难度较大,在要求配送数量变化较大时,也会使配送运力安排出现困难。

在连锁企业经营中主要采用日配的定时配送形式。日配是定时配送中使用较广泛的方式,尤其在城市内的配送,日配占了绝大多数。

日配的时间要求上是:上午的配送订货下午可送达,下午的配送订货第二天早上送达,送达时间在订货后的24小时之内。或者是用户下午的需要保证第二天上午送到,上午的需要保证下午送到,在实际投入使用前24小时之内送达。

日配方式的开展,可使用户基本上不需要保持库存,不以传统库存为销售经营的保证,而以配送的日配方式实现这一保证。

2. 定量配送

定量配送是指按规定的批量在一个指定的时间范围中进行配送。这种配送方式的优点是:数量固定,备货工作较为简单,可以按托盘、集装箱及车辆的装载能力确定配送的定量,能有效地利用托盘、集装箱等集装方式,也可做到整车配送,配送效率高。

3. 定时定量配送

定时定量配送是指按照规定的配送时间和规定的配送数量进行配送。这种方式兼有定时和定量两种方式之优点。但特殊性强,计划难度大,适合采用的对象不多,不是一种普遍采用的方式。

4. 定时定路线配送

定时定路线配送是指在规定的运行路线上制定到达时间表,按运行时间表进行配送,用户可按规定路线及规定时间接货及提出配送要求。这种方式利于安排车辆及驾驶人员。

5. 即时配送

即时配送是指完全按用户突然提出的配送要求,按时间和数量随即进行配送的方式。这是一种具有很高的灵活性的应急方式,即用即时配送可以代替保险储备。

课堂案例讨论

京东自建物流成王牌　但不排斥第三方物流

一直以来,电子商务行业有种共识,中国电子商务要想取得持续发展,必须解决物流这一行业瓶颈。据相关权威机构调查结果显示,用户反映网络购物所存在的问题中“送货耗时、渠道不畅”所占的比例正在呈现逐年增加趋势。送货不准时、作业成本高、产品质量有损等问题，很大程度上降低了消费者的信任感和安全感，已经成为网络购物的致命伤。

从2009年起，京东就开始拥有自己的仓储和物流系统，同时也在不断加强信息化的建设。京东报告显示，2012年京东在物流方面的投入达到了36亿元，其中相当一部分的资金投入到了物流信息化的建设上。当日送达更是京东的撒手锏。2013年6月，京东更是大胆进军生鲜货品领域，没有足够强大的物流配送系统和冷链技术，是没有人敢于挑战生鲜货品的。

2009年初，京东商城斥资成立物流公司，布局全国物流体系。目前，京东商城分布在华北、华东、华南、西南、华中、东北的六大物流中心，覆盖了全国各大城市，并在西安、杭州等城市设立二级库房，仓储总面积超过50万平方米。到目前为止，京东商城已经在天津、苏州、杭州等超过300个重点城市建立了城市配送站，为用户提供物流配送、上门自提等服务。2011年初，京东商城推出的“GIS包裹实时跟踪系统”保障了其包裹准点到达。

有内部人士分析，京东物流之所以能够做到如此，主要有三个原因。第一，京东派送队伍已打造成专业的快递公司。第二，京东精选优质商家，实现商场里的末位淘汰制，将不产效商家慢慢更新换代清退。第三，京东各地货仓与入驻商家对接，每天定点定时上门取件，统一派送，大大提高了送货速度。

而对大部分电商公司来说，自建物流的费用和运营成本还在不断上涨。有媒体指出，电商公司的资本压力、公司由垂直类B2C公司拓展为综合类B2C公司的发展压力、自建物流部门有独立发展的冲动与需求等压力都成为制约电商自建物流的因素。

那么，电商的物流最终会由谁来做呢？京东似乎已经给了我们答案。京东商城首席执行官刘强东曾表示，京东之所以建立自己的物流，是因为京东早在2010年就意识到，在未来的三年，第三方的快递公司将无法满足京东商城的物流需求。因此，京东不断加大自建的物流体系的投入。但刘强东也表示，如果说第三方物流能够满足京东商城的需求，或许京东也会重新启用第三方物流。

资料来源：物流搜索．京东自建物流成王牌，但不排斥第三方物流[EB/OL]．2013-12-23，http://www.soo56.com/news/20131223/66496ml_0.html

案例讨论：从供应主体角度看，电商应如何选择商品的配送模式？需要具备哪些条件？

二、配送中心运营管理

配送中心与传统的仓库和运输是不一样的，一般的仓库只重视商品的储存保管，传统的运输只是提供商品运输而已，而配送中心则重视商品流通的全方位功能，同时具有商品储存保管、流通销售、分拣配送、流通加工及信息提供的功能。配送中心的功能如图 5－2 所示。

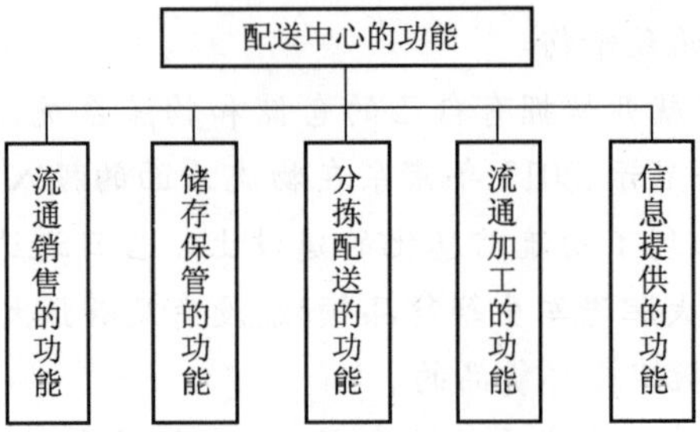

图 5－2　配送中心的功能

（一）流通销售的功能

流通销售是配送中心的一个重要功能。在现代社会，随着法制的健全和市场经济的成熟，许多的直销业者利用配送中心，通过有线电视或互联网等配合进行商品行销。此种商品销售方式可以大大降低购买成本，因此广受消费者喜爱。

（二）储存保管的功能

商品的交易达成之后，除了采用直配直送的批发商之外，其他零售企业均将商品经实际入库、保管、流通加工包装而后出库，因此配送中心具有储存保管的功能。配送中心一般都有商品保管的储放区，因为为了防止缺货，任何的商品或多或少都有一定的安全库存，根据商品的特性及生产前置时间的不同，安全库存的数量也不同。

（三）分拣配送的功能

配送中心就是为了满足多品种、小批量的客户需求而发展起来的，因此配送中心必须根据客户的要求进行分拣配货作业，并以最快的速度送达客户手中或者是在指定时间内配送到客户手中。配送中心的分拣配送效率是物流质量的集中体现，是配送中心最重要的功能。

（四）流通加工的功能

配送中心的流通加工作业包含分类、磅秤、大包改包装、产品组合包装、商标及标签粘贴作业等。这些作业是提升配送中心服务品质的重要手段。

（五）信息提供的功能

配送中心除了具有销售、配送、流通加工和储存保管等功能外，更能为配送中心本身以及上下游企业提供各式各样的信息情报，以供配送中心制定营运管理政策、开发商品路线以及制定商品销售推广政策做参考。

三、配送作业管理

配送作业就是按照用户的要求，将货物分拣出来，按时按量发送到指定地点的过程。配送作业是配送中心运作的核心内容,因而配送作业流程的合理性以及配送作业效率的高低都会直接影响整个物流系统的正常运行。配送的具体作业程序如图5－3所示。

图5－3　配送作业具体运作程序图

(一)订单处理

配送作业的一个核心业务流程是订单处理,订单处理是实现客户服务目标最重要的影响因素。改善订单处理过程,缩短订单处理周期,提高订单满足率和供货的准确率,提供订单处理全程跟踪信息,可以大大提高顾客服务水平与顾客满意度,同时也能够降低库存水平,使企业获得竞争优势。

1. 接受订单

订单处理的第一步是接受订单,订单方式主要有传统订单与电子订单两种。

2. 订单确认

接受订单后,需对其进行确认。其主要内容包括以下几点:①确认货物数量及日期;②确认客户信用;③确认订单形态;④确认订货价格;⑤确认加工包装形式。

3. 设定订单号码

每一订单都要有其单独的订单号码,号码由控制单位或成本单位指定,除了便于计算成本外,还可用于配送和其他有关工作,所有工作说明单及进度报告均应附此号码。

4. 建立客户档案

客户档案应包括以下内容:客户名称、代号、等级等;客户信用额度;客户销售付款及折扣率的条件;开发或负责此客户的业务员资料;客户配送区域;客户收货地址;客户配送路径顺序;适合的送货车辆形态;卸货特性;客户配送要求和延迟订单(过了订货时间的订单)的处理方式(或办法)等。

5. 存货查询及依订单分配存货

输入客户订货商品名称、代号时,系统就查对存货档案的相关资料,看此商品是否缺货,如果缺货则提供商品资料或是此缺货商品已采购但未入库的信息,这些信息便于接单人员与客户协调是否改订替代品或是允许延后出货等办法,以提高接单人员的接单率及接单处理效率。

6. 计算拣取的标准时间

订单处理人员要事先掌握每一个订单或每批订单可能花费的拣取时间,以便有计划地安排出货过程,因此,要计算订单拣取的标准时间。

7. 依订单排定出货时间及拣货顺序

前面已根据存货状况进行了存货的分配,但对于这些已分配存货的订单,应如何安排出货时间及拣货先后顺序，通常会再依客户需求、拣取标准时间及内部工作负荷来拟定。

8. 存货不足的处理

若现有存货数量无法满足客户需求，客户又不愿以替代品替代时，则应按照客户意愿与公司政策来决定对应方式。

9. 订单资料处理输出

订单资料经由上述程序处理后，即可开始打印一些出货单据，以展开后续的物流作业。需要打出的单据包括：拣货单（出库单）、送货单、缺货资料等。

（二）备货

备货是指准备货物的一系列活动。备货是配送的基础环节，又是决定配送成败与否、规模大小的重要因素，同时，它也是决定配送效益高低的关键环节。如果备货不及时或不合理，成本较高，会大大降低配送的整体效益。备货的主要步骤包括：制定进货作业计划、商品送达、卸货、收货、货物分类、核对有关单据与信息、货品验收和处理进货信息等。

（三）储存

储存货物是购货与进货活动的延续。在配送活动中，货物储存有两种表现形态：一种是暂存形态；另一种是储备形态，包括保险储备和周转储备。

暂存形态的储存是指按照分拣和配货工序的要求，在理货场地储存少量货物。这种形态的货物储存是为了适应“日配”“即时配送”需要而设置的。其数量多少对下一个环节的工作方便与否会产生很大影响。但一般情况下，不会影响储存活动的总体效益。

（四）流通加工

流通加工是指物品在从生产领域或向消费领域流动的过程中，为维护产品质量，改善产品功能，促进销售，提高物流工作效率而对物品进行的加工。在物流配送过程中，为了更好地满足客户的要求，必须对货物进行流通加工。

（五）拣货

在接收到的所有订单中，客户的每张订单都至少包含一项以上的商品，将这些不同种类、数量的商品由配送中心取出并集中在一起，就是拣货作业。拣货作业的基本步骤包括：形成拣货资料、选取拣货方法、选择拣货路径、搬运和拣取等。

（六）配货

配货是指把拣取分类完成的货品经过配货检查过程后，装入容器并做好标示，再运到配货准备区，待装车后发送。配货作业需按一定步骤进行，具体包括以下几个步骤。

1. 分货

分货就是把拣货完毕的商品按用户或配送路线进行分类的工作。分货方式一般有以下几种。

（1）人工分货。人工分货是指所有分货作业过程全部由人工根据订单或其他传递过来的信息进行，而不借助任何电脑或自动化的辅助设备。

（2）自动分类机分货。自动分类机分货是指利用电脑和自动分辨系统完成分货工作。这种方式不仅快速省力，而且准确，尤其适应于多品种业务的配送中心。

2. 配货检查

配货检查是指根据用户信息和车次对拣送物品进行商品号码和数量的核实，以及对产品状态和品质的检查。分类后需要进行配货检查，以保证发运前的货物品种、数量和质量无误。

配货检查比较原始的做法是人工检查，即将货品一一点数并逐一检验所配货的品质及状态情况。目前，配货检查常用的方法有：①商品条形码检查法；②声音输入检查法；③重量计算检查法。

3. 包装、打捆

配货作业的最后一环，便是对配送货物进行重新包装、打捆，以保护货物，提高运输效率，便于配送到户时客户识别各自的货物等。

（七）送货

送货是利用配送车辆把用户订购的物品从制造厂、生产基地、批发商、经销商或配送中心，送到用户手中的过程。送货通常是一种短距离、小批量、高频率的运输形式。送货作业是配送中心最终直接面对用户的作业，主要有以下几个步骤。

1. 车辆调度

货物配好以后，就要分配任务进行运输调度与装卸作业，即根据配送计划所确定的配送货物数量、特性、客户地址、送货路线与行驶趟次等计划内容，指派车辆与装卸、运送人员，下达运送作业指示和车辆配载方案，安排具体的装车与送货任务，并将发货明细单交给送货人员或司机。

2. 车辆配装

根据不同的配送要求，在选择合适的车辆的基础上对车辆进行配装以提高利用率。

3. 运送

根据配送计划所确定的最优路线，在规定的时间及时准确地将货物运送到客户手中，在运送过程中要注意加强运输车辆的考核与管理。

4. 送达服务与交割

当货物送达收货地点后，送货人员应协助收货单位将货品卸下车，放到指定位置，并与收货人员一起清点货物，做好送货完成确认工作。如果有退货和调货的要求，则应随车带回退调商品，并完成有关单证手续。

5. 费用结算

配送部门的车辆按指定的计划送达客户，完成配送工作后，即可通知财务部门进行费用结算。

(八)退货管理

退货或换货应尽可能地避免,因为退货或换货的处理,只会大幅增加成本,减少利润。退货处理的方法主要有以下几种。

1. 无条件重新发货

对于因为发货人按订单发货发生错误的,则应由发货人重新调整发货方案,将错发货物调回,重新按订单发货,中间发生的所有费用应由发货人承担。

2. 运输单位赔偿

对于因为运输途中产品受到损坏而发生的退货,根据退货情况,由发货人确定所需的修理费用或赔偿金额,然后由运输单位负责赔偿。

3. 收取费用,重新发货

对于因为客户订货有误而发生的退货,退货产生的所有费用由客户承担,退货后,再根据客户新的订货单重新发货。

4. 重新发货或替代

产品有缺陷,客户要求退货,配送中心接到退货指示后,营业人员应安排车辆收回退货商品,将商品集中到仓库退货处理区进行处理。一旦产品回收活动结束,生产厂家及其销售部门就应立即采取步骤,用没有缺陷的同一种产品或替代品重新填补零售商店的货架。

四、配送方法

配送方法主要是指为完成配送任务所采用的具体工作方法,包括配货作业方法和配送路线的选择等。

(一)配货作业方法

配货作业是将储存的货物按发货要求分拣出来,放到发货场所指定位置的作业活动的总称。配货作业可以采用机械化、半机械化或人工作业,常采取“摘果方式”或“播种方式”完成配货作业。

1. 摘果方式

摘果方式又称挑选方式,它是用搬运车辆巡回于货物保管场所,按配送要求,从每个货位或货架上挑选出所需货物,巡回一次完成一次配货作业。这种方式通常适宜于不易移动或每一用户需要货物品种多而数量较小的情况。

2. 播种方式

播种方式是将配送数量较多的同种货物集中搬运到发货场所,然后将每一用户所需要的数量取出,分放到每一货位处,直至配货完毕的过程。这种方式适用于较容易移动的货物,即储存货物的灵活性较强,以及需要量较大的货物。

(二)车载货物的配装

合理配装是充分利用运输车辆容积、载重量和降低物流成本的重要手段。配装达到满载满容的基本方法是以车辆的最大容积和载重量为限制条件,并根据各种货物的容量、单件货物的体积建立相应的数学模型，通过计算求出最佳方案。这里要注意以下两个问题。

（1）在货物种类不多、车辆类型单一的情况下，可直接采用人工计算方式，达到货物与车辆的匹配，实现满载满容。

（2）在配装货物种类较多、车辆类型也较多的情况下，采用人工计算有困难时，可采用计算机计算来实现优化配装目的。如果不具备使用计算机的条件，可以从多种配送货物中选出容量最大、最小的两种，利用手算配装。

（三）配送路线的确定

配送路线是否合理，直接影响到配送效率和配送效益。确定配送路线所涉及的因素较多，包括用户的要求、配送资源状况及道路拥挤情况等。在配送路线选择的各种方法中，都要考虑配送要达到的目标，以及实现配送目标的各种限制条件等，即在一定约束条件下，选择最佳的方案。

1. 配送路线确定原则

配送路线的确定与配送目标在原则上是一致的，这些原则包括成本要低、效益要高、路线要短、准时性要高、劳动消耗要少及运力运用要合理等。

2. 配送路线确定的限制条件

实现配送目标总是要受到许多条件的约束和限制。一般来讲，这些限制和约束条件包括所有用户对货物品种、规格和数量的要求，用户对货物发送时间范围的要求，在允许通行的时间（城市交通拥挤时所做的时间划分）内进行配送，车辆载重量和容积的限制，以及配送能力的约束等。

3. 配送路线的确定方法

确定配送路线的方法很多，诸如方案评价法、数学模型法、经验法和节约里程法等。

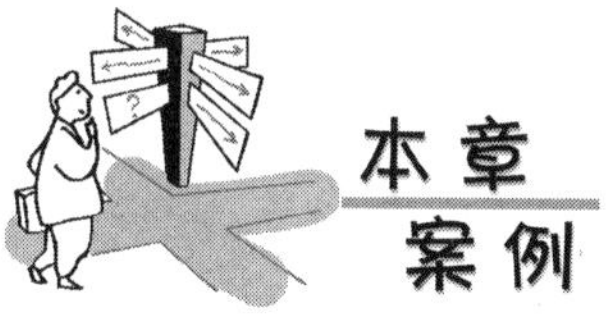

沃尔玛的采购管理

“沃尔玛”是全球最大的零售企业，已经连续多年在世界500强排名中名列第一。“以低廉的价格、热情的服务招徕小城镇的美国人”就是“沃尔玛”的灵魂。随着“沃尔玛”规模的扩大，“沃尔玛”的经营理念和营销策略得到进一步完善。“沃尔玛”能取得如此巨大的成功，与其科学的采购管理密不可分。

一、商品采购哲学

(一)一站式购物

"沃尔玛"的采购重点就是尽量给顾客提供一个一次性购足商品的地方。那么公司的采购员的职责就是将顾客最需要的商品采购到店里来。

(二)商品采购重点

1. 寻找最畅销的商品。采购员采购商品时必须寻找他所在部门需要的最好、最畅销的产品。

2. 寻找新颖、有"创意"、令人动心的商品。采购员要与供应商合作,采购具有"创意"、令人动心的商品,令购物者开心和满意。

3. 寻找能创造"价值"的商品。要积极去寻找,去发现高质量的商品。而这些商品必须提供一种最好的价格,这种价格要反映商品的最大价值。只有这样顾客才能信任商店。

(三)高素质的人能够造就优秀的商人

"沃尔玛"的创始人老沃尔顿说过,高素质的人能够造就优秀的商人,因此要积极寻找高素质的人,去培养他们,使他们成为好的商人,而好的商人才能够把好的商品采购到店里来。沃尔玛公司的经营哲学和政策之一就是寻找高素质的人,给他们提供机会,培养他们,使他们将好的商品采购到商店里来,为公司创造利润。

二、采购部门主要工作职责

(一)采购总监的工作职责

采购总监负责几个部门的采购工作。主要负责:监管所有的采购决定;负责制定销售计划和毛利预算,对商场的毛利、销售额预算负全面责任;指导部门采购经理,并依靠部门采购经理完成预算。

(二)部门采购经理工作职责

部门采购经理负责本部门的毛利率和销售额的预算;指导采购员并依靠采购员完成每年的毛利和销售额的任务;发展与供应商的业务关系。

(三)采购员的工作职责

1. 建立商品种类的采购计划。采购员负责把商品采购进来并出售,因此采购员采购商品时一定要小心、慎重和有选择性,不能掉以轻心。

2. 负责季节性商品的促销活动。采购员应该仔细制订计划,在节、假日或一些促销季节进行促销活动。采购人员要明确选择促销商品、促销方式、促销价格和最佳促销时间。

3. 负责库存管理。作为采购员,一是要了解自己所采购商品的库存情况;二是要尽力增加库存与付款的对比额,而最终达到提高商品的销售速度和资金的流通率。

4. 负责竞争对手(同行)的调查。采购员应该牢记:竞争对手是自己最好的老师。不仅要知道自己采购商品的销售情况,而且要了解竞争对手采购同一商品的销售情况及价格等，做到“知己知彼”。

5. 负责商品的综合分析。采购员对自己采购商品的销售情况要负责分析，哪些好卖，哪些不好卖，不好卖的原因是什么，采取什么措施解决等。

(四)采购助理的工作职责

采购助理是协助采购员进行正常的营运性工作，处理一些文书工作，并协助采购员做一些必要的采购决定。他们是采购员的后备力量，也是培养采购员的一种方式，工作需要时他们可以提升为采购员。

总之，采购部门的工作职责是层层负责，采购员要对部门采购经理负责，部门采购经理要对采购总监负责。

三、采购部门的工作内容

1. 一般情况下，“沃尔玛”采购部门按商品种类分为以下三个部门。

(1)非食品部：主要有五金、电器等。

(2)成衣部：主要有服装、床上用品和鞋类等。

(3)食品部：所有的食品，包括生鲜商品等。

三个部门各自负责自己采购商品的销售额和毛利。

在做出商品采购决定前，每一位采购经理和采购员都要认真分析和研究哪些商品在店里是最好销的，在考虑好销的同时还要考虑毛利率。毛利率和销售额两者都要兼顾。

2. 选择性商品的采购决定。根据经验，商品采购中一个有趣的原则就是“80/20”原则，即80%的销售额是由20%的商品创造的，为此，要做的事情就是分析这20%的商品是什么？并如何提高这20%商品的销售额。

3. 最低价位。在沃尔玛公司，最低价位是常用的概念。作为采购员应该去发现他所负责的商品从价格角度来讲哪一种是最便宜的，最具竞争力，并让顾客知道他想买的商品在“沃尔玛”都有。

4. 让供应商帮助选择商品组合。让供应商帮助选择商品组合，是“沃尔玛”常用的方式。将有关信息提供给供应商，并利用他们对某一类商品熟悉了解的优势，帮助采购员进行商品组合。

经过分析研究来决定销售哪些商品，淘汰哪些商品。这样也与供应商建立了一种坚实、良好的合作关系。

资料来源：超市人专家文库，http://www.chaoshiren.com.cn.

本章小结

零售企业采购的首要环节就是要对所采购的商品进行分类。在具体分类时，企业可以选择不同的标准作为依据进行划分。零售商品结构是指零售企业在一定经营范围内,按一定的标志将经营的商品划分为若干类别与项目,并确定各类别和项目在商品总构成中的比重。按照商品结构可以将商品分为:主力商品、辅助商品和关联商品。

商品目录是零售商根据本企业的销售目标,把应该经营的商品品种,用一定的书面形式,并经过一定的程序固定下来,成为企业制定商品购销计划及组织购销活动的主要依据。商品组合是指零售企业经营的全部商品结构和经营范围,即全部商品线和商品项目的组合方式。

商品采购是零售企业内部运作过程的重要方面,它不仅是商店运作的第一环节,是决定整个零售运作的前提条件,而且是出售商品取得利润以达到商店最终运作目的的关键。随着零售商店规模形式的扩大和改变,随着商品销售中零售商与供应商之间关系的演变,采购商品这一环节的专业性和技术性也应不断加强。具体来说,在零售企业,采购管理人员的主要工作内容包括:制定采购计划、确定采购预算、从事采购作业、管理供应商和进行采购控制。

配送就是按用户订货要求,在配送中心或其他物流结点进行货物配备,并以最合理的方式送交用户。配送中心与传统的仓库和运输是不一样的。一般的仓库只重视商品的储存保管,一般传统的运输只是提供商品运输配送而已;而配送中心重视商品流通的全方位功能,同时具有商品储存保管、流通行销、分拣配送、流通加工及信息提供等功能。

思考题

1. 什么是零售商品的结构,分析零售商品结构的意义是什么?
2. 零售商品结构的配置策略有哪些?
3. 零售商品组合的含义是什么? 如何优化零售商品组合?
4. 编制采购预算的方法有哪些?
5. 采购作业的基本流程包括哪些环节?
6. 什么是商品配送,商品配送有什么意义?
7. 现代零售企业的采购方式有哪些?
8. 配送中心的基本作业流程是怎样的?
9. 常见的配送方法有哪些?

第六章

零售商品的展示

了解零售商品布局的原则，掌握零售商品布局的有关理论，能够对零售商品的布局进行合理设计。掌握零售商品陈列的基本要求，了解零售商品陈列的主要设施，学会并能够运用零售商品陈列的常用方法。掌握零售商品陈列环境布置的技巧，包括照明条件的布置、色彩的布置、声音和音响的布置、气味的布置以及通风设施的布置等。了解橱窗在商品陈列中的重要作用，了解橱窗陈列的类型，掌握橱窗陈列的基本要求。

零售企业赢得顾客的一个重要手段就是很好地展示所经营的商品，无论零售企业所经营的商品如何能满足顾客的需求，如果不进行良好的展示，顾客将无法接触到这些商品，从而也就不会产生购买兴趣，也就没有购买行为可言。由此可见，有效的展示是零售企业赢得顾客的起点。要想进行有效的展示，零售企业就需要考虑商店本身的布局和空间设计，要对所经营商品进行陈列，还要设计商品展示所需要的环境。本章将重点介绍如何设计商店的布局，采用什么方法对经营商品进行陈列，如何设计商品展示的环境等内容。

第一节　零售商店的布局

零售商店是企业与顾客以货币和商品进行交换的场所。不同的商品布局带给来店顾客的感受是不相同的，对商品销售所起的作用也是不同的。从商场的经营方针来看，卖场的布局是非常重要的一环。

顾客是商店布局的最终评判员，他们对卖场感觉的好坏直接影响着商店货品的销售状况。顺应顾客的感觉，抓住顾客的心理是商店布局的中心指导思想。

一、商店布局的原则

科学合理地设计零售店内部环境，对顾客、对企业自身都是十分重要的。它不仅有利于提高零售店的营业效率和营业设施的使用率，还有利于为顾客提供舒适的购物环境，满足顾客精神上的需求，使顾客乐于光顾本店购物消遣，从而达到提高零售店经济与社会效益的目的。在设计零售商店的布局时，应遵循以下几条原则。

（一）便利顾客、服务大众

零售店布局设计必须坚持以顾客为中心的服务宗旨，满足顾客的多方面要求。今天的顾客已不再把“逛商场”看作是一种纯粹性的购买活动，而是把它作为一种集购物、休闲、娱乐及社交为一体的综合性活动，因此，零售店不仅要拥有充足的商品，还要创造出一种适宜的购物环境，使顾客享受到最完美的服务。

（二）突出特色，善于经营

零售店布局的设计应依照经营商品的范围和类别以及目标顾客的习惯与特点来确定。以别具一格的经营特色，将目标顾客牢牢地吸引到零售店里来。使顾客一看外观，就驻足观望，并产生进店购物的愿望；一进店内，就产生强烈的购买欲望。例如，日本品川区的一家茶叶店在店前设置了一个高约 1 米的人偶像，其造型与该店老板一模一样，只是进行了漫画式的夸张，它每天站在门口笑容可掬地迎来送往，一时间顾客纷至沓来。

（三）提高效率，增长效益

零售店布局的科学设计，能够合理组织商品经营管理工作，使进、存、运、销各个环节紧密配合，使每位工作人员都能够充分发挥自己的潜能，节约劳动时间，降低劳动成本，提高工作效率，从而增加企业的经济效益和社会效益。

二、商店布局的指导理论

目前，比较流行的商店布局的指导理论是磁石理论。磁石理论就是指在配置商品时，在各个吸引顾客注意力的地方陈列合适的商品，来诱导顾客逛完整个营业现场，并刺激他们的购买欲望，扩大零售营业现场的商品销售。营业现场中的磁石就是指吸引顾客注意力的区域及商品。根据对顾客吸引力的大小，可以将商品分为第一磁石、第二磁石、第三磁石和第四磁石等。营业现场中磁石商品的类型划分，见表 6－1。

表 6－1 商店布局中的磁石商品的划分

磁石类型	商品类型
第一磁石商品销售区（沿主通道）	1. 销售量大的商品
	2. 购买频率高的商品
	3. 主力商品
	4. 进货能力强的商品
第二磁石商品销售区（在主通道沿线穿插）	1. 前沿商品
	2. 引人注目的商品
	3. 季节性商品

续表

表 6－1　商店布局中的磁石商品的划分

磁石类型	商品类型
第三磁石商品销售区（在陈列端架）	1. 特价品
	2. 大众化的品牌和自有品牌商品
	3. 季节性商品
	4. 时令性商品
	5. 厂商促销商品（新产品）
第四磁石商品销售区（每一陈列架上有一两种）	1. 贴有醒目促销标志的商品
	2. 廉价品
	3. 大量陈列的商品
	4. 大规模广告宣传的商品
第五磁石商品销售区（陈列在显眼、必经的地方）	1. 低价展销的商品
	2. 非主流商品

在营业现场中，普遍认为第一磁石是食品。食品是营业现场的主力商品，购买频率高，消费量大，能为零售店带来丰厚的经济利益。食品应该被陈列在卖场主通道的两侧，这些位置是顾客必须经过的。

第二磁石应该是洗涤用品。这些商品具有华丽、清新的外观，能使顾客产生眼前一亮的感觉，外观效果明显。常常被陈列在卖场通道的末端，即营业现场的最里面，吸引顾客进入到营业现场最里面。

第三磁石应该是个人卫生用品。它们常被陈列在营业现场出口对着的货架上，发挥刺激顾客、留住顾客的作用。这些商品也是高利润商品，消费者较高的购买频率保证了该类商品具有一定规模的销售量。第三磁石商品的作用在于吸引顾客的视线，使顾客看到配置在第三磁石商品背后的辅助商品。

第四磁石应该是其他日用小商品。它们一般被陈列在营业现场副通道的两侧，以满足顾客求新求异的偏好。在陈列这类商品时，要突出 POP（售点广告）效果，例如，大量的陈列筐式陈列、赠品促销等，以增加顾客随机购买的可能性。

三、商店布局的具体内容

（一）商店面积分配

一般情况下，商店的营业面积应占主要比例，大型商店的营业面积占总面积的 60%～70%，实行开架售货的商店这一比例应更高，仓库面积和附属面积各占 15%～20%。

（二）商店入口设计

零售店卖场入口要设在客流量大、交通方便的一边，通常入口较宽，出口相对窄一些,入口比出口大约宽1/3。根据出入口的位置来设计卖场通道,设计顾客流动方向。零售店的入口与卖场内部配置关系密切,在布局时,应以入口设计为先。在入口处为顾客购物配置提篮和手推车,一般按1辆(个)/10人~3辆(个)/10人的标准配置。

在零售店的卖场内,入口的地方最好陈列对顾客具有较强吸引力的商品,这样不仅可以发挥招徕作用,也能够增强卖场对顾客的吸引力。

(三)商店出口设计

零售店卖场的出口必须与入口分开,出口通道宽应大于1.5米。出口处设置收款台,按每小时通过500~600人为标准来设置一个收款台。出口附近可以设置一些单位价格不高的商品,如口香糖、图书报刊、饼干、饮料等,供排队付款的顾客选购。

(四)商店通道设计

零售店的通道是指顾客在卖场内购物行走的路线。通道设计的好坏直接影响到顾客能否顺利地进行购物,影响到零售店的销售业绩。零售店卖场中的通道可以分为直线式通道和回型通道两类。

1. 直线式通道

直线式通道也被称为单向通道。这种通道的起点是卖场的入口,终点是卖场的收款台。顾客依照货架排列的方向单向购物,以商品陈列不重复,顾客不回头为设计原则,它使顾客在最短的线路内完成购买行为。

2. 回型通道

回型通道又被称为环型通道,通道布局以流畅的圆形或椭圆形按从右到左的方向环绕零售店的整个卖场,使顾客依次浏览商品,购买商品。在实际运用中,回型通道又分为大回型和小回型两种线路模式。

(1)大回型通道。这种通道适合于营业面积在1 600平方米以上的零售店。顾客进入零售店卖场后,从一边沿四周回型浏览后再进入中间的货架。它要求卖场内部一侧的货位一通到底,中间没有穿行的路。

(2)小回型通道。它适用于营业面积在1 600平方米以下的零售店。顾客进入零售店卖场,沿一侧前行,不必走到头,就可以很容易地进入中间货位。

在设计零售店卖场的通道时,应注意通道要有一定的宽度。一般来讲,营业面积在600平方米以上的零售店,卖场主通道的宽度要在2米以上,副通道的宽度要在1.2~1.5米之间。最小的通道宽度不能小于0.9米,即两个成年人能够同向或逆向通过(成年人的平均肩宽为0.45米)。

在设计通道时还应注意不能给卖场留有"死角"。"死角"就是顾客不易到达的地方,或者顾客必须折回才能到达的地方。顾客光顾"死角"货位的次数明显少于其他地方,非常不利于商品销售。

(五)商店服务设施设计

零售店的服务设施主要有收款台和存包处。在零售店的卖场设计中,它们也占有非常重要的地位。

1. 收款台

零售店收款台的数量应以满足顾客在购物高峰时能够迅速付款结算为出发点。大量调查表明,顾客等待付款结算的时间不能超过8分钟,否则就会产生烦躁的情绪。在购物高峰时期,由于顾客流量的增大,零售店卖场内人数大量增加,无形中就加大了顾客的心理压力。此时,顾客等待付款结算的时间更短,零售店使顾客快速付款,走出店外,缓解压力。

目前,在绝大部分零售店的收款台处,都配有电子扫描器和电子计算机联网系统。顾客自选商品到收款台付款时,服务人员只要将扫描器对准商品的条形码照射,计算机就能够显示出商品的数量和金额,使顾客快速通过收款处。顾客在付款时,服务人员要将购物的小票,即结算凭证交给顾客,便于顾客核对。购物小票也是顾客保护自己合法利益的凭据,一旦发现商品质量、规格不符合自身的要求,可以凭小票要求退换。

2. 存包处

存包处一般设置在零售店的入口处,配备2~3名工作人员。顾客进入零售店时,首先存包领牌;完成购物以后再凭牌取包。现在许多大型零售店中,配有顾客自助式存包处,顾客在零售店内领取存柜钥匙,自己存包、取包,减少等待时间。不论采用何种存包方式,都应该是免费的,否则就会引起顾客的反感,直接影响到零售店的销售业绩。

第二节 零售商品的陈列

商品陈列的优劣决定着顾客对店铺的第一印象,使卖场看上去整齐、美观是卖场陈列的基本思想。陈列还要富于变化,陈列方式在一定程度上左右着商品的销售数量。

一、与陈列有关的概念

(一)理货

理货就是把凌乱的商品整理整齐,使其美观,符合标准。

(二)补货

补货就是零售人员依照商品各自规定的陈列位置,定时或不定时地将缺货商品补充到货架上去。

(三)排面

排面是指某种商品在货架陈列时,视线内能看到的商品陈列的最大数量。

(四)黄金陈列线

黄金陈列线是指与人水平视线基本平行的范围内的货架陈列空间,一般为高度在90~120厘米之间。

（五）端架

端架是指整排货架的最前端或最后端，即在顾客转弯处所设置的货架，常被称为最佳陈列点。端架通常用来陈列一些高毛利商品、新品、促销商品或要处理的滞销商品。

（六）堆头

堆头也就是“促销区”，通常用栈板、铁筐或周转箱堆积而成。

（七）零星散货

零星散货是指被顾客遗弃在非此商品正确陈列位置的商品，如遗留在收银台、其他货架和购物车等地方的商品。零星散货必须及时收回，特别是生鲜的散货。

（八）陈列图

陈列图用来表示某一货架上所有单项商品的陈列方式，包括具体的位置、占用的空间及陈列的方式等。陈列图由营运部门制定。陈列图的具体内容包括货架的号码、商品大组、商品小组、陈列商品的明细（品名、条码、货号、型号等）、具体陈列的位置、每种单品的陈列排面数量、商品摆放的方式、所采用的陈列方式、所使用的陈列道具、商品销售包装的尺寸和代码、制表人、审核人、生效日期以及第几次更正等。

（九）商品配置表

商品配置表是指把商品的排面在货架上做一个最有效的分配，并以书面表格规划出来。商品配置表的用意十分简单，即将商品的排面在货架上做最有效的分配，以求达到有效控制商品品种、做好商品定位、适当管理商品排面、防止滞销品驱逐畅销品，使利润保持在一定水准。

二、商品陈列的主要工作

零售商品陈列的主要工作包括：补货、理货、贴价签及条码、清洁和整库与盘点等。下面详细介绍这几方面所包含的主要内容。

（一）补货

补货的主要工作是：①检查商品有无条码；②检查价格卡是否正确，包括促销商品的价格检查；③商品与价格卡要一一对应；④补完货要把卡板送回，空包装送到指定的清理点；⑤新商品须在到货当日上架，所有库存商品必须标明货号、商品名及收货日期；⑥必须做到及时补货，避免在有库存的情况下出现空货架的现象；⑦要做到先进先出；⑧检查库存商品的包装是否正确；⑨补货作业期间，不能影响通道顺畅。

（二）理货

理货的主要工作是：①检查商品有无条码；②检查货物的正面是否面向顾客；③确保货品与价格卡一一对应，整齐靠外边线码放；④不补货时，通道上不能堆放库存商品；⑤不允许随意更改排面；⑥破损和拆包货品及时处理；⑦及时回收零星商品。

（三）贴价签及条码

贴价签及条码的主要工作是：①按照规范要求打印价格卡和条形码；②价格卡必须放在排面的最左端，缺损的价格卡必须即时补上；③剩余的条形码及价格卡要统一收集销毁；④条形码应贴在适当的位置。

（四）清洁

清洁的要求是：①通道上要无空卡板、无废纸皮及打碎的物品残留；②货架上无灰尘、无油污；③样品干净，货品无灰尘。

（五）整库与盘点

整库与盘点应做到：①库存保持清洁，库存商品必须有库存单；②所有库存要封箱；③库存商品码放有规律、清楚、安全；④盘点时保证盘点的结果正确。

三、商品陈列的基本要求

（一）确保商品安全

排除非安全性商品，如超过保质期的、鲜度低劣的、有疤痕的及味道恶化的商品等，保证陈列的稳定性，保证商品不易掉落，给顾客一种整洁有序的感觉。

（二）坚持分类陈列

商品陈列分类要方便选购。目前国内营业面积在100平方米以上的便利店所经营的商品一般在2 000到25 000种左右。店内商品的大分类、中分类和小分类表示要清楚，不要混乱，使顾客进入南店内很容易找到自己想要购买的商品。

使顾客容易看得见、容易理解是商品陈列的基本原则。为了达到这个目的，首先，要加以分类展示。分类陈列时，按相互关联使用的原则，将不同但相互关联的商品集中在一起进行销售。其次，使商品能一目了然地放置于分隔的展示空间。最后，要尽可能地方便顾客寻找所需商品。

（三）处处体现顾客的方便性

顾客越方便拿取商品，商品实现销售的机会就越多。增加商品的可得性，就是增加商品的销售机会。这就要求商品陈列要做到易见易取。

所谓易见，就是要使商品陈列容易让顾客看见，一般以水平视线为中心的上10度下20度范围为易看见部分。

所谓易取，就是要使商品容易让顾客触摸、拿取和挑选，与此关系最密切的是陈列的高度及远近两个问题。依陈列的高度可将货架分为以下三段。

货架中段为手最容易拿到商品的高度，对于男性为距地面70~160厘米，女性为60~150厘米，这个高度被称为“黄金陈列线”，一般用于陈列主力商品或公司有意推广的商品。

货架次上下端为手可以拿到商品的高度，次上端对于男性为距地面160~180厘米，女性为150~170厘米；次下端对于男性为距地面40~70厘米，女性为30~60厘米。这里一般用于陈列次主力商品，其中次下端需顾客屈膝弯腰才能拿到商品，所以比次上端要较为不利。

货架上下端为手不易拿到商品的高度，上端对于男性为距地面180厘米以上，女性为170厘米以上；下端对于男性为距地面40厘米以下，女性为30厘米以下。这里一般用于陈列低毛利、补充性和体现量感的商品，上端可以有一些色彩调节和装饰陈列。

有关远近的问题，放在前面的东西要比放在后面或里面的东西容易拿到手，为使里面的商品容易拿取，常用的办法是架设阶层式的棚架。

顾客在购买商品的时候，一般是先将商品拿到手中从不同的角度进行确认，然后再决定是否购买。当然，有时顾客也会将拿到手中的商品放回去。如果所陈列的商品不易取和不易放回的话，也许就会便丧失将商品销售出去的机会。

（四）让顾客感觉良好

1. 清洁感

不要将商品直接陈列到地板上。注意去除货架上的锈迹和污迹。有计划地进行清扫。对通道、地板也要时常进行清扫。

2. 鲜度感

保证商品质量良好，距超过保鲜期的日期较长，距生产日期较近。保证商品上不带有尘土、伤疤和锈迹。使商品的正面朝向顾客。提高商品魅力的POP也是一个让顾客感觉良好的重要的手段。

3. 新鲜感

不同的促销活动使卖场富于变化，零售店应不断创造出新颖的卖场布置：富有季节感的装饰；设置与商品相关的说明看板，相关商品集中陈列；通过照明和音乐渲染购物氛围；演绎使用商品的实际生活场景；演示实际使用方法促进销售。

（五）陈列要丰富、品种多、数量足

在商品陈列中，不管是柜台，还是货架，都应显示出丰富性。从顾客的购物心理来看，任何一个顾客买东西都希望从丰富多彩的商品中挑选，如看到货架上只剩下为数不多的商品时都会有疑虑，唯恐是卖剩下的“落脚货”。因此，商品陈列应尽可能地将同一类商品中的不同规格、花色、款式的商品品种都展示出来，扩大顾客的选择面，同时也给顾客留下商品丰富的好印象，从而提高零售门店商品周转的效率。从商店本身的利益来看，如货架常常空缺，会白白浪费卖场有效的陈列空间，降低货架的销售与储存功能，增加商店库存的压力，降低了商品的周转率。因此，商店应尽可能缩短商品库存时间，做到及时上柜和尽快上柜，以达到最好的销售效果。美国的一份零售超市调查报告表明，商品满陈列的超市与非满陈列的超市相比较，其销售量按照商品的种类，可分别提高14%～130%，平均可提高24%。

要使商品陈列做到丰富、品种多而且数量足，并不是一股脑儿将所有商品毫无章法地摆在卖场上，将柜台、货架塞得满满的，而是要有秩序、有规律地摆放。商品之间可留有适当的间隔，也可在摆放商品时组合成一定图形或图案（如米字线的形

式），达到商品丰富的效果。

即使由于某些客观原因造成某些品种缺货或断档，在陈列中也要努力消除这些不利的影响。如可以将众多同类商品摆放出来或适当加大陈列商品的间隔，或补上其他类型的商品。但要注意，一般超市不允许用相邻的商品来填补空缺（除非该相邻商品也是销售率高的商品），应该用销售率高的其他商品填补空缺，同时这个商品与相邻商品要有一个品种和结构之间的配合。

（六）考虑陈列成本

为了提高收益性，要考虑将高品质、高价格和收益性较高的商品与畅销品搭配销售；做好关联商品的陈列及商品的适时性；降低容器、备品的成本，同时要提高效率，防止商品的损耗。

四、商品陈列的主要设施

（一）货架

陈列商品用的货架以可拆卸组合的钢制货架为主，高度可分为 135 厘米、152 厘米和 165 厘米、180 厘米等，长度以 90 厘米和 120 厘米等为最常用的规格。零售企业的货架按形状不同通常有三种形式，即 H 型货架、HL 型货架以及小型货架。H 型货架通常用来陈列干货食品、日化用品、家电等，适合可以叠放的盒装商品。HL 型货架通常用来陈列百货类商品，如家纺类、五金、文具、玩具及家居等商品。小型货架通常用来陈列体积小的百货类商品，如精品类和化妆品类等。

（二）陈列架

陈列架主要包括：四方架，用来陈列服装的专用架，以外衣为主；圆形架，用来陈列服装的专用架，以套装为主；多层架，用来陈列服装的专用架，以背心、T 恤为主；鞋架，用来陈列鞋的专用架，不包括拖鞋类；碗架，用来陈列碗的专用架；CD 架，用来陈列 CD 的专用架；书架，用来陈列书籍的专用架；球架，用来陈列球类的专用架；等等。

（三）方形深篮

方形深篮通常用来陈列促销品，像体积小、销量大的商品如袋装食品、袜子、毛巾和洗衣粉等，或体积大、重量轻的商品，如棉被等。

（四）挂钩

挂钩是用来吊挂商品的，通常用来陈列服装、雨伞、袜子、文具、牙刷、球拍、五金、箱包及袋装小食品等需要吊挂的商品。挂钩有很多种，如不带珠挂钩、带珠挂钩、单线挂钩、双线挂钩以及承重挂钩等。

（五）收银台端架

收银台端架是收银员前面用来陈列货物的货架。

（六）专柜

专柜指精品区和烟酒区等用来陈列贵重商品的玻璃柜。

（七）特殊陈列柜

1. 冷藏柜

冷藏柜是用来陈列需要冷藏的食品的冷柜，柜内温度在0℃～5℃。

2. 冷冻柜

冷冻柜是用来陈列需要冷冻的食品的冷柜，柜内温度在－18℃以下。

3. 冷藏库

冷藏库是用来储存需要冷藏的食品的冷库，库内温度在0℃～5℃。

4. 冷冻库

冷冻库是用来储存需要冷冻的食品的冷库，库内温度在－18℃以下。

五、零售商品陈列的方法

商品陈列的方法基本上可以分为两类，即柜台式陈列和开放式陈列。柜台式陈列是指利用柜面和柜内陈列商品。柜台陈列时可以放置一些小架子，也可以直接摆放有造型的商品，一般以香水和小商品为多。现今的商品陈列以开放式陈列为主，但对一些价值较高、体积较小或容易失盗的商品仍使用柜台式陈列。商品陈列的基本方法主要有以下几种。

（一）集中陈列法

集中陈列法是把同一种商品集中陈列于一个地方，这种方法最适合陈列周转快的商品。下面以目前普遍使用的高度为165厘米的货架为例，将商品的陈列段位做4个区分，并对每一个段位上应陈列何种商品作一个设定。

1. 黄金陈列段

黄金陈列段的高度一般在90～120厘米之间。它是货架的第二层，是人们眼睛最易看到、手最易拿取商品的陈列位置，因此是最佳陈列位置。此位置一般用来陈列高利润商品、自有品牌商品、独家代理或经销的商品。该位置最忌讳陈列无毛利或低毛利的商品，否则对零售企业来讲是一个重大损失。

2. 上段

上段即货架的最上层，高度在120～160厘米之间。该段位通常陈列一些推荐商品。该商品经过一定时间后可移至下一层即黄金陈列段。

3. 中段

货架的第三层是中段，其高度约为50～90厘米。此位置一般用来陈列一些低利润商品或为了保证商品的齐全性及因顾客的需要而不得不卖的商品。也可陈列原来放在上段和黄金段上的已进入衰退期的商品。

4. 下段

货架的最下层为下段，高度一般在离地10～50厘米。这个位置通常陈列一些体积较大、重量较重、易碎、毛利较低但周转相对较快的商品，也可陈列一些消费者认定品牌的商品或消费弹性低的商品。

（二）整齐陈列法

整齐陈列法是按货架的尺寸，确定单个商品的长、宽、高的排面数，将商品整齐地堆积起来以突出商品量感的方法。整齐陈列的货架一般配置在中央陈列货架的尾端，陈列的是企业欲大量推销给顾客的商品、折扣率高的商品，或顾客因季节性需要而购买率高、购买量大的商品，如夏季的清凉饮料等。整齐陈列法有时会令顾客感到不易拿取，必要时可作适当变动。

（三）盘式陈列法

盘式陈列法是将装商品的包装纸箱底部作盘状切开后留下来，然后将商品以盘为单位堆积上去的方法。这样不仅可以加快商品陈列的速度，而且在一定程度上提示顾客整箱购买。有时只在上面一层作盘式陈列，而下面的则不打开包装箱整箱地陈列上去。盘式陈列架的位置，可与整齐陈列架一致，也可陈列在商店进出口处。

（四）大陈列法

大陈列法又称堆箱陈列或量感陈列。大陈列利用大面积和大空间来陈列单一的商品或系列的商品，体现量感，给顾客一种强烈的廉价感和热销感。通常用端架、大面积货架、堆头和网篮等进行量感陈列。在营业现场开出一个空间或将端架拆除，将单一商品或 2 ~ 3 个品种的商品作量化陈列。进行大陈列的诉求是：价格诉求、季节性诉求、活动或节庆的诉求，以及新上市的诉求等。

（五）随机陈列法

随机陈列法是为了给顾客一种“特卖品即为便宜品”的印象，而在确定的货架上将商品随机堆积的方法。采用随机陈列法所使用的陈列用具，一般是一种圆形或四角形的网状筐，另外还要带有表示特价销售的牌子。随机陈列的网筐配置位置基本上与整齐陈列一样，但也可配置在中央陈列架的通道内，紧贴在其中一侧的货架旁；或者配置在营业现场的某个冷落地带，以带动该处商品的销售。

随机陈列法与整齐陈列法共同使用就会形成一种新的陈列法，也就是兼用随机陈列法。这是一种同时兼有整齐陈列和随机陈列特点的陈列方法，其功能也同时具备以上两种方法的特点。但是兼用随机陈列架所配置的位置应与整齐陈列一致。

（六）岛式陈列法

在卖场的进口处、中部或底部不设置中央陈列架，而配置特殊的展台，这样的陈列方法叫作岛式陈列。其用具一般有冰柜、平台或大型的网状货筐。除此之外，还有一些在空间不大的通道中进行随机的、活动式的岛式陈列所需的投入台、配上轮子的散装筐等陈列用具。

（七）突出陈列法

突出陈列也是为了打破单调感、吸引顾客进入中央陈列架，而在中央陈列架的前面用特殊陈列的方法。如在地面上做一个突出的台，并在其上面堆积商品，或将中央陈列架下层的隔板做成一个突出的板,然后将商品堆积在此板上。

(八)端头陈列法

所谓端头是指双面的中央陈列架的两头,是客流量最大、往返频率最高的地方。端头一般用来陈列要推荐给顾客的新商品以及利润高的商品。端头陈列的商品如果是组合商品,会比单件商品更有吸引力,因此端头陈列架应以组合式、关联性强的商品为主。

端头陈列的可以是单一商品,也可以是不同商品的组合。单一商品常是全国性品牌商品,具有较高的知名度,消费者常常会认牌购买,流转速度快,利润高。几种不同商品的组合,在包装图案与颜色上相互搭配,能产生良好的视觉效果;在效用上互为补充或替代,有时也可以产生"陪衬效果"。不同商品的组合可以很好地刺激消费者的购买欲望,实现扩大销售的目的。

(九)端架陈列法

端架陈列的诉求也和大陈列一样。使用端架陈列的品种可以多达 5 个,但品种与品种之间一定要有关联性,绝对不可将无关联的商品陈列在同一个端架。此外,最好能有一个陈列的主题。举例而言,如果做一个"烤肉专区",可以把烤肉、酱油、炭火、烤肉网等放在同一座端架,但若把奶粉放在此"烤肉专区"里,那就会影响整体的销售。在端架陈列时,若有 5 个品种,可以在其中选一个品种作为价格诉求的牺牲品,其他 4 个品牌则不必牺牲,否则这种陈列对利润就毫无贡献了。

(十)槽沟陈列法

在定位陈列的连续货架中,把几块棚板除去,挑选 1 ~2 个品种做圆形或半圆形的量感陈列,陈列量是平常的 4 ~5 倍,以吸引顾客的眼光,这种陈列即为槽沟陈列。不过这种陈列手法虽可使卖场活性化,但却不宜在整个卖场过多出现,最多不得超过 3 个。这样才能使新上市的商品或高利润的商品产生最好的陈列效果。

(十一)悬挂式陈列法

将无立体感、扁平或细长形的商品悬挂起来陈列的方法称为悬挂式陈列法。它能使这些无立体感的商品产生良好的立体感效果,并且能增添其他特殊陈列方法所没有的变化。目前许多商品制造商都采用可用于悬挂式陈列的有孔型商品包装,如糖果、剃须刀、铅笔和儿童玩具等。

(十二)关联陈列法

关联陈列是指把不同种类但有互补性的几种商品陈列在一起,使顾客在买 A 商品时也会顺便购买 B 商品。例如,卖场生鲜区的芹菜、莴苣、胡萝卜旁常会陈列沙拉酱,在牛排旁常会陈列牛排酱,这些都是典型的关联陈列。关联陈列既可以提高卖场活力,也可以使顾客的平均购买数量增加,是一个很有效的陈列技巧。关联陈列以料理相关联者最具效果,客户层相关联者其次,用途相关联者位列第三。关联商品的陈列有很多种,表 6 –2 是生鲜卖场相关联商品的陈列。

表 6－2　生鲜卖场关联商品的陈列

场　所	商　品
绞肉卖场	水饺皮
冰激凌卖场	冰激凌杯、蛋筒、制冰器
牛乳卖场	吐司、马克杯、果酱
豆腐卖场	味精

(十三)比较陈列法

比较陈列是把相同的商品按不同规格或不同数量予以分类,然后陈列在一起,供顾客选购。举例说明,如果一罐易拉罐咖啡卖 20 元,而 6 罐包在一起只卖 100 元,这时若把单罐装及 6 罐装陈列在一起,就可以比较出 6 罐装比较便宜,从而刺激顾客买 6 罐装。但需要注意的是,营销的目的是卖 6 罐装,所以在陈列量上 6 罐装的数量要比较多,而单罐装的数量应比较少。再举一个例子,把同一品牌的 1 千克听装奶粉和 800 克听装奶粉陈列在一起,并把 1 千克听装奶粉的售价定得很接近 800 克听装奶粉,那么就可以衬托出 1 千克听装奶粉价格的便宜,从而刺激顾客购买 1 千克听装奶粉,达到促销目的。一般而言,比较性陈列只有经过价格和包装的良好规划,才能达到最佳效果。

课堂案例讨论

"啤酒＋尿布"陈列法

在零售业内有一项著名的商品陈列法则——"啤酒＋尿布",这听起来匪夷所思,但当这两个看似风马牛不相及的东西撞到一起时,居然引发了高销量的化学反应。

"通常,商品陈列会将同类货品放置在一起,但很多你认为根本没有关系的商品其实是有密切联系的,我们需要经过长期研究、数据支持和经验人士的意见等综合观察后,将这些看似不相关但其实有消费关联度的货品摆放在一起。'啤酒＋尿布'就是一个经典案例。我们经过长期研究和分析大量数据后发现,购买婴儿尿布的人大部分并不是妈妈,而是爸爸,爸爸们在购买完尿布后通常还会买啤酒,假如啤酒货架距离婴童用品太远,那么有些爸爸就懒得购买啤酒了。而当我们将啤酒直接陈列在尿布货架边上时,明显发现啤酒销量大增。"季先生兴奋地告诉记者。

这种"啤酒＋尿布"陈列法则之后被广泛运用于各个商家门店中,而这个法则体现了商品的交叉和关联陈列技巧。要运用这种陈列技巧,首先商家要对货品关联度有深刻认识,比如有些看似并无联系的货品背后究竟有何种关联度、人们的消费习惯究竟如何等。

来自法国的 Victoria Wicker 和 Weber Alexandre 刚加盟了华润麾下高端超市 OLE，他们的工作关键点就是告诉中国高端超市业者，海外消费者的消费习惯究竟如何，哪些商品之间有关联度，在陈列时必须一起摆放以提高销售量。

“在中国市场，可能奶酪会陈列在乳制品货架，饼干则在食品区，火腿会放置在干货区。但在欧洲，火腿并不是单独作为菜品食用，其必须配上奶酪，有时还会搭配饼干，所以在定位高端且有诸多海外顾客的 OLE 超市内，我们会将进口火腿、奶酪和饼干陈列在一起，而我本人还是这个区域的负责人，会给顾客讲解各种搭配食用方法。”Weber Alexandre 自豪地说，通过讲解和关联陈列，其所管辖的火腿、奶酪和饼干类商品的销售量明显提升，且顾客回头率很高。

在 Weber Alexandre 的带领下，记者看到在 OLE 高端超市内有很多交叉关联陈列的货品，比如上述火腿和饼干、生鲜肉和烧烤台、水果和榨汁机、不同的红酒配置不同的主食等。OLE 超市有时还通过现场演示将不同的商品比如油类、饮料、红酒、牛肉等集中展示，在顾客现场试吃认可后，便会引发集中采购上述货品的欲望，而这些原本陈列在不同区域的商品也被集中摆放在一起，让顾客“顺便”都购买了，这大大提升了该门店的客单价、每平方米绩效等关键指标。

此外，即便不在现场，商家也在努力进行着关联陈列。季先生告诉记者，在科技发达的现在，微信营销也被广泛运用，很多超市卖场会通过微信发布一些家常菜谱，最简单的比如木耳炒鸡蛋，营养美味。接收到“木耳炒鸡蛋”讯息的顾客会在店铺内购买这两样关联商品，但假如鸡蛋放在鲜食区而木耳放在杂货区，那么购买可能就会降低，于是商家在微信营销后，特意将木耳陈列在鸡蛋边上，这样大大增加了两种商品的销量。

还有一种关联陈列则是同类商品的不同品牌陈列。比如，目前家乐福、TESCO、屈臣氏、万宁等都有自有品牌商品，可根据中国消费者的习惯，自有品牌不如众所周知的大牌来得响亮，因此假如单独设置自有品牌区则销量不会很高。于是很多商家便将低成本、低价格的自有品牌商品与同类货品的大牌们关联陈列，以提升销量。比如，万宁研发的自有品牌沐浴乳经常会陈列在宝洁系列产品边上，而欧尚的自有品牌茶包、奶茶等则直接挨着立顿、香飘飘等品牌商品陈列。

据业内不完全统计，这种采用交叉关联模式的商品陈列法则会让相关商品的销售量普遍提升 20% ~30%。

资料来源：nicky. 商品陈列背后的经济学：购买暗示[EB/OL]. 第一财经日报，2014 - 05 - 29，http://www.cbmexpo.com/article20249 - 52

案例讨论：交叉关联模式的商品陈列法对你有何启发？你能想到其他有效的商品陈列方式吗？

第三节　零售商品的展示环境

零售店内部环境与装饰的美化可以增加其整体的吸引力，使顾客在优雅的购物环境中流连忘返，购买自己满意的商品；同时也有利于减轻工作人员的疲劳度，提高劳动效率。零售店内部环境的设计主要反映在以下几个方面。

一、照明

零售店照明的目的就是正确地传达商品信息，展现商品的魅力，吸引顾客进入零售店，达到促销的目的。设计零售店照明的目的主要有两个：向目标顾客传输商品信息的"商品照明"；营造良好购物气氛，增强陈列效果的"环境照明"。

表6－3是零售店照明设计中常用的一些专业术语。

表6－3　零售店照明设计中的有关术语

术语名称	定　义	单位名称	具体含义
光束	光量	流明（lm）	光源整体的亮度
光度	光的强度	坎德拉（cd）	光源指向地时，光的放射强度
辉度	光辉	每平方米坎德拉·纽特（cd/m·nt）	光源周围1平方米的光的强度
照度	场所的明亮度	勒克斯（lx）	1平方米所照的光亮，100瓦的白炽灯的正下方1米距离处的亮度为100lx
光束发散度	物的明亮度	辐射勒克斯（rlx）	每平方米发散的光量

在设计零售店的照明时，经常按照基本照明、重点照明和装饰照明三种来具体设计。

（一）基本照明

基本照明是确保整个零售店的卖场可以获得一定的能见度而进行的照明。在零售店里，基本照明主要用来均匀地照亮整个卖场。例如，天花板上的荧光灯、吊灯和吸顶灯就是基本照明。基本照明是用来营造一个整洁宁静、光线适宜的购物环境。一般来讲，自然光是最好的基本照明光源，它对人眼没有任何刺激，又可以展现商品的本色和原貌。

（二）重点照明

重点照明也称为商品照明，是为了突出商品优异的品质，增强商品的吸引力而设置的照明。常见的重点照明有聚光照明、陈列器具的照明以及悬挂白炽灯照明等。在设计重点照明时，要将光线集中在商品上，使商品看起来有一定的视觉效果。

在零售店里，食品，尤其是烧烤及熟食类食品应该用带红灯罩的灯具照明，以增强食品的诱惑力。

（三）装饰照明

装饰照明是零售店为求得装饰效果或强调重点销售区域而设置的照明。装饰照明是零售店塑造其视觉形象的一种有效手段，被广泛地用于表现零售店的独特个性。常见的装饰照明有：霓虹灯、弧形灯、枝形吊灯以及连续性的闪烁灯等。

在设计零售店的照明时，并不是越明亮越好。在零售店的不同区域，如橱窗、重点商品陈列区、通道与一般展示区等，其照明光的强度（即光度）是不同的。具体要求如下：①普通走廊、通道和仓库，光度为 100 ~ 200 勒克斯；②卖场内一般性的展示，光度为 500 勒克斯；③店面、卖场内重点陈列品、POP 广告、商品广告、重点展示区及商品陈列橱柜等，光度为 2 000 勒克斯，其中对重点商品的局部照明，光度最好为普通照明度的 3 倍；④橱窗的最重点部位，即白天面向街面的橱窗，光度为 5 000 勒克斯。

二、色彩

色彩可以对消费者的心情产生影响和冲击。从视觉科学上讲，彩色比黑白色更能刺激视觉神经，因而更能引起消费者的注意。彩色能把商品的色彩、质感、量感等表现得极近真实，因而也就增强了顾客对商品的信任感。

红色、黄色和橙色被认为是“暖色”，这是在希望有温暖、热情与亲近这些感觉时使用的色彩。餐馆应该运用这些色彩以及烛光和壁炉，以便对顾客的心境产生影响，使他们感到温暖、亲切。蓝色、绿色和紫罗兰色被认为是“冷色”，通常用来创造雅致、洁净的气氛。在光线比较暗淡的走廊和休息室，以及零售店中希望使人感到舒畅的其他场所，使用这几种色彩，效果最好。棕色和金黄色被认为是泥土类色调，可以与任何色彩配合，它们也可以给周围的环境传播温暖与热情的气氛。

通过不同商品各自独特的色彩语言，顾客更易辨识商品和产生亲近感。这种作用，在零售店里特别明显：暖色系统的货架，放的是食品；冷色系统的货架，放的是清洁剂；色调高雅、肃静的货架上，放的是化妆用品……这种商品的色彩倾向性，可体现在商品本身、销售包装及其广告上。

在设计零售店内部环境色彩时，应注意以下几个问题。

（一）色彩感觉

人们对色彩的感觉来自于物理的、生理的及心理的等几个方面。由于人们从火和太阳那里获取温暖，自然就形成了一种直觉的心理反应：红色给人以温暖的感觉；蓝色给人清冷的感觉；白色使人想到冰天雪地，给人冰冷的感觉；而黑色则是吸收光热的，能给人以暖和的感觉。色彩的冷暖是人类最基本的心理感觉，加入了人们复杂的思想感情和各种生活经验之后，色彩也就变得十分富有人性和人情味儿。关于色彩感觉与色彩情感可以说是一门专业学科，本书仅从零售店营销的角度进行简要介绍，如表 6－4 所示。

表 6－4　色彩设计中的色彩感觉与色彩情感

色彩种类	色彩感觉	色彩情感
红色	热	刺激
绿色	凉	安静
蓝色	较冷	较刺激
紫色	中性	少刺激
橙色	暖	较刺激
黄绿色	中性	较安静
青绿色	冷	很安静
紫绿色	较冷	较刺激
紫红色	稍暖	较刺激

一般情况下，暖色给人温暖、快活的感觉；冷色给人以清凉、洁净和沉静的感觉。如果将冷暖两色并列，给人的感觉是：暖色向外扩张，前移；冷色向内收缩，后退。了解了这些规律，对零售店购物环境设计中的色彩处理、装饰物品的大小、位置的前后、色彩的强弱等问题，都是很有帮助的，可以提高零售店购物环境的整体效果。

（二）商品形象色

商品形象色是指在不同大类商品上，经常使用的能促进销售的色彩或色调。商品色虽未有强制性的规定，也称不上标准色，但在零售店经营环境设计中不可轻易违反。

不同的色彩，会给人以酸、甜、苦、辣等不同的味觉感受，以及不同的嗅觉感受。例如，淡红色、奶油色和橘黄色，再点缀少量的绿色，是促进食欲的颜色，因而食品类商品的陈列普遍采用暖色系的配色；如果硬要标新立异，用青绿色调设计饼干的陈列，用银灰色设计午餐肉的陈列，势必使人产生误解，细看之后会产生厌恶感，食欲减退。在美国，一家无人售货商店发现肉类的销售量下降了很大一部分，经过调查发现，罪魁祸首是该商店新安装的一扇蓝色的玻璃窗子，而蓝色会使消费者对肉类感到反胃。

在消费者的消费习惯中，不同的商品具有不同的色彩形象。对此在设计零售店的内部环境时一定要考虑到，并给予正确处理（参见表 6－5）。

表 6-5　商品陈列的习惯色彩

产品命名的方式	商品陈列的习惯色彩
以水果命名的产品	橘子色、李子色、桃红、苹果绿、葡萄紫、柠檬黄
以植物命名的产品	咖啡色、茶色、豆沙色、柳绿色、嫩草色、玫瑰红、花青色
以动物命名的产品	鹦鹉色、黄鹂色、鼠灰色
以金属矿物命名的产品	铁锈色、银灰色、炭黑、金铜色、紫铜色、青铜色、铜绿色、宝石色、石绿、石青、钴蓝

市场上各商品大类的习惯色调如下。

(1)服装:讲求时尚与款式,用色要高雅、大方和适度。男性,则取明快的色调来显示活力强,有气魄,粗犷有力;女性,则取和谐、柔和的色调,烘衬温柔的女性美。

(2)食品:安全与营养。多采用暖色系列。

(3)化妆品:护肤美容,多用中性色调和素雅色调。例如,淡淡的桃红色,给人以健康、优雅与清香感。

(4)工矿机电产品:讲求科学、实用与效益,多用稳重、沉静和朴实的色调,稍加有活力的纯色,如用红、黑、蓝色,给人以稳定与耐用的感觉。

(5)玩具和儿童文具:讲求兴趣与活泼感,多用鲜艳活泼的对比色调。

(6)药品:讲求安全与健康,多采取中性色彩系列。偏冷色调给人以安宁之感;蓝色、银色给人以安全感;浅红、金黄色给人以元气、阳气、健康与活力的感受。

(三)人口统计特征与色彩

消费者的性别、年龄和文化状况等与对零售店内部环境的色彩的好恶有着密切的关系。一般来说,文化水平较低或经济不发达地区的顾客偏爱比较鲜艳的原色,尤其是纯色,配色多为强烈的对比色调;经济发达或文化教育水平较高地区的顾客则对比较富丽、柔和的色调和浅淡的中间色有较高的兴趣与欣赏力。当然这也不是绝对的,因为人们的习惯偏好是由多种因素综合作用的。在一定文化水平下,不同年龄段的人,对色彩的兴趣偏好也不尽相同,如表 6-6 所示。

表 6-6　不同年龄段对色彩的偏好

年龄段	偏爱的色彩
幼儿期	红色、黄色(纯色)
儿童期	红色、蓝色、绿色、黄色(纯色)
青年期	蓝色、红色、绿色
中年期	紫色、茶色、蓝色、绿色
老年期	深灰色、暗紫色、茶色

三、声音与音响

声音的种类和密度既可以对零售店的气氛产生积极的影响,也可以产生消极的影响。音响可以使顾客感到愉快,也可以使顾客感到不愉快。令人不愉快的或令人难以忍受的音响,会使顾客的精神受到影响,甚至毁坏零售店刻意营造的购物气氛。这些噪声通常来自外部,除非采用消声和隔音设备,否则,零售店是很难予以控制的;而零售店内部产生的噪声,是可以控制的和可以消除的。然而,在某个场所被视为嘈杂声或令人不愉快的声音,在另一个场所可能是令人愉快的声音。例如,舞会的摇滚乐、保龄球场的声音,都是令人愉快的。

音乐非常有益于产品促销,如果一家零售店在入口处播放悦耳的音乐,门外的顾客也许会喜欢进入店内,不管是否有中意的商品需要采购。一项调查研究显示,在美国有70%的人喜欢在播放音乐的零售店购物,但并非所有种类的音乐都能达到此效果。调查结果显示,在零售店里播放柔和而节奏慢的音乐,会使销售额增加40%,快节奏的音乐会使顾客在商店里流连的时间缩短且购买的商品减少。这个秘诀早已被零售店的经营者熟知,所以每天快打烊时,零售店就播放快节奏的音乐,促使顾客离开,好早点下班。

正常的、令人愉快的声音,可以吸引人们对商品的注意。实践证明,钟表的嘀嗒声,微风中的钟鸣声,立体声录音机、收音机以及电视机播放的声音,在各有关的售货场所,均是正常的声音,它们确实可以吸引顾客对这些商品的注意。

另外,有一种柜台上的嘈杂声,是零售店有意引入的背景声音,目的是为了压下其他的声音,克服死一样的沉寂,这种声音可以分散消费者注意力。

在零售店中使用最广泛的是背景音乐,因此,它成为零售店可以控制的最重要的声音之一。背景音乐有助于消除不想要的声音,并可同时对雇员的工作予以配合。但是,这种音乐如果掌握不好,声音过高,则会令人反感;声音过低,则不起作用。因此,音乐的响度一定要与零售店力求营造的店内环境相适应。在播放音乐时需要考虑的另一个重要因素是音乐的种类,这对零售店想要创造的气氛是至关重要的。

四、气味

零售店的气味,对零售店来说,也是至关重要的。如果零售店内气味异常,那么,就会对商品的销售产生负面影响。人的味蕾会对某些气味做出反应,以致只是凭借嗅觉就可以感觉出某些商品的滋味。例如,巧克力、新鲜面包、橘子、玉米花和咖啡,等等。气味对增进人们的愉快心情是有帮助的。花店中花卉的气味,化妆品柜台的香味,面包店的面包和点心的香味,糖果店的糖果香味,皮革制品部的皮革味,烟草部的烟草味,均是与这些商品相协调的,会促进顾客的购买行为。

美国国际香料公司采用高科技人工合成了许多令人垂涎的香味剂,包括巧克力饼干、热苹果派、新鲜的比萨饼、烤火腿的香味，甚至还有不油腻的薯条香味等。美国国际香料公司将各种人工香料装在精美的罐子中用来销售。利用定时设置装置，香料罐子每隔一段时间就会将香味喷在零售店内，以吸引顾客上门。结果表明，这种方法效果奇佳。这种喷香味的罐子在美国的销路非常好，许多零售店经营者用它们来吸引顾客、留住顾客。

正如有令人不愉快的声音一样，也有令人不愉悦的气味，这种气味会把顾客赶走。令人不愉快的气味，包括地毯霉味、烟草的烟气、强烈的染料味、啮齿类动物和昆虫的气味，残留的尚未完全熄灭的燃烧物的气味，汽油、油漆和保管不善的清洁用品的气味，洗手间的气味等。邻居的气味，如果与零售店的环境、气氛不协调，也会给零售店带来不好的影响，比如巧克力和糖果的气味飘入保健食品部，诊室很浓的药品气味飘入面包店，等等。总之，零售店里的气味，一定要能够促进顾客购买。

同上述的对零售店气氛有影响的其他因素一样，如果是不好的气味，零售店应当用空气过滤设备降低它的密度（强度）；对正常的气味，密度不妨大一些，以便促进顾客的购买，但是，要适当控制，使它不致扰乱顾客，使顾客厌恶。例如，化妆品柜台周围，香水的香味会促进顾客对香水或其他化妆品的消费，但是，香水的香味过于强烈，也会使人厌恶，甚至引起反感，这样，反而会把顾客赶走。

五、通风设施

零售店内顾客流量大，空气极易污浊，为了保证店内空气清新通畅，冷暖适宜，应采用空气净化措施，加强通风系统的建设。通风可以分自然通风和机械通风。采用自然通风可以节约能源，保证零售店内部适宜的空气，一般小型零售店多采用这种通风方式。而有条件的现代化大中型零售店，在建造之初就应该普遍采用紫外线灯光杀菌设施和空气调节设备，用来改善零售店内部的环境质量，为顾客提供舒适、清洁的购物环境。

零售店的空调应遵循舒适性原则，冬季应达到温暖而不燥热，夏季应达到凉爽而不骤冷，否则，会对顾客和职员身体产生不利的影响。如果冬季暖气开得非常热，顾客从外面进零售店都穿着厚厚的棉毛衣，在店内待不了几分钟就会感到燥热无比，来不及仔细浏览就匆匆离开，这无疑会影响零售店销售。夏季店内冷气习习，顾客从炎热的外部世界进入零售店，会有不适应感，抵抗力弱的顾客难免会出现伤风感冒的症状，因此在使用空调时，维持舒适的温度和湿度是至关重要的。

零售店在选择空调设备时，应注意以下要求。

（1）根据零售店的规模大小来选择。大型零售店应采用中央空调系统，中、小型零售店可以使用分立式空调，特别要注意一次性投资的规模和长期运行的费用承受能力。

（2）零售店空调系统热源选择既要有经济效益分析，更应注意结合当时的热能来源，如果有可能采取集中供热，最好充分予以运用。

(3)零售店空调系统冷源选择要慎重,是风冷还是水冷,是离心式还是螺旋式制冷都要进行经济性论证,要特别注意制冷剂使用对大气污染的影响。

(4)在选择空调系统类别时,必须考虑电力供应的程度,详细了解空调电源对整个地区电力系统的要求,避免出现设备闲置的状况。

零售店的空气湿度一般保持在40% ~60%左右为宜,该湿度范围使人感觉比较舒适。但对经营特殊商品的营业场所和库房,则应严格控制环境湿度,严防腐坏情况的发生。

六、地板

在零售店中,地板的选择也是十分重要的。地板在图形设计上有刚和柔两种选择。以正方形、矩形、多角形等直线条组合为特征的图案,带有阳刚之气,比较适合经营男士商品的零售店使用;而以圆形、椭圆形、扇形和几何曲线形等曲线组合为特征的图案,带有柔和之气,比较适合经营女士商品的零售店使用。

地板的装饰材料,一般有瓷砖、塑胶地砖、石材、木地板以及水泥等,可根据需要选用。选材时主要考虑的是零售店形象设计的需要、材料的费用大小及材料的优缺点等几个因素。

首先应对各种材料的特点和费用有清楚的了解,才利于作决定。瓷砖的品种很多,色彩和形状可以自由选择,有耐水、耐火及耐腐蚀等优点,并有相当的持久性;其缺点是保温性差,对硬度的保有力太弱。塑胶地砖价格适中,施工也较方便,还具有颜色丰富的优点,为一般零售店所采用;其缺点是易被烟头、利器和化学品损坏。石材有花岗石、大理石以及人造大理石等,都具有外表华丽、装饰性好的特点,有耐水、耐火和耐腐蚀等优点;但由于价格较高,只有在营业上有特殊考虑时才会采用。木地板虽然有柔软、保温与光泽好的优点,可是却易被弄脏和损坏,故对于顾客进出次数多的零售店不大适合。用水泥铺地面价格最便宜,但经营中高档商品的零售店不宜采用。

第四节　零售商品的橱窗展示

通过视觉来吸引和打动顾客的效果是非常显著的,商品陈列的优劣决定着顾客对店铺的第一印象。使卖场看上去整齐、美观是卖场陈列的基本准则。陈列要富于变化,不同陈列方式相互对照,在一定程度上左右着商品的销售量。

零售商店的橱窗是商品陈列宣传的重要方式,是零售企业向顾客展现所经营商品的窗口,也是零售企业风格的最佳展示。零售商店经营者要充分利用橱窗这一特定的空间,以商品实物为主体,配以灯光、道具和背景,经过艺术化处理,向顾客展示并介绍商品,使顾客透过橱窗感知商店,并被吸引进入商店。

一、橱窗的作用

橱窗是零售商店门面的组成部分之一，在展示商店经营类别、重点推销商品、增强顾客购买商品信心、促进购买行为等方面起着很大的作用。其作用主要表现在以下几方面。

（一）传递信息，吸引顾客

零售商店橱窗可以综合反映商店经营商品的范围和经营特色，其主要内容是介绍新商品、传递商品信息，以及进行换季商品预告等，以吸引顾客进店参观和选购商品。

（二）营造格调，反映店貌

零售商店橱窗是经过艺术化处理的，用来烘托商店营业环境，塑造出属于商店独有的风格。利用橱窗设计的材质、色系与特色，可以营造出商店所拥有的特质，反映出店貌。

（三）加强促销，扩大销售

零售商店的橱窗，把多种商品综合陈列在一起，组成一个完整的橱窗广告，能起到增加顾客购买欲，扩大销售的作用，尤其是在繁华地段的商店，橱窗是重要的营销手段。

（四）树立形象，美化环境

科学合理地使用橱窗，能够激发顾客的购买欲望，并且能够在顾客心目中树立起相应的形象，橱窗的艺术展示，也从侧面反映零售店经营实力和成就，并可以美化环境。

二、橱窗设计的原则

橱窗设计的好坏，对商店的业务活动和商品陈列有直接的影响，它可以通过商品的展示，向消费者介绍商店的经营特色和商品种类。因此，橱窗设计应遵循下列原则：①设计不同规格和形式的橱窗，全面反映商店的商品经营类别；②根据商店建筑面积、地理位置，确定在商店正面或侧面橱窗位置；③橱窗的形式要与商店建筑结构相匹配，体现出店面设计的整体完美性；④设计的橱窗要有利于提供商品信息，橱窗内部结构与设施应能最大限度地起到宣传商品的作用，并利于商品的陈列；⑤橱窗的设计要有氛围，有利于美化店貌和美化环境，促进精神文明建设。

三、橱窗设计的要求

商店橱窗是特殊的立体空间，橱窗的设计要与橱窗整体的环境协调一致，衬托购物环境气氛，体现零售企业经营的性质和消费者心理要求。

（一）背景设计

橱窗的背景类似于舞台的天幕，它与商店的整体效果有着密切的联系，是衬托商品、烘托气氛的必要条件。在形状上，一般要求大而完整、单纯，避免小而复杂的烦琐装饰；在颜色上，尽量使用透明度高，纯度低的统一色调，统一风格，如粉、绿、天蓝等明快的色调。总之，背景设计的基本要求是通过设计，烘托气氛，引人注目，诱发联想，突出商品主题。

（二）道具设计

道具是指为橱窗陈列展示商品创造有利条件的特定工具，具有辅助陈列样品，渲染商品特点、式样和规格的装饰作用。一般常用的道具都是根据商品陈列需要和不同商品特点进行设计的。如服装用道具模特，其裸露部分如头、手臂、腿等部位的形状与颜色，和真人不完全一样，可以是简单的球体、灰白色，有的干脆不用头部，这样反而比似人的模特更能突出服装本身。无论采用何种造型，都要经过艺术设计，对物体形象进行简化、变形。在结构装饰方面，要强调道具造型的表现力、韵律和色彩等，密切联系商品和橱窗构图，结构协调统一。滥用装饰和片面追求色彩，忽视道具对商品所起的真正作用，脱离了商品本质，即使造型、装饰、色彩都完美的道具，也是没有意义的，因为它不能起到应有的烘托展示商品的作用。

（三）灯光设计

光和色是不可分割的，按现代舞台灯光设计的要求，为橱窗配上适宜的灯光，不仅能起到照明作用，而且还能使橱窗原有的色彩产生戏剧性的变化，以达到吸引消费者的作用。橱窗中的灯光，因光源位置高低、种类以及光源颜色等的不同，对商品本身的色彩有一定的影响，这就要求灯光设计者要慎重选用光源，做到尽量反映商品本来的面目，给人以良好的心理印象。例如，食品橱窗的灯光，宜用橙黄色的暖色光，这样能增强人们的食欲。而蓝、白等冷色光，适用于家用电器橱窗陈列，能给人一种科学性和贵重的心理感受。商品的固有色，在不同颜色灯光的投射下，必然会产生不同的色彩反映。

现代橱窗设计更加强调立体空间感和空间布置的肌理对比。首先，因为商品多陈放于橱窗的中下部分，而上部分空间常常利用不足，因此，设计者常用悬挂装饰物的办法来弥补，以增强空间的立体感。其次，装饰物、背景和橱窗底部的材料也讲究与商品的肌理对比。

此外，很多零售企业还利用滚动、旋转、振动的道具，真人模特等，给静止的橱窗设计增加了动感。总之，随着技术和材料的发展，现代橱窗广告设计思想的更新，橱窗设计在内容和形式等方面不断丰富，其对零售店的作用日趋提高。但值得注意的是，橱窗设计者在设计时不能只注重形式变化而忽略广告宣传的目的，造成喧宾夺主的后果，这样的橱窗设计是不利于零售企业经营的。

四、橱窗的类型

国外学者称橱窗是“向消费者作最后一分钟的提示”，由此可见橱窗的魅力。

为了开辟精彩的橱窗,有必要对其进行周密的设计,因此,必须要明确橱窗的类型。橱窗有多种类型,概括起来主要有以下几种。

(一)综合式类型

综合式类型橱窗是将许多不关联的商品罗列在一个橱窗内进行展示,所展示的商品之间差异较大,因此,设计者在设计时要小心谨慎,以免给人杂乱的感觉。这种类型的陈列方法主要包括以下几种。

1. 横向陈列

横向陈列是将商品分组横向陈放,引导顾客从左向右或从右向左观赏挑选商品。

2. 纵向陈列

纵向陈列是将商品按橱窗容量大小,纵向陈列在几个部分,前后错落有致,方便顾客自上而下依次观看和购买商品。

3. 单元格陈列

单元格陈列是用分格支架把商品分类集中陈列,供顾客分类欣赏和挑选,多用于小商品。

(二)系统式类型

规模较大的零售商店,橱窗面积较大,可按照商品的类别、功能、材料、用途等因素分别组合陈列,具体又可分为以下几种。

1. 同质同类商品陈列

同质同类商品陈列是指把同种类型和由同性质材料制造的商品组合在一起陈列。如各种品牌的电视机、空调和自行车等的展示橱窗。

2. 同质异类商品陈列

同质异类商品陈列是指把由同性质材料制造但类别不同的商品组合在一起陈列。如羊皮衣、羊皮包和羊皮手套等组合的羊皮制品系列橱窗。

3. 同类异质商品陈列

同类异质商品陈列是指把由同一类别但制造材料不相同的商品组合在一起陈列。如护手霜、润肤露和护肤霜等组合的化妆品系列橱窗。

4. 异质异类商品陈列

异质异类商品陈列是指把不同类别但用途相同的商品组合在一起陈列。如体育用品商店,把各种运动器材混合在一起陈列。

(三)专题式类型

专题式橱窗陈列,是以某一特定事件或节日,组合不同零售店或同一零售店不同类型的商品进行陈列,向顾客传输某一主题。例如,节日商品系列陈列、绿色商品系列陈列等,这种橱窗陈列的实质是一个专题广告。

专题式橱窗陈列多设计为以一个以特定环境或特定事项为中心的商品组合陈列,又可细分为以下几种。

1. 环境专题陈列

环境专题陈列是指按照商品的用途，把有关联性的多种商品，利用道具和装饰，布置成一个特定环境橱窗，以诱发顾客的购买欲望。如旅游景点的旅游品专卖店，将有关旅游用品组成一个特定的旅游专题展示橱窗。

2. 节日专题陈列

节日专题陈列是指以庆贺某个节日为主题而组合的节日专题商品陈列橱窗。例，如在我国传统的端午节，以各式粽子、黄酒等组成的节日橱窗；圣诞节以圣诞礼品组合的圣诞橱窗等。节日专题陈列既介绍宣传了商品，又烘托了节日的气氛。

3. 事件专题陈列

事件专题陈列是指以社会上某项重大活动为主题，将有关联的商品组成专题橱窗，如大型运动会期间的体育用品橱窗陈列等。

4. 科技专题陈列

科技专题陈列主要是将市场上出现的新产品及其先进生产工艺等组合橱窗陈列，以及时向顾客宣传推广，反映当今科技成果，吸引潜在顾客购买。

（四）特写式类型

特写式商品橱窗陈列是指专业设计人员运用不同的艺术形式和处理方法，在特定的橱窗内集中介绍某一零售店的商品。这类陈列适用于特色商品和新产品的广告宣传。

1. 单一商品特写橱窗

单一商品特写橱窗就是在一个橱窗里只陈列一件商品，且该商品一般是新商品或顾客不熟悉的商品，目的是对其进行大力宣传和推销。如只陈列一台新款电视机或电冰箱等。

2. 商品模型特写橱窗

对于体积过大或过小的特殊商品，用实物陈列有诸多不便，可用商品模型代替实物展示。如汽车模型、手机模型特写橱窗等。

（五）季节性商品陈列类型

根据季节变化将季节商品组合陈列，满足顾客购买时令商品的需要，以扩大销售。例如：冬末春初的羊毛衫、风衣展示；春末夏初的夏装、凉鞋、凉帽展示；夏末秋初的毛线服装展示；秋末冬初的皮衣展示等。

商店的橱窗陈列形式多种多样，有底座式橱窗、斜坡式橱窗、暗箱式橱窗和封闭式橱窗等。不论何种形式，橱窗规格应与商店整体建筑和店铺营业环境相适应。

零售商店经营者可根据经营规模大小、橱窗结构、商品特点及顾客需求等因素，选择具体的橱窗陈列设计形式。

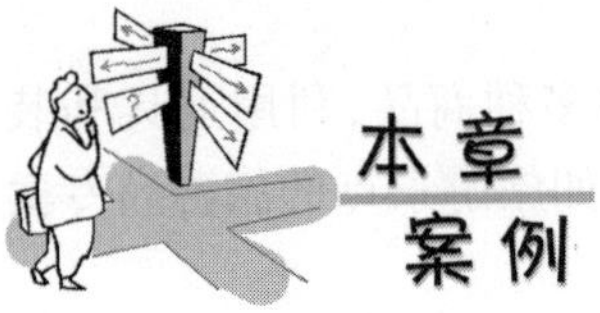

成功商店经营环境设置

一、Tattered Cover 书店的环境就像一只舒适的旧拖鞋

Tattered Cover 书店的店主 Joyce Meskis 将她的书店比喻成“一只舒适的旧拖鞋”。顾客们也很有同感，他们可以舒舒服服地躺在那些点缀在商店里的沙发和安乐椅上。但是如果你用零售商的一双行家的眼睛来看时，你就会发现这只“舒服的拖鞋”简直是由纯金打造的。

Tattered Cover 书店的总经理 Linda Millemann 说，他们书店的年营业额至少在 1 000万美元以上，并且仍在增长。自从 Meskis 1974 年开设这家书店以来，就非常受欢迎。

这家书店成功的秘密在于将家庭的气氛与书香气息有效地结合起来。书店的氛围有点像古典式的书店，书籍整齐地排列在用温暖的深色油漆漆成的松木书架上面。地毯是平和的深绿色，布局有致的椅子和沙发，便于顾客自由地休息和阅读。书店的员工坐在老式的图书馆用的木桌旁，使用深棕色的计算机工作。

书店也采取了一些营销技巧，例如，在烹饪书籍部，购书者可以在一个木制餐厅里翻阅最新的菜谱；心理学书籍部有一个“柔软的沙发椅”，类似于那只曾在弗洛伊德办公室里使用过的椅子；宗教书籍部有一个类似教堂里的那种木制长凳。

Millemann 说：“整个书店提供了一种‘请进、请坐和请阅读’的真诚邀请的氛围。我们的唯一追求是使顾客在这里对书籍产生兴趣，为此我们不惜付出汗水和眼泪。”

资料来源：Lynne S. Dumas ,“The Tattered Cover,” Dtores, March 1992.

二、好莱坞 Frederick 商店的香气

气味正在日益成为商店氛围中的一个重要组成部分，一些商店设计者将它与选择合适的背景音乐进行了比较，发现顾客待在商店里的时间越长，气味就比背景音乐更容易造成快乐氛围。研究者认为，香气还可以直接影响购买行为。

关键的决策在于选择什么样的气味而不是气味的浓度。一种选择错误的香气，尽管令人愉快，却可能抑制顾客的消费支出。几年前，Frederick 商店引进了一种浓郁的花香——类似于在“维多利亚的秘密”商店里成功运用的那种香气。然而，几乎就在同时，Frederick 商店的销售额下降了，接着其各个连锁店纷纷放弃了这种香气。专家认为，失败是源自于对目标顾客群的误解。“维多利亚的秘密”商

店的销售目标是那些在闺房粉红的轻柔灯光下，穿着讨人喜欢的睡衣的女性购买者，浓郁的花香在那里闻起来感觉很好。而 Frederick 商店吸引的是为女性购物的男士。在这种氛围中，浓郁的花香起到了相反的作用。这种气味可能会令男士不悦。

某一特定的商店，比如 Frederick 这样的商店，是否应该放弃所有的香味设计，这样是否会更好？为一家特定的商店或部门选择促进销售的最合适的香气需要考虑一系列因素，这些因素不仅包括顾客和商品，而且还包括顾客是为谁购买该商品。因此，Frederick 商店应该尝试一种更易引起男性认同的香气。

总而言之，女性较喜欢花香，而男性较喜欢辛辣的气味。实际上，Frederick 商店已经发现当男性顾客为自己的母亲购买某种礼物时，有一种气味会使他们感到很愉快，但是同样的气味，当他给自己的妻子或女朋友购买内衣时，会把顾客吓跑。

资料来源：Cathleen McCarthy、"Aromatic Merechandising: Leading Customers by the Nose," Visual Merchandising and Store Design, April 1992, pp. 85 – 97. Based on research by Alan . R. Hirsch , M. D.

本章小结

本章详述了商店设计应注意的各个方面。一个良好的商店布局有助于顾客搜寻和购买商品。商店的布局应当顺应顾客的感觉，抓住顾客的心是商店经营的中心环节。商店布局要遵循层次性便利性、灵活变通性和经济性等原则。

通过视觉来打动顾客，其效果是非常显著的。商品陈列的优劣决定着顾客对店铺的第一印象，使卖场看上去整齐和美观是卖场陈列的基本准则。陈列还要富于变化，不同陈列方式相互对照，在一定程度上左右着商品的销售数量。零售商应该运用不同要素构成良好的购物氛围和展示环境，这些因素包括灯光、色彩、音乐和气味等。

零售商店的橱窗是商品陈列宣传的重要方式，零售商店经营者要充分利用橱窗这一特定的空间，以商品实物为主体，配以灯光、道具、背景，经过艺术化处理，向顾客展示并介绍商品，使顾客透过橱窗感知商店，并被吸引进入商店。

思考题

1. 商店布局的原则有哪些？
2. 在选择商店的陈列架时，零售商应考虑哪些问题？
3. 零售商品陈列的主要工作包括哪些方面？
4. 超市里为什么将糖果、口香糖和杂志放在商店的最前端？

5. 60岁以上的老年人是人口增长最快的部分之一,这些顾客可能只有有限的视力、听力和行动能力,零售商应当怎样设计商店布局以满足老年人的需要?

6. 营业现场中的磁石指的是什么?

7. 列举五种商品陈列与理货的基本方法,并比较它们各自的利弊。

8. 观察并描述你所见过的最优秀的一个“堆头”。

9. 橱窗设计应注意哪几条原则?

第七章

零售商品的定价

了解零售企业定价的影响因素,重点掌握企业定价的目标和成本的构成。掌握零售商品定价的三大类方法:成本导向定价法、需求导向定价法和竞争导向定价法。掌握几类零售商品定价的策略,包括心理定价策略、产品组合定价策略以及捆绑定价策略。了解商品提价和降价的原因。

零售企业的定价活动对企业经营成败有着决定性影响,因为价格不仅直接关系到企业赢利目标的实现,而且是市场竞争的重要手段。在现代市场经济条件下,商品同质化程度越来越高,零售企业的数量越来越多,消费者的选择余地越来越大,零售企业面临的竞争压力越来越大,价格成为影响商品销售的重要因素,因此,零售企业的价格决策在企业经营管理中的位置越来越重要。本章将介绍零售商品定价的影响因素、零售商品定价的方法、零售商品定价的策略以及零售商品价格的调整等。

第一节　零售商品定价的影响因素

零售企业在对零售商品进行定价时,要综合考虑多种因素,这些因素主要包括:定价目标、市场需求、成本、竞争对手的价格。

一、定价目标

定价目标是指零售企业在制定特定水平的价格的基础上,凭借价格所产生的销售效果去实现预期的目的。当零售企业慎重地选定了目标市场并进行市场定位后,就有必要非常明确地把价格包含在其营销组合战略中。例如,假定一家零售店为满足消费水平较高的消费者的需要,想经营一种豪华型野营帐篷,这就意味着要高定价。这种价格策略主要是由其市场定位决策所决定的。与此同时,零售企业还可以追求附加目标。企业对定价目标越明确,制定价格就越容易。对于利润、销售收入市场份额等这类目标,每一种价格都会收到不同的效果。零售企业的定价目标主要有:生存目标、当期利润最大化目标、市场份额领先目标等。

(一)生存目标

零售企业如果遇到激烈竞争,或者消费者需求变动时,都要把维持生存作为主要目标。为了维持企业生存,使存货尽快周转,必须定低价,并且希望市场是价格敏感型的市场。

(二)当期利润最大化目标

实现利润最大化是零售企业追求的最终目的,企业生存和发展的前提条件是不断获得更多利润。其中当期利润最大化是大多数企业追求的直接目标。这就要求零售企业在定价时,先对需求和成本进行估计,然后评价可供选择的价格,通过比较选定一种能够产生当期利润最大、现金流量或投资收益率的价格。

(三)市场份额领先目标

占领市场份额是零售企业定价策略的另外一个重要目标。提高市场占有率,就是扩大了市场份额,增加了产品的销售量,也就为提高企业利润总额提供了可靠的保证。此外获得市场份额领先地位的企业,可以在拥有较大的市场份额后充分享有规模经济效益。因此,为了追求市场份额的领先地位,企业应制定尽可能低的价格。从这个目标派生的目标是追求一个特定的市场份额:比如说,企业打算在一年内把市场份额从 10% 增加到 15%,它就要寻求一个准确的价格策略以达到目标。

二、市场需求

商品价格的高低,最终取决于市场的供求关系。市场需求是企业定价策略的导向。零售企业要确定商品价格,必须了解市场需求的变动。

(一)市场需求与价格变动

微观经济学认为,价格是影响需求的主要因素,但在这种决定关系中还存在着一些非价格的因素。非价格因素对需求的影响时刻在起作用,因此,要确定出价格对需求的真正作用程度,还应该先排除非价格因素的干扰。非价格因素主要有以下几种。

(1)收入。当消费者的收入增加时,需求量也会增加。

(2)替代品价格的变化。很多商品都有替代品,当某一产品的替代品的价格降低时,人们往往会倾向于购买它的替代品,从而使该产品需求量减少。

(3)消费者偏好。消费者一旦对某种产品产生了偏好,即使其价格升高,仍会购买,需求量并不一定因提价而降低。

(二)价格需求弹性

价格需求弹性是指因价格变动而引起的需求量的相应变动率,反映了需求变动对价格变动的敏感程度。用 E 表示价格需求弹性,则:

E＝需求量变动的百分比/价格变动的百分比

对于大多数产品而言，在产品处于高价位时降低价格，对销售量的增加会更明显；与此相反，定价较低的产品即使降价，其销售量增加也不明显。这就说明，价格战并不能时时奏效。影响价格需求弹性的因素有很多，主要有如下几方面。

(1)产品的用途。产品用途越多，需求越有弹性。例如，电池这种产品用途很多，故其需求弹性很大。

(2)替代品的数目及替代程度。某种产品的替代品越多，替代品越相近，其需求弹性也越大。因为替代品多，当这种商品的价格上涨时，消费者就可以购买其替代品，例如，对于各种水果，因为有不同种类的水果可以相互替代，因此其需求弹性就较大。

(3)消费者在这一商品上的消费支出占总消费支出的比重。如果这一比重大，则该产品需求弹性就大；比重小，则产品的需求弹性小。例如，购买汽车对大多数家庭来说都是一笔大开支，因此消费者对其价格非常敏感，一旦汽车降价，则销售量就会快速上升。

(4)消费者改变购买和消费习惯的难易程度。如果消费者的消费习惯容易改变，则产品的需求弹性大；若不易改变，则产品需求弹性小。例如，很多消费者对某一类饮料形成了偏好，这种偏好很难改变，因此即使其他类饮料价格下降，也无法吸引他们去购买。

(5)文化价值的取向或偏向。产品越接近消费者核心价值观，则消费者越愿意消费，其需求弹性就小。

三、成本

在很大程度上，需求决定着零售企业为产品制定价格的最高限，而成本则是最低限。零售企业制定的价格，应尽可能覆盖所有的成本。

(一)固定成本

固定成本是指在短期内不随商品销售量变化而变化的成本。例如，固定资产折旧费、零售企业管理人员工资等。

(二)变动成本

变动成本是指在上述的同一时期内，随商品的销售量变动而成正比例变化的成本。例如，产品包装费、理货员的工资、收银员的工资、POP促销费用、商品陈列费用以及其他销售费用。

(三)总成本

总成本即固定成本和变动成本之和。当销售量为零时，总成本等于固定成本。

四、竞争对手的价格

在市场需求为价格规定了最高限，而成本为价格规定了最低限的时候，制定商品价格时还应该考虑竞争对手的价格。竞争对手的价格以及它们对本企业价格变动所作出的反应也是零售企业定价时应考虑的一个重要因素。零售企业必须对每一个竞争者的商品价格状况及其产品质量情况有充分的了解。这可以通过以下几种方法来实现:①派专门人员了解行情,比较竞争者所提供的产品质量和价格;②获取竞争者的价格表并购买竞争者的产品,然后进行比较研究;③企业还可以向顾客了解他们对于竞争对手所提供的产品的价格和质量的看法。

零售企业可以把了解到的竞争者的价格和产品情况作为自己定价的基点。如果企业所经营的产品与主要竞争者的产品相类似,那么零售企业必须根据自己的市场定位来制定价格策略,以避免在竞争中被淘汰。

零售企业在制定价格时,除了要考虑以上几方面的因素外,还应考虑市场购买心理,如消费者的价值观念、消费者的质量价格心理、消费者的价格预期心理和消费者对价格变动的反应心理等因素。

第二节　零售商品的定价方法

定价方法是零售企业在特定的定价目标指导下,依据对价格影响因素的分析研究,运用价格决策理论,对产品价格水平进行计算决定的具体方法。零售企业在选择定价方法时,应参考成本费用、市场需求和竞争状况这三个主要因素中的一个或多个,制定适合自己情况的价格。零售商品的定价方法主要有成本导向、需求导向和竞争导向三类,具体分析如下。

一、成本导向定价法

成本导向定价法以产品成本作为定价的基本依据,具体形式主要有成本加成定价法和目标利润定价法。

(一)成本加成定价法

成本加成定价法是指按照单位成本加上一定百分比的加成来确定产品销售价格的定价方法。成本加成定价法是零售企业普遍采用的定价方法。

在这种定价方法中,加成率的确定是定价的关键。加成率的计算有两种方式:倒扣率和顺加率。

$$倒扣率=(售价-进价)/售价\times100\%$$

$$顺加率=(售价-进价)/进价\times100\%$$

利用倒扣率和顺加率来计算销售价格的公式如下所示:

$$产品售价=进价/(1-倒扣率)$$

$$产品售价=进价\times(1+顺加率)$$

在零售企业中,百货商店、杂货店一般采用倒扣率来确定产品售价,而蔬菜、水果商店则采用顺加率来确定产品售价。

加成率的确定应考虑商品的需求弹性和企业的预期利润。在实践中,同一行业往往会形成一个为大多数企业所接受的加成率。例如,在美国,一些商品的倒扣率一般为:照相机 28%,书籍 34%,服装 41%,装饰用的珠宝饰物 46%,女帽 50%。

成本加成定价法具有计算简单、方便易行的特点,在正常情况下,按此方法定价可以使企业获取预期利润。但是,如果同行业中的所有企业都使用这种方法定价,他们的价格就会趋于一致,这样虽然能避免价格竞争,却忽视了市场需求和竞争状况的影响,缺乏灵活性,难以适应市场竞争的变化形势。

（二）目标利润定价法

目标利润定价法是指根据损益平衡点的总成本及预期利润和估计的销售数量来确定产品价格的方法。运用目标利润定价法确定出来的价格能带来企业所追求的利润。

目标利润定价法要借助于损益平衡点这一概念。

假设:Q_0 表示保本销售量,P_0 表示价格,C 表示单位变动成本,F 表示固定成本,则保本销售量可用公式表示如下:

$$Q_0 = F/(P_0 - C)$$

在此价格下实现的销售额,刚好弥补成本,因此,该价格实际上是保本价格。由上式可推出:

$$P_0 = F/Q_0 + C$$

在零售企业实际定价过程中,可利用此方法进行定价方案的比较与选择。如果零售企业要在几个价格方案中进行选择,只要估计出每个价格对应的预计销售量,将其与此价格下的保本销售量进行对比,低于保本销售量的则被淘汰。在保留的定价方案中,具体的选择取决于零售企业的定价目标。假设企业预期利润为 L,预计销售量为 Q,则实际价格 P 的计算公式如下:

$$P = (F + L)/Q + C$$

零售企业在运用目标利润定价法时,对销售量的估计和对预期利润的确定要考虑多方面因素的影响,以保证制定出的价格的可行性。

二、需求导向定价法

需求导向定价法以顾客对产品价值的认知和需求强度作为定价依据,其具体形式主要有认知价值定价法和需求强度定价法。

（一）认知价值定价法

认知价值定价法是指企业根据顾客对产品的认知价值来制定价格的一种方法。它是伴随现代营销观念的发展而产生的一种新型定价方法。

企业在制定价格时,应考虑到顾客对产品价值的评判。顾客在购买商品时总会对其进行比较与鉴别,顾客对商品价值的理解不同,会形成不同的价格限度。如果价格刚好定在这一限度内,顾客就会顺利购买。因此,企业可据此拟定一个可销价格,进而估计此价格水平下的销量、成本及赢利情况,最后确定实际价格。

认知价值定价的关键在于准确地估计顾客对产品的认知价值。如果估计过高,定价就会过高,这样销量就会减少;如果估计过低,定价就会过低,这样固然可以多销,但利润就会减少。

下面结合实例,具体讲述把握认知价值的方法。

假设某零售企业经营 A,B,C 三家企业所生产的同一种开关,现抽取一组顾客作为样本,要求他们分别就三家企业的产品做出评判,这里有三种方法可供使用。

(1)直接价格评判法。即要求顾客为三家企业的产品确定能代表其价值的价格。例如,他们可能将 A,B,C 三家企业的产品分别定价为 2.55 元、2 元和 1.52元。

(2)直接认知价值评判法。即要求顾客根据他们对三家企业所生产的开关的价值进行认知,将 100 分在三者之间进行分配,假设分配结果为 42,33,25。如果这种开关的平均市场价格为 2 元,则我们可得到三个反映其认知价值的价格分别为 2.55 元、2 元和 1.52 元。

(3)诊断法。即要求顾客就三种产品的属性分别予以评分,然后把每种属性的得分乘以其重要性权数,再把其结果相加就可得出每种产品的认知价值。假设该产品有产品耐用性、产品可靠性、交货可靠性和服务质量四种属性,对每一种属性,分配 100 分给三家企业,同时根据四种属性重要程度的不同,也将 100 分分配给四种属性。假设结果如表 7 – 1 所示。

表 7 – 1　诊断法

重要性权数	属　性	产　品		
		A	B	C
25	产品耐用性	40	40	20
30	产品可靠性	34	33	33
30	交货可靠性	50	25	25
15	服务质量	45	35	20
100	认知价值	41.95	32.65	25.4

由表 7 – 1 可以看出,A,B,C 三家企业产品的认知价值分别为 41.95,32.65 和 25.4。由于平均市场价格为 2 元,平均认知价值为 33,按认知价值的比例定价,则 A,B,C 三家产品的价格可分别定为 2.52 元、1.96 元和 1.52 元。如果把三家企业的产品均按此定价,则每家企业的产品都可以保持一定的销售量,因为它们提供的价值与价格之比相等。

如果某一家企业产品的定价低于其认知价值,则它将得到一个高于平均数的市场占有率,因为在这时顾客支付同样的货币可换回更多的价值。这样将会迫使其他企业或降低价格或提高其认知价值。提高认知价值的措施主要包括:增加服务项目、提高产品质量和服务质量,以及进行更有效的宣传促销等。

（二）需求强度定价法

需求强度定价法是根据市场需求的强弱利用需求函数来制定产品价格的一种方法。

需求函数是在需求表、需求曲线及需求规律的基础上形成的对需求规律的数学描述。它表明价格与需求之间呈反方向变化的关系。需求函数的形式很多，为简便起见，我们只分析线性需求函数。

假设某商品的价格为 P，销售量为 Q，商品的线性需求函数的形式如下：

$$Q = a - bP$$

其中，参数 $a>0$，$b>0$。

我们可以找出该直线与坐标轴相交的两点（0，a）和（a/b，0），给出线性需求函数图（如图 7－1 所示）。

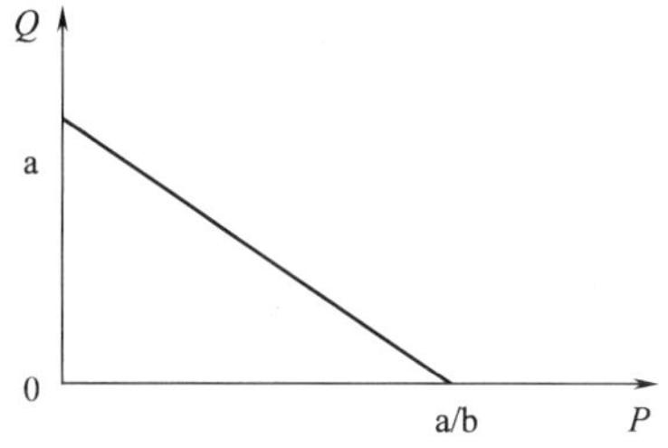

图 7－1　线性需求函数图

点（0，a）的经济意义是，价格为零时，市场对该商品的绝对饱和需求量为 a。点（a/b，0）的经济意义是销售量为零时的价格为 a/b，此时，商品一点也卖不出去。

在这一需求函数条件下，企业的定价方法是：求出需求函数的反函数，即 $P = a/b - 1/b \cdot Q$。然后根据企业对市场需求量的调查和统计确定具体的销售价格。

三、竞争导向定价法

竞争导向定价法是以市场上相互竞争的同类产品的价格作为定价的基本依据，并随竞争状况的变化来调整价格水平。具体形式主要有随行就市定价法和投标定价法。

在竞争导向定价法中，零售企业是以竞争者的价格为依据，而不是以需求或成本为依据。当竞争者变更价格时，按竞争导向定价的零售企业也相应变更商品价格。以竞争者的价格为依据，零售企业在定价时可以采取低于市价、等于市价和高于市价三种形式。

（一）低于竞争者定价

零售企业选择低于竞争者定价的方法时所实行的是高销售、高周转的战略。

低于竞争者定价也可以获得较高的利润。低于竞争者定价的条件是:零售企业有较低的商品成本和较低的经营成本。低价经营大众品牌商品,可以吸引消费者前来,树立低价形象。如百佳、家乐福都采取这种价格策略。

(二)等于竞争者定价

零售企业选择与竞争者相同的价格,是基于不以价格作为主要的销售工具,而是把地点、商品、服务和促销等零售要素作为重要销售工具,以达到吸引消费者的目的。

(三)高于竞争者定价

零售企业选择高于竞争者的价格是期望通过单位商品的销售获得较高的利润,而不是追求较大的销售量。

四、供货商定价

供货商定价在零售企业的联营和自营两种经营形式中都存在。在联营经营中,商品的价格基本上由供货商确定,但零售企业会根据其商品在卖场的销售情况,提出调整价格的建议。

在零售企业自营商品中,也有一些商品的零售价是由制造商或批发商决定的。供货商向零售企业建议零售价格,提供一份零售价目表,或印在包装上,或贴在商品上。虽然使用供货商的定价并不是法律的要求,但是许多零售企业认为,这种方法对于市场价格水平来说是公平的。

从实际操作上来说,零售企业应把这几种定价方法结合起来运用,因为它们各有其长处和短处。

第三节　零售商品的定价策略

零售企业在确定了基本价格后,要建立一种多价位结构,以适应不同的需求特点。因此,有必要针对不同的消费心理、购买行为、地区差异和需求差异等对基本价格进行修改和调整。

一、心理定价策略

心理定价策略是依据消费者的购买心理来修改价格,主要有以下几种形式。

(一)整数定价策略

整数定价就是在调整产品价格时采取合零凑整的办法,把价格定在整数或整数水平以上,给人以较高档次产品的感觉。如将价格为1 000或1 050元,而不是990元。消费者认为,较高档次的产品能显示其身份、地位等,能得到一种心理上的满足。

(二)尾数定价策略

尾数定价策略是指保留价格尾数、采用零头标价,将价格定在整数水平以下,使价格保留在较低一级档次上。尾数定价一方面给人以便宜感，另一方面，因标价精确给人以可信感。对于需求弹性较强的商品，尾数定价往往能带来需求量的大幅度增加。如将价格定为19.80元，而不是20元。

（三）声望定价策略

声望定价策略是指针对消费者“一分钱一分货”的心理，对在消费者心目中享有声望，具有信誉的产品制定较高价格。价格高低时常被当作商品质量最直观的反映，特别是在消费者识别名优产品时，这种意识尤为强烈。这种声望定价技巧，不仅在零售商业中应用，而且在餐饮、服务、修理、科技、医疗、文化教育等行业也被广泛运用。

（四）习惯定价策略

习惯定价策略是指按照消费者的习惯性标准来定价。日常消费品价格，一般采用习惯定价。因为这类商品一般易于在消费者心目中形成一种习惯性标准，符合其标准的价格容易被顾客接受，否则易引起顾客的怀疑。高于习惯价格常被认为是变相涨价，低于习惯价格又会被怀疑产品质量存在问题。因此，这类产品价格应力求稳定，在不得不涨价时，应采取改换包装或品牌等措施，减少消费者的抵触心理，并引导消费者逐步形成新的习惯价格。

（五）招徕定价策略

招徕定价策略是指将产品价格调整到低于价目表的价格，甚至低于成本费用，以招徕顾客并促进其他产品的销售。例如，有的超级市场和百货商店大力降低少数几种商品的价格，特别设置几种低价畅销商品，有的则把一些商品用处理价、大减价来销售，以招徕顾客。顾客多了，不仅卖出了低价商品，更重要的是带动和扩大了一般商品和高价商品的销售。

二、折扣定价策略

折扣定价是在正常价格的基础上给予一定的折扣和让价。采取这种定价策略是为了鼓励消费者购买。常用的折扣定价策略有以下几种。

（一）积分卡累计折扣定价策略

积分卡累积折扣定价策略是一种比较常用的累计数量折扣定价法，顾客缴纳少量费用（或免费）即可获得一张积分卡，在规定时期内顾客累计购买商品达到一定金额，则按其购买金额大小给予不同的折扣。这种定价方法能起到稳定顾客群的作用，目前很多零售企业实行的就是这种积分卡累计定价策略。

（二）会员折扣定价策略

会员折扣定价策略是指消费者只需缴纳少量费用，或达到一定购买量，即可获得会员资格，成为零售企业的会员。会员可享受零售企业的会员价格，购物时可以享受比非会员更多的折扣。目前有不少商家向顾客发放会员卡，在出售商品时按顾客的购买金额给予一定的折扣。对团体会员和个人会员可以采取不同的折扣率。这种折扣策略对扩大商店的目标顾客群作用很大,但要对购买不同数量商品的顾客给予不同的折扣率。

(三)限时折扣定价策略

限时折扣定价策略是指在特定的营业时段对商品进行打折,以刺激顾客的购买欲望。例如,限定在下午1点~2点之间,某商品五折优惠。限时折扣可分定时和非定时两种:定时的限时折扣是指商店在固定时间实行限时折扣价。例如,有些超市在每晚关门前的一小时内,将当天未售完的面包、蔬菜等商品打折销售;非定时限时折扣则是随机抽取一个时段,对个别或部分商品进行折扣销售。限时折扣定价可增强商场的人气,活跃气氛,激发顾客购买欲望,使一些临近保质期的商品在到期前全部销售完。当然,必须保证质量。

(四)季节折扣定价策略

季节折扣是零售商为了平衡各季节的销售,对一些季节性商品进行折扣销售的策略。例如,有些商店在夏季以1~3折的价格销售皮装、大衣等冬令服装;在冬季则以低价销售电风扇等夏令用品。商家在采用此策略时要注意,在消费高潮时的季节折扣要与竞争对手的同类商品价格拉开差距,从而具有明显的价格优势;而在销售淡季时,折扣要体现反季节促销的特点,实现季节性清货。前者能够扩大销售,后者能清理库存。

三、新产品定价策略

新产品定价策略是零售企业价格策略的一个关键环节,它关系到新经营产品能否顺利进入市场,并能否为以后占领市场打下良好的基础。企业在推出产品时,主要有两种定价策略可供选择。

(一)市场撇脂定价策略

市场撇脂定价策略是指在新产品初上市时,把产品的价格定得很高,以攫取最大利润,有如从鲜奶中撇取奶油一样。根据实践经验,在以下条件下可以采取市场撇脂定价策略。

(1)市场有足够的购买者,他们的需求缺乏弹性,即使把价格定得很高,市场需求也不会大量减少。

(2)高价使需求减少一些,单位成本增加一些,但这不至于抵消高价所带来的利益。

(3)在高价情况下,仍然独家经营,别无竞争者。有专利保护的产品就是如此。

(4)某种产品的价格定得很高,使人们产生这种产品是高档产品的印象。

(二)市场渗透定价策略

市场渗透定价策略是指零售企业把新产品的价格定得相对较低,以吸引大量顾客,提高市场占有率。

企业采取市场渗透定价策略须具备以下条件:①市场需求对价格极为敏感,低价会刺激市场需求迅速增长;②企业的生产成本和经营费用会随着生产经营经验的增加而下降;③低价不会引起实际或潜在的竞争。

渗透定价策略常用的方式有:限制价格、消除价格、促销价格和封闭价格。限制价格应用于通货膨胀期间,这样价格可以保持在特定水平上。消除价格是指价格被保持在可以威胁竞争对手生存的水平上。服装专卖店的定价是典型的促销价格。专卖店常常强调其产品质量与百货商店相同,但价格低廉。封闭价格是指价格被保持在阻止竞争对手进入市场的水平上,其目标是在最高可支付价格水平上单独占有市场。

渗透定价策略中低价是唯一的卖点,但市场应该足够广阔,以保证低价也可获利。这也说明需求弹性是决定价格究竟能降到多低的重要因素。

四、产品组合定价策略

产品组合定价策略是指零售企业从追求整体效益最大和动态最优出发,对所经营的各种商品进行最佳的价格组合。根据系统论原理,零售企业在对某一商品采取价格策略时,还需综合配套,动态优化,这样才能顺利地实现零售店的定价目标。

(一)替代商品综合定价策略

替代商品是指用途大致相同,可以互相代替的商品。替代商品价格策略是指零售企业为达到某种营销目的,有意识地安排本商店替代商品之间的价格比例而采取的定价策略。

对于有替代关系的商品,提高一种商品的价格,虽然会使该商品销量降低,但是会提高其替代商品的销量。零售企业可以利用此效应来制定组合价格策略,通过适当提高畅销品价格、降低滞销品价格使两者的销量都能保持在一定水平,从而增加零售企业的总赢利。

(二)互补商品综合定价策略

互补商品是指需要配套使用的商品。互补商品价格策略是指商场利用价格对消费连带品需求的调节功能来全面扩展销量所采取的定价技巧。

对于互补商品,有意降低购买频率低、需求弹性高的商品价格,同时提高购买频率高而需求弹性低的商品价格,会取得各种商品销量全面增长的效果。例如,降低 CD 唱机的价格,而提高 CD 光盘的价格,就是对互补商品价格策略的实际应用。

(三)产品与服务综合定价策略

对于大件耐用消费品,消费者往往会担心能否长期安全使用,或担心搬运难,怕损坏,怕维修难,怕易耗件不易买到等问题,这些担心都会影响产品的销售和零售企业的收入。对此,零售店可以改变单纯制定销售价的办法,实行销售与服务"一揽子"综合定价策略。即将提供商品售后服务的费用(包括送货上门、代为安装、调试、附送易耗件、三包期内上门修理的费用)算入销售价格内,并将售后服务措施公布于众,这样就可以消除顾客的心理障碍,进而促进销售。

五、促销定价

（一）特殊事件定价策略

有些零售企业喜欢利用一些特殊的时间和事件，把全部或部分商品临时降价以吸引顾客并刺激购买。特殊节日包括公共性节日，如春节、元旦和中秋节等；另外一种特殊节日是商家的开业、店庆或装修后重新开张等。此外，商店还可利用各种与经营相关的特殊事件，实行折扣价格策略以吸引顾客关注和光顾，这是一种“借势”经营行为。无论是哪一种特殊事件定价策略，其主要目的都是通过这些特殊事件来引起顾客的注意，以实现宣传本店、扩大销售的目的。由于特殊事件定价只是临时性的降价，因而不会导致其与竞争对手之间的价格战，也不会在顾客心目中产生价格定势，因此是一种良好的促销价格策略。

（二）提供赠品定价策略

提供赠品定价策略是指向顾客免费赠送礼品或者当顾客的购买金额达到一定幅度时向其赠送礼品。主要有三种操作方式：一是免费赠送，只要进店即可免费获得一件礼品；二是先买后送，即顾客购物满一定金额才能获得礼品；三是随商品附赠礼品，像买咖啡送咖啡杯、买生鲜食品送保鲜膜等。对某些新商品或利润较高的商品，也可以采用销售赠品的定价方法来刺激这类商品的销售。临近保质期的商品，在与供货商协商以非实际退货方式退货后，也可将其作为附赠品向消费者附带赠送。此外，还可将新商品以小包装方式作为赠品附送。这样，一方面可以促使顾客尝试购买新商品，另一方面，也用实物反映价格优惠，有利于扩大销售。

第四节　零售商品的价格调整

零售企业处在一个动态的市场环境中，产品价格的制定与修改都不能是一成不变的。企业必须根据市场环境的变化，不断地对价格进行调整，实施价格进攻战略。价格进攻战略包括两种情况：一是根据市场条件的变化主动进行调价，即主动变价战略；二是针对竞争对手的价格变动进行的调价，即应对变价战略。但无论是主动变价还是应对变价，零售企业所面临的价格变动方向都是两个：提价或降价。

一、提价

提价是指零售企业在制定的初始价格的基础上调高价格的行为。提价往往会导致消费者的抵触，对企业的经营造成风险，但是由于一些客观原因企业必须提价时，企业应该考虑各方面的因素，采取灵活的提价策略。

（一）零售企业提价的原因

1. 成本上升

由于原材料等生产要素的价格上涨，造成生产企业的成本提高，导致零售企业的商品进价上升，因此零售企业不得不提高商品价格，否则就会造成经营亏损。

2. 需求上涨

由于市场需求大幅度上涨，造成商品供不应求，无法满足所有顾客的需要。在这种情况下，零售企业可采取提价策略，一方面可以抑制需求，另一方面，可以取得更大收益。零售企业的提价方式包括：取消价格折扣；在商品大类中增加价格较高的商品；直接提价。

3. 定价目标调整

当零售企业处于进入市场时，为了在市场上立足，会以维持生存为定价目标，商品价格较低，其经营状况是微利或略亏。当企业在市场上站稳了脚后，则要考虑获得更高的回报，此时企业可能考虑提价。

在以上三种提价原因中，第一种是被动的提价，后两种属于主动提价。无论是被动提价，还是主动提价，都存在风险，必须慎重。

（二）零售企业提价的风险

零售企业提价的风险是显而易见的，它可能会抑制需求，使商品的销售量减少，进而影响企业的利润。同时，高价格、高利润也会导致竞争者不断涌入市场，使竞争日益加剧。因此，为了减少顾客不满，企业提价时应当向顾客说明提价原因，并帮助顾客寻找省钱的途径。而且，如果有可能，当市场供不应求时，企业应当积极组织货源，增加商品的供应量，牢固地占领和扩大市场。

（三）零售企业提价策略

由于顾客对于价格较为敏感，直接提价可能招致顾客反感，零售企业可通过以下提价策略，既提高实际价格，又不会对销售产生大的负面影响。

1. 在价格不变的情况下减少成本

具体来说，有以下几种做法。

（1）零售企业可通过减少数量折扣或提高数量折扣的累计金额，从而实现实际价格的提高。

（2）零售企业可减少促销活动和促销人员，通过减少促销成本开支，来实现不提价而实际价格上升。

（3）零售企业还可通过减少服务项目，或对某些服务项目收费等措施，在不提价的前提下，使实际价格提高。

2. 与供应企业协商，改变商品而价格不变

零售企业可与制造企业进行协商，通过压缩商品重量、使用相对便宜的原材料、使用大包装、改变商品特点等，使成本降低，这样，可在最后的零售价格不变的基础上使实际价格提高。但这样会改变商品的质量，也有可能会影响商品的销量。

3. 分类商品提价

零售企业可以只对价格不敏感的商品提价或较大幅度提价，而对顾客较为敏

感的商品不提价或小幅提价，从而使总体价格上升。

4. 提高商品的认知价值

在只有提价一条路可走时，零售企业还可以通过提高顾客对商品的认知价值来实现提价。零售企业可通过加强促销人员的介绍、说服和服务等来促使顾客对商品价值有更好的理解。

（四）零售企业提价时应该注意的问题

顾客通常有一种“买涨不买落”的心理，有时适当的提价可能使顾客产生商品质量过硬、可能价格还要上升等想法，因此，合适的提价可能并不一定就面临风险。

在提价前，企业必须充分了解政府部门对提价的态度、市场上顾客和竞争者对提价的反应。在零售企业提价的具体操作过程中还应注意提价的时机、提价的方式和提价的幅度。

总之，合理采取提价策略既能适当地增加利润，又能提升商品和企业形象。

二、降价

零售企业的降价是指企业调低零售价格的行为。

（一）零售企业降价的原因

在现代市场经济条件下，企业降价的原因主要有以下几个方面。

1. 需求减少或销售萎缩

在需求方面，由于商品的需求不足，为了刺激购买，扩大销售，零售企业必须实行降价。

2. 竞争者降价

在竞争方面，在强大的竞争者的压力之下，企业的市场占有率下降，企业只有通过降价来扩大自己的市场份额。

3. 商品成本下降

在成本方面，由于经营规模扩大、成本下降，零售企业为了让利顾客、扩大销售，而实行降价。

4. 商品自身的问题

在商品方面，由于商品过时、商品处于销售淡季、商品质量有瑕疵等原因实行降价甩卖。

（二）零售企业降价的风险

人们总是认为，零售企业的降价要比提价更易操作。因为零售企业的降价可使顾客得到实惠，不会引起顾客的抵触情绪。但是，事实上零售企业的降价也是存在着风险的。一是顾客可能会因价格下降而怀疑商品质量；二是降价可能会使企业的利润减少；三是降价可能会引起供应商的不满；四是降价可能会引起竞争者的报复，从而陷入价格大战中。

（三）零售企业降价策略的运用

1. 明确降价目的

零售企业必须明确降价的目的是为了应付竞争，还是让利顾客，或者是商品的低价处理，因为不同的降价目的，其采取的降价策略应有所区别。

2. 选择合适的降价时机和合理的持续时间

零售企业应根据以往的销售记录和市场的需求变化，选择适当的降价时机。同时降价持续时间的长短不仅关系到降价的效果，而且会影响企业的经营成本。一般来说，降价持续时间为一周较为合适，当然具体操作时可根据降价目的进行调整。

3. 确定合适的降价幅度

零售企业的降价幅度应根据具体情况确定，一般来说，应与其降价目标相适应，同时考虑其他相关因素。例如，如果是商品库存处理，则降价幅度可以较大；而如果商品进价下降，则要根据进货成本下降幅度以及竞争者的降价幅度来设定降价幅度。

4. 降价应该注意的事项

零售企业应明确降价不是竞争的唯一出路，如果因为竞争者降价而降价，应避免出现恶性竞争、两败俱伤的局面。零售企业可通过加强售后服务等非价格手段来提高竞争力。零售企业在降价的时候还应该做好计划和具体的安排，尽量减少降价次数，同时注意降价不能降质量，以免给消费者造成企业经营不善等不良印象，得不偿失。

课堂案例讨论

向宝洁学定价

1988 年，当宝洁刚进入中国市场时，采取的是“撇脂”的定价策略，走高价格路线。在二三线城市，有人曾这样回忆海飞丝：“我记得我家的第一瓶海飞丝是我大姨从北京带回来的，那时候可真是当作奢侈品来用的，每次洗完头都把它的盖子盖好，放在我家里组合家具的橱窗里。当时我家这边商场里卖 28 元钱一瓶，而当时我妈的月工资是 128 元钱。呵呵，估计我家一个月买菜、买肉的钱加一起也不用这么多钱。我们全家都觉得用海飞丝洗过头的感觉不一样。甚至在我年幼的心里，这是一件无限光荣的事情，可以向同学们炫耀。最有意思的是我的海飞丝用完了的时候，我还把水灌进瓶子，混合剩在瓶子里的一点海飞丝，用了三四回呢！时过境迁，现在我用海飞丝已经是再普通不过的事情了，甚至有时候还会浪费一些，更不会用清水去涮瓶子底儿了。”

1988～1998 年这十年间，宝洁在中国真可谓所向披靡。在中国本土日化企业对品牌还全无概念的时候，宝洁的百年营销经验使之迅速占领了中国的洗发水市场，综合市场份额一度高达 60%！

1998 年是宝洁在中国市场表现的分水岭。经过 10 年的发展，中国本土日化企业也逐渐成长起来，宝洁的高价策略已经不再适合中国的市场环境。宝洁业务增长的黄金时代结束了。宝洁的高端市场已经进入饱和状态，中低端市场却是一片空白，这给中国本土日化企业留下了足够的成长空间。

在当时中国的日化市场上，价格因素对消费者的影响极大，因此，新的定价策略必然成为宝洁在中国市场上的战略转折点。宝洁开始基于以下三个原则调整旗下产品的零售价：其一，产品定价支持市场营销策略。其二，价格调整必须保证公司财务目标的实现。其三，零售价必须适应现阶段的市场环境。

在洗衣粉领域，为了应对联合利华的竞争，2001 年年初，汰渍、碧浪降价 40%～50%，最终，大众化包装的汰渍洗衣粉几乎与纳爱斯的“雕牌”和南风化工的“奇强”等中国本土品牌在同一个价位上。

宝洁的舒肤佳、玉兰油沐浴液也加入了降价阵营，价格下调超过 20%。

2003 年年底，宝洁推出了飘柔日常护理洗发液，以占领低端市场。

宝洁价格战略的调整，达到了打压中国本土品牌的最终目的。项庄舞剑，意在沛公，宝洁的降价意味深长！其意图是用一个超低价位的产品，通过快而大的走量，来支撑小区域内经销商的现金需求，为其输血，目的是建设一个足以抗衡中国本土品牌的三四级（县乡）农村市场渠道，将自己的产品渗透到农村市场。

宝洁成功实施了自己的战略：用低端产品价格拖住中国本土品牌的后腿，保障了宝洁产品持续赢利。在宝洁的大规模打击下，一些本土企业不得不应战，最终跟着宝洁的战略规划被动地调整自己的市场格局。

资料来源：王磊. 向宝洁学什么：品牌量化管理[M]. 北京：机械工业出版社，2010.

案例讨论：宝洁为何在最初进入中国市场时选择“撇脂”定价策略？多年之后，为何又放低身段调低售价？

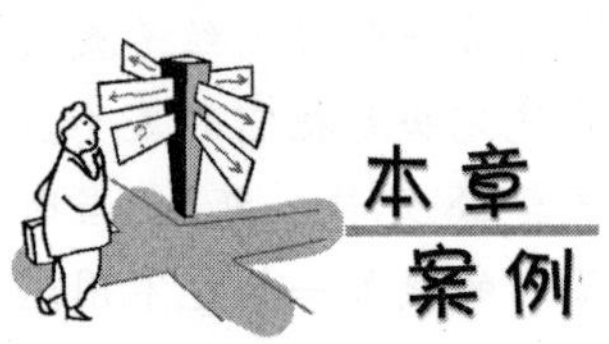

“挑衅者”京东

京东商城与当当网价格征战背后，是垂直电子商务企业规模化扩张的竞争，一场如期而至的价格战，让京东商城陷入亢奋。

“我们每天都忙到1点多。”2010年12月22日，京东商城CEO刘强东告诉《财经国家周刊》记者，自价格战爆发后，京东商城的员工工作量陡然增加。

刘强东将与当当网之间的价格战称为“纯属巧合”，因为公司“图书正好是京东商城首推的促销产品”。

价格战爆发

京东与当当网之间“巧合”的价格战，始于2010年年末。

2010年12月10日，当当网掌门人李国庆接受媒体采访时宣称，当当网今后只做两件事，一是做好服务，二是对“一切价格战的竞争者，采取报复性的还击”。

话音刚落，京东商城CEO刘强东“跳”了出来。

刘强东在微博上称，从12月14日开始，京东商城每本书都比对手便宜20%。

12月14日，上京东商城的网友发现，京东商城图书产品价格很“给力”——在京东价基础上给会员打八折。京东商城还称，如果网友们发现任何一本书的会员价没有便宜20%以上可以举报，京东商城会在24小时内继续降价，直至价格降到零。

当当网也不示弱。以“贺当当网上市”之名，推出新促销措施：图书音像全场满119返30，满199返50，满999返300。

12月16日，京东商城忽然停止直接降价方式，改为后返方式。有消息说，这是受到了相关部门的电话警告。但这并未能阻止价格战的升级。

当天上午，当当网宣布将斥资4 000万元推出降价促销活动，将涵盖图书、数码3C、美妆、母婴用品等众多产品线。当当网同时表示，在成功上市后，有更充裕的资金在更多品类上实施“天天低价”战略。

随即，京东商城宣称将投入8 000万元针对图书促销。

12月20日，卓越亚马逊网加入低价战，宣布斥资1亿元进行大规模让利。卓越亚马逊总裁王汉华说，除图书外，服装、日用百货、数码3C、家电等28大类商品均将参与此次促销活动，且所有热销商品继续保持全网最低价，这一促销力度也创了行业新高。

易观国际B2C电子商务分析师陈寿送指出，这场价格战或多或少有一些炒作的成分。“三家网站的流量都有所增长。但如果当当网深陷其中，则会影响下季度财报表现。”陈寿送分析说。

蓄谋已久

“当当一直以为我们不敢打价格战。”刘强东说，“我把原先的促销时间提前了。”“憋了一年气儿”的刘强东终于找到了发泄的机会。

据刘强东介绍，一年前，京东商城就已经成立了团队，准备进军图书领域，但一开始就不顺利。“这个行业太小了，我们一出动，当当就知道了，知道后就出面阻挠了。”

对于京东商城的“阻挠”指控，当当网曾对外解释说，公司的确向一些出版社群发过通报函，以供出版社参考，但并没有操纵出版社封杀京东商城之意。

为了图书业务发展顺利，刘强东对外放出了烟幕弹。2010 年 2 月 3 日，刘强东在公开场合表示，京东商城 5 年内不会涉足图书销售。

但刘强东食言了。11 月 1 日，京东商城图书频道上线测试。京东商城为这一新业务请来高手坐镇——前卓越亚马逊网分管图书业务副总裁石涛，担任京东商城图书采销副总裁。

12 月 8 日，京东商城图书频道进行图书大促销；同日，当当网在纽约证券交易所正式发行股票。

京东商城的行为显然动了当当网的“奶酪”。

图书在当当网业务中占有绝对的权重。根据当当网的招股说明书，2010 年 1 ~ 9月数据显示，图书、DVD 和 CD 的销售额在其总销售额中的占比达到 84%。

成功登陆纽交所，募得 2.72 亿美元的当当网，当然无法容忍在春风得意之际被人“捞过界”，价格战也由此开始。

易观资本高级投资经理张鹏程指出，“电子商务是风投看重的行业，这些企业都不差钱。”相比之下，京东商城在资金方面更加充足。

公开数据显示，不包括 C 轮融资，京东商城已经募得 3 100 万美元。而京东商城在 12 月 23 日对外宣布，C 轮融资金额将超过 5 亿美元。

资金充裕的京东商城拿出了 8 000 万元人民币。“只针对图书一类产品。”刘强东说，至少做好了打半年价格战的准备。

“价格战有利于双方的进步。”刘强东显然是摸准了当当网的软肋。“当当上市了，要对股民负责。而京东没有这方面压力。”

对京东商城用价格战来搅局图书市场，当当网又恨又无奈。

当当网 CEO 黄若指出，如果因为公司的管理效率高而降低产品销售价格，显然是有益于商家、消费者和行业发展的。但是用烧钱的方式，低于成本价出售商品，不但有违公平竞争，也不利于行业的长期发展。

而对于这场价格战爆发的真实原因，易观国际分析师陈寿送分析说：“图书是综合 B2C 非常重要的一个品类，京东必须要做这个业务，只是时间切入的问题。”他判断，由京东商城打响的价格战还是有自我炒作的成分在其中。京东商城要推出图书业务，需要更多的人知道。

转型期的碰撞

在原有的垂直电子商务业务上的扩张，同处转型期的京东商城与当当网，爆发的碰撞并非偶然。

当当网 CEO 黄若提到：“在当当网上市时，我们就准备发展其他垂直电子商务业务。”

此前，当当网董事长俞渝公开表示，当当网要做在线零售行业“最具价格侵略性的商家”。

目前,在当当网的业务当中,日用百货仅占总体销售收入的15%。

据俞渝透露,当当网将扩大在线销售商品的范围,并预计百货销售将超过图书和音乐产品。

实际上,早于当当网,京东商城已经拓展了旗下业务。包括图书在内,京东商城共有11大类产品。刘强东表示,京东商城未来的发展方向就是做一个综合类的网络百货公司。

中投顾问文化行业研究员蔡灵指出,虽然当当网在线图书销售市场占有率远超30%,但是随着京东商城加入该领域,外加卓越、淘宝等强有力的竞争对手,当当网目前首要任务是稳住现有市场。而京东商城用价格战,不仅成功地让旗下的图书业务进入了大众的视野,同时也牵扯了同样需要转型的当当网部分精力。

“市场份额对它们(京东商城、当当网、卓越亚马逊网)很重要。”陈寿送认为。

业内一些人士判断,未来一两年,可能会有大批B2C企业因为规模过小死掉。而价格战将会加速行业洗牌;也有人士认为,将有B2C企业死于盲目烧钱,非理性扩张。

实际上,动辄“价格战”的京东商城,此时也在做着赔本赚吆喝的买卖。

据当当网CEO黄若介绍,目前B2C产业,仍处于早期抢占市场的阶段。“企业几乎100%亏本,除当当之外。”

2010年销售额有望达到102亿元的京东商城也不例外,至今仍处于亏损阶段。

不过刘强东把这视为正常,非赢利状态主要受累于“公司规模较小,还处于高投入成长期。”

“如果钱是亏在产品上,那很可怕;亏在广告上也是。京东的产品是有毛利的。”刘强东指出,不同于传统零售渠道商,电子商务的高投入主要是在物流、仓储等环节。“明年我们计划拿出15个亿建设物流。”

京东商城将2011年销售目标定为260亿元。这意味着,2011年的京东商城不仅要努力开拓“蓝海”,还要巩固其“红海”中的江湖地位。

刘强东放言,供货厂商如果和京东商城合作,可以比跟国美和苏宁合作多赚3%。按照他的逻辑,传统销售渠道受累于店面租金、销售成本,其发展速度不如B2C企业。

事实上,刚与京东商城打完一轮价格战的国美、苏宁,都在着力打造自己的电子商务平台。

国美电器集团副总裁何阳青提到,国美将于2011年初推出一个电子商务平台,与2010年9月份收购的酷巴网相辅相成。“酷巴更具独立性,更具进攻性。”

“苏宁将苏宁易购独立出来,实现两套独立的运营体系,这样就可以避免线上、线下渠道冲突。”陈寿送认为,传统渠道虽然受累于店面租金等庞大的费用拖累,不如B2C企业轻装,但在与供应商的互动以及仓储上,或许更具优势。

资料来源:徐英.挑衅者京东[J].财经国家周刊,2011-01-03.

本章小结

在现代市场经济条件下,企业面临的竞争压力越来越大,消费者需求日益个性化,使得零售企业的价格决策在管理中的位置越来越重要。零售企业要综合考虑零售商品定价的影响因素、零售商品定价的方法、零售商品定价的策略以及零售商品价格的调整,以便适应多变的市场环境。

零售企业在确定零售商品的价格时,要综合考虑多种因素,这些因素主要包括:定价目标、市场需求、成本、竞争对手的价格等。

定价方法是零售企业在特定的定价目标指导下,依据对影响价格因素的分析研究,运用价格决策理论,对产品价格水平进行计算决定的具体方法。零售企业在选择定价方法解决定价问题时,应参考成本费用、市场需求和竞争状况这三个主要因素中的一个或多个,并通过此种定价方法产生一个独特的价格。常见的定价方法可归纳为成本导向、需求导向和竞争导向等三类。

零售企业在制定了基本价格后,要建立一种多价位的商品结构,以适应不同的需求特点。因此,有必要针对不同的消费心理、购买行为、地区差异和需求差异等,对基本价格进行修改。常见的定价策略主要包括:心理定价、折扣定价、新产品定价、产品组合定价、促销定价等。

零售企业处在一个动态的市场环境中,产品价格的制定与修改都不是一劳永逸的。企业必须根据市场环境的变化,不断地对价格进行调整,发动价格进攻战略。价格进攻战略包括两种情况:一是根据市场条件的变化主动进行调价,即主动变价战略;二是针对竞争对手的价格变动进行的调价,即应对变价战略。但无论是主动变价还是应对变价,零售企业所面临的价格变动方向都是两个:提价或者是降价。

思考题

1. 常见的商品定价目标是什么?
2. 企业在制定零售商品价格时应考虑哪些因素?
3. 简述零售企业常用的确定商品价格的方法。
4. 零售企业有哪些主要的定价策略?
5. 举例说明零售企业的心理定价策略有哪些。
6. 什么是供货商定价,其优缺点有哪些?
7. 零售企业的折扣定价策略有哪些?
8. 零售企业调整价格时要考虑哪些因素?
9. 请选择一家零售企业,分析其商品提价原因,提价的时机,提价的幅度和提价的策略。

第八章

零售商品的促销

掌握零售商品促销策划的步骤，重点掌握促销方式的选择和促销媒体的选择，掌握促销预算确定的方法和促销效果评价的方法并能实际运用。掌握零售广告的优缺点、零售公共关系的优缺点和零售销售促进的优缺点。掌握赠送优惠券的运用、折价优惠和集点优惠的运用。学会运用竞赛、免费赠送、会员制、POP 等手段来促销商品。

现代市场营销不仅要求企业销售适销对路的产品，制定吸引人的价格，使目标顾客获得他们所需要的产品，而且还要求企业控制其在市场上的形象，设计并传播与产品有关的外观、特色、购买条件以及给目标顾客带来的利益等方面的信息，即进行促销活动。

从市场营销的角度看，零售促销是零售企业通过人员和非人员的方式，促进零售企业与消费者之间的信息沟通，引发、刺激消费者的消费欲望和兴趣，使其产生购买行为的活动。零售促销是零售管理中的一个重要环节。零售企业的管理者应该掌握如何制订零售促销计划，如何设计零售促销组合。而在零售促销组合中，零售企业使用比较普遍的是零售商品的销售促进策略，那么常见的零售销售促进策略有哪些？在使用过程中应该注意什么事项？本章将对这些问题逐一进行分析。

第一节 制订零售促销计划

零售企业的促销活动主要围绕零售企业的年度促销计划展开。促销活动能否实现计划的目标，取得预期的活动效果，关键在于活动策划是否有创意、是否周密。促销策略实施的步骤分为：确定促销目标、选择促销时机、确定促销商品、确定促销主题、选择促销方式、选择促销媒介和确定促销预算等方面。

一、促销目标的确定

零售企业在不同时期的促销活动都有其具体目标，促销目标不同，促销方式也不尽相同。所以,在制订促销计划时,首先要明确具体的促销目标,这样才能有的放矢,事半功倍。零售企业促销目标有:提高销售额、提高利润额、提高来客数、提升企业形象、加快商品的周转和对抗竞争对手等。

二、促销时机的选择

同样的促销活动方式,同等的费用,由于促销活动所展开的时机不同,会产生不同甚至相反的效果。良好的促销活动必须把握时机,选择促销时机是促销活动策划的重要内容之一。促销时机的选择主要包括以下两个方面的问题。

(一)促销活动期限

将期限在一个月以上的促销活动称为长期促销活动,其目的是塑造商店的差异化优势,增强顾客对商店的忠诚度,以确保顾客长期来店购物。如提供免费停车,购物满一定金额可享受免费送货,经常向顾客免费赠送资料等。短期促销活动通常是3~7天,其目的是在有限的时间内,通过特定的主题活动来提高来客数及销量,以实现预期的营业目标。

(二)促销活动的时机

季节和天气的变化,节假日与重大的事件等因素,都会引起消费需求的变化。把握好时机就等于把握了消费需求,在不同的时机采用适当的促销方式会取得非常好的效果。零售企业常利用的促销时机有以下几种。

1. 季节

消费者在不同的季节会有不同的市场需求,这对各类商品的畅销、滞销会产生很大影响。春、夏、秋、冬都可以成为零售企业促销的好时机。选择该季最畅销的商品种类进行促销,其促销效果会非常明显。同时,应在淡季策划有创意的促销活动,使淡季不淡,通过提前或延迟销售期来提高销量。

2. 日期

顾客在一个月或一个星期之中的购物是不平衡的,例如,周末休息日的需求与工作日会有差异,所以促销活动的实施也应与日期相配合,有针对性地进行促销活动。

3. 天气

天气变化对人们购物的影响越来越大。它不仅对人们的出行有影响,而且对人们的消费心理也有着重要的影响。天气不好时,如何向顾客提供价格合理、鲜度良好的商品,以及舒适的购物环境(如伞套、伞架、防滑垫、干爽的卖场等)也是促销计划中应考虑的因素。

4. 节假日

节假日已成为零售企业进行促销的重要机会之一。应依节日的不同来策划不同的促销活动。一般可将节日分为以下四类。

(1)法定节日。法定节日是指人们依法享有休息日的节日,如元旦、春节、"三八”妇女节、“五一”劳动节、“六一”儿童节、“十一”国庆节等。

(2)西方节日。西方节日是指西方传统节日。现在许多青年人热衷于西方的传统节日,如圣诞节、情人节、母亲节和父亲节等。

(3)宗教节日。宗教节日是指与宗教信仰有关的节日。如开斋节、圣诞节和复活节等。

(4)民俗节日。民俗节日对于商品的销售有很大影响,尤其是节日特色商品,如元宵节、端午节、中秋节、清明节及重阳节等。

5. 重大事件

重大事件是指各种社会性的活动或事件,如重大政策法令出台,学校旅行、放假、考试、运动会、文化活动等,这些事件与活动常会为促销带来机会,有计划地加以利用,会取得较好的促销效果。

三、促销商品的确定

顾客的基本需求是能买到价格合适的商品,所以促销商品的品种和价格是否具有吸引力,将影响促销活动的成败。一般来说,促销商品有以下几种。

(一)节令性商品

根据季节和节日选择时令性的促销商品,如夏季选择饮料、旅游用品、娱乐用品与空调等。

(二)敏感性商品

敏感性商品一般属必需品,由于消费者十分熟悉它的市场价格,极易感受到价格的变化,如饮料、牛奶、鸡蛋与大米等。选择这类商品作为促销商品,在定价上稍低于市场价格,能很有效地吸引更多的顾客。

(三)众知性商品

众知性商品一般是指品牌知名度高、市场上随处可见、替代性强的商品,选择此类商品作为促销商品,往往可以获得供货商的大力支持。

(四)特殊性商品

特殊性商品主要是指商店自行开发、使用自有品牌或市场上无对比的商品,这类商品的促销活动主要应体现商品的特殊性,价格不宜定得太低,但也应注意价格与品质的一致性。

四、促销主题的确定

零售企业开展一系列的促销活动或进行大型的统一的促销活动时,需要设计一个统一、鲜明的主题,使一系列的活动成为一个有机的整体。

(一)促销主题的要求

一个良好的促销主题往往会产生画龙点睛的震撼效果,具有吸引力的促销主题应把握以下几个方面。

首先,主题的表现形式要易于传播,可以是一个口号,也可以是一句陈述或一个表白,能代表整个活动所要传递的信息。

其次,提出的主题要独特新颖,有鲜明的个性,表达有新意,语句简明扼要、高度概括、悦耳动听,有强烈的感染力和号召力。富有新意的促销内容、促销方式和促销口号容易吸引消费者,并能给消费者留下深刻的印象。

最后,促销的主题要形象化、有吸引力和有人情味,并突出一个"实"字,要使顾客感觉亲切可信,感受到实实在在的利益。

(二)促销主题的类型

按照促销主题来划分,促销活动可分为以下四种。

1. 开业促销活动

开业促销活动是促销活动中最重要的一种,因为它只有一次,而且与潜在顾客是第一次接触,顾客对商店的商品、价格、服务和气氛等印象,将会影响其日后是否愿意再度光顾商店。

2. 年庆促销活动

年庆促销活动的重要性仅次于开业促销,因为每年只有一次。对此,供货商一般都会给予较优惠的条件,以配合商店的促销活动。

3. 例行性促销活动

例行性促销,通常是为了配合法定节日、民俗节日及地方习俗等而举办的促销活动。例如,超市每月均会举办 2 ~ 3 次例行性促销活动,以吸引新顾客光临,并提高老顾客的购买数量。

4. 竞争性促销活动

竞争性促销活动往往发生在商店数量密集的地区。当某商店采取特价促销活动或年庆促销活动时,该地区的其他商店通常均会推出竞争性促销活动以避免营业额衰退。

五、选择促销方式

促销方式的选择是促销策划的一个重要内容,促销方式应该以促销目标、促销主题及促销商品特点为依据,再依据促销方式的促销效果来确定。零售企业的促销方式主要有:广告、销售促进、公关和人员推销等。

(一)广告

广告是指企业通过一定媒介和形式直接或者间接地介绍自己所推销的商品和提供的服务的一种促销手段。具体形式包括:广播广告、随包装广告、直达信函、商品目录、电影电视广告、杂志广告、小册子、海报和宣传单、说明书、广告牌、招牌、售货现场广告、视听材料、标志与标语等。

(二)销售促进

销售促进是指狭义上的促销,即鼓励消费者购买商品或服务的短期性刺激方法。具体形式包括:赠送礼品、有奖销售、集点销售、现场演示、优惠券、交易会和展览会等。

（三）公关

公关是指零售企业不需付款,而通过第三方传播商业性重要新闻信息,树立公司形象,促进产品销售的活动。具体形式包括:记者招待会、演讲、研讨会、年度报告和慈善捐款等。

（四）人员推销

人员推销一方面是指企业营业员的现场促销活动;另一方面,是由推销人员主动登门拜访消费者,主要是拜访团体客户,这样可建立稳固的关系,提供上门服务。

课堂案例讨论

沃尔玛:单项产品促销竞赛

在《促销的本质》一书中,沃尔玛的创始人山姆·沃尔顿曾提到:自我成年以来,没有一天不曾花上些时间考虑关于销售的问题,要承认这点实在有些为难,不过这是事实。我怀疑,相比这个国家绝大多数其他的零售业管理人员,我更多地强调商品的销售和促销的重要性。那是我内心深处一种纯粹的喜好。我喜欢销售,促销是我经商生涯中最喜欢做的事,没有之一。我真的很喜欢挑选出一件商品——也许是最基本的生活日用品——然后唤起人们对它的注意。

任何商品,只要你把它从天花板上挂下来,你就肯定能把它卖掉。所以我们购进数量巨大的某件商品,摆在店铺里最显眼的位置,对它进行大肆宣扬。要是大家都知道这件商品卖得不太好,我们就把它撤下来,放在店面的普通柜台。这是使我们公司在创立伊始就彰显与众不同的原因之一,也是令同行很难与其竞争的因素之一。

沃尔玛会举行主管人员的单项产品促销竞赛,有一次沃尔玛创立早期的经理菲尔·格林举办了一次商品促销活动,成为公司历史上最著名的促销活动之一。菲尔被派到阿肯色州的温泉镇开设第52号分店,该镇已经拥有一家凯马特店。菲尔到了那,了解到凯马特店里的有些东西卖得实在不便宜,但因为在本地没有折扣销售方面的对手,居然生意也还不错。于是他搞了可能是世界上最大的一次洗衣粉促销活动,他同供货商达成协议,只要他购进数量大到完全可以称得上是荒谬的洗衣粉,比方说3 500箱大包装的,他就能拿到每箱1美元的优惠价。然后他打了个促销广告,上面说每箱平常的价格是3.97美元,现在减价到1.99美元。当包括山姆在内的本顿维尔办公室所有人看到菲尔买下了多少洗衣粉时,大家都觉得菲尔彻底疯了。这一大堆洗衣粉数量多得让人不敢相信。装货物的箱子堆成了一座

“金字塔”,有12个箱子到18个箱子那么高——一直堆到天花板,占据了整个通往商店后部的通道,你几乎没法跨过去。山姆跑去问菲尔:“你为什么买了这么多?你不可能把它们全卖掉的!”不过这事儿闹得挺大,上了新闻,每个人都开始关注,所有的货物在一个星期里销售一空。

在沃尔玛店里还出售一种叫“床伴侣”的软床垫,在靠墙货架上放着四条,一个月也卖不出一条。有一天,山姆在和推销员聊天时发现这种产品,他进了一大堆这种床垫,把标价和利润余地做了微调,并在主走道里放上一张桌子,亲自设计标志牌,然后要求员工必须保证这张桌子堆满“床伴侣”,结果卖到脱销。但挑选促销商品及促销地区也需要特别谨慎,有一次山姆采纳了一位部门经理的意见,以1美元5块的价格(进价压到12.5美分)促销一种甜腻的蜜饯点心——月亮小甜饼,放在大家都能看得到的地方,结果在一周之内就卖掉了50万块(价值10万美元)。就公司范围而言,这算是一次非常成功的促销了,问题是大家都被这一商品的热销冲昏了头脑,把它们运到威斯康星州售卖,那的人们之前从未听说过这种东西,也没兴趣尝试,结果销售情况可想而知。

资料来源:山姆·沃尔顿.促销的本质[M].南京:江苏文艺出版社,2012.

案例讨论:沃尔玛促销商品及促销方式的选择有何特点?

六、选择促销媒体

零售企业举办促销活动,必须通过相应的媒体把信息发布出去。媒体的选择应该根据促销活动的方式、商圈范围、顾客特点和媒体本身的成本等因素进行选择。

(一)报纸

报纸的优点在于富有灵活性、及时性,对当地市场覆盖面大,受众广泛,可信度高。局限性在于寿命短,复制质量差,读者传阅少。

(二)电视

电视的优点在于结合影像、声音和动作,对感官有吸引力,可使受众注意力高度集中,接受人数多。局限性在于成本高,拥挤混杂,演播瞬间消逝,观众选择性较小。

(三)广播

广播的优点在于传播面广,受众人数多,成本低。局限性在于只有声音效果,比电视的吸引力低,一播即逝。

(四)杂志

杂志的优点在于地理和人口选择性强,可信度高,复制质量高,寿命长,读者传阅多。局限性在于广告购买前置时间长,刊登位置没有保证。

(五)户外广告

户外广告的优点在于富有灵活性,展示重复率高、成本低、竞争弱。局限性在于不能选择观众,创造性有限。

七、促销预算的确定

通过促销预算来确定合理的促销费用是促销活动能够顺利进行的保证。确定促销预算的总原则是促销为企业所增加的利润应当大于促销费用的支出。零售企业促销预算包括两项内容:一是需要的资金量;二是资金的来源。

(一)确定促销预算的方法

1. 营业额比例法

营业额比例法是指按营业额的一定比例来提取促销费用。其优点是简单、明确和易控制。这个比例数的大小因企业不同、市场不同会有很大差异。其缺点是缺乏弹性,不一定能满足促销的实际需求,会影响促销效果。

2. 逐项累积法

逐项累积法是指根据年度促销计划设定的促销活动所需的经费,逐项累积得出需要的促销费用,如广告费、礼品费、人员费和公关费等。这种方法的优点是以促销活动为主,考虑到了实际的需要。缺点是费用支出较大,如未达到预期效果,必将影响整体效益。

3. 量入为出法

量入为出法是根据企业的财力来确定促销预算。这种方法的优点是能确保企业的最低利润水平,不会因促销费用开支过大而影响利润的最低水平。缺点是由此确定的促销预算可能低于最优预算支出水平,也可能高于最优水平。

4. 竞争对等法

竞争对等法是指企业按竞争对手的促销费用来决定自己的促销预算的方法。这种方法的优点是能借助他人的预算经验,并有助于维持本企业的市场份额。缺点是情报未必准确,而且每家公司的情况也不同。

5. 目标任务法

目标任务法是根据促销目的和任务来确定促销预算的方法。这种方法的优点是促销效果较好,使预算能满足实际需求。缺点是促销费用的确定仍带有主观性,且促销预算不易控制。

(二)促销费用的来源

在现在的零售促销活动中,厂商与商店共同负担促销经费的方式已成为一种趋势。其主要方法是将厂商的促销活动融入商店的促销计划内。例如,由厂商提供样品和赠品;举办推广特定商品的促销活动;配合厂商在大众传播媒介上的促销活动;在店内开展优惠促销活动等。

八、促销效果的评价

促销活动结束后,应立即对其进行效果评估,以总结经验与教训。但是很多企业却忽视这一工作,即使有的企业试图评估,可能也做得不够深入,而有关获利性的评估更是少之又少。其实,促销效果评估是促销决策的重要一环,它对整个市场营销战略的实施具有重要意义。

对促销效果评估的方法依市场类型的不同会有所差异。总的来说,主要有销售绩效分析、消费者固定样本数据分析、消费者调查和实验研究四种方法。

(一)销售绩效分析

销售绩效分析是最普通、最常用的一种评估方法,即对活动前、活动期间和活动后的销售额或市场份额进行比较分析,根据数据变动来判别促销活动的效果。在其他条件不变的情况下,增加的销售额或市场份额就应归因于促销活动的影响。这时主要有三种不同情况,具体分析如下。

第一种情况:假如企业在促销活动前占有6%的市场份额,活动期间上升至10%,活动结束后又跌至5%,经过了一段时间又回升至7%。这是一种较为理想的结果。显然,此次促销活动吸引了新的消费者,也刺激了原有消费者更多地购买。活动结束后销售量的下降,主要是消费者需消耗他们的存货所致。此后市场份额又回升到7%,说明该企业获得了一些新顾客。

第二种情况:企业产品的市场份额在促销期间上升至10%,活动结束后立即跌至2%,经过一段时间后又回升至6%。这表明,活动期间,购买者主要是现有顾客并且在储存商品,活动结束他们便消费这些商品,最后又恢复到以前的正常购买频率。这说明,此次促销活动的结果在很大程度上表现为购买时间模式的改变而非总需求的改变。但企业在这种情况下的促销并不一定是浪费。特别当企业库存过多、资金周转不灵时,这种促销活动还是有一定意义的。

第三种情况:企业的市场份额在活动期间只上升了很少或没有改变,活动期一过就回落,并停留在比原来更低的水平上。这说明该产品基本上处于销售衰退期,此次活动只是使衰退速度放慢了一些,但无法改变衰退的趋势。

(二)消费者固定样本数据分析

消费者固定样本数据分析可用来评估消费者对促销的反应。道森、泰伯特和布莱恩·斯腾塔尔曾对消费者固定样本数据进行了专门研究,他们发现优惠活动通常促进了品牌转移,其比率则视具体的优惠形式而定。通过媒体送出的赠券能引起大规模的品牌转移;降价的效果却没有这样明显;而附在包装内的折价券则对品牌转移几乎没什么影响。尤其需要注意的是,在优惠活动结束之后,消费者通常又会恢复购买原来品牌的偏好。

(三)消费者调查

消费者调查是在目标市场中找一组消费者进行面谈,以了解活动结束后有多少消费者能回忆起这项促销活动;他们如何看待这次活动,有多少人从中受益;对他们以后的品牌选择行为有什么影响等。并可以进一步采用某些标准对消费者进行分类研究,以得到更为具体的结论。这种方法常用来研究某种促销工具对消费者的影响程度。

（四）实验研究

实验研究是指通过变更刺激程度、优惠时间、优惠分配媒体等属性来获得必要的经验数据，以供比较分析和得出结论。优惠属性的改变与地理区域的变换相搭配，可以了解不同地区的促销效果。同时，运用实验研究方法还需作一些顾客追踪调查，以了解不同优惠属性所引起消费者的不同反应水平的原因及其规律，为改进促销活动、提高促销效果提供依据。

第二节 设计零售促销组合

促销是一个系统而严密的组织活动，需要各个环节的紧密合作。一个好的销售计划一般是在零售企业整体战略的基础上，将多个促销要素加以综合，使企业的全部促销活动互相配合、协调一致，最大限度地发挥整体效果，实现促销目标。

零售企业在促销活动上需要花费大量费用。例如，百货公司一般将销售额的3%用于广告，8% ~10%用于人员推销或服务支持。而许多连锁百货商店在促销上的投资更大，常会雇用内部或外部公共关系人员进行积极的公众宣传，扩大影响力。

一、零售广告

零售广告是指由明确的付费主体，通过大众媒体进行的非个人的沟通传达方式。这一定义需要从以下三个方面理解。

首先，付费的方式。这一点是广告和公众宣传的主要区别，在公众宣传中，零售企业不用为因传递信息而占用的时间和空间付费。而在广告宣传中，零售企业需要承担费用。

其次，零售广告是非个人的展示。广告中的标准信息是传达给整个受众群的，不能因个别顾客偏好而调整。

最后，零售广告使用的是大众媒体。包括报纸、电台、电视、网络及其他大众沟通渠道，而非个人接触。

（一）零售广告的目标

零售广告的目标包括：短期销售额的增长、店内更大的客流量、树立并强化零售店形象、告知商品与服务的特性、使销售人员工作更轻松、大力发展对自有品牌的需求，等等。零售商应该在诸多目标中选择若干个，并以此为基础进行广告设计和宣传。

（二）零售企业和制造企业广告的区别

1. 零售商一般有比制造商在地理上更集中的目标市场

由于零售企业的特殊性，使它们比制造企业更能适应当地市场的需求、习惯及偏好。但是，零售企业一般不能像制造企业那样容易地利用全国性传媒。一般来说，只有最大的零售连锁店及特许经营店才可能采用全国性媒体做广告。

2. 零售广告更注重即时性

首先，零售企业广告的目标之一是短期内销售额的增长，因此，其更追求销售速度。相反，制造商更关心对产品或企业的好感的培养，而不是短期的销售增长。

其次，许多零售广告强调价格，而制造商广告一般是强调产品的某些特性。另外，零售商经常在一则广告中展示多种商品，而制造商在单个广告中则会尽力减少所宣传产品的种类。

最后，零售商在媒体上的花费一般比制造商低。因为许多制造商与批发商希望将商品广泛分销，所以他们有时会与零售商共同分担广告费用，而且零售广告费还可以由两个或更多的零售商来分担。

(三)零售广告的优点和缺点

1. 零售广告的优点

零售广告可以吸引大量的公众。现在可供选择的媒体很多，因此，零售商可以与某一媒体配合，主攻目标市场；零售商可以控制信息内容、发布时间及大小，这样就可以将标准化的信息以选定的形式和内容向全部公众传播；因为广告使顾客在购物前就对零售商及其产品和服务有所了解，这使得自助服务或减少服务成为可能。

2. 零售广告的缺点

零售广告由于信息单一化，缺乏灵活性，零售商无法针对个别顾客的需求做广告；有些类型的广告需要大量资金，这使小零售商无法利用某些特定媒体；大部分媒体可覆盖大片地理区域，而零售商的商圈有限，对零售商而言可能产生浪费。例如，一家小型连锁超市可能会发现某报纸的读者只有40%居住在其商圈内；一些媒体需要一段较长的前置时间来登载广告，这降低了零售商宣传短期流行商品等时效性强的商品的作用。

(四)零售广告的类型

按照内容零售广告可以分为开拓型广告、竞争型广告、提示型广告和社会事业型广告。

开拓型广告以树立顾客意识为目标并提供信息。竞争型广告以争夺竞争者的顾客为目标，适用于实力较强的企业。提示型广告适用于品牌忠诚度高的顾客，强调使零售商成功的特性。社会事业型广告着重在公众面前树立零售商的良好形象而不强调产品和服务的销售，社会事业型广告的本质是公众服务信息的传递。

按照支付方式的不同，零售广告可以分为全部由零售商支付费用的广告与合作广告。合作广告分为纵向联合广告和横向联合广告。在投资广告时，零售商可以支付自己应承担的费用并找合作企业。纵向联合广告就是零售商与批发商或制造商共同付费的广告；横向联合广告是指两个或更多的零售商共同承担广告费用的广告。采用横向联合广告的多为小型的、无竞争关系的零售商。零售商自己支付费用的优点是具有可控制性及灵活性，缺点是所需费用高及需要付出巨大人力成本。合作广告可以降低费用，但可控性差。

在制定合作广告战略时，零售商应考虑以下几个问题：广告的质量标准是什么？各方在广告费用中的出资比例？广告刊登的时间？使用什么媒体？对信息的内容有特殊规定吗？就广告费用支付问题需要确定何种文件条款？广告是否混淆了各零售商的形象？

二、零售公共宣传

零售公共宣传是指零售企业为在公众中（顾客、投资者、政府、渠道成员、雇员、一般大众）塑造良好形象而展开的一切沟通联系活动。公共关系活动可以是针对大众或个人的。公众宣传是公共关系中主要的大众沟通形式，它由大众媒体来传递信息，媒体所提供的时间或空间是不付费的，没有明确的商业赞助商。广告和公共宣传最基本的差异是公共宣传是不付费的。

（一）零售公共宣传的目标

零售公共宣传的目标包括：提高零售商的知名度；维持或改进公司形象；展示零售商为提高公众生活质量所作出的贡献；展示企业的创新精神；以让人高度信任的方式传达对企业有利的信息；减少总促销费用；等等。

（二）零售公共宣传的优点和缺点

1. 零售公共宣传的优点

零售公共宣传的优点是：能树立或进一步增强企业形象；客观地向消费者提供关于零售商的信息，且可信度高；信息所占用的时间和空间不必付费；可触及大量的受众；可能还有附加的效果；人们对新闻报道的关注度要比纯粹的广告更高，对其真实性更有信心。

2. 零售公共宣传的缺点

零售公共宣传的缺点主要有：在公众宣传中，对于一给定的媒体，零售商很难控制信息及其发布时机、刊出位置及覆盖面；虽然公众宣传中没有媒体费用，但却有公共关系人员及活动本身（如商店开业）而产生的费用。

（三）零售公共宣传的类型

零售公共宣传可以分为预期型和意外型公共宣传，形象增强型和形象减损型公共宣传。

预期型公共宣传是指零售商事先作好活动策划并努力吸引媒体进行报道，或预计某些事件会引起媒体的报道。例如，零售商希望其进行的居民区服务、假日展览、新产品的销售、新店开业这样的活动能引起媒体关注。

意外型公众宣传是指媒体在零售商事先未曾注意的情况下报道其表现。例如，电视和报纸记者可以匿名访问某个零售商，评价他们的表现及服务质量；一次失火，一次员工罢工或其他具有新闻价值的事件都可能被媒体报道。

正面的公众宣传是指媒体用赞赏的口吻来报道企业，即形象增强型公共宣传。例如，杰出的零售活动，为公众所做的努力等。但是，媒体也可以对企业进行负面的公众宣传，即形象减损型公共宣传。例如，一家商店开业，媒体可能用不那么热情的语言描述其店址，批评商店对周围环境的影响以及提出其他批评性意见，零售商是无法控制这些信息的。这就是公共宣传必须被看作是促销组合的一个组成部分，而不是全部的原因。

三、零售人员推销

零售人员推销是指为达成销售而与一位或多位顾客进行的口头沟通。零售商利用人员推销的程度取决于其传递的形象、所售产品的类型、自我服务的水平及其对维持长期顾客关系的兴趣和对顾客的期望等多种因素。

（一）零售人员促销的目标

零售人员促销的目标是：劝说顾客购买；促进冲动型商品的销售；完成与顾客的交易；上门推销和电话推销；向公司决策制定者反馈信息；向顾客提供充分的服务；保持提高顾客满意度；等等。

（二）人员推销的优点和缺点

人员推销的特点在于销售人员直接与顾客接触，其主要的优点有：销售人员可根据个别顾客的需要来调整信息；销售人员可采用不同方式满足顾客需求；顾客的注意力集中度比面对广告时要高；对店铺零售商来说，资源浪费很少或没有浪费；大多数走进商店的人都是潜在的顾客；人员推销比广告更容易引起顾客回应；可提供立即的反馈；等等。

人员推销也存在很多缺点，主要的缺点有：在一定的时间内接触的顾客有限；与每位顾客沟通的成本较高；顾客最初并不是由于人员推销而被引入商店的；不鼓励自我服务；一些顾客认为销售人员帮不上忙，对商品不内行，而且过于主动；等等。

四、零售销售促进

零售销售促进是一种以促进短期销售为目的的短期促销活动，其目的是促进顾客购买及增强商家的销售效率。主要包括展示、竞赛、抽奖、赠券及会员顾客的优惠计划等形式。

（一）零售销售促进的目标

零售销售促进的目标是复合的，例如，利用堆头展示和赠券提高短期销售量，通过会员顾客的优惠计划和礼品赠送维持顾客的忠诚度，突出商品的新颖性等。具体来说主要包括以下两种目标。

1. 吸引顾客

吸引顾客可以通过销售促进达到。比如，跑车的零售商可以利用运动员的形象来吸引顾客;超市可以用某一商品的低价吸引顾客到店,并带动其购买其他正常价格的商品;经营汽车和家庭器具的商店里某商品的促销可吸引顾客进店享受其他高价的维修服务,从而使零售店获利。吸引顾客是为了打开商店买卖的大门,不局限于让顾客购买促销的商品,这是与制造商的促销策略不同的地方,也意味着零售商促销策略更为复杂。

2. 清除存货

零售商经常会发现他们的存货越积越多,这就需要通过销售促进来降低库存;为了减少库存通常会进行销售促进活动。

除此之外,零售销售促进还有助于增强商店形象,建立价格实惠的公众形象。

（二）零售销售促进的优点和缺点

零售销售促进的主要优点有:能吸引顾客注意;可围绕特别的主题,采取特别的适用方式;顾客可得到一些有价值的东西,如赠券或赠品;有助于吸引顾客光顾并维持其忠诚度;促进冲动型购买的上升;顾客会感到有趣,特别是在有竞赛活动和产品演示时。

销售促进的缺点是:某活动的结束可能会引起顾客的不良反应;用老套的方式可能会有损零售商的形象;许多销售促进只能达到短期效果;只能作为其他促销方式的补充使用。

（三）零售销售促进的类型

零售销售促进的类型主要有:POP 广告、竞赛、抽奖、赠券和惠顾回报计划等。具体每种销售促进的方式将在下一节进行详细介绍。

第三节 零售销售促进(SP)策略

由于市场竞争日趋激烈,零售企业开始越来越多地运用一些销售促进的手段来刺激消费者的购买行为,以达到带动销售的目的。

销售促进是指零售企业运用各种短期诱因,鼓励消费者购买商品或服务的促销活动。美国市场营销协会定义委员会认为,销售促进是指"除了人员推销、广告和宣传报道以外的,刺激消费者购买商品的种种企业市场营销活动。例如,陈列、演出、展览会、示范表演以及其他非经常发生的推销努力。"该定义委员会还指出,在美国零售业,销售促进被理解为零售企业"刺激顾客的一切方法,其中包括人员推销、广告和宣传报道"。因此,在美国零售业,销售促进和促销常被视为同义语。

销售促进是企业销售的开路先锋与推进器。它历来被各国视为促销利器。如今,美国每年印刷的折价券数量足以绕地球 50 周。据美国唐纳利公司(Donnelley)的市场调查显示,每年全美的销售促进费用高达上千亿美元,是广告费用的几倍。销售促进在引起试用、改变购买习惯、刺激购买数量、刺激潜在需求、吸引中间商、推广新产品、宣传附送品、防范竞争者及巩固品牌形象等方面具有独特的功效。正如美国促销协会总裁威廉姆·罗宾逊所说,广告创造有利的销售环境后,销售促进就可以将商品推进输送管中。

一、赠送优惠券

赠送优惠券是指企业向顾客用邮寄、在商品包装中或以广告等形式附赠一定面值的优惠券,持券人可以凭此优惠券在购买某种商品时免付一定金额的费用。

优惠券可分为两大类,即零售商型优惠券和厂商型优惠券。

(一)零售商型优惠券

零售商型优惠券只能在某一特定的商店或连锁店使用。通常,此类型优惠券由总经销者或零售店策划,并运用在平面媒体广告或店内小传单、POP广告上。运用此类优惠券的主要目的,是吸引消费者光临某一特定商店,而不是为了吸引顾客购买某一特别品牌的商品。另外,它也被广泛用来协助刺激对店内各种商品的购买欲望上。虽然零售商型优惠券的种类繁多,但主要包括下列三种。

直接折价式优惠券,即在某特定零售店的特定期间内,针对某特定品牌,可凭券购买并享有某金额的折价优惠。这种促销方式也可运用在大量购买上。

免费送赠品优惠券,即买A产品可凭此券免费获赠B产品。

送积分点式优惠券,即购买某商品时,可获赠积分点,凭积分点可在该零售店兑换赠品。一般此券的价值常由零售商自行决定。

(二)厂商型优惠券

厂商型优惠券是由产品制造商的营销人员所设计发放的,通常可在各零售店兑换,并获得购买该品牌商品的折价或特价优惠。厂商型优惠券因发放方式的不同又可分为以下四类。

1. 直接送予消费者的优惠券

直接送予消费者的优惠券是指通过挨家挨户递送,或用邮寄方式直接送到消费者手里。它既可采用单独寄送,也可附带介绍或宣传性资料。另外,还可采用在街头散发;置于展示台上任人自取;通过商店"欢迎取用"告示牌来吸引顾客索取;委托促销或直销公司代送等方式发送。

2. 媒体发放的优惠券

媒体发放的优惠券是通过媒体来散发的优惠券。因各种媒体的读者对象不同,各类优惠券应选择对口的媒体。现在,我国消费者在报纸、杂志、周末或周日附刊等印刷媒体上均能看到各类优惠券。

3. 随商品发放的优惠券

随商品发放的优惠券是指吸引消费者再次购买时享受优惠的一种形式。它包括"包装内"和"包装外"两种方式。包装内优惠券是指将优惠券直接附在包装里面。当运用此方式时,商品的外包装上常以"标贴"的方式特别标明,以吸引消费者的注意。需要注意的是,在食品类商品中使用包装内优惠券时,因食品卫生管理的规定极为严格,要特别小心,在优惠券的形式、规格、纸张材料、印刷方式等方面均应符合规定。包装外优惠券是指在外包装上某处附有优惠券,它可以印在包装标签上或直接印在外包装上。

4. 特殊渠道发放的优惠券

特殊渠道发放的优惠券主要有:将优惠券印在收银机打出的收款条背面、商店的购物袋上、蛋桶盒上、冷冻食品包装袋上、街头促销宣传单上等。这类优惠券散发渠道多,运用灵活,但正因其发放方法新颖,缺乏长期的记录轨迹,所以运用时要慎重。

二、折价优惠

折价优惠也是企业常用的销售促进策略之一。折价优惠是指企业在一定时期内调低一定数量商品的售价,是一种适当地减少自己的利润以回馈消费者的销售促进活动。企业之所以采用折价优惠,主要是为了与竞争者相抗衡;同时,折价优惠还用来增加销售,扩大市场份额。从长远角度来讲,折价优惠也可增加企业利润。

大部分零售企业惯用折价优惠来巩固已有的消费者群,或利用这一促销方式来应对竞争者的活动。通常,折价优惠在销售点上能强烈地吸引消费者的注意,并能促进其购买欲,提高销售点的销售量,甚至可刺激消费者购买一些单价较高的商品。

折价优惠的方式灵活多样,种类繁多。但较为常用的方式主要有下列几种。

(一)标签上的运用

在商品的正式标签上可以运用锯齿形设计、旗形设计或其他创意设计,将折价优惠明显地告知消费者。比如,某品牌啤酒提供每罐4角的折价优惠,其折价标志清晰易懂。

(二)软质包装上的运用

通常情况下,将折价标示运用在软质包装上不太容易,而且容易出问题,所以在设计制作时应非常注意,以降低风险。

(三)套袋式包装的运用

当几个商品包装在一起做折价促销时,可以将折价金额标示在套袋上。此方式常在香皂、口香糖、糖果等商品上使用。

(四)买一赠一的运用

提供两个以上的商品进行折价促销,比如,“买一送一”“买三送二”等方式,这种方式深受消费者的喜爱,并能吸引消费者积极参与。现在,国内的零售商越来越多地采用开架型自助式售货,营销人员也越来越相信消费者多数是在店内或货架前才做购买的决定,所以,折价优惠在现今的营销活动中日益成为重要的促销手段。

三、集点优惠

集点优惠，又叫商业贴花，指顾客每购买单位商品就可以获得一张贴花，若筹集到一定数量的贴花就可以换取特定商品或奖品。消费者对集点优惠的偏好不一，但总的来说，集点优惠仍不失为一种重要且具有影响力的促销手段。此促销手段的最终目标是让顾客再次购买某种商品，或再度光顾某家零售店。

集点优惠与其他促销方式最大的差别在于时间上的延后性。消费者必须先购买商品，再收集点券或购物凭证，在一定的时间后，达到了符合赠送的数量，才可获得赠品。

通常，如果消费者参加了某一集点优惠活动，他就会积极地去收集点券、标签或购物凭证，以兑换赠品，此时，他自然不愿意转而购买其他品牌的商品。可见，集点优惠对解决某些促销问题深具效力，尤其是对促使再次购买及保护现有使用者免受竞争品牌的干扰更具成效。

集点优惠通常可分为厂商型集点优惠和零售商集点优惠两大类。

（一）厂商型集点优惠

厂商型集点优惠可以划分为：点券式、赠品式和凭证式集点优惠。

1. 点券式集点优惠

点券式集点优惠，主要是厂商为鼓励消费者多购买其产品，而给予其特定数量的点券，消费者凭这些点券可兑换各种不同的免费赠品，或是凭此点券再次购买商品时可享受折价优惠。

以厂商立场推出积分券、优惠券等的集点优惠，已不像从前那样受到消费者广泛喜爱，但目前仍有些厂商喜欢以该方式促销，且效果较好。比如，许多食品生产企业的促销活动就是运用此法，在每包食品中均有一张点券，消费者不断地收集点券，当达到某一数量时，即可根据赠品手册核对以兑换所喜爱的赠品。

2. 赠品式集点优惠

厂商型赠品式集点优惠是指在包装内、包装上附赠品的集点优惠方法。例如，某品牌洗衣粉就曾在包装上附送毛巾等赠品达数年之久，并且不同的容量包装附不同的赠品，消费者因而可以通过购买不同的包装收集到成组的赠品。

3. 凭证式集点优惠

凭证式集点优惠是指消费者提供某种特定的购物凭证即可获得厂家提供的某种特定优惠，如奖金、赠品等。例如，某公司推出了奖金总额为500万元的集点优惠活动。其累积奖是：如果拉开拉盖里面只印有产品8个优点中的其中一个优点的请保留好，只要继续集够5个以上不同优点的拉盖，便可将上面所印的奖金额累加起来向公司兑奖。如果集齐8个不同优点的拉盖，可按照上面所印的奖金额累加获双倍奖金。如果拉开拉盖上面印有全部8个优点：天然、方便、饱肚、解渴、滋润、有益、卫生、实惠，即可获“特别大奖”5 000元。这一活动期间,其在两广地区的销售量提升了38.5%。

（二）零售商集点优惠

零售商集点优惠包括赠品式、积分券式和积点卡式集点优惠。

1. 零售商赠品式集点优惠

零售商赠品式集点优惠是在零售店或专卖店运用的集点优惠,以吸引顾客光顾购买。这种促销方式在食品店及超级市场中用得较普遍,其方法是利用成组的赠品来招徕顾客。比如,有一家商店曾推出陶瓷餐具组赠送活动,每周从全套餐具中推出一种进行超低价特卖,消费者为得到不同餐具只得每周光顾一次,如此最终能集成全套餐具组。此外,为了向顾客提供更周全的服务,对在特价品之外的其他组合配件也减价供应,以方便顾客选购。

2. 零售商积分券式集点优惠

零售商积分券优惠是根据在零售店购物达到一定量的消费金额为基准赠送的。当消费者收集积分券达到某一数量时,即可依赠品目录兑换赠品。

3. 零售商积点卡式集点优惠

零售商积点卡式优惠是指零售商根据某个特定标准向顾客发放积点卡,顾客根据其不同的累积购买量享受不同的优惠。例如,某商场发行的网络卡,每年消费5 000元的顾客可获得5%的优惠,每年消费5万元的顾客可获10%的优惠,每年消费10万元的顾客可获15%的优惠。

四、竞赛与抽奖

竞赛与抽奖是指零售企业通过某种特定方式,以特定奖品为诱因,让消费者产生兴趣,并积极参与以期待中奖的一种销售促进活动。为了能够吸引消费者,奖品的价值从普通商品到金银珠宝、彩电和汽车等都可选用。实践证明,竞赛与抽奖的促销效果明显,因为它可以为消费者提供获得意想不到的收入的机会。比如,让中奖者出国旅游,或获得名贵汽车等,获此大奖,当然比获取样品或折价券更为诱人。因此,一个规划完善的竞赛或抽奖活动,能帮助企业达到既定的促销目的。

美国广告代理商协会认为,竞赛是一种请消费者运用和发挥自己的才能以解决或完成某一特定问题的活动。在现实中我们常见到这样的竞赛方式,比如,要求针对某些商品写一首诗,或给产品命名,或为配乐加上最后几个音符,等等。然后在所有参赛作品中,依优劣或摇号选出优胜者。因此,竞赛活动要靠才能和运气才可获胜。

竞赛活动的参与者必须提供购物凭证或必须符合某些合理的条件,方可参加该活动。因此,竞赛通常需要具备三个要素,即奖品、参与者的才能和学识以及某些参加条件限制,并以此作为评选优胜者的依据。

美国广告代理商协会认为,抽奖不是针对部分具有才能的消费者而办的,获奖者是从所有参加的来件中抽出的,也就是说奖品的获取全凭个人的运气。可见,抽奖活动的优胜者通常是从所有来件中抽出的,而不需任何才能和学识。参加者只要填好姓名、身份证号码或其他一些个人资料即可。

最为流行的抽奖方式有两种:一种是直接式抽奖,即从来件中直接抽出中奖者;另一种是兑奖式抽奖,即由厂商事先选定好数字或标志,当一组奖券送完或到指定的日期后,由媒体告知消费者,参加者若符合已选定的数字或标志即中奖。

另外还有一种受欢迎的抽奖类别被称为"计划性学习"。参加者必须首先详细阅读宣传材料,以便获得符合参加条件的答案,然后即可在商品标签、包装或广告上回答某些问题,最后再由厂商在所有提供正确答案的参加者中抽出幸运中奖者。这一方式在家电类产品和营养保健品类产品中运用较多。这主要是因为这类产品竞争激烈,厂商可运用这种既简单、效果又好的方式进行品牌识别。

五、免费赠送

免费赠送是指将产品免费送达消费者手中的销售促进方式,也称为赠送样品。在绝大部分的促销方法中,消费者常须完成某些事情或符合某些条件,才可取得商品或获得馈赠。免费赠送样品则不同,消费者无须具备什么条件即可得到商品。实践证明,免费赠送样品是吸引消费者试用其产品的好方法,特别是当新产品进入市场时更为有效。

但并非所有的商品均适合这种方式。对于特殊性商品或目标市场小又有选择限制时,赠送免费样品效果不佳。而当产品差异性或特点优越于竞争品牌,并值得向消费者进行披露时,运用样品赠送的效果较好。根据实践经验,大众化消费品最适合运用此方法。因此,当广告都难以详尽表达产品的特性时,运用免费赠送样品来推广介绍产品的效果十分明显,因为只要展示产品的好处,即可获得消费者的认可。

在具体操作上,在新产品上市进行广告宣传之前4~6周,先举办赠送免费样品的促销活动,不仅可有效地刺激消费者的兴趣,同时又可提高其尝试购买的意愿。但有一点必须注意,那就是要保证货源充足,渠道顺畅,以避免出现消费者正式使用产品时却没有货品的情况,这会挫伤购买者的积极性。

赠送样品按发送方式的不同可分为以下几种。

(一)直接邮寄

直接邮寄,即将样品通过邮局邮寄,或利用专门的快递公司和促销公司,直接送到潜在消费者手中。

此方式除了邮寄费用昂贵以外,有时还会受到一定程度的限制。比如,新建小区、边远地区等,快递公司不能及时服务到位,这样就会影响快递效果。尽管如此,运用直接邮寄可称得上是样品发送的较好方式,调查表明,直接邮寄的成效是发放优惠券的3~4倍,尝试购买率可达70%~80%。

（二）逐户分送

逐户分送，即将样品以专人送到消费者家中的促销方式。通常是通过运送公司或委托专业的样品促销和直销服务公司完成。一般是将样品放在门外、客户信箱内，或是交给应门的消费者。此种方式因直接面对消费者，无中间的转折，所以效果很好。宝洁公司在这方面做得较为成功，1996 年夏，宝洁公司委托大学生将 150 万袋 40 克包装的汰渍洗衣粉派送到武汉市 150 万户居民家中，使汰渍洗衣粉在武汉洗衣粉市场的占有率由 30% 提高到 50% 左右。

但是，这一方式在某些高级社区已被禁止使用，不过仍适用于普通社区或人口密度较大的地区。

（三）定点分送及展示

定点分送及展示，即选择在零售店里、购物中心、交通要道、转运站或其他人流汇集的公共场所，将样品直接交到消费者手中的促销方式。同时向消费者宣传产品信息，使消费者更加了解产品。此法若再搭配送优惠券或其他购买奖励，则效果更加明显。

（四）联合式选择分送

联合式选择分送是由专业的营销服务公司来规划各种不同的分送样品方式，以便有效地送到各个选中的目标消费者手中。比如，对新娘、军人、学生、婴儿、母亲或其他一些特定的消费群体等，根据其个别需求将相关的非竞争性商品集成在一个样品袋送到他们手中。因此法构思巧妙，样品袋组合精致，所以特别受到受赠者的喜爱。另外，此法是针对特定对象分送组合样品，其最大的优点在于它能既迅速又直接地接触目标顾客，而且各品牌分摊费用使成本无形中降低许多。

（五）媒体分送

部分消费品可经由大众媒体，特别是通过报纸、杂志将免费样品送给消费者。如果样品体积小且薄，就可附在或放入出版物里分送给各订户。此法的优点在于它能送到家庭和机构内部，同时能够传播商品信息。但是，此种方法制作成本较高，因此并不经济实用，所以不是一种理想的样品分送方式。

（六）凭优惠券兑换

消费者凭邮寄或媒体分送的优惠券到零售店兑换免费样品，或是将优惠券寄给厂商，换取样品。这一促销方式效果往往不错。但是费用也比较高，因为厂商要付零售店样品兑换处理费。

（七）入包装分送

入包装分送，即选择非竞争性商品来附送免费样品的方法。该样品通常被认为是此商品的赠品。许多实例证明，因该商品消费对象的购买及尝试意愿往往不能充分地实现，所以此法的运用效果往往偏低，但费用也较低。例如，某药品公司与剃须刀公司联合，将一种感冒药样品装入剃须刀内，这样使双方相得益彰，各享其利。

六、包装促销

进行包装促销的最主要目的是凭借特殊的包装在零售店的货架上显出产品的独特性,以吸引消费者。特别是当商品差异性不大时,更具有突出的效果。

通过包装内、包装上、包装外或可利用的包装等来进行促销,在激励消费者尝试购买方面特别有效。尤其是当消费者因赠品而买了本产品,经试用后深感满意时,他们自然会继续使用,从而成为这一商品的忠实顾客。

采用包装内、包装上、包装外或可利用包装等方式来促销的目的相同,情况各异,运用的产品类别也有差异。

(一)包装内赠送

包装内赠送是指将赠品放在产品包装内附送。此类赠品通常体积较小、价位较低,但目前也有将大规格、高价位的商品,如餐具、酒具等附在装电冰箱的箱体内赠送的情况。

(二)包装上赠送

包装上赠送是指将赠品附在产品上或产品包装上。包装上赠品种类较多,比如,用橡皮筋将赠品与商品扎在一起,或用透明成型包装,也有的将优惠券、折价券等印在包装盒上或纸箱上,以便消费者剪下来使用。

(三)包装外赠送

当赠品体积较大,无法与产品包装在一起时,可在零售店内,将赠品摆放在产品附近,以便消费者购物时一并带走。

(四)可利用包装赠送

可利用包装赠送的最大特点是:产品通常被装在容器内,当产品用完后,此容器可再被用来装其他东西,是个很好的储物罐。这种方式在药品、保健品和饮料类产品中使用得比较普遍。

七、会员制促销

零售店在经营过程中,为了能够争取稳定的顾客群,可以采用会员制,会员制是很多大型零售店普遍采用的一种促销形式。具体做法是:把在某一零售店或连锁零售企业购物的消费者组成一个俱乐部,当消费者向俱乐部缴纳一定数额的会费后,就成为该俱乐部的成员,在购买商品时可享受一定的价格优惠或折扣。

(一)会员制促销的作用

零售店会员制促销对消费者来说具有以下作用。

1. 享受价格优惠或折扣

对消费者来说,加入俱乐部的一次性缴费要远远低于以后享受到的价格优惠累计额,因此,它是一种非常具有诱惑力的促销形式。

2. 方便购买

消费者加入俱乐部以后，会经常收到零售企业送来的新产品的介绍资料，例如，某品牌新产品的性能、款式、价格、样品等，足不出户就可以通过电话购物，为消费者在快节奏的现代生活中节省了宝贵的时间。

3. 有利于维系亲情

消费者加入俱乐部以后，零售企业会发给其一张精美的会员卡，该会员卡即购物卡，消费者本人可以使用，家庭成员也可以用来购物并享受同样的价格优惠，这对于消费者维系与家庭成员之间的亲情有一定作用。

（二）会员制促销的优点

1. 有利于建立稳定的顾客群

对零售店来说，利用会员制促销不仅能促进商品的销售，而且可以为企业建立起长期稳定的顾客群，有利于零售店在维持现有市场占有率的基础上开拓市场。会员的资格一般为1～3年，在这一段时间内，会员可以享受到零售店提供的价格优惠、免费送货、免费提供商品信息等服务，这非常有利于培养顾客对零售店的忠诚感，使他们成为企业的回头客，为零售店节省大量的促销费用。

2. 便于零售店进行顾客调查

由于绝大部分会员都是零售店的老顾客，他们对零售店发放的调查问卷一般都会采取积极配合的态度，使零售店能够取得相对真实的资料，从而能准确把握市场需求的发展趋势，及时调整卖场内的商品结构和品牌结构，使企业在市场竞争中赢得先机。

（三）零售店会员制促销的会员种类

零售店会员制一般有公司会员制（Corporation Membership）、终身会员制（Life Long Membership）、普通会员制（Common Membership）和内部信用卡会员制（Intenal Credit Membership）4种类型。

1. 公司会员制

公司会员制是指消费者不是以个人身份而是以所在公司的身份加入零售店的会员俱乐部，零售店向入会公司收取一定数额的会费。这种会员制的会员卡适合入会公司内部职员使用。在美国，消费者日常购物普遍使用支票，很少使用现金进行结算，因此常发生透支现象。实际上，公司会员制是入会公司对持卡职员的一种信用担保。在发放会员卡时，应向持卡人讲明公司能够担保透支的最大额度，以减少不必要的麻烦。

会员在指定零售店中购物时可以享受10%～20%的价格优惠和一些免费的服务项目。非会员购物时则不能享受这些优惠。

2. 终身会员制

终身会员制是指消费者一次性向零售店缴纳一定数额的会费，从而成为该俱乐部的终身会员。该会员可长期享受一定幅度的价格优惠，并且长年得到零售店提供的免费商品广告，还可免费享受电话订货、送货上门等服务。

3. 普通会员制

普通会员制是指消费者不用向零售店缴纳会费或年费，只要在零售店一次性购买一定金额的商品就可以申请到会员卡，以后在购买商品时便可享受5% ~10%的价格优惠和一些免费的服务。

4. 内部信用卡会员制

内部信用卡会员制适用于大型零售店。消费者申请了某零售店的信用卡后，购买商品时只需出示信用卡，便可享受分期支付货款或购物后15 ~30天内免息付款的优惠，有时也可享受一定幅度的价格折扣。

八、售点广告

售点广告，英文为Point of Purchase Advertising，简称POP，也称为店面广告，是指在商品购买场所、零售商店的周围、入口、内部以及有商品陈列的地方设置的广告。根据定义，商店的招牌、商店名称、门面装潢、橱窗布置、商店装饰和商品陈列等，都属于售点广告的范畴。

（一）POP作用

实践证明，售点广告是零售企业开展市场营销活动、赢得竞争优势的利器。它的作用表现在以下几方面。

1. 传输产品信息

零售企业利用POP可以使顾客充分了解产品的功能、价格、使用方式以及售后服务等方面的信息。

2. 唤起顾客的潜在意识

经营者虽然可以利用报纸、电视、杂志和广播等媒体把企业形象或产品特点传达给消费者，但当媒体受众走入零售店，面对众多的商品，他极有可能将上述媒体广告传输给他的信息遗忘了。而张贴、悬挂在销售地点的售点广告则可以提醒消费者，唤醒他们对不同产品的潜在意识，使他们根据自己的偏好选购产品。

3. 诱使顾客产生购买欲望

当消费者经过产品销售地点时，五颜六色的售点广告会使他们放慢脚步，在欣赏各种宣传广告之后，他们会不经意地认为"这个牌子的产品看起来不错，可以试一下"。这就是最初的购买冲动，当购买冲动积累到一定强度时，就会产生购买行为。

4. 能配合季节促销，营造节日气氛

售点广告可以配合不同季节，展开促销活动并在特殊的节日使用有特殊含义的POP，这对促进商品销售有非常大的作用。

5. 吸引顾客的注意力，引发兴趣

售点广告可以凭借其新颖的图案、绚丽的色彩、别致的造型吸引顾客，使他们驻足观看，进而对售点广告中的商品产生兴趣。

6. 塑造企业形象，保持与顾客的良好关系

企业形象也称为企业视觉识别系统（CIS），它包括企业理念识别（MI）、企业行为识别（BI）和企业视觉识别（VI）三部分内容，而售点广告是企业视觉识别的一项重要内容。经营者可以将企业的名称、企业标志、标准字、标准色、企业形象图案、企业宣传标语、口号和吉祥物等印刷在店面广告上，以塑造富有特色的企业形象。当顾客接触到这些图案时，就会立刻明白它们代表哪些企业。

（二）POP 的设计原则

售点广告设计的根本要求就是独特。无论是采用陈列的形式，还是发放的形式，都必须新颖独特，能够很快地引起顾客的注意，激起他们“想了解”、“想购买”的欲望。具体来讲，零售店经营者在设计售点广告时，必须遵循以下原则。

1. 造型简练、设计醒目

售点广告要想在琳琅满目的商品中引起顾客的注意，必须以简洁的形式、新颖的格调、和谐的色彩突出自己的形象，否则，就会被消费者忽视。

2. 重视陈列设计

售点广告不同于节日的点缀。售点广告是商业文化中企业经营环境文化的重要组成部分。因此，售点广告的设计要有利于树立企业形象，要注意商品陈列、悬挂以及货架的结构等，要加强和渲染购物场所的艺术气氛。

3. 强调现场广告效果

由于售点广告具有直接促销的特点，经营者必须深入实地了解零售店的内部经营环境，研究经营商品的特色（如商品的档次、零售店的知名度、质量、工艺水平和售后服务状况等），以及顾客的心理特征与购买习惯，以求设计出最能打动消费者的售点广告。

（三）POP 的设计制作材料

售点广告的设计制作材料来源非常广泛，从纸张、木料到金属、皮革、塑料等无所不包。随着科学技术的不断发展，新型材料大量出现，售点广告的设计制作材料也向多元化方向发展。最常用的设计制作材料主要有以下几种。

1. 各种类型的纸

纸是设计售点广告最常用的、使用时间最长的材料之一。它的最大优点是成本低廉，质地稳固，便于印刷。经营者可以在纸上印刷各种图案，调配各种颜色，以突出广告宣传的视觉效果。利用新颖别致的图案、协调的色彩纸材料可以将经营者的创意淋漓尽致地展示出来。季节发生变化时，经营者又可以低廉的成本迅速更换售点广告。纸还有一定的可塑性，中国和日本的叠纸广告以及剪纸广告都非常具有特色，使欧美广告专家惊叹不已。

2. 皮革

皮革也是设计售点广告常用的材料之一。皮革具有质地稳定、便于雕刻等特

点。用皮革设计的售点广告给人一种高贵、雅致的感觉，它能充分体现广告产品的个性，增加产品的文化附加值。用皮革制作的售点广告还具有立体感。艺术品和一些高档商品常用皮革设计售点广告。

3. 木材

木材具有能抗拒外力，不易变形，可塑性强等特点。用木材设计的售点广告具有陈列时间长、可反复使用等特点。木材中的天然纹理，可以给消费者一种自然的感觉，同时也可以体现广告产品的个性，符合追求“自然美”的趋势。用木材设计的售点广告给人一种厚重的感觉，它的陈列需要一定的空间，不如纸材料售点广告那么随意。

4. 金属

售点广告中使用的金属材料主要包括铁、铜、铝和不锈钢等，这些材料具有硬度强、不透水、陈列时间长等特点。金属材料的成本也比较低，最大的缺点是视觉效果较差。用金属材料制成的售点广告遇到风吹雨淋时，就容易被侵蚀，广告表面会出现一层金属锈，严重影响效果。

5. 布

在售点广告的发展历史上，布是最早使用的设计材料。在《清明上河图》上，很多店铺的幌子就是用布制成的。布具有成本低廉、易于染色和便于运输等优点，也具有印刷质量不尽如人意、图案效果差等缺点。布适宜设计“写意”式售点广告，不适宜设计“工笔”式的售点广告。

6. 塑料

与上述材料相比，塑料是售点广告材料家族中的“新秀”。塑料具有防水、耐温、质轻、无毒、无味和不易破损等优点。塑料的使用比较广泛，大多数商品的售点广告都可以用塑料作为设计材料。

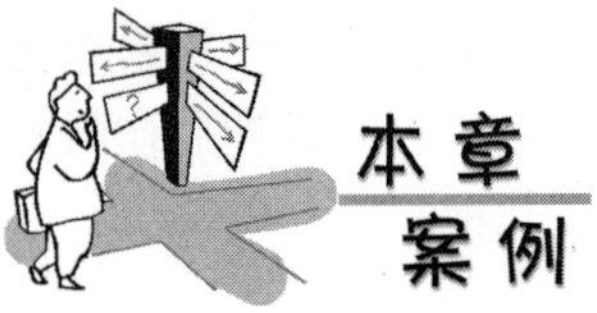

“光棍节”狂欢：淘宝商城打赢 B2C 第一仗

11 月 11 日是一年一度的略带伤感的“光棍节”，但对于广大网购爱好者来说却是个值得回味的“狂欢节日”，而搭建这个节日舞台的就是淘宝商城。

单日交易额 9.36 亿元

2010 年 11 月 11 日 0:00 分，淘宝商城“光棍节”半价抢购活动正式拉开帷幕。最火爆的首轮抢购商品当属 iPad，几乎在几秒时间内，5 台半价出售的 iPad 已经被抢购一空。

都没有想到的是，一天下来，淘宝商城内 2 家店铺营业额超过 2 000 万元；11 家店铺超 1 000 万元；20 家店铺过 500 万元；总共 181 家店铺过百万元。共有2 100 万用户参与购买，单日交易额达 9.36 亿元……这样的数字令人咂舌，也创造了 B2C 网上商城单日交易额的最高纪录。

这是淘宝商城联合百余家知名品牌进行全场五折大促销，涵盖服装、鞋包、运动、美容、家居家纺、数码电器等各个垂直行业，欧时力、杰克琼斯、百丽、NINE WEST、ONLY、阿迪达斯、波司登、九牧王、迪士尼、诺基亚、博洋家纺、喜梦宝等多行业热门品牌纷纷参与。

从销售情况来看，服装品牌延续了市场强势，在 8 个过百万元品牌中占据 5 席，而博洋家纺、喜梦宝和水星家纺三个家居品牌的惊人成绩令人惊喜。刚到中午，淘宝商城博洋家纺旗舰店当日销售额就跨过了 1 000 万元大关，相当于线下两个一线商场一天的销量之和。来自淘宝商城的官方数据显示，截至 11 日下午 4 时，淘宝商城博洋家纺、杰克琼斯两家品牌店铺单日成交额已超过 1 000 万元，成交超过 100 万元的品牌店铺则达到了惊人的 58 家，其中 44 家是服装和鞋类品牌，占参加此次"光棍节"五折销售活动近一半。

而与服装、家居不同，数码电器行业由于利润率较低，因此大多采用了限量五折的方式。即便如此，网友同样在深更半夜进行了疯抢。打折开始不到 1 分钟的时间，淘宝电器城贝尔莱德 SC9000 手持蒸汽枪清洁器便售出了 300 台，格兰仕微波炉更是达到了 500 台。不到 25 分钟，耳机卖出了 1 300 副。到 1 点整，奔腾 1.2L 电水壶已经卖出 512 件，多级旋风吸尘器达到 580 件，奔腾剃须刀也有将近 200 件……

打赢 B2C 第一仗

这次淘宝商城"光棍节"大行动又一次让人们认识到淘宝的市场号召力和营销战略。对于刚刚在 11 月 1 日发布独立域名的淘宝商城来说，"光棍节"的火爆促销更像一次淘宝的 B2C 的揭幕战，而淘宝商城作为"大淘宝"其中的一个环节也不负众望地打赢了淘宝进军 B2C 领域的第一仗。

2010 年 11 月 1 日，淘宝商城宣布走出淘宝提供的树荫，以独立域名正式上线。淘宝商城之前一直作为淘宝的子级频道，B2C 的商业模式如同夹杂在地摊中的一家门面店，效率并不很高，在 2009 年之前，其年均为淘宝贡献的交易额还不及总额的 1/10。

2010 年当淘宝商城想要再打入 B2C 领域时已经发现出现了更多的阻碍。一些国内传统的 B2C 网站已经积累了丰厚的资源和实力，纷纷在原有优势垂直领域的基础上，借用平台化运营方式，加大了其他行业的引入，京东商城涉足图书，当当进军百货。淘宝的 B2C 之路再一次面临艰辛。

淘宝只好打出手中的最后一张牌——那就是淘宝平台上积累的 2 亿用户，这也是淘宝商城最大的优势所在。一方面，相对于此前以 C2C 为主流的网购形式，淘宝商城可以提供一个同样有价格优势但更为标准化的购物体验，使消费者的选择余地大大增加；另一方面，可以实现一站式购物，免去了在不同行业网站间奔波的麻烦。

“现在尽管独立的 B2C 企业在一些垂直市场做得很好，但淘宝应该还有机会。”艾瑞咨询总裁杨伟庆认为，大淘宝的用户规模决定了淘宝商城 B2C 的平台价值。他认为，在大淘宝内部，淘宝商城的规模和交易量未来一定会超过淘宝网 C2C 的部分。

物流成为淘宝最大隐忧

光棍节的狂欢之际，物流问题成为淘宝商城不得不正视和面临的巨大考验。

淘宝商城最大的优势是它巨大的用户规模，以及有一个很好的用户购买流程，但淘宝其实还欠缺很多后台运营支撑。“包括从前端的营销推广到后台订单的处理、客服的响应和仓储物流——这些是需要后续一点点去补充的。”东方证券分析师曹飞表示。

淘宝商城的性质是平台 B2C，其“交易平台”的自我定位令淘宝始终游离于后端的供应链体系之外。业界公认，在电子商务产业著名的“信息流、资金流、物流”三大核心要素中，淘宝独缺对物流的管控能力。

兴长信达创始人刘磊分析，以“整合”的方式构建物流等后台是不得已而为之。淘宝已经错过了 B2C 发展的最佳时期，但如果不做市场份额会被各垂直门类蚕食。

“这件事最大的挑战就在于我们要和商家甚至上下游‘挨家挨户’去进行沟通，融会贯通整个产业链。”某淘宝内部人士表示：“在某种程度上你也可以理解为这是一种商业模式改造过程中的利益博弈。”

资料来源：王晶.“光棍节”狂欢：淘宝商城打赢 B2C 第一仗[EB/OL].泡泡网资讯频道，2010－11－12.

本章小结

零售促销是指零售企业为告知、劝说及提醒目标市场关注企业有关信息而进行的一切沟通联系。零售促销组合由四个部分组成，分别是：广告、公共关系、人员销售和销售促进。零售销售促进（SP）策略则包括了：赠送优惠券、折价优惠、集点优惠等策略。

思考题

1. 零售企业常见促销目标有哪些？

2. 在确定促销时机时应该考虑哪几个方面的问题？

3. 促销商品一般有哪几种选择？

4. 零售企业促销预算包括哪些内容？

5. 零售广告有什么样的优点和缺点？

6. 一家零售企业计划在一所大学附近开设一家新店。店里将专门出售学生用商品。这家新商店应该采用怎样的广告媒体？这家企业该如何设计自己的促销组合？

7. 简述零售销售促进策略，并比较它们各自的优缺点？

8. 零售人员推销有什么优缺点？

9. 零售店会员制一般有几种？在使用时应该注意什么问题？

10. 观察并描述你家附近超市是如何促销蒙牛牌酸奶的。

第九章

零售企业组织管理

了解零售企业的类型和零售组织结构的类型，掌握零售组织设计的步骤。了解零售企业人力资源管理的内容，掌握零售企业业务人员管理的要点。掌握在零售企业中常采用的几种现代化信息技术：条形码、电子订货系统、电子数据交换系统以及销售时点技术。理解供应链管理的含义，掌握供应链管理的方法，包括：快速反应，有效客户反应和协同规划。

为了能够实现零售战略，零售企业首先要在人、财、物等方面进行组合和配置，为此零售企业需要进行组织结构的设计，明确分工。在责权利比较明确的基础上对财务、人力资源和信息进行管理。因此，零售组织管理的内容主要包括：组织结构设计、人力资源管理、财务管理和信息管理等。

第一节　零售企业组织结构设计

零售企业作为独立运行的市场主体，要有一个完整的组织结构，以此推动企业正常、稳定的运转和保证企业管理的各项职能得以充分发挥。企业在设计和构建其组织结构时，需要先考虑零售企业的类型。

一、零售企业的类型

按所有权关系来划分零售企业是美国零售业的一种典型分类方法。不过，美国学者对零售企业所有权关系进行的划分，既不是通常意义上所理解的个人所有、合伙制或公司制，也不是我们所熟悉的公有、集体、私营、个体，而是指该企业属于独立商店、连锁商店、特许经营店或是租赁门市部中的哪一种类型。它们的所有者可以是专职零售商、制造商或批发商等拥有企业的个人，也可以是股权分散的上市公司。美国的这种分类方法具有一定的代表性，因此下面介绍这一分类方式。

按所有权关系，可以把零售企业划分为：独立商店、连锁店、特许经营商、租赁门市部、消费者合作社和垂直营销系统，其所有权可以归制造商、批发商或个人所有。

（一）独立商店

独立商店是指只有一处经营场所、独立进行销售活动的商店。独立商店可以有各种所有制形式，如独资、合伙、公司制。但除少数公司制独立商店规模较大外，大多数独立商店规模都很小，多数商店只有一两个人管理，在服装、杂货等行业中尤其如此。

独立商店是最为普遍的商店，它之所以能在街道的各个角落随处可见，是与它的优点分不开的。独立商店具有经营灵活、资本投入低、商品和服务专业化、能够直接控制经营战略、形象独特、能统一指挥、独立自主等特点。但是，由于独立商店大多规模较小，在进货成本方面的花费一般比连锁店和大商店要高，因而在价格上不利于竞争。为了克服自身的缺点，许多独立商店组织起来，改变进货方式，通过放弃某些独立行为，实行一定程度的连锁经营，以增强自己的竞争能力。例如，在美国的食品、药品和日用品等行业中，独立商店往往采用联合进货、合作连锁经营、自愿连锁经营等办法来增强实力。但这种较松散的联合不存在一个上层管理机构，各个商店依然保持独立，因此这一形式不具有连锁店性质。

（二）连锁店

20 世纪零售业最重要的发展是连锁店的出现。连锁店包括两个或更多的共同所有和共同管理的商店，它们销售类似的产品大类或产品，实行集中采购和销售，还可能具有相似的装饰风格。连锁店有各种零售经营形式：超级市场、折扣商店、杂货店、专用品商店和百货公司等。

连锁店的优势十分明显：具有批量采购和多店经营的高效率；强大的议价能力；管理的专业化和计算机化；可多店分摊广告费用；可制定和实施长期战略规划等。不过，连锁店同样也存在许多弱点：经营缺乏灵活性，所有分店都需要奉行统一的定价、促销和产品组合策略，因而在适应市场需求方面存在问题；投资成本高；由于分店多、层次多，管理控制差；大量雇佣员工，他们的工作通常缺乏自主性，创造性和热情较差等。

（三）特许经营商店

特许经营商店是采用加盟连锁经营的商店形式，它是缺乏管理和销售技术的商店经营者通过向有经验、有名气的商家付钱在获得使用其名称、商品、管理技术和服务等特许权后建立起来的商店。目前，可以特许的项目相当广泛，不仅可以使用特许商的名称、销售特定商标的产品，还可以引进全套管理技术，甚至还能够得到包括市场营销策略、广告宣传、员工培训、信息咨询、市场分析与预测等方面的服务。

特许经营商店在国外相当普遍，从汽车零件、印刷、旅店到快餐、装饰材料等，几乎所有商业领域都可见其踪影。这种商店形式的优点是:可以帮助投资商店的新手和缺乏经验者利用特许商的知名度、市场经验和管理技术,迅速打开局面;而特许商则可以通过此方式以较少的代价(基本上是名誉资产和技术资本)投资新商店,壮大本企业的声势,并获得较稳定的收入。但特许经销商店也有一些缺点:对于获得特许权的商店来说,如果特许商提供的商品和服务的质量有问题,就会蒙受很大的损失;特许商为了多获得特许费,在一个地区建立的特许商店如果过多,就会影响特许商店的销售收入;特许商的过分干涉,特别是在特许商做出一些有利于自己而不利于特许商店的决定的时候,会有损特许商店的自主性;作为特许商来说,如果新设立的特许商店经营不善,就会败坏自己的名声。此外,帮助一家特许商店实现标准化管理要耗费巨大精力,尤其是遇到特许商店不履行契约而发生法律纠纷时,更是费时费力。

(四)租赁门市部

以出租门市部来经营商店是特许经营商店的一种变异,与后者不同的是,作为承租人的商店经营者不仅从租借商那里获得特许权,还可向租借商租用经营场所、设备等,但在分配经营所得时,通常承租人要按销售比例或销售比例加上固定费用向租借商交纳租金。这种商店有的是制造商将土地、房屋和设备出租,有的则是百货商店或专业商店将店内某门市部出租。承租人一般应有经营某项商品的专业特长,而且在经营中要执行租借商的销售政策,专门推销一定品牌的商品。

这种经营方式的优点是:租借商实际上承担了相当一部分投资,而承租者只需有购买商品和一小部分设备的资金就足以开业,比特许经销商店所需的投资少,又具有特许经营商店的优点;对于租借商来说,其好处是不必有专门的经营特长,也不用承担投资的全部风险(因为流动资金是承租者提供的)和管理责任,就能建立起专门为自己推销产品的销售点。

(五)消费者合作商店

消费者合作商店是由消费者集体投资的商店。参加消费者合作商店的人,可以参与商店的决策,但商店的具体管理是由专门的管理人员负责的。这种商店对所有的消费者提供服务,任何人只要投资就算参加。参与者采用投票的方式进行决策,年底分红也是按一年中每人所购买商品的消费额派分。美国的农民常采用消费者合作商店的方式来为自己提供农用物资的供应服务,一些餐馆和杂货店也常采用这种方式。

(六)垂直营销系统

垂直营销系统是一个实行专业化管理和集中计划的组织网,这是一种区别于传统营销系统的组织形式。在此网络系统中,各个成员为了提高经济效益,都采用不同程度的一体化经营和联合经营,如批发商与零售商实行一体化。这种系统的经营规模、交换能力和避免重复经营的特征,使得它有可能实现规模经济,并与传统商品流通渠道系统展开有效的竞争。

二、零售组织结构设计的步骤

一般来说，只有零售商的组织结构满足了目标市场的需要，它才能生存下来。虽然许多零售企业都执行相似的任务或职能，但在实践中却有多种组织方法来执行这些职能，并使顾客、员工和管理层的需要同时得到满足。

（一）确定任务

零售作为分销渠道的一个重要环节，在商品销售中担负着重要的任务。零售组织的典型任务有以下几种。

（1）战略管理，包括选择商店位置和确定零售方式等。

（2）商品管理，包括采购、运输、接收、检查进货数量、盘点和控制存货、确定价格。

（3）商店管理，包括客户调查、信息交换、顾客接触（如广告、人员推销）、商品修理和更换、顾客回访和顾客抱怨处理等，还包括橱窗陈列和设施维护（如保持店铺整洁）等。

（4）运营管理，包括销售预测和预算、创造便利的购物条件、处理收据和财务记录、给顾客开账单、送货和将未售出的或损坏的商品退还给供应商等，当然还包括人员管理等。

恰当地从事这些活动对所选择的战略组合具有关键意义，这是有效开展零售业务所必需的。

（二）分解任务

上述各项任务多是由零售分销渠道来执行的，但它们并不一定由某个特定零售商执行。有些任务可以由制造商、批发商、专业人士（公司）或顾客来执行。

在分解任务时应考虑以下标准：①只有目标市场迫切需要的任务才应执行；②一项任务应由具备完成任务所需的特殊能力和设施的团体来执行；③当零售商将任务授权给其他团体时，应考虑到可能会失去对过程的控制；④零售商的组织结构可以影响到任务的分解，如特许经营者可以联合起来拥有自己的信用机构，而独立经营者则很难做到这一点；⑤对任务进行分解时，应考虑到通过分散或改变任务可获得的节约。

（三）归集职位

零售商确定了所要执行的任务之后，这些任务便被归集成职位。这些职位必须有明确的定义和构成要素。零售商在把任务归集为职位时，应考虑实施专业化分工。在专业化分工条件下，每名员工只对有限的职能负责。专业化分工的优势包括任务范围明确，专业化的技能，降低培训费用和时间以及可以启用教育水平较低和经验较少的人员等。但专业分工应适度，否则会使员工士气低落，浪费人力资源。

当所有任务都归集成职位后,职位说明书就形成了。职位说明书概括了每个职位的名称、目标、任务和责任。它们是对员工进行聘用、监督和评价的工具。

(四)职位分类

职位大体可以按照职能、产品、地理区域或综合的分类体系进行划分。

按职能划分是根据职能范围把职位分为促销、采购和商店管理类等。这种分类方法要运用专业知识。

按产品分类是根据商品或服务来划分职务。例如,一家百货商店可以聘用服装、家电、文化用品、洗涤用品及礼品等方面的人员。

当多家分店分布在不同地区时,可以按地理区域划分职位。

一些零售商,特别是规模较大的零售商,往往把上述三种方法综合起来使用。例如,分店雇用和监督自己的销售人员,而每一产品大类的采购人员由公司总部雇用和控制。这样,职能方法、产品方法和地理区域方法便结合起来了。

(五)形成组织系统图

零售组织机构的形成必须经过统一、协调的规划,职位必须明确、清晰,同时各职位间的相互关系也必须明确,这样才能使组织结构形成一个完整的统一体。在构建零售组织的结构时,还应考虑组织中的权力层级关系问题。

权力层级是通过描述公司内部员工之间的报告关系(从最底层到商店经理或董事会),来说明职务关系。零售机构的层级可由最高层经理与最低层雇员之间的职位数量反映出来。若一家公司内管理分层较少,有大量的下级向同一个上级汇报工作,那么该公司是扁平式组织。这种组织结构的优点是沟通良好,问题能得到快速处理,以及员工能较好地投入工作。这种组织结构的缺点是向同一位经理汇报工作的人数可能会过多。垂直式组织是有多层管理人员,实行分层汇报,分级管理。在这种结构下,可以密切监督、有效管理;它的缺点是沟通渠道太长,对员工缺乏个人的影响(基层员工无法接近组织内的高层人士)以及制度僵化。

综合以上因素,零售组织便完成了组织系统图。它以图示形式表明公司内部的层级关系。

三、零售组织结构的类型

不同的零售组织有不同的结构类型。例如,独立经营的零售商的组织结构要比连锁零售商的组织结构简单得多。独立经营的零售商不必管理其他的机构,所有者往往一个人就可以监督所有的雇员,员工在遇到与工作有关的问题时随时可与商店所有者接触。相比之下,连锁经营零售商必须弄清如何委派任务,如何协调多个分店间的业务,以及如何为所有员工制定统一的政策。

(一)小型独立商店的组织结构

小型独立商店通常采用简单的组织结构,因为它一般只有两三个层次,而且商店所有者亲自管理业务，监督员工。它的员工很少，很少划分部门（专业化），而且也没有分支机构。它的优点是：反应快速、灵活，运营成本低，责任明确。它的缺点是：只对小型组织适用，当组织规模扩大后仍沿用这种组织结构会导致高层信息超载。小型独立商店的组织结构图如图 9－1 所示。

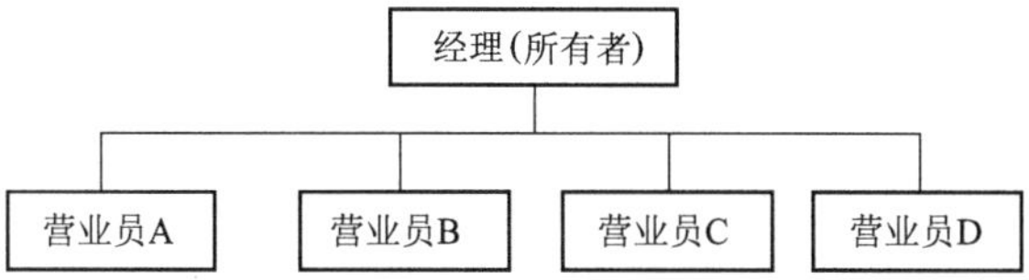

图 9－1　小型独立商店的组织结构图

（二）百货商店的组织结构

许多大中型百货公司都在沿用梅热结构（Mazur Plan）的修正形式作为自身的组织结构。这种结构把整个零售业务分为四个职能领域：商品销售、营销推广商店管理及财会与控制。这些职能领域的任务如下。

商品销售：采购、销售、库存计划与控制、设计促销活动。

营销推广：橱窗设计和店内陈列、广告、设计和实施促销活动（与商品销售经理合作）、广告调研、公共关系。

商店管理：商品保管、顾客服务（如协调处）、购买商店自用品和设备、商店保洁、运营活动（如商品入库、检查、贴标签、送货以及看管库房）、商店和商品保护（如保险和保卫）、员工培训和报酬、工作场地管理等。

财会与控制：信用和信用审查、开支的预算和控制、库存计划和控制、记录保存等。

以上四个领域依据直线（垂直授权和责任）和职能结构（建议和支持）组织起来。例如，财会经理和营销推广经理向商品部提供职能服务，但在职能部门内部是按直线组织的。

在基本的梅热结构中，商品销售经理领导的商品部负责采购和销售活动。商品销售经理通常被看作是商店中最重要的部门经理，其责任包括监督采购人员、为各部门设计财务控制系统、协调各商品部的计划和政策（树立商店的整体形象）、对经济数据及其对商店的影响进行解释。一些商店还设置了商品分部经理，以减少向同一个经理报告的采购员的数量。

在基本的梅热结构中，采购员对本部门的开支控制和利润目标负有完全责任。采购员的任务包括：进行初步预算、研究流行趋势、与供应商讨价还价、计划所需销售人员的数量、让销售人员了解关于商品购买和流行趋势方面的信息。百货商店的组织结构图如图 9－2 所示。

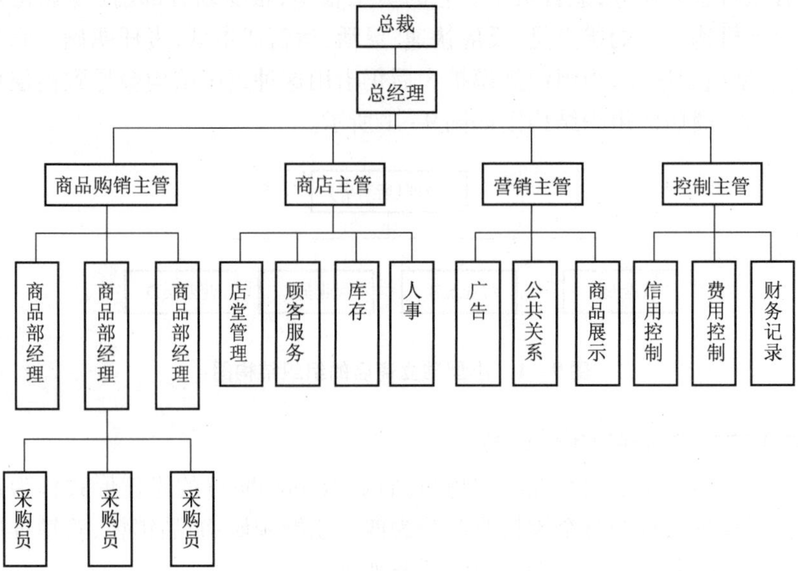

图 9－2　百货商店组织结构图

（三）连锁零售商店的组织结构

连锁零售商店的组织形式一般有三种，它们是梅热结构的三种衍生形式：母子型分店组织，由总部人员对分店进行监控和经营；独立型商店组织，由各分店负责各自的采购；平等型商店组织，采购集中化，各分店是地位平等的销售单位。

在母子型组织中，总店经理保留了大部分权力。商品计划和采购、广告、财务控制、营业时间及一些其他任务都集中在总店管理。在很大程度上，这种组织使下级单位的行为标准化。分店经理负责聘用和监督本店员工，并且确保分店的日常运营与总公司的政策一致。如果分店数量很少，且顾客的购买偏好与总店类似，那么这种组织形式十分有效。然而，随着分店的增多，总店的采购员、广告主管、会计和其他人员由于工作过多可能会无暇顾及分店。

独立型组织将商品销售经理置于分店之中。分店在商品购销和经营决策上拥有自主权。这种组织可以使顾客需求很快受到重视，但它导致了总店与分店管理人员重复设置，而且协调也成问题（如保持各分店的统一形象）。分店之间的存货调运十分复杂，且耗资巨大，只有当分店规模很大，地理位置分散，或者顾客偏好相差很大时，这种组织才是非常有效的。

在平等型组织中，连锁零售企业既要提高总体利润，又要顾及分店利润。采购职能（如预测、计划、采购、定价、运输、促销）均采用集中管理的形式。销售职能（如商品陈列、推销、顾客服务、商店运营）由各分店管理。各销售店（包括总店）的待遇是平等的，采购人员不受总店人员的监督。在这种组织结构中，数据收集至关重要，因为采购人员与顾客和商店的接触较少，责任很难在采购人员和销售经理之间划分。平等型组织结构图如图 9 －3 所示。

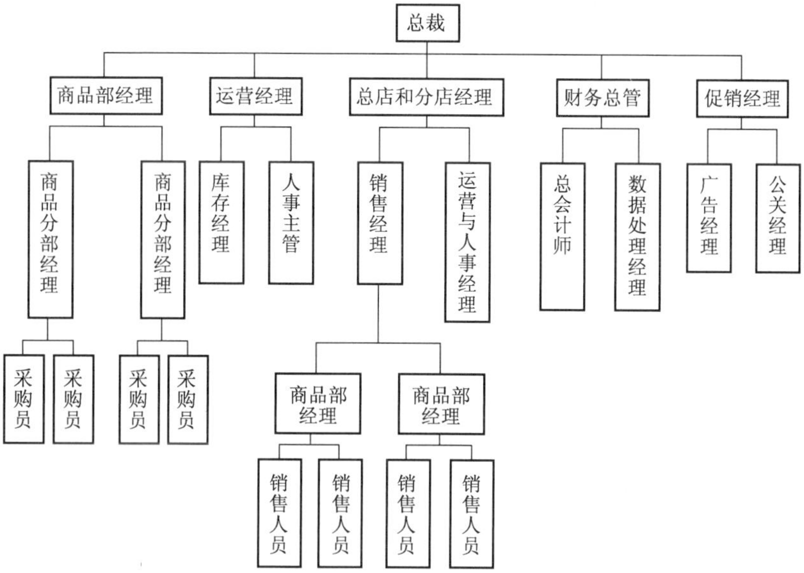

图 9 －3 平等型组织结构图

虽然连锁店的结构各不相同，但是它们有以下共同特征：①划分多个职能部门，如促销、商品管理、配送、商店运营、人事和信息系统；②权责高度集中，各分店经理负责销售；③运营标准化（固定设备、商店布置、建筑设计、商品系列、信用政策和商店服务）；④完善的控制系统使管理保持一致；⑤一定程度的分权使分店能更好地适应当地情况，并增加商店经理的责任。

（四）购物中心的组织结构

购物中心即多元化经营的零售商，是指一个所有者拥有多家经营不同商品的公司。购物中心需要在建立和保持组织结构方面进行一些特殊的设计：①各单位之间需要进行控制，操作程序必须明确；②需要协调各单位之间的竞争关系（如一家公司的百货商店是否与其折扣商店经营相同品牌的商品）；③资源必须在各单位之间进行有效分配；④必须避免形象与广告冲突；⑤管理技巧必须与不同的业务相适应。

购物中心往往有一个非常复杂的组织结构，如图 9 －4 所示。

（五）超级市场的组织结构

自从超级市场出现以来，其组织结构先后发生了很大的变化。早期的超级市场由于规模小，组织结构简单，一般是由所有者或经理加上少数雇员组成；而现在的大型超级市场因规模庞大、人员众多，造成组织结构异常复杂，如图 9 －5 所示。

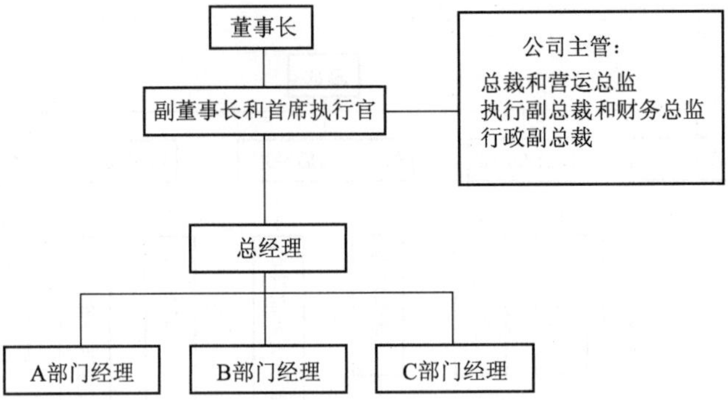

图9－4　购物中心的组织结构图

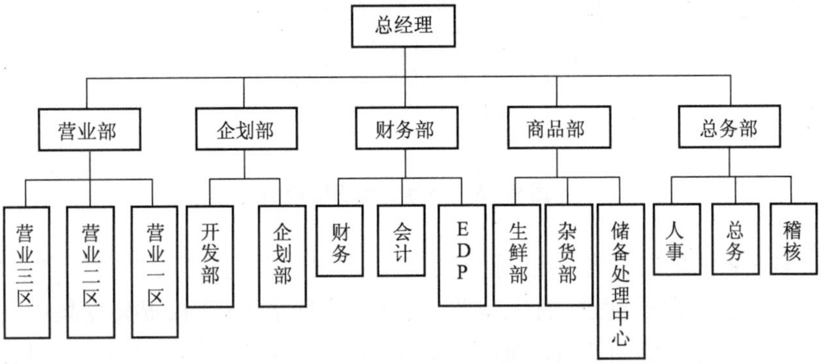

图9－5　超级市场组织结构图

各个部门分别担当着如下职责。

1. 开发部的工作职责

开发部的工作职责主要有：商圈资料的收集；选址标准的确立；店铺的投资评估；店铺工程设计、审核及工程招标、工程监督、验收；店铺平面配置规划；开店的流程安排及进度控制；店铺设备的采购；店铺设备的维修与保养；新店的选址等。

2. 企划部的工作职责

企划部的工作职责主要有：长中短期经营计划的拟订；经营分析及建议；合理化、效率化作业的规划与推动；新市场开拓方案及计划的拟订；协助相关部门做好策划工作等。

3. 营业部的工作职责

营业部的工作职责主要有：营业目标的拟订及督促执行；对督导员的管理；门店经营业务的监督与指导；门店经营手册执行情况的检查与监督；营业人员的调配及工作分派；门店经营情况及合理化建议的反馈与处理。

4. 商品部的工作职责

商品部的工作职责主要有:商品组合策略的拟订及执行;商品价格政策的拟订及监督执行;新商品的开发及滞销品的淘汰;货源的掌握与开发;供货商的档案化管理以及供货商活动的组织;商品的议价与采购;门店商品配置陈列的规划和指导;促销计划的拟订与执行;仓储、配送作业的规划与执行;竞争店商品结构及其竞争力的调查与分析;商品销售分析、毛利分析及提出改善对策等。

5. 财务部的工作职责

财务部的工作职责主要有:资金的筹集、规划、使用及调度;各项财务会计报表的编制;财务分析;账务处理;各项费用、凭证的审核;厂商货款对账与付款;每日营业现金收支统计;发票管理;税务申报、年度决算申报;门店会计作业指导;内部审计和财务管理等。

6. 管理部的工作职责

管理部的工作职责主要有:企业组织制度的确立;人事制度的规划及执行;员工福利制度的拟订与执行;人力资源规划与人员招聘;人才培训;奖惩办法的拟订与执行;各种契约范本的制定及公司权益的维护;公共关系的建立与维护;各类工作会议的组织与安排;特许经营业务的规划与发展;其他各类管理制度的拟订与执行等。

第二节 零售企业的人力资源管理

人力资源管理是指运用现代化的科学管理方法,对与一定物力相结合的人力进行合理的培训、组织和调配,使人力、物力保持最佳比例,同时对人的思想、心理和行为进行恰当的管理、控制和协调,充分发挥人的主观能动性,使人尽其才,事得其人,人事相宜,最终实现组织目标。现代人力资源管理就是一个人力资源的获取、整合、激励、控制、调整及开发的过程。

一、零售企业人力资源管理的内容

(一)制订人力资源计划

根据零售企业的发展战略和经营计划,评估零售企业的人力资源现状及发展趋势,收集和分析人力资源供给与需求方面的信息,预测人力资源供给和需求的发展趋势,制订人力资源招聘、调配、培训、开发及发展计划等政策和措施。

(二)人力资源费用核算工作

人力资源管理部门应与财务等部门合作,建立人力资源核算体系,开展人力资源投入成本与产出效益的核算工作。人力资源核算工作不仅可以改进人力资源管理工作本身,而且可以为决策部门提供准确和可量化的依据。

(三)工作分析和设计

对零售企业中的各个工作和岗位进行分析,确定每一个工作和岗位对员工的具体要求。具体内容包括:岗位知识、技术、任务要求;学习、工作与生活经验;身体健康状况;工作的责任、权利与义务等方面的情况。这种具体要求必须形成书面的工作岗位职责说明书,这种说明书不仅是招聘工作的依据,也是对员工的工作表现进行评价的标准和进行员工培训、调配、晋升等工作的根据。

(四)人力资源的招聘与配置

根据零售企业内岗位需要及工作岗位职责说明书,利用各种方法和手段招募人员,再经过严格的考试,如笔试、面试、评价、情景模拟等方法进行筛选,确定最后录用人选。人力资源的选拔,应遵循公正公平、双向选择、择优录用等原则。

(五)雇用管理与劳资关系

员工一旦被零售企业聘用,就与零售企业形成了一种雇用与被雇用、相互依存的劳资关系,为了保护双方的合法权益,有必要就员工的工资、福利、工作条件和环境等事宜达成一定协议,签订劳动合同。

(六)入职教育、培训和发展

任何应聘进入一个企业的新员工,必须接受入职教育,以了解企业、接受企业的企业文化。入职教育的主要内容包括零售企业的历史发展状况和未来发展规划、职业道德和零售企业纪律、劳动安全卫生、社会保障和质量管理知识与要求、岗位职责、员工权益及工资福利待遇等。

为了提高广大员工的工作能力和技能,有必要开展有针对性的岗位技能培训。对于管理人员,尤其是对即将晋升者有必要开展提高性的培训和教育,目的是促使他们尽快具有在更高一级职位上工作的全面知识、熟练技能、管理技巧和应变能力。

(七)绩效考评

工作绩效考评,就是对员工的胜任能力、工作表现及工作成果等进行评价,并给予量化处理的过程。考核结果是员工晋升、接受奖惩、发放工资、接受培训等人力资源管理决策的有效依据。它有利于调动员工的积极性和创造性,并能检查和改进企业人力资源管理工作。

(八)帮助员工的职业生涯发展

人力资源管理部门有责任鼓励和关心员工的个人发展,帮助其制订个人发展计划,并及时进行监督和考察。这样做有利于促进零售企业的发展,使员工有归属感,进而激发其工作积极性和创造性,提高零售企业效益。人力资源管理部门在帮助员工制订其个人发展计划时,有必要考虑与零售企业发展计划的协调性和一致性,促使个人发展计划的顺利实施并取得成效。

(九)员工工资报酬与福利保障

合理、科学的工资报酬与福利体系关系到零售企业中员工队伍的稳定。人力资源管理部门要从员工的资历、职级、岗位及实际表现和工作成绩等多方面,来为员工制定相应的、具有吸引力的工资报酬福利标准和制度。

员工福利是社会保障和零售企业保障的一部分,是工资报酬的补充和延续。它主要包括政府规定的退休金或养老保险、医疗保险、失业保险、工伤保险、节假日,并且为了保障员工的工作安全卫生,提供必要的安全培训教育和良好的劳动工作环境等。

(十)建立员工档案

人力资源管理部门有责任保管员工的简历以及在工作主动性、工作表现、工作成绩、工资报酬、职务升降、奖惩、接受培训和教育等方面的书面记录材料。

二、零售企业业务人员的管理

零售企业的业务人员主要有采购员、收银员和理货员等。

(一)业务人员的规模

零售企业需要配备的业务人员的数量,取决于顾客流量,以及零售店打算为顾客提供的服务水平。零售店的规模越大,每天、每周和不同季节的销售量起伏越大,那么,需要配备的业务人员也越多。越是要减少顾客等候购买的时间,需要配备的业务人员也越多。有关零售店服务水平的决策,在相当大的程度上,取决于竞争上的需要。如果竞争对手提供了高水平的服务,那么,本企业也必须提高服务水平。

零售店业务人员的规模编制可以从两个方向着手:一是从业务人员的生产性指标来估计总人数;二是从各部门各职务分析工作量来确定总人数。

1. 从业务人员生产性指标来估计

(1)业务人员总数 = 总目标销售额 ÷ 每人销售额

(2)业务人员总数 = 目标销售利润总额 ÷ 每人目标销售利润额

2. 从各职务分析得出的工作量来推算

(1)确定各业务部门内必要的工作。

(2)将这些工作分配给业务部门内的各职员。

(3)根据分工结果来设定职务,并明确各职务的工作内容。

(4)通过工作量的测定、时间的推算来设定该职务职员的数量定额。

(二)业务人员的时间

零售店采购人员由于工作性质的特殊性,其工作时间的具体安排要视供应商的情况而定,因此无法进行统一规划。理货员和收银员的工作看起来非常繁杂,但实际上却有一定的规律可循。其中,收银员的工作内容比较单一,而理货员则承担着上货、取货、理货以及销售导购等具体工作,直接影响着零售店的销售状况,因此合理安排其工作时间则显得非常重要。

确定了理货员和收银员的最佳人数,还需分派好他们每天不同的工作时间、每周不同的工作日,甚至每年不同的工作月份(指有轮流休假的月份)的工作时间。

如果整天、整个星期、整个月份来零售店购物的顾客都比较均匀,那么,时间表的安排也就比较简单。在此理想的情况下,零售店的经营者就可以简单地、均匀地分派业务人员。但实际情况是,顾客的购货活动并不是可以预测和有秩序的。

例如,商业区的百货商店,每天11:00~14:00,总是有大批的顾客去那里购物,这与商业区各个办公机构的午餐休息时间是相一致的;家具商店在每天的傍晚和周末的销售最兴旺,因为在这个时间,全家人可以一起去购买,汽车商那里的情况也是如此;玩具商店在每年的11~12月价销售的商品,占全年销售额的40%以上;园艺工具商店的高峰销售季节在每年的春季和初秋。

(三)业务人员的工资

零售店业务人员的工资可以简单地划分为三种类型:直接工资、直接酬金和工资加酬金。这三种类型,各有它的优点和缺点。

1. 直接工资

直接工资是指业务人员每隔一定时间(通常为每月),不管销售额多少均可得到一份固定的工资。然而,在此期间,如果业务人员不能帮助销售或者完成足够的销售额,那么,就很可能会因为工作不胜任而被解雇。同样,在此期间,如果业务人员的销售额超过应有的销售份额,那么,零售店不给业务人员增加工资,就不能留住这样的业务人员。

绝大多数小型零售店采取这种工资办法,他们一般不给业务人员分派非销售的职务。因此,如果业务人员在非销售工作方面出了力,可以另外得到相应的酬金,而零售店则需要另有开支。还有,许多薄利多销的连锁商店也采用这种劳动工资办法,因为它们的业务人员只不过是按顾客需要取货,很少产生额外的销售额。

直接工资有一定的吸引力,因为它能使收入有保证;但也有缺陷,因为它对业务人员的额外努力很少有奖励。因此,要使这种劳动工资制度起到更好的效果,一定要与定期的考核结合起来,以便鉴别优秀的业务人员,给予更高的工资待遇。

2. 直接酬金

有些业务人员的收入是按他们的销售额给予一定比率的酬金。酬金的比率,可以是所有商品销售额均是同一个比率,也可以根据不同商品的获利的可能性确定不同的比率。一般情况下,零售店的业务人员获得直接酬金的比率为2%~8%。

支付直接酬金,能为业务人员工作中产生的销售额提供比较明显的鼓励。然而,在销售不景气的时候,业务人员就可能得不到足够的收入来满足日常的生活开支需要。由于存在这样的问题,绝大多数零售店对支付直接酬金的办法做了一些修改和调整,在按规定比率支付直接酬金达不到规定的最低限额时,允许业务人员从今后的酬金中提取一些工资,直至达到每月的规定数额。

采用直接酬金办法存在的主要问题是它会给业务人员的销售提供过多的鼓励。他们会为了多销售而损害零售店在顾客中的形象和影响今后长期的经营业务。同样,他们为了多销售,不愿意承担其他职务,例如,帮助顾客运走商品,布置商品陈列等,因为毕竟酬金是按销售额支付的,而不是按对顾客的意见的处理或者商品陈列来支付。

3. 工资加酬金

大部分情况下,零售店对业务人员实行支付固定工资加上根据整个销售额或者超过定额部分的销售额给一定比率的酬金的工资制度。在这里,固定工资一般比全部支付直接工资要低一些,但是,加上支付的酬金,整个收入一般比全部支付直接工资要高一些。事实上,接受工资加酬金的绝大多数业务人员的收入,比接受直接工资的业务人员的收入高。

实行这种工资制度,不仅雇佣人员的基本收入比较稳定,可以鼓励他们执行非销售任务;而且还可以鼓励他们不断地努力增加销售额。因此,它是直接工资与直接酬金之间的一种比较好的折中办法。

4. 附加工资

零售店的业务人员在接受正规工资(工资、酬金和工资加酬金)以外,还可以接受以下三种附加工资。

(1)雇用人员购物享受优惠折扣。差不多所有零售店对业务人员在本店购买商品均给予优惠折扣。唯一不给优惠折扣的行业是主营食品的小型零售店。这是因为,这类零售店的毛利比较低。在其他类型的零售店,对业务人员购物的优惠折扣一般在10% ~20%之间。

(2)保险和退休金。除正规工资以外,提供保险和退休金也是一种额外的工资形式,它可以使员工得到多方面的保障。

(3)推销奖金。推销奖金(Push Money)与"奖金(Prize Money)"、"奖品(Premium Merchandise)"的性质相同。PM 是在基本工资和正规奖金以外支付给业务人员的。它可以鼓励业务人员做出更多销售努力。PM 既可以由零售店承担,也可以由供应商承担。零售店为了鼓励业务人员销售过时的或者滞销的商品,可以给业务人员 PM。推销得最多的业务人员可以免费去旅游,或者获得一些其他的奖金。也可以是销售了规定数量的商品的任何业务人员,都可以获得奖金或奖品。相反,供应商给零售店的 PM,则是为了推销供应商供应的商品中的高档商品或者是最有利可图的商品。供应商提供 PM 的最常见的行业为家用电器行业和珠宝首饰行业。

通常,在供应商提供的 PM 与零售店提供的 PM 之间存在着矛盾。产生这种矛盾,是因为供应商提供给零售店业务人员 PM,鼓励他们推销的商品,虽然对供应商来说是相当有利可图的,但是,对零售店来说,则不一定是有利可图的。

(四)业务人员的考核

零售店为了对业务人员进行考核,应当制定系统的考核办法。管理人员不能凭主观印象进行考核,而要制定科学的、切实可行的考核标准。这些标准中,有些是只能用来考核业务人员的个人工作;有些则是既可以考核业务人员的个人工作,又可以对业务人员集体的工作情况进行考核。常用的考核标准主要有以下几种。

1. 转变率

转变率是以购买商品的顾客的总数,除以进入商店的顾客总人数来计算的。计算公式如下:

转变率 =(购买商品的顾客总人数 ÷ 进入商店的顾客总人数)×100%

转变率反映了看货购物的人转变成顾客的百分比,即全部业务人员的工作效果。转变率低是由多种因素造成的,也许是因为顾客需要业务人员帮助选购时,售货现场没有足够的业务人员。由于无人帮助,自行选购的顾客过多,顾客等待购买的时间过长,以致许多顾客没有购买即离开商店。或者业务人员的人数并不少,但没有做好销售工作。销售工作差也是由种种因素造成的,例如:业务人员的工作熟练程度比较差,给顾客提供的商品信息不充分,在与顾客的交谈中表示的不同看法过于强烈;对商品宣传比较差,业务人员态度不好,或者商店关门过早等。还有一些业务人员无法控制的因素,也会造成转变率比较低。例如,准备的商品不充分,花色品种不齐全等。当转变率低于标准时,零售店应当找出原因,采取措施,纠正这种情况。

2. 每小时销售额

衡量业务人员工作效果的最常见的标准是每小时的平均销售额。这是以一定时间内的全部销售额除以全部业务人员的工作时间来计算的。应用一种设计得很好的记录系统,零售店可以为每个业务人员、任何业务人员集体,或全部业务人员计算这种简单的衡量标准。

应用这种衡量手段时,要记住一定要为业务人员个人或集体规定专门的衡量标准。例如,百货商店的每小时销售额,是不能指望玩具部的每小时的销售额与珠宝首饰部每小时的销售额相同的;也不能指望 7 月份的每小时的销售额与 12 月份的每小时的销售额相同,因为 12 月份临近春节。

3. 时间的利用情况

应当确定合理的时间利用标准,以便业务人员能更好地利用他们的工作时间。业务人员的工作时间主要花费在以下四个方面。

(1)售货时间:指应顾客购买需要,帮助顾客选购所花费的时间。这包括接待顾客,与顾客交谈,进行商品介绍和宣传,开写售货单据,或者在其他可能为商店增加收入的方面为顾客提供的服务。

(2)非售货时间:指花费在上述的非售货任务方面的时间。

(3)闲散时间:指业务人员在售货场所花费的与任何业务经营无关的时间。

(4)不在售货场所的时间:指业务人员不在售货场所的任何时间。他们可能在用餐,在休息室休息,在商店的其他部位,或者在某些不适宜的地方。

零售店可以为以上各类时间制定一定的标准。比如,标准的时间分配为 60%

售货时间,28%的非售货时间,5%的闲散时间,7%的时间可以不在售货场所。对这些标准的任何偏离,应当进行了解,如有必要,应当采取纠正措施。

课堂案例讨论

信誉楼:“以人为本”的本质是关心

一直以来,零售业内令管理者最为头疼的事情就是,一方面人力成本大幅提高,而员工的流失率却居高不下。

然而,在2012年召开的第14届中国连锁业会议上,一家来自河北黄骅县城的百货店——信誉楼却用自己朴实的做法为各零售巨亨们上了生动的一课。这家企业不仅一直以来秉承自营的理念,已经走在了行业的前列,而且也将员工的积极性和创造力发挥到了极致。很多业内同行都在问同一个问题,怎么做到的?而河北信誉楼百货集团有限公司总裁罗茂莲却只是轻描淡写地表示:“对员工的关心,对消费者的关心,跟上游供应链公平的交易,把这些东西做好了利润是必然的。”

关心员工

信誉楼员工的工资和销售额是不挂钩的,各级干部的薪酬和利润也是不挂钩的。但即便这样,信誉楼自1984年成立至今,已自己征地建设商厦15家,还有几家特许加盟店,且每家店的规模都在1万~2万平方米之间。这在靠收房租维系生计的中国零售业,尤其是民营零售企业是非常难得的。

罗茂莲表示,如果把利润和工资挂起钩来,干部和员工就不能为顾客着想了,可能就开始为自己的口袋着想了。他们对员工的考核不是定量的,是定性的,定性的指标围绕顾客满意度的提升,围绕着顾客忠诚度的培养确定指标。她认为,作为员工来说,能不断地研究顾客的需求,体会顾客的需求,明白顾客真正在意的是什么,这样就能做好工作,让顾客更满意就是好员工。

这同万科集团董事长王石的想法不谋而合。王石曾在微博上这样写道,绩效主义看似公平,但缺少内涵,它只能靠利益刺激,未形成精神共同体,最终将走向平庸,无论何种企业,只要实行员工收入与业绩完全挂钩,一些扎实的工作就容易被忽视,破坏员工对企业的信任感。

应该说信誉楼从基因上来讲是为他人着想的企业。首先是为员工着想,培训员工为顾客、为供应商、为所有的利益相关者着想。创业之初,信誉楼的老董事长就想如何由他搭台,让别人唱戏,因此信誉楼企业的使命就是让员工体现自身价值,享有成功人生。

中国连锁经营协会会长郭戈平也表示,完善员工的激励机制,其实也是零售业再增长的一个机制引擎。作为劳动密集型的企业,人的因素对于零售企业的绩效影响越来越大,目前企业在人力资源方面普遍存在的问题是中高端人员人才供应不足，基层员工流动大，必须得想方设法留住人才，而激励机制则是其中重要的一环。

提高员工的凝聚力和忠诚度需要企业建立一套完善的激励机制，包括长、中、短等不同期限的激励机制，也包括高管、中层员工到普通员工不同层级的激励制度，通过激励制度把员工的利益落在实处，让员工真正能享受到企业发展的成果。郭戈平说，零售业是一个辛苦的行业，是以人为本的行业，干部和员工的积极性决定了企业的发展，员工能感受到企业发展跟他们的利益密切相关，这才是企业可持续发展的持久动力。

举几个例子，比如说信誉楼为员工创立了宽松的工作环境，信誉楼有规定，下级不能给上级送礼，如果员工有婚丧嫁娶不允许互相随份子，但是企业会以企业的名义给员工送上一份大礼，如果有违反，对于送礼的和收礼的人都要进行处罚，这样的制度给员工创造了一个宽松的环境。

据介绍，信誉楼对各个分店总经理的要求不是让他把主要的精力放在业务经营上，而是让他首先做好关爱员工的工作，信誉楼致力于打造重视人、尊重人、理解人、关心人的环境，让主要领导解决员工的工作和生活中的困难和困惑，让员工在这里干得舒心。信誉楼对各级干部评价的标准是看他能否有效地培训下属，谁的下属成长得快公司对他的评价就高，比如，信誉楼让各级主管给员工们充分试错的空间，让他在试错的过程中充分的成长。

以人为本不应该沦为一句口号，而应该切实融入企业的核心价值观中。对此，罗茂莲认为，企业以人为本的前提是诚信。诚信有三个层次：第一个层次是兑现承诺；第二个层次是在信息不对称的前提下，在和消费者信息不对称的前提下能不欺不骗；第三个层次是为他人着想。进入到第三个层次才是“以人为本”。

企业要以人为本，其核心价值观就是追求价值的最大化，而不是利润的最大化，在维护自己根本利益的同时切实为所有利益相关者着想。企业追求的不是单一的数据指标，而是整个体系的健康发展。

企业对员工的培训也应该是方方面面的，不仅仅是做事情，还包括做人。要培训员工为顾客着想，培训员工不是卖什么，而是帮助顾客买什么，为顾客提供解决问题的方案。罗茂莲说：“对于买者的培养是很多人感兴趣的话题，因为权力的下放出发点是好的，所以更贴近顾客，了解顾客的需求，如果柜组主任的业务能力达不到的话也不能很好地保证效果。”

关于业务人员的廉洁问题，如何解决吃回扣的问题，就需要督查。督查有两方面的作用，一是保证商品进价合理，二是保证干部廉洁，推动廉洁环境的建设。通过严密的制度让人不想，通过严厉的惩罚让人不敢。

关心其他利益相关者

与此同时，以人为本还有为供应商着想，包括为其他的利益相关者着想。一心为钱的路会越走越窄，只有切实关爱员工，为消费者和供应商着想，财源才会滚滚而来。

对此，业内专家表示，目前影响零供关系的，主要是“一前一后”。所谓的“前”主要是指进卖场之前缴纳的进场费，这在业界已经探讨了很多年了。而所谓的“后”则主要是指卖不出去的商品的退货问题。目前存在一定的盲目进货、随意退货的现象。特别是节日和促销期间大进大退造成了多方面的问题，特别是供应链的效率低下，仓储物流等大量成本的浪费。

郭戈平也认为，大量退货，从单个企业来说效益提升了，但从社会来讲，这些退货行为导致了整个供应链、整个社会成本的增加。大量退货的根源除了食品安全问题以外，关键还在于现在的经营模式对于供应链信息的不透明而导致的盲目退货，同时也与订货人员专业程度有关系，还有职业操守问题。

而在这方面，由于信誉楼一开始便都是自营，所以不存在大量随意退货。这样尽管会承担一定的市场风险，但也会收获更高的经营效果和毛利率水平。

罗茂莲说：“大树有大树的魅力，小草有小草的生命力，信誉楼甘做小草，如果小草不贪心的话它会一直活得非常好，有自己的价值存在着。零售业当中不是哪种风格更好，而是能长期坚持这种风格和特色。”她表示不追求做强，只要做好就行了，“好”就是坚守自己企业的理念，不断认清零售的根本，遵守规律，能做的轻松还不落后。

的确，零售业是关乎人的行业，这些“人”是客户，是员工，是上游的供应商。“以人为本”其实从头到尾就是两个字——关心。

资料来源：以人为本绝不是一句口号. 中国商界，2012(12).

案例讨论：如何看待信誉楼的员工工资与销售额不挂钩的做法？信誉楼是如何践行“以人为本”的理念的？

第三节　零售企业的管理信息系统

零售管理信息系统是采用计算机技术、通信技术、数据库技术及其他相关技术，运用经济数学、系统科学、行为科学等方法，为零售企业实现商品流、资金流和信息流优化管理与控制目标的信息系统。

零售管理信息系统是零售自动化的重要组成部分。零售管理信息系统在零售行业的广泛使用，加速了零售业的信息化和全球化进程。特别是近年来互联网技术的快速发展，不仅带来了零售业在管理手段和方法上的变革，也带来了零售业管理理论和思维方式上的变革。

零售管理信息系统中常采用的技术主要有以下几种。

一、商品条形码

条形码是由一组黑白相间、粗细不同的条状符号组成的识别码。每组条形码隐含着数字信息、字母信息、标志信息和符号信息，用以表示商品的名称、产地、价格及种类等，是世界通用的商品信息的表述方法。从形式上看，条形码是一组黑白相间的条形图案，这种条形图案由若干个黑色“条”和白色“空”的单元所组成。其中，黑色条对光的反射率低而白色空对光的反射率高，再加上条与空的宽度不同，就能使扫描光线产生不同的反射接收效果，从而在光电转换设备上转换成不同的电脉冲，形成了可以传输的电子信息。由于光的运动速度极快，因此可准确无误地对条形码予以识别。

条形码起源于20世纪50年代，最早应用于需要快速结账的零售业。顾客在商场购买商品时，收银员只需要用条码阅读器进行扫描，计算机就可以自动读取条形码，从数据库中确定商品的品名、规格、单价等，然后汇总购买金额，快速进行结账。在此基础上，还能实现对销售信息的分类、汇总及销售分析等，提高了工作效率。条形码技术已经成为信息时代的信息流通技术标准，国际上已经广泛使用。目前，主要的条形码系统有美国的商品代码系统（UPC）和国际通用商品代码系统（EAN）。

EAN 是国际上广泛采用的商品代码形式，我国商品条形码标准也采用 EAN。EAN 标准码由 13 位数字码及相应的条码符号组成，较小的商品一般采用 8 位缩短数字码。标准条形码由前缀码、制造厂商代码、商品代码和检验码组成。前缀码由 3 位数字组成，是国家代码，由国际物品编码协会统一制定，由国际条形码委员会分配，分配给我国内地地区的是 690，691 和 692。制造厂商代码由 4 位数字组成，由我国物品编码中心统一分配并统一注册，一厂一码。商品代码由 5 位数字组成，表示制造厂商生产的商品，由厂商确定，可标志 10 万种商品。检验码由 1 位数字组成，用以检验前面各代码的正误。

（一）店内码系统

在商品经营销售过程中，有些商品（如生鲜果蔬、肉禽蛋鱼等）是在零售商的卖场里完成最后的包装、称重的，这些商品的编码不由制造企业承担，而由零售商完成。零售商进货后，对商品进行整装，用专用设备进行称重，并自动编制成条码，然后将条码粘贴或悬挂在商品上。由零售商编制的商品条码系统，应用于企业内部的商品自动化管理。因此，这种条形码被称为店内码，即商店内生成的条形码，它必须要有和通用条形码相同的结构。相对于店内码，在生产企业生成的条码又称自然码。

（二）条形码的作用

条形码由于自身携带了大量的信息，又便于快速准确地读取，在零售企业经营中所起的作用十分明显，主要有：①准确度高、输入速度快、操作简便，使销售过程更畅通、迅速；②条形码所包含的商品信息是唯一和独有的，相当于商品的“身份证”，用于商品类别、原产地、生产厂家的识别；③销售者利用条码系统进行库存更新、销售分析、商品订货与商品管理，可以降低差错率；④商品标准化程度高，便于机器读取识别；⑤使用成本低、可靠性强，并且在原有 13 位码基础上可扩充至 16

位码,供物流环节使用。

(三)条形码技术的应用过程

1. 收货

收货员通过扫描货物自带的条形码,与主机中所记录的订单货物的种类、数量等进行比较,从而立即显示此货物是否与订单所订的商品相符合,如果符合,便将货物入库。

2. 入库与出库

入库和出库其实是仓库部门重复以上的步骤,增加这一步只是为了方便管理,落实各部门的责任,也可以防止有些货物在收货后需直接进入商场而不入库所产生的混乱。

3. 查货

查货是仓库部门最重要,也是最必要的一道工序。仓库管理人员可以利用手提终端来扫描货品的条形码,确认货号和数量,所有数据都会实时地通过无线网络传送到主机。

4. 查价

查价是零售企业一项烦琐的任务。因为货品经常会有特价或调整,混乱也容易发生,所以售货员可利用主机提供的货品变动的种类、变动价格的大小来即时修改商品的条形码。

5. 销售

销售时主要是通过 POS 系统对产品条码识别,进行结账交易。但要注意的是,条码标签一定要质量好,一是方便售货员扫描,提高效率;二是防止顾客把低价标签贴在高价货品上结账,造成损失。

6. 盘点

盘点是零售企业收集销售数据的重要手段,是必不可少的一项工作。它一般分为抽盘和整盘两部分。抽盘是指每天几次的抽样盘点,电脑主机将随机发出指令,要求售货员到几号货架清点某种货品。而整盘是指整店盘点,这是一种定期的盘点,也是通过主机的指令,按指定的路线、指定的顺序,把零售店内分成若干个区域,分别由不同的售货员负责清点货品,然后,不断把清点资料传输回主机,盘点完全不影响企业的正常运作。

二、电子数据交换系统

电子数据交换(Electronic Data Interchange, EDI)是指计算机与计算机之间的数据交换,它是通信技术、网络技术与计算机技术的结晶,能将经营得到的数据和信息规模化、标准化,并在计算机应用系统间直接以电子方式进行数据交换。

(一)EDI 的特征

国际标准化组织(ISO)将 EDI 定义为:将商业或行政事务处理按照一个公认

的标准,形成结构化的事务处理或信息数据格式,从计算机到计算机的数据传输。它包括以下几个特征。

1. 信息交换

EDI 系统是信息进行交换和处理的网络化、智能化和自动化系统,它将远程通信、计算机及数据库三者有机地结合在一个系统中,实现数据交换、数据资源共享。EDI 也可以作为管理信息系统(MIS)和决策支持系统(DSS)的重要组成部分。

2. 标准化传输方式

EDI 是一种计算机应用技术,使用者之间根据事先达成的协议,对经营产生的信息按照一定的标准进行处理,并把这些数据通过计算机通信网络,在电子计算机系统之间进行交换和自动处理。这是现代高科技和经济结合的一个案例,极大地改变了传统的贸易和管理手段,不仅使零售业运作方式和操作方式得到根本改观,而且也影响了企业的决策行为和效率。

3. 通信工具

EDI 是一套报文通信工具,它利用计算机的数据处理与通信功能,将交易双方彼此往来的商业文件(如询价单或订货单等)转成标准格式,并通过通信网络快速准确地传输给对方。

(二)EDI 的作用

EDI 是在现代电子技术基础上产生和发展起来的,使用 EDI 对零售企业,特别是对大型连锁零售企业可产生以下几方面的作用。

1. 提高工作效率

供需双方的信息经由计算机通信网络传输,瞬间即达,可大大缩短业务运作时间。

2. 降低差错

由于信息处理是在计算机上自动完成的,无须人工操作,所以除节约时间外,还可大幅度降低订货和补货处理过程中的差错率,从而降低资料出错的业务成本。

3. 降低库存费用

由于使用 EDI 后可缩短供需双方的业务处理时间,因而需求方可减少库存,降低库存资金占用,从而使商品售价降低,提高产品的市场竞争力。

4. 节省管理费用

由于使用 EDI 后不再需要人工填表、制单、装订、发送等一系列工作,可节省人力,使零售企业经营过程中的管理开支大幅度下降。

(三)EDI 的工作过程

EDI 主要是建立一种能被广泛认可的标准化通信和传输方式,其工作的过程表现为如下几个步骤。

1. 翻译

传输信息方首先将需要传输的信息形成普通的文字数据信息,用计算机处理,形成符合 EDI 标准格式的、可被计算机通信传递的计算机数据文件。

2. 传送

将经过翻译的、形成可被计算机网络系统传送的数据文件，经过 EDI 数据通信和交换网，登录传送到 EDI 服务中心，再发送到对方登录的 EDI 服务中心，由对方的 EDI 服务中心再传送到对方的计算机网络系统上，供对方阅读。

3. 使用

对方的计算机系统收到 EDI 服务中心传来的标准资料后，按照设定的程序，自动处理翻译成可被理解和阅读的普通文字和数据信息，即通常所说的纸质文件，这样就可以作为信息被使用了。

在 EDI 的工作过程中，需经过将信息资料翻译—传送—再翻译的过程，但计算机的翻译和通信，是高效和快捷的。使用 EDI 系统，企业需做的工作只是输入一次原始信息，后续的识别、翻译处理及传送都是由计算机系统自动完成的。从使用过程看，EDI 在传递商业信息时，比普通传递方式速度提高了 80%，而传递文件的成本降低了近 40%，并且大幅度减少了传递过程中产生的差错，是提高零售企业经济效益和工作效率的最佳工具。

三、电子订货系统

随着市场竞争的日趋激烈，如何能有效地获取信息、使用信息来进行销售、订货、库存等经营管理，以便及时补足售出商品的数量，做到无缺货，提高企业资源的利用效率已成为零售企业竞争制胜的关键。在这种情况下，电子订货系统（Electronic Order System，EOS）应运而生。EOS 是一种高效、快捷的系统，它包含了许多先进的管理手段和方法。

（一）EOS 的构成基础

EOS 不是由单个的零售店与单个的供应商组成的系统，而是由许多零售店和许多供应商组成的大规模的整体运作系统，它建立在某种网络的基础上，在特有的网络系统基础上展开工作。EOS 作为一种电子运行系统，可以运行多种网络系统，常用的是商业增值网（VAN）运行电子订货系统，其工作原理表现为：①零售商在进行 EDI 格式转换以后将订单发送给供应商以开展订货业务；②供应商在 EDI 格式基础上接收订单，发送交货通知，将信息反馈给零售商；③零售商和供应商之间传递商品查询信息、报价信息，以及开展搜寻商品供应商工作；④将查询信息、报价信息存入 MIS 系统作为历史资料，供以后进行检索和信息资料管理使用。

（二）EOS 的作用

EOS 能准确及时地产生订货信息，并传递到供货商的计算机系统中，其在企业订货管理中的作用如下。

首先，比较传统的订货方式，如邮寄订货，上门订货，电话、传真订货等，EOS 可以缩短从产生订单到发出订货的时间，缩短供应商从接收订货信息到发出商品的交货期，减少商品订单的差错率，节省费用。

其次，由于快捷的订货系统可减少订货下单和传递的时间，有利于减少企业库存水平，提高企业的商品周转效率，同时也能防止商品缺货，特别是畅销商品缺货现象的出现。

最后，对于生产商和供应商来说，分析零售商的商品订货信息，可以准确判断畅销商品和滞销商品，有利于企业调整商品生产活动。

（三）EOS 实施的关键

1. 商品数据库

EOS 的顺利运作取决于商品数据库的建立和维护。对于零售商而言，建立商品数据库及更新（如删除滞销商品、增加新商品，价格、包装、单位数量的变动等）的制度，发送订单传票，制作标签、商品货架卡、商品目录等，关系到 EOS 实施和商店自动化订货的成败。

2. 商品代码

EOS 要求为交易各方的商品建立一套代码体系，零售企业可自行建立与各供应商的企业代码或商品代码对照表，但随着 EOS 往来规模的增大，企业的条码环境必须向着社会化的方向发展。

3. 网络通信

增值网中心设立的目的是居中担负各企业硬件环境、代码体系间的转换功能。因此，通过国家、协会或增值网中心统筹建立公共性的企业代码和商品代码，可节省零售商和供应商之间的转换成本，化繁为简。在我国，目前由国家级搭建的 EOS 订货系统平台已经开始运作，可极大地方便企业订货。

四、销售时点技术系统

销售时点技术（Point of Sale，POS）系统，是由电子收款机 ECR 和计算机联机构成的商场前台网络系统，它对商场零售的所有交易信息进行实时的收付款服务、信息收集、加工处理、传递反馈，为商场的经营决策提供商品销售数据。它最早应用于零售业，现在逐渐扩展至金融业和其他服务行业。利用 POS 系统的范围也从企业内部扩展到整个供应链。现代 POS 系统已不仅仅局限于电子收款技术，它已经将计算机网络、电子数据交换技术、条形码技术、电子监控技术、电子信息处理技术、远程通信、电子广告、自动仓储配送技术、自动售货和备货技术等一系列技术和经营活动与促销手段融为一体，从而形成一个综合性的信息资源管理系统。

（一）POS 系统的内容

POS 系统包含前台 POS 系统和后台 MIS 系统两个部分。在前台 POS 系统建立的同时，对商场的管理信息系统（Management Information System，MIS）提出了需求，而 MIS 实际上是 POS 系统的后援支持部分。在商品销售的全过程中，商品的经营决策者都可以通过 MIS 了解和掌握 POS 系统的经营情况,实现商场库存商品、收款、存货量的动态管理,使商品的存储量保持在一个合理的水平,可以减少不必要的库存,能及时补货,避免脱销。

1. 前台 POS 系统

前台 POS 系统是指通过自动读取设备(主要是扫描器的读取),在销售商品时直接读取商品的销售信息,实现前台销售业务的自动化,对商品销售过程进行实时服务和管理,并通过通信网络和计算机系统传送至 MIS 系统。通过 MIS 系统的计算、分析与汇总,掌握商品销售的各项信息,为企业管理者分析经营成果、制定经营决策提供依据。

2. 后台 MIS 系统

后台 MIS 系统又称管理信息系统,负责整个零售企业订货、销售、库存管理以及财务管理和考勤管理等。它可根据商品进货信息对厂商进行管理;又可根据前台 POS 系统提供的销售数据,控制进货数量、合理调度周转资金;还可分析销售报表,快速、准确地计算成本与毛利;也可以对售货员、收款员业绩进行考核;同时也是计算员工工资、奖金的客观依据。因此,在零售企业的 POS 系统中,前台 POS 系统与后台 MIS 系统是密切相关的,两者缺一不可。

(二) POS 系统的构成

1. POS 系统硬件的组成

就零售企业而言, POS 硬件系统的基本组成可分为:单个收款 POS 系统;收款机与计算机相连构成 POS 系统;以及收款机、计算机与网络构成 POS 系统三种。目前连锁经营企业大多采用第三种类型的 POS 系统,它的硬件结构如下。

(1)前台收款机。前台收款机即通称的 POS 机,由顾客显示屏、结款单打印机和条码扫描仪等设备组成,具备这些功能的 POS 机型有 XPOS, PROPOS 和 PC-BASE 等几种。它可以使商品库存信息共享,保证了对商品库存的实时处理,便于后台随时查询销售情况,进行商品的销售分析和管理。条形码扫描仪可根据经营商品的特点选用手持式或台式,以提高数据录入的速度和可靠性。

(2)网络应用。零售企业信息交流的特点是内部信息的使用和交换量大,对外的信息交换量也较大。因此,计算机网络系统最好是选择以高速局域网为主,以电信系统提供的广域网为辅的网络系统。如果考虑到系统的开放性及标准化的要求,则建议选择 TCP/IP 协议较合适,而操作系统则选用开放式标准操作系统为佳。

(3)MIS 系统。零售企业的商品进、存、销的管理过程非常复杂,账务结算的数据量大,需要频繁地进行管理和检索,所以应选择先进的客户机或服务器,以提高工作效率,保证数据的安全性、及时性和准确性。

2. POS 系统软件的组成

POS 系统的软件组成主要是前台的 POS 销售系统和后台支援的 MIS 信息管理系统两大部分,两者的主要功能如下。

(1)前台 POS 系统的功能。

• 日常销售。完成日常的售货收款,记录每笔交易的时间、数量、金额,并将销售资料保存在收款机上或同步传输到 MIS 系统中,为系统管理创造基础条件。

• 退货。退货功能是销售商品的反向操作。当顾客因在购买中买错商品或顾客发现商品出现问题要求退换时,就需使用顾客退货的功能。此功能记录退货时的商品种类、数量、金额等,便于结算管理。

• 支持付款方式。可用于顾客现金、支票、信用卡等不同的付款方式,以方便不同顾客的要求。

• 即时纠错。在销售过程中出现的收款员操作错误,在相关授权人的授权下,可立即修改更正,保证销售数据和记录的准确性。

(2)后台 MIS 系统的功能。

• 商品入库。对入库的商品进行登录,建立商品数据库,便于实施即时库存的查询、修改,以及报表和商品入库验收单的打印等功能。

• 商品调价。在激烈的市场竞争中,商品的价格经常会随季节和市场等情况的变化而变动,此系统提供对这些商品进行的调价管理功能。

• 商品销售。根据商品的销售记录,实现对商品的销售、查询、统计和报表等管理,并能对各收款机、收款员和售货员进行分类统计管理。

• 单据票证。实现商品的内部调拨、残损报告、变价调动、库存验收盘点、报表等各类单据票证的管理。

• 报表打印。打印内容包括:时段销售信息表、营业员销售信息报表、部门销售统计表、退货信息表、进货单信息报表和商品结存信息报表等,实现对商品销售过程中各类报表的分类管理功能。

• 分析功能。POS 系统的后台管理软件应能提供完善的分析功能,分析内容涵盖进、销、存过程中所有主要指标,并可以图形和表格方式提供给管理者。

• 数据维护。完成对商品资料、营业员资料等数据的编辑工作。商品资料包括:商品资料的编号、名称、进价、进货数量、核定售价等内容。营业员资料包括:营业员编号、姓名、部门和班组等内容。

• 销售预测。预测内容包括畅销商品分析、滞销商品分析、畅销商品排名、滞销商品排名、某类商品销售预测及分析等。

第四节　零售企业的供应链管理

企业从原材料和零部件采购、运输、加工制造、分销直至最终送到顾客手中的过程被看成是一个环环相扣的链条,这就是供应链。

供应链管理(Supply Chain Management,SCM)就是指对整个供应链系统进行计划、协调、操作、控制和优化的各种活动过程,其目标是要将顾客所需的正确的产品能够在正确的时间、按照正确的数量、正确的质量和正确的状态送到正确的地点，并使总成本最小。

一、零售企业供应链决策层次

成功的供应链管理需要制定与信息、物料和资金流动相关的各种决策，这些决策，根据其频度和影响的时间跨度，可分为以下三个阶段。

（一）供应链策略（或设计）阶段

在供应链策略阶段，公司决定如何构造供应链，决定供应链的配置，以及供应链的每个环节（组织）执行什么样的流程。这些决策通常也称为战略供应链决策。公司的战略决策包括生产和仓储设施的位置和能力，在各个地点制造或存放的产品，根据不同交货行程采用的运输模式，以及将要使用的信息系统的类型。公司必须保证供应链配置支持其在这一阶段的战略目标。

（二）供应链计划阶段

在供应链配置确定之后，公司需要有相应的供应链计划，也即要制定一整套控制短期运作的运营政策，这一阶段的决策必须满足既定战略的约束。计划从预测来年（或时间跨度为三个月到一年）的市场需求开始，包括决定哪个地点供应哪些市场，计划库存是多少，补货和库存政策，备货点设定（以防缺货），以及促销时间和规模等有关政策。

（三）供应链运作阶段

在供应链运作阶段的决策时间是周或天，公司根据既定的供应链计划做出具体实现客户订单的有关决策，其目的是以尽可能好的方式实施供应链计划。在这一阶段，公司分派订单给库存或采购部门，设定订单完成日期，生成仓库提货清单，指定订单交付模式，设定交货时间表和发出补货订单。由于供应链运作是短期决策，通常具有需求不确定性。因此，运作决策的目的就是要利用这种不定因素的减少，在供应链配置和计划政策的约束下取得最优性能。

二、零售企业供应链管理的方法

（一）快速反应（QR）

快速反应是指在供应链中，为了实现共同的目标，零售商和制造商建立战略伙伴关系，利用条码 EDI，EOS 等信息技术和管理手段，进行销售时点的信息交换以及订货补充等其他经营信息的交换，用多频度小数量配送方式连续补充商品，以缩短交货周期，减少库存，提高客户服务水平和企业竞争力。

对于零售企业来说，采用快速反应可以获得以下优点：提高销售额、减少削价的损失、降低采购成本、降低流通费用、加快库存周转和降低管理成本等。

1. 快速反应的实施步骤

快速反应的实施步骤如图 9－6 所示。

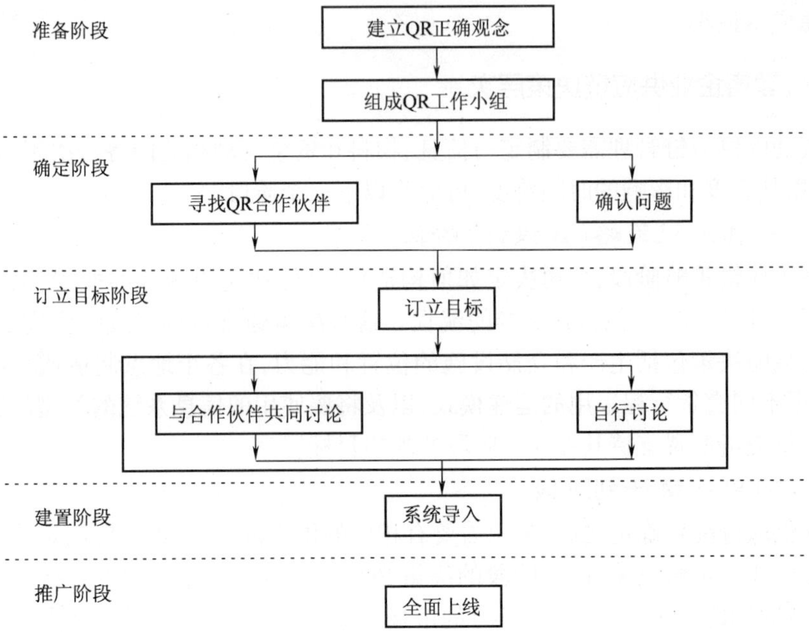

图 9－6　快速反应的实施步骤图

2. 快速反应的实施要素

快速反应的实施要素如表 9－1 所示。

表 9－1　快速反应的实施要素

序　号	要　素	具体操作内容
1	条码和 EDI	零售商首先必须安装条码识别、POS 扫描和 EDI 等技术设备，以加快 POS 机收款速度，获得更准确的销售数据并使信息沟通更加流畅。
2	固定周期补货	QR 的自动补货要求供应商更快更频繁地运输重新订购的商品，以保证店铺不缺货，从而提高销售额。自动补货使用软件进行定期预测，同时考虑目前的存货情况和其他一些因素，以确定订货量。自动补货是由零售商和批发商在仓库或店内进行的。
3	先进的补货联盟	为了保证补货业务的流畅，零售商和制造商联合起来检查销售数据，制定关于未来需求的计划和预测，在保证有货和减少缺货的情况下降低库存水平。还可以进一步由制造商管理零售商的存货和补货，以加快库存周转速度，提高投资毛利率。
4	零售空间管理	根据每个店铺的需求模式来规定其经营商品的花色品种和补货业务。一般来说，对于花色品种、数量、店内陈列及培训或激励售货员等决策，制造商也可以参与甚至制定决策。

续表

序 号	要 素	具体操作内容
5	联合产品开发	这一步的重点不再是一般商品和季节商品，而是服装等生命周期很短的商品。厂商和零售商联合开发新产品，其密切的关系超过了购买与销售的业务关系，从而大大缩短了从产生新产品概念到新产品上市的时间，而且经常在店内对新产品进行试销。
6	快速反应的集成	通过重新设计业务流程，将前五步的工作和公司的整体业务集成起来，以支持公司的整体战略。这一步要求零售商和制造商重新设计整个组织，包括业绩评估系统、业务流程和信息系统，设计的中心要围绕着消费者而不是传统的公司职能。

（二）有效客户反应（ECR）

ECR 是一种把以前处于分离状态的供应链联系在一起来满足消费者需要的工具，是由生产厂家、批发商和零售商等供应链节点共同组成，各方相互协调和合作，以更好、更快并以更低的成本满足消费者需要的供应链管理系统。ECR 的优点在于供应链各方为提高消费者满意这个共同的目标进行合作，分享信息。

ECR 的战略主要集中在以下四个领域：效率的店铺空间安排、效率的商品补充、效率的促销活动和效率的新商品开发与市场投入。ECR 系统的构建主要包括以下几个方面。

1. 营销技术

（1）商品类别管理。商品类别管理是以商品类别为管理单位，寻求整个商品类别的整体收益最大化。

企业对经营的所有商品按类别进行分类，确定或评价每一个类别商品的功能、作用、收益性、成长性等，在此基础上，考虑各类商品的库存水平和货架展示等因素，制定商品品种计划，对整个商品类别进行管理，以便在提高消费者服务水平的同时增加企业的销售额和收益水平。

（2）店铺空间管理。店铺空间管理是对店铺的空间安排、各类商品的展示比例和商品在货架上的布置等进行最优化管理。在 ECR 系统中，店铺空间管理和商品类别管理同时进行，相互作用，即进行综合店铺管理。

在综合店铺管理中，对于该店铺的所有类别的商品进行货架展示面积的分配，对于每个类别下的不同品种的商品进行货架展示面积分配和展示布置，以便提高单位营业面积的销售额和单位营业面积的收益率。

2. 物流技术

物流技术包括以下几个方面：连续库存补充计划（CRP）；自动订货（CAO）；预先发货通知（ASN）；供应商管理库存（VMI）；直接转拨（Cross－Docking）；店铺直送（DSD）。

3. 信息技术

信息技术包括EDI技术和POS技术。

4. 组织革新

组织革新包括企业内部革新、企业间的革新和成本会计的革新。

(三)协同规划、预测和连续补货(CPFR)

随着经济环境的变迁,信息技术的进一步发展,供应链管理逐渐为全球所认同和推广,更进一步地向无缝连接转化,整合程度进一步提高。

高度整合的供应链项目的代表就是沃尔玛公司所推动的CFAR和CPFR,这种新型系统不仅是对企业本身或合作企业的经营管理情况给予指导和监控,更是通过信息共享实现联动的经营管理决策。

CFAR(Collaborative Forecast And Replenishment)是利用Internet,通过零售企业与生产企业的合作,共同做出商品预测,并在此基础上实行连续补货的系统。CPFR(Collaborative Planning Forecasting and Replenishment)是在CFAR共同预测和补货的基础上,进一步推动共同计划的制订,即不仅合作企业实行共同预测和补货,同时将原来属于各企业内部事务的计划工作(如生产计划、库存计划、配送计划和销售规划等)也由供应链各企业共同参与。

CPFR实施的步骤如下。

1. 识别可比较的机遇

CPFR有赖于数据间的比较,这既包括企业间计划的比较,也包括一个组织内部新计划与旧计划,以及计划与实际绩效之间的比较。这种比较越详细,CPFR的潜在收益越大。

CPFR的实施要求CPFR与其他供应和需求系统相整合。对于零售商而言,CPFR要求整合的资源有商品销售规划、分销系统、店铺运作系统。对于供应商而言,CPFR需要整合的资源有CRM,APS以及ERP。

CPFR的资源整合和比较,不一定都要求CPFR系统与其他应用系统的直接相连,但是这种比较的基础至少是形成共同的企业数据库,即这种数据库的形成是来源于不同企业计划系统在时间整合以及共同的数据处理基础之上。

2. 数据资源的整合运用

(1)不同层面的预测比较。不同类型的企业由于受自身利益驱使,计划的关注点各不相同,造成信息的来源不同,不同来源的信息常常产生不一致的信息。CPFR要求协同团队寻求不同层面的信息,并确定可比较的层次。

(2)商品展示与促销包装的计划。CPFR系统在数据整合运用方面一个最大的突破在于它能对每一个产品进行追踪,直到店铺,并且以销售报告的形式反映出来。预测和订单的形式不再只是需要多少产品,而且包含了不同品类、颜色及形状等特定的展示信息,数据之间的比较不再是预测与实际绩效的比较,而是建立在单品基础上的,包含商品展示信息的比较。

(3)时间段的规定。CPFR 在整合利用数据资源时,非常强调时间段的统一。由于预测、计划等行为都是建立在一定时间段基础上的,所以,如果交易双方对时间段的规定不统一,就必然造成交易双方的计划和预测很难协调。

供应链参与者需要就时间段的管理进行协商统一,诸如预测周期、计划起始时间、补货周期等。

3. 组织评判

一旦供应链参与方有了可比较的数据资源,他们必须建立一个特定的组织框架体系以反映产品和地点层次、分销地区以及其他品类计划的特征。

通常,企业在现实中采用多种组织管理方法,CPFR 能在清楚界定组织管理框架后,支持多体系的并存,体现不同框架的映射关系。

4. 商业规则界定

当所有的业务规范和资源的整合以及组织框架都确立后,CPFR 需要决定供应链参与方的商业行为规则,这种规则主要表现在例外情况的界定和判断上。

三、第三方物流

第三方物流是指,即生产和零售企业为集中精力搞好主业,把原来属于自己处理的物流活动,以合同方式委托给专业物流服务企业,同时通过信息系统与物流服务企业保持密切联系,以达到对物流全程的管理和控制的一种物流运作与管理方式。因此,第三方物流又叫合同制物流(Contract Logistics)。

(一)第三方物流的特征

第三方物流是在业务外包的环境下产生的,在专业物流服务企业,由专业的物流人员,应用电子信息技术,以数字网络为手段,提供系统、柔性的物流服务来适应不同物流需求者不同需要的一种服务模式。随着市场竞争激烈程度的加深,物流业务成为非物流企业外包的对象,而第三方物流则是一种专业物流模式,是非物流企业理想的选择。从发达国家第三方物流成功的实践来看,第三方物流已经逐渐形成鲜明的特征,有别于一般的物流系统。第三方物流的特征具体表现在以下几个方面。

1. 契约关系明显化

第三方物流通过委托方和代理方签订的正式合约,来确定双方的权利以及义务。第三方物流根据契约的规定,来为物流业务的需求者提供全方位一体化的服务,并对整个物流活动进行管理。

2. 业务专业化

专业化是物流服务提供方生存与发展所必须的条件,同时也是委托方的需要。第三方物流必须要提供专业化的物流服务,这主要体现在物流方案的设计、物流操作过程、物流技术工具和物流活动的管理等方面。

3. 服务针对性

第三方物流作为代理方应根据委托方在需求特性、产品特征、企业形象、业务流程等方面的要求，提供个性化的物流服务和增值服务。第三方物流要在物流行业的竞争中取胜，也要持续强化所提供的物流服务的个性化和特色化，培育本企业的核心竞争力，进而提高其市场竞争力。

4. 物流服务的全方位

第三方物流应该具有全方位的物流服务功能，只有这样第三方物流才能满足市场多样化的需求。

5. 信息资源共享化

信息技术是第三方物流发展的软件基础，信息技术的发展实现了信息资源的共享，提高了物流的效率和效益，为物流企业与物流需求企业的顺利合作提供了条件。

（二）选择第三方物流供应商

第三方物流供应商的选择，在企业物流外包中非常重要。使用第三方物流服务可以给企业带来减少投资、降低成本、获得灵活性和提升企业形象等诸多好处，但前提是企业必须正确地选择第三方物流作为合作伙伴。如果企业选择不当，则企业的物流外包策略不仅不能实现，反而会给企业带来战略机密泄露、客户关系管理失控、解除合作关系等风险。因此，正确地选择第三方物流供应商是企业物流外包中的一个关键问题。

一般来说，企业决定使用第三方物流服务后，可按下列步骤选择合适的第三方物流供应商。

1. 组建评审专家团队

除了企业的物流部门必须要参加对第三方物流供应商选择的决策之外，第三方物流因为涉及企业的各个部门，企业其他部门如企划、财务、制造、营销、信息和人力资源等部门也必须参与。

公司高层决策者也必须参与进来。所以，企业要从其财务、营销、制造、质量控制、信息系统以及物流等部门抽调人员组成选择团队。

2. 设定外包目标

一旦评审专家团队成立，团队应设定外包的目标。对外包目标的透彻理解是选择第三方物流供应商的前提，并为以后对第三方物流供应商进行绩效考评提供依据。

3. 确定物流需求

团队应对企业内部和外部顾客进行调查以确定当前物流的优势和缺点，从而明确自己的物流需求，并把它们明确地表达出来，成为对潜在第三方物流供应商的服务需求。由于大多数第三方物流决策对企业目标的实现的影响重大，所以对物流需求理解所花费的时间通常较长。

4. 制定选择准则

选择准则应与企业的外包目标和物流需求相联系，如准时交付、可靠性、顾客服务以及价格往往是企业优先考虑的准则。

5. 列出候选名单

候选者应具有与本企业相似的业务方向并能提供企业所必需的地理覆盖范围的服务。为选定潜在的合作伙伴，评审专家团队可以与专业组织联系，与供应商和顾客交流，甚至在因特网上查找。从欧美国家的经验来看，主要有两种渠道：与其他物流同行的交流和对第三方物流供应商的销售拜访。

另一个值得注意的趋势是，企业开始更注重专业刊物上的广告和其他途径如专业刊物上的文章、咨询项目和私下的人际交往等方式。

6. 候选者征询

评审专家团队向候选者发出征询信，询问对方有无兴趣投标。信中应包含企业的信息和外包项目的实质和范围，同时要求候选者提供其公司及服务能力的基本信息。

7. 发出招标书及收回投标书

企业向有资格的且对该项目感兴趣的第三方物流供应商发出招标书。招标书应对企业的外包目标及物流需求做详细说明。应选者的投标书中应包括一些特定信息，如组织结构、能力和现有顾客及报价模式与选择。

8. 初评及现场考察

在初步评审投标书的基础上，将候选者范围缩至四五家，现场考察其作业情况。通过考察让评审专家团队了解候选者的管理设施、程序和职员情况。

9. 候选者资格评审

评审专家团队应研究有关资料和投标书的细节，使用检查单和现场考察完成的调查表，评审候选者的财务状况、信息技术能力、服务柔性、战略符合程度及经营理念。

10. 利用分析工具选择第三方物流供应商

利用层次分析法根据选择准则确定最佳的第三方物流供应商。值得注意的是，选择并不是像一次交易那样挑选要价最低者，因为合同一经签订，与物流伙伴的关系就要维持相当一段时间。

当然，正确选择第三方物流供应商，只是保证企业物流外包策略成功的第一步。要想实现外包目标，企业还需正确理解双方关系——应视与第三方物流供应商合作为追求长远发展的战略合作伙伴关系，视物流合作为价值中心、利润中心而非成本中心；加强双方的交流与沟通，深刻理解对方希望从合作中获得的需求与目标；建立有效的监督机制，定期考评第三方物流的绩效等。同时，企业衡量第三方物流供应商绩效的目的是改善作业而不是惩罚，是为了当合作出现问题时能及时协商并提出改进的办法，避免事态恶化及造成严重损失。

课堂案例讨论

星巴克创造第四空间

1987 年，星巴克只有 11 家门店，100 名员工，我们梦想一直是把星巴克打造成一家与众不同的企业。而如今，我们的门店已经超过了 25 000 家，市值从 1992 年上市市值 2.5 亿美元到目前将近 900 亿美元业务，遍及 75 个国家，拥有超过 33 万员工，上周接待的顾客人次达到 9100 万。

2016 财年三大市场单店年销售额（AUV）预计分别为 160 万美元、84 万美元、120 万美元，而新增门店第一年销售额分别为 140 万美元、62.4 万美元、110 万美元。

近年来，星巴克不断强化消费场景，将星巴克的消费场景细化为早餐、午餐和下午茶、晚餐。过去 5 年，这三种消费场景的业务增长率是 22%，30% 和 19%，午市业务增长显著。驱动因素不仅是食物品质的提高、精品简餐盒和三明治等新鲜食品数量的增加，还有优质的茶饮料和零食品类。

为了增加下午时段的客流量和客单价，星巴克将继续扩展冷萃咖啡的品种。传统冷萃咖啡已经上市一年多，香草甜奶油冷萃咖啡（Vanilla Sweet Cream Cold Brew）刚刚上市，年底以前含氮冷萃咖啡（Nitro Cold Brew）将会在 500 家门店推广。

互联网不只是技术和工具，互联网已经进化为一条条充满消费者气息和声音的大街。星巴克如此迫切地向数字化转移，原因很简单——消费者在哪儿，星巴克就去哪儿。Adam 先生积极推动了星巴克的数字化应用，极力打造第四空间。美国星巴克接近 25% 的订单是通过手机支付完成的，在最繁忙的门店，手机支付的比例还会不断提高。如今，星巴克已经成为美国移动支付规模最大的零售公司。

资料来源：微信公众号米多智能营销，2017 - 09 - 27。

案例讨论：查阅网上资料，讨论什么是"第四空间"，怎样打造。

本章案例

国外零售企业组织管理发展趋势

当前，我国零售业竞争激烈，国外零售企业凭借其强大的实力在我国跑马圈地，中外零售企业已开始全面对决，"硝烟"四起。国外零售企业不仅具有先进的硬件设施，而且具有卓越的组织管理能力。分析国外零售企业组织管理发展趋势对于加强我国零售企业的管理具有重要的实践意义。

国外零售企业组织管理向扁平化方向发展

传统的零售企业组织结构为“金字塔型”层级结构。在这种结构中,上下级间层级分明,每个人都有明确的权利和责任,中间为一个庞大的管理层。这种结构在稳定的环境下,是一种比较高效的组织结构,适合企业的发展。但在当前社会变化越来越快,企业规模越来越大,企业面临的环境变化迅速,就像英特尔前总裁葛洛夫所说的那样:现代社会唯一不变的是变化。特别是在零售业,市场环境变化迅速,消费者的需求日益多样化和个性化。金字塔型的组织结构已明显不利于零售企业的发展。同时,信息技术在零售业的广泛应用使扁平化结构和管理成为可能。

现在国外许多大型零售企业的组织管理正在积极向扁平化方向发展。为了应对激烈的竞争和更好、更快地适应消费者的需求,世界零售巨头沃尔玛和家乐福纷纷减少企业的管理层次,向下分权。在沃尔玛的组织结构里,上层的 CEO 下面只设四个事业部:购物广场、山姆会员店、国际业务、配送业务,下层就是庞大的分店。众所周知,家乐福的各个分店具有较大的自主权,管理更趋扁平化。

管理分权化

当前,管理分权化已成为国外零售企业组织管理的共识。它和扁平化趋势产生的背景一样,都是由消费者需求的多样性及高新技术在零售行业的应用所推动的。分权化是指上层管理者把一些管理权和决策权与下级共享。这样做的好处是显而易见的,可以在较大程度上鼓舞下级并使其努力工作,从而更好满足消费者的需求,同时也大大提高了工作效率。

在沃尔玛不仅给商店经理分派任务,而且允许其行动自由并享有决策权。他们有权根据销售情况并决定商品的促销策略。同时每个员工也都可以提出自己的意见和建议,供经理们参考。

JC 彭尼是美国著名的百货公司,历来都重视管理的分权。每个季节,采购员在达拉斯总部选择商品,并且把他们通过闭路电视展现给所有的彭尼店经理。在转播前,给每个经理分发了一个包含零售价、毛利、数量及类别的定购计划表。在广播中,商店经理可以呼叫总部的采购员,提出问题并且建议当地市场可能受欢迎的不同商品类别。一周后,商店经理通过与总部管理信息系统相连的计算机终端来定购展示的商品。接着采购员把所有的订单汇集,最后才向供应商下订单。

零售巨头家乐福在管理分权方面做的更远,它实行以门店为中心的管理体系。家乐福的门店和店长可以根据实际情况,具有独立的行事权,包括商品组合结构的建议权和决定权、商品的价格变动权、人事管理权、商品的促销权等。家乐福以门店为中心的管理体系是其海外经营成功的关键因素之一。

越来越重视员工的培训

国外的零售企业一般都很重视员工的培训。它们把员工当作公司的财富,敢于投资,勇于投资。早在 1975 年,沃尔玛就成立了培训部门,培训对象面向全体员工,即使是底层的营业员。沃尔玛为员工安排的培训有:入职培训、技术培训、工作岗位培训、海外培训等。现在沃尔玛在其总部本顿维尔已建立了一个非常现代化的培训中心——沃尔顿零售学院。法国家乐福也非常重视员工的培训,在每个区域总部几乎都建立有培训中心。它可以在六个月内,从培训新员工开始,边工作边教学,培训出能独立带班的组长。美国著名建材零售商 Home Depot 非常重视员工的培训,把其作为企业发展的关键。

玛莎(Mark & Spencer)百货公司是英国零售业中规模最大而且赢利能力最强的公司,在世界上也享有盛誉。它非常重视员工的培训,玛莎百货不仅在公司内部培训员工,同时还把员工送到相应的供应商那边学习。玛莎的培训正如该公司的一位董事所说:"在玛莎,训练不只是一种职能,而且是工作之道,是使整个公司正常运作和发展的关键。"

在组织管理中注重企业文化建设

企业文化是指企业在长期的经营活动中并为各级员工普遍认可和遵循的具有本组织特色的价值观念、团体意识、工作作风、行为规范和思维方式的总和。正确、合适的企业文化能大大提高员工的归属感和忠诚度,增强企业的向心力和凝聚力,促进企业的发展。

国外的大型零售企业普遍重视企业文化的建设。他们不仅制定了切合企业自身的企业文化,而且通过各种途径加以强化,使之深入人心。例如,沃尔玛的企业文化是:顾客是上帝;尊重员工;追求卓越。同时,它通过各种标语、标志以及管理人员的示范来加强它的企业文化。

广泛运用信息技术和计算机技术

现代信息技术和计算机技术在西方零售企业组织管理中得到了广泛的应用。在美国、欧洲、日本,许多零售企业采用 POS 销售时点系统、EOS 电子订货系统、SCM 供应链管理系统、MIS 管理信息系统、CMS 客户管理系统等信息系统来提高企业的管理水平和效率。

沃尔玛拥有世界上最大的私人卫星通信网络,早在 1988 年,管理者们就可在 2 小时内把全球 4 500 家分店盘点一次。同时通过公司的闭路电视,总部能向各分店展示各种新产品的信息,以便合适地采购。

信息技术及计算机技术在零售企业的大量运用极大地提高国外零售企业的管理效率和水平,成为国外零售企业获得竞争优势的关键之一。

国外零售企业在组织发展过程中广泛采用连锁经营

自 1895 年世界上第一家连锁店诞生以来,连锁经营以独特的魅力风靡世界,目前已成为国外零售企业发展的主要组织形式。连锁经营以产权或契约为纽带,将独立的店铺组织起来形成整体,从而使企业经营实现规模化和集约化。连锁化经营能大幅度降低边际成本,充分发挥规模经济效应,增强企业的竞争力。国外零售企业不管是在国内或是在国外扩张,绝大部分采用连锁经营的组织形式,以发挥规模效应。例如,美国的沃尔玛、好事多,德国的麦德龙,英国的特易购和玛莎,法国的家乐福,日本伊藤洋华堂等企业都是采用连锁经营模式。

据有关资料称,在欧洲,连锁业实现的销售额已占到社会商品销售额的50% ~60%。在美国,事实上连锁店已经控制了美国的零售业,连锁经营的销售额已占社会零售额的60%以上。日本连锁商店的销售额已占零售总额的30%。

重视供应链的管理,积极谋求与供应商建立合作伙伴关系

近几年来,消费者需求多样化和迅速化、价格竞争激烈,企业之间的竞争已不是单个企业之间的竞争,而是整个供应链之间的竞争。它要求企业在整个供应链上来提高效率、降低成本,重视供应链管理。所谓供应链管理就是指将生产过程、流通过程和顾客消费与服务过程作为一个整体来计划、控制、协调,实现整个供应链的系统优化,达到成本最低、服务最好。零售企业实施供应链管理,可以为顾客提供物美价廉的商品和服务,更好地满足顾客的需求,增强企业的竞争能力,同时也能使零售商与供应商的关系变得融洽。

在国外零售业中,沃尔玛与宝洁公司的合作可以说是零售企业供应链管理的典范。两个公司通过 EDI 和卫星通信网络共享信息。宝洁公司告诉沃尔玛各种产品的成本,保证沃尔玛有稳定的货源,并使其享受尽可能低的价格;沃尔玛也把各分店的销售和存货信息传向宝洁。这种关系是双方都获得了"双赢"的效果。虽然家乐福向供应商施加许多苛刻的条件,但也非常重视与供应商的伙伴关系。20 世纪 70 年代,有 28 家法国企业与家乐福建立了长期稳定的关系,其中的 23 家现在已成长为大企业。家乐福 CEO 迪朗提到家乐福的秘诀是:与供货企业建立长期稳定的合作关系,使双方平等互惠、双赢共荣。玛莎百货也同样重视供商关系,其中有一部分供应商,从玛莎成立之初就一直与其合作到现在。

资料来源:林诗赟. 国外零售企业组织管理发展趋势[J]. 东方企业文化,2007(3).

本章小结

按所有权关系可以把零售组织划分为:独立商店、连锁店、特许经营商、租赁门市部、消费者合作社和垂直营销系统。其所有权可以归制造商、批发商或消费者所有。一般来说,只有零售商的组织结构满足了目标市场的需要,它才能生存下来。零售组织结构确定的步骤主要包括:确定任务、分解任务、归集职位、职位分类和形成组织系统图。

零售企业人力资源管理的内容主要有:制定人力资源计划;人力资源费用核算;工作分析和设计;人力资源的招聘与配置;雇用管理与劳资关系;入职教育、培训和发展;绩效考评;员工的职业生涯发展;员工工资报酬与福利保障;建立员工档案。

零售管理信息系统是采用计算机技术、通信技术、数据库技术及相关技术等集合,运用经济数学、系统科学、行为科学等方法,为零售企业实现商品流、资金流、信息流优化管理与控制目标的信息系统。零售管理信息系统中常采用的技术主要有:商品条形码、电子订货系统、电子数据交换系统和销售时点技术。

供应链管理是指对整个供应链系统进行计划、协调、操作、控制和优化的各种活动过程,其目标是要将顾客所需的正确的产品能够在正确的时间、按照正确的数量、正确的质量和正确的状态送到正确的地点,并使总成本最小。供应链管理的方法主要有:快速反应、有效客户反应、协同规划、预测和连续补货。

第三方物流是指企业为集中精力搞好主业,把原来属于自己处理的物流活动,以合同方式委托给专业物流服务企业,同时通过信息系统与物流服务企业保持密切联系,以达到对物流全程的管理和控制的一种物流运作与管理方式。

思考题

1. 零售企业的类型有哪些? 分别具有什么特点?
2. 简述零售企业组织机构设置的重要性。
3. 零售企业人力资源管理的内容主要有哪些?
4. 对零售企业业务人员的管理包括哪些方面?
5. 零售企业业务人员的数量应怎样确定?
6. 直接酬金的优缺点是什么?
7. 怎样考核业务人员?
8. 零售管理信息系统中常采用的技术主要有哪些?
9. 什么是销售时点技术系统? 简述它的构成。
10. 什么是第三方物流? 怎样选择第三方物流服务商?
11. 什么是供应链管理? 供应链管理的方法主要有哪些?

第十章

零售管理实务

掌握特许经营的类型，了解特许经营合同的内容，掌握特许经营体系维护的手段。了解便利店的特点，掌握便利店的商品组合策略、促销策略和定价策略。理解专卖店的含义和类型，了解专卖店的由来，掌握专卖店的选址、商品采购和定价策略。理解超市的概念和特征，了解超市的定位，掌握超市的商品配置、商品陈列策略。了解网上开店的方式和网上开店的条件，掌握网上开店的定价和促销策略。

第一节　特许经营管理实务

现代特许经营企业起源于美国，1851 年，胜家缝纫机公司为推销它的产品建立了第一个特许零售系统。但是，直到 20 世纪初特许经营才得到较为普遍的发展，主要是汽车制造业开始利用特许经营来扩大它们的分销系统。到 1911 年，特许经营已成为美国的标准销售方式。直到今天，汽车业的特许经营仍占了美国特许经营零售额的一半以上。

特许经营是指特许权授予人与受许人之间通过协议授予受许人使用授予人已经开发出的品牌、商品、经营技术、经营规模的权利。为此，受许人必须先支付一笔首期特许权使用费，以换得在一定区域内出售商品或服务的权利，并须遵守合同中关于经营活动的其他规定。一个特许经营系统一般是由一个特许人和若干受许人组成，两者之间关系的核心是特许权的转让。特许关系通过特许人和受许人一对一地签订合同形成，而各受许人（或分店）之间没有横向联系。

一、特许经营的类型

（一）产品、商标型特许经营

产品、商标型特许经营也被称作传统特许经营方式。在这种形式中，特许人通常是一个制造商，同意授权受许人对特许产品或商标进行商业开发。特许人提供广告、培训、管理咨询方面的帮助，但受许人仍作为独立的经销商经营业务。在美国,这种特许大约占所有零售特许商店的70%,最典型的有汽车制造商、大石油公司的授权,以及可口可乐等饮料公司的授权。

（二）经营模式型特许经营

经营模式型特许经营又被称为第二代特许经营,是目前发展较快的特许经营形式。这种形式的特许人与受许人之间的关系更为密切,受许人不仅被授权使用特许人的商号,而且要接受全套经营方式的培训,包括商店选址、产品或服务的质量控制、人员培训、广告、财务系统及商品供应等。这种经营方式常见于餐馆、旅馆、洗衣房及照片冲印等。麦当劳就是这一特许经营形式中最成功的例子。

二、特许经营合同的内容

（一）特许经营的费用

加盟特许经营体系是需要支付一定费用的。通过付费,加盟者获得特许经营的资格,并获得特许经营总部的指导与支持;特许经营总部则通过收费获得收入。

1. 特许加盟费

特许加盟费类似于“入会费”,用以反映特许权的价值以抵消总部的部分开支。包括对店铺和加盟者的评估、培训和监察,以及总部承担的商标或服务商标的注册费用、广告宣传费用、员工工资、办公费用、法律及会计服务费用等必要的开支。

2. 特许经营费

特许经营费是特许经营总部定期向加盟店收取的费用,以弥补向后者提供服务与支援的成本。最初的特许经营费一般不会超过特许经营总成本的5%～10%。

（二）特许经营的内容

特许经营的内容包括向受许人提供商业诀窍、经营方式和商标的使用权等。

（三）合同的期限

在确定合同期限时,最基本的原则是能够长期维持特许关系。有些特许人不愿意签订长期合同,同时给予受许人续签合同的选择。假如合同中没有授予受许人展期权,这可能意味着特许人不准备同意任何展期或准备索取一笔高额展期费。

（四）受许人初期和后期的义务

受许人应遵循特许人的要求承担创办业务的财务负担,并在以后的经营中遵守操作、记账和其他管理规定,以保证双方都能及时获得主要信息。这些管理规定详细记载在操作手册中,在培训期间,特许人将操作手册介绍给受许人,操作手册是受许人在开业后从事经营活动的参考指南。

（五）对受许人的经营控制

对受许人的经营控制是为了保证经营的标准和规范能够得到有效的控制,因为如果在一个业务单位中不能保持经营的规范就会损害整个体系的利益。经营控制措施会详细写在操作手册中。合同中会明确双方的义务,而操作手册则解释这些义务需要如何执行,特许体系应如何运作。

(六)合同的中止条款

合同的中止条款,即在什么样的情况下可以中止合同。此时应考虑受许人的处境,以避免极不情愿地中止合同。中止合同的后果通常是受许人保证停止显示其与特许人的一切关系,不再享有使用特许人的商标、名称和其他权利。此外,受许人还有义务在一个时期内不经营与特许人或其他受许人竞争的业务,也不得利用特许人的管理规范和其他经营技巧。

(七)特许人评价购买者的准则和购买的程序

有些特许人在合同中明确表示,假如受许人愿意出售自己的业务,特许人将有优先购买权。

(八)继续经营方面的规定

合同中会规定如果受许人死亡,特许人将帮助保护其资产,假如受许人的家属有能力和资格成为一名受许人,则由其继续经营。

(九)相关的财务规定

合同应对一些财务交易方面的问题作出规定。例如,特许人本来经营许多分店,而现在他想把其中的一些分店转换成特许店,这将涉及把店铺出租给受许人的问题。再如,特许人为了保证分店地点选择恰当,他会买下或租下店铺,再转租给受许人。

(十)仲裁

仲裁实际是由双方选择的仲裁人进行的私下诉讼,它的优点在于整个程序是私下进行的。选择仲裁人可以根据他对企业的专业知识而定,仲裁的时间可以依据双方的方便而定,双方还可以设定仲裁的规则,这样可以节省仲裁所需耗费的时间和费用。

三、选择受许人应注意的事项

(一)特殊交易

新特许人常犯的一个错误是草率接纳最初的几个申请者,并给他们特殊的优待。特许人会想尽可能快地扩展组织并获得投资回报,但这么做会带来严重的后果。特许人只应选择那些符合标准的人作为受许人,而不是谁想加入就卖给谁特许权。

(二)财力

潜在受许人在开始时有足够的资金很重要,但并不是说要有很多钱。需要注意的是,如果受许人没有投入自己的资金,那么当他遇到困难时很可能会轻易地放弃业务。适度的资金参与既能提供有效的刺激,又是特许权交易中的一个基本特征。

（三）受许人的规模

在有些情况下，大公司也可能成为好的受许人，但大公司作为受许人也可能带来许多棘手的问题，例如，经营该项目的稳定性、对体系规范的遵守程度等。因此，企业在选择受许人时一定要非常慎重。

（四）健康

受许人以身心健康为宜。

（五）经验

受许人是否具备相关领域的工作经验是很重要的，因为有相关领域工作经验的受许人在建立业务时，以及与特许人沟通时会比较容易。

（六）婚姻状况

申请人是否结婚，会影响到将来发展的稳定性。结婚的人常表现出某些程度的成熟、稳健和安定，做事情更为理性。

（七）独立性

潜在的受许人必须有较强的独立性，以便能自己进行日常管理，自己做出各种决策。但他的独立性不能强到使他不遵守体系规则或想脱离体系。

（八）信任与和睦相处

特许人和受许人之间毫无疑问会产生高度的相互依赖，因此双方能相互适应与相互尊敬是非常重要的。毕竟，他们为了一个共同的目标，即特许经营的成功，对双方来说，对方的成功是非常重要的。

（九）组织能力

申请人须具有一定的管理组织能力，这是其经营自己的业务所必需的。

四、特许人向受许人提供的服务

特许人提供的服务包括如下两种类型：选择、培训以及帮助受许人建立业务，此部分可称初始服务；在合同持续期间，特许人向受许人提供的后续服务。这两种类型的服务都是很重要的。初始服务能促进没有经营经验的潜在受许人向一个能独立经营其特许业务的商人转变；而后续服务能帮助受许人成功经营业务，并从改进经营技术、市场营销、促销、广告、产品研究与开发以及扩大特许网络中受益。

（一）初始服务

初始服务包括从征召受许人开始到受许人的业务实际开业的那一天之间的服务。

1. 征召

征召通常不被认为是特许人向受许人提供的服务。特许人需对受许人进行选择。选择过程要依据受许人的态度、技能等因素来确定。因此，特许人需要对受许人提供适当的帮助，以使他们拥有这些条件，成为一个合格的受许人。

2. 培训

特许人应对受许人进行基本技能的培训。这些技能包括:记录、会计、报告、人员选择、管理和控制、业务程序以及一些基本的业务培训内容,以使受许人能对业务经营状况及发生的问题做出简单的分析。培训时,应给每一位学员配备内容详细的训练手册以方便学员学习。

(二)后续服务

特许人对受许人经营过程中的服务,实际上是为受许人的经营提供各种层次的支持。

1. 监督

特许体系应包括报告和监督体制,这既能保证特许人有核查应支付费用的途径,又能为特许人监控受许人的经营情况提供足够的信息。

2. 持续培训

特许人应一直提供培训。特许人应对经营不善的受许人提供再培训。当受许人在培训自己的员工而需要协助时,特许人应提供帮助。特许人还可能需要培训受许人接受其所做的创新,包括体系的变动、采用了新设备或对现有体系和设备的新应用。

3. 总部组织

特许人总部中应包括各个领域的专家,以便能为受许人提供帮助。这些领域包括管理、会计、广告、市场营销、公共关系和产品质量控制等。

4. 研究和开发

特许人应有关于产品、服务体系和市场形象的研究和开发计划。特许经营体系需要不断地进行创新,并引入新观念和方法,以促进特许业务的发展。

研究和开发设备应该对新产品线或新引入的产品和服务进行试验。这些产品和服务必须和现有业务相适应,并在其成为特许体系的一部分之前进行严格的市场测试。

研究和开发活动也应涉及寻找新的供应来源,以降低成本和各种费用。当特许体系发展以后,它的批量购买能力也增长了,因此能从制造商和供应商那里获得更多的折扣。

5. 广告和促销

在大多数情况下,特许人担负着进行广告、促销和公共关系的责任。

五、特许经营体系的维护

特许人在招收受许人,建立特许经营网络后,要保证特许经营的稳健发展,就必须运用经济、法律和行政等控制手段,保证网络内各环节的妥善组织与协调。

(一)经济控制

为保证特许经营网络的稳健运行,受许人的投资与努力必须得到合理的回报。

1. 保证受许人的长期赢利

特许经营网络建立的基础是做样板工程所积累的经验,但这不是一成不变的,随着市场环境的变化,必须不断配合市场所需,做出适当的调整,使网络保持竞争地位,保持受许人长期赢利的基础。

2. 适当的收费水平

收费是特许经营中经济控制的重要环节。受许人的一部分收入通过收费机制转移给特许人,不仅能为特许人提供足够的资源来支持整个网络的运行,还能激励网络内的成员全力以赴,为共同的目标而努力。

3. 合理分工

为了能有效地发挥网络成员的优势,使特许人与受许人分别实现各自的规模经济,特许人可以运用组织价值链理论,研究整体工作流程,发掘改进的机会,把任务分派给网络中最适合的人员。例如,全国性的广告与宣传工作可以由总部来完成,受许人可以集中精力做好当地市场的运作。

4. 保持受许人的一致性和优质管理

网络中任何一家受许人表现不佳,都会破坏网络的整体形象。为此,特许人不仅要非常明确地规定标准,还得不断考察受许人的表现,在必要的时候给予正确的指导和培训。

(二)法律控制

特许经营合同是特许人提供给受许人的书面承诺,也是让受许人了解经营有关业务必须遵守条件的沟通工具。特许人除了在制定合同时注意条款严谨与合理外,在受许人的实际运作过程中还应加强监管,保证合同的正确执行。

(三)管理控制

经济控制与法律控制必须与管理控制相结合才能得到有效执行。管理控制可以从以下几个方面进行。

1. 知识产权

特许经营体系的知识产权包括商标、专有技术和专用材料,必须采取措施来避免网络成员或其他人侵犯有关权益。

2. 操作手册

操作手册说明了特许经营业务的细节,受许人必须严格执行操作手册的规定,但特许人要根据市场的变化不断更新,并及时对受许人进行指导与培训。

3. 周期性报告

以合同的形式约定受许人周期性报告的内容,以便能了解受许人的业务表现。周期性报告包括季度、年度财务报告,顾客的抱怨与申诉,当地市场趋势等。

4. 长期沟通

为了实现网络内部的协调,必须加强网络成员的沟通交流。沟通主要包括特许人与受许人之间、受许人与受许人之间的交流。具体措施包括登门拜访、定期召开研讨会和出版内部杂志等。

5. 特许经营管理人员

特许人建立特许经营网络的协调机制之后，必须调配充足的财力与称职的管理人员将网络运行起来。

第二节 便利店管理实务

便利店作为一种零售业态，最初起源于美国，其兴起的主要原因是在超级市场步入大型化与郊外化后，给购物者在距离、时间、商品、服务等诸多方面带来的不方便。例如，超级市场远离购物者的居住区，到超级市场购物需驾车前往；超级市场卖场面积巨大，商品品项繁多，购物者要花费大量的时间和精力挑选商品，且还需忍受“排长龙”等候结账之苦。以上种种情况都使得那些想购买少量商品或满足即刻所需的购物者深感不便，由此，促成了便利店的出现。1946 年，美国得克萨斯州的南方公司（The Southland Corporation）创立了世界上第一家便利店“7－11”。1957 年，美国只有 500 家便利店，到 1990 年，美国共有便利店 84 500 家，网点密度为 2 940 人/店，销售额接近 1 000 亿美元，因此有人认为，便利店是西方零售业中的“暴发户”。

日本的便利店是在 20 世纪 60 年代末从美国引进的，日本第一家便利店成立于 1969 年，是由日本橘高糕点批发公司按美国模式建立的沃玛特便利连锁集团。1973 年日本伊藤洋华堂集团将“7－11”便利商店引入日本。由于就业妇女人数迅速增长、单身家庭迅速增多、越来越多的家庭妇女在餐桌上使用预煮食品，而且，随着经济收入的提高以及娱乐活动的增加，使人们更加追求购物的便利性，为便利店的发展创造了有利的客观条件。便利店在日本的发展非常成功。1991 年日本“7－11”公司应美国南方公司的要求，在与该公司实现资本参与的同时，实现经营方面的参与，现已成为南方公司的控股公司。

一、便利店的特点

便利店是既有食品杂货店供应的便利，又使用超级市场的销售方式和经营管理技术的零售商业组织，是以“便利”作为吸引顾客的主要手段，满足顾客简单购物和应急之需的一种零售业态。

便利店在美国、日本等国家出现的时间和发展的背景并不完全相同。但从总体上来看，便利店是超级市场发展到相对较为成熟的阶段后，从超级市场中分化出来的一种零售业态。一方面，超市的发展有其自身难以克服的障碍，即“购物的不便利”；另一方面，超市的发展为便利店提供了先进的销售方式和经营管理技术。便利店之所以能够出现并迅速发展，其原因还在于随着人们生活水平的提高和生活节奏的加快，消费者的生活方式和购物方式发生了很大的变化，主要体现为对

"购物便利"的强烈需求，便利店正是能够满足这种需求的零售业态。具体地说，便利店具有与超市相区别的四个"便利性"业态特征。

（一）距离的便利性

便利店与超市相比，在距离上更靠近消费者。一般情况下，消费者步行5～10分钟便可到达。

（二）购物的便利性

便利店所突出的是即时性消费、小容量、急需性等特性，商品品种在2 000～3 000种左右。与超级市场相比，便利店的卖场面积小（50～200m^2）、商品种类少，而且商品陈列简单明了，货架比超市要低，使顾客能在最短的时间内找到所需的商品。

（三）时间的便利性

一般便利店的营业时间为16～24小时，全年不休息，所以有的学者称便利店为消费者提供"Any Time"式的购物方式。

（四）服务的便利性

很多便利店将其塑造成社区服务中心，努力为顾客提供多层次的服务，例如，速递、存取款、发传真、复印、代收公用事业费、代售邮票、代订车票和飞机票、代冲洗照片，等等。对购物便利的追求是社会发展的大趋势，这就决定了便利店具有强大的生命力和竞争力。

便利店由于其能满足消费者便利购物需求的特殊功能，已成为世界上发展十分迅速，又具有很大市场竞争力的零售业态。在便利店运用了连锁店的经营方式后，其在分布和规模上更分散、更小。便利店已经成为零售业中兼具组织规模和经营规模的一种主要业态。

值得注意的是，便利店不是食品超市的小型化，它的目标顾客定位为以12～25岁的年轻人为主，也以需要快速购物和满足急需的顾客为目标顾客。虽然便利店属于现代的食品杂货店，但由于其目标顾客的特性，其销售的食品和日用品也要求品质高、保鲜度好、规格适量、品牌知名度高，能满足顾客快节奏生活方式的要求。便利店相比于快餐店、一般食品杂货店和食品超级市场具有较强的竞争优势。相比这三种业态，它的竞争优势是全天候营业，能迅速完成交易过程，商品品质高，综合服务性强。所谓综合服务性强是指便利店综合了邮局、银行、办公室服务、冲印店、票务服务等众多服务业功能。

二、便利店的布局

布局是便利店吸引顾客光临，并促使顾客购买的重要手段之一，一般来说，便利店在布局方面具有以下几个特点。

第一，便利店为了便于固定顾客购物方便，应保证商品大类的摆放位置尽量不变。

第二,门店的特价商品堆头展示应醒目,堆头不宜过大、过杂,以免影响堆头效果,降低门店的单位销售额。

第三,店铺的通道宽度在 80 ~ 90 厘米左右,不同于超市的设计。根据门店的高峰期合理安排商品的布局,将难挑选的商品和畅销商品分开,以避免在高峰期时购物者堵满通道,影响其他顾客的购物。

第四,货架的高度应当照顾到众多的家庭妇女的需要,中心货架不高于 165 厘米,最好不要超过 6 层。同时要注意对端头货架的利用,因为这是门店的黄金点,顾客在这些地方的驻足时间最长,应摆设一些高毛利的畅销商品。

第五,便利店由于店面小,顾客购物速度较快,不强求顾客存包,以便于节省顾客的购物时间。

便利店必须从小处做起,做好每一笔生意。与一般的大超市不同,便利店既卖日常生活用品,又提供多元的便民生活服务,如免费供应开水、代缴费、为手机充电、为自行车充气、冲印照片、代收干洗衣物、代订鲜花、帮助复印与传真、代收邮件、代订各类演唱会门票以及设立自助缴费终端,甚至代办培训报名、代订考试教材等,这种深入社区居民生活的增值服务,有助于聚集人气,增加收益。

此外,由于便利店的主要消费群体是定位在 30 岁以下的学生和上班族(占其顾客总量的 80% 左右),这一群体易于接受新事物、消费力强劲和追求时尚产品的特点,从商品的选择上要注重创新与更新,结合时尚主旋律。

三、便利店的选址

投资便利店,选择合适的店址非常重要,这是保证便利店经营成功的最重要的因素。因为便利店的优势在于“便利”,因此很多便利店都是开设在社区和娱乐设施比较集中的地区,使得顾客购物更加方便。

(一)商圈分析

通过商圈分析,可以预估便利店选址地点内的住户数、消费水平、流动人口量、营业额;通过实地评估,就店铺地理位置的便利性、人群的流向与流量、车的流向与流量、接近性、视觉效果等,判断该地点是否适合开店。便利店商圈的分析主要包括以下几方面。

1. 居民的居住条件

居民的居住条件是指开店地点周围住户的情形,主要包括住宅的种类、住户的构成等。

(1)住宅的种类主要包括:单身住宅、普通小区住宅、公寓和高级住宅区。以上的住宅种类都适合于开设便利店。

(2)住户的构成。便利店的客户群以 10 ~ 30 岁的青壮年为主,单身男女尤其重要。如以职业来看,司机、工厂上班者,蓝领及白领阶层以及服务业人员,都是比较理想的对象。

2. 商圈内有助于便利店设立的设施

商圈内最好有大型的公共设施，这样能保证有较高的人流量。这些设施主要包括：①中小型企业（内部没有餐厅）；②中大型医院；③大中专学校；④消防队、警察局、市政府；⑤公园及广场；⑥大型车站；⑦大型集中住宅区。

3. 商圈的未来发展

商圈未来的发展主要包括：①地区内人口及户数的增加；②新设车站的计划；③学校的建设计划；④马路新设、增设及拓宽计划；⑤住宅小区的兴建计划。

4. 商圈内的竞争性

商圈内的竞争性指的是区域内有大型店、同类店或商业聚集较多，此时要先确定是否还有设店的空间。

（二）店址选择

在扩大销售的原则指导下，绝大多数商店都将店址选择在城市繁华中心、人流必经的城市要道和交通枢纽、城市居民住宅区附近以及郊区交通要道、村镇居民住宅区等地区。根据不同的地理位置，有以下几种不同的店址选择类型。

1. 城市中央商业区

全市性的主要大街贯穿其间，云集着许多著名的百货商店和各种专卖商店、豪华的大饭店、影剧院和办公大楼。这是全市最主要的、最繁华的商业区，在一些较小城镇，中央商业区是这些城镇中唯一的购物区。

2. 城市交通要道和交通枢纽的商业街

城市交通要道和交通枢纽是大城市的次要的商业街。这里所说的交通要道和交通枢纽，包括城市的贯通街道、地下铁道的大中转站等。这些地点是人流必经之处，在节假日、上下班时间人流很多，选择在这些地点就是为了方便来往人流购物。

3. 城市居民区商业街和边沿区商业中心

城市居民区商业街的顾客，主要是附近居民，在这些地点设置商店是为方便附近居民就近购买日用杂货、百货等。边沿区商业中心往往坐落在铁路的重要车站附近，规模较小。

4. 郊区住宅区

在城市停车困难、交通日益拥挤、环境污染严重的情况下，随着私人汽车大量增加，高速公路的发展，部分城市中的居民迁往郊区，形成郊区住宅区，为适应郊区居民的购物需要，不少便利店设到郊区住宅区附近。

（三）地点选择

仅仅做出店址的区域位置选择还不够，因为在同一区域内，一个便利店可能会有好几个开设地点可供选择；但有些地点对某类商店来说，是最合适的开设地点，而对另一类商店来说，就不一定是合适的开设地点。因此，一个新设商店在做好区域或位置选择以后，还要切实考虑多种影响因素，做出具体开设地点的选择。

1. 分析交通条件

交通条件是影响便利店选择开设地点的一个重要因素，影响着企业经营的顺利开展和顾客购买行为的顺利实现。

（1）在开设地点或附近是否有足够的停车场所可以利用，这对零售企业来说非常重要，便利店也是如此。

（2）商品运至便利店是否容易。这就要考虑可供商店利用的运输通道能否适应货运量的要求并利于装卸，如果运货费用明显上升，经济效益就会受到影响。

（3）设在边沿区商业中心的便利店，要分析与车站、码头的距离和方向。一般距离越近，客流越多，购买越方便。开设地点还要考虑客流来去方向，如选在面向车站、码头的位置，以下车（船）客流为主；选在邻近市内公共汽车站的位置，则以上车（船）的客流为主。

（4）设在市内公共汽车站附近的便利店，要分析公共车站的性质，是中途站还是终始站，是主要停车站还是一般停车站。一般来说，主要停车站客流量大，便利店可以吸引的潜在顾客较多，中途站与终始站的客流量无统一规律，有的中途站多于终始站，有的终始站多于中途站。

2. 分析客流规律

便利店经营能否成功的另一个关键因素是客流量大小。客流包括现有客流和潜在客流，便利店总是力图处在潜在客流最多，最集中的地点开店，以使更多人就近购买商品；但客流规模大，并不总是带来相应的优势，具体问题还需具体分析。

（1）分析客流类型。一般便利店客流分为自身客流、分享客流和派生客流三种类型。

自身客流是指那些专门为购买某商品的顾客所形成的客流，这是便利店客流的基础，是便利店销售收入的主要来源，因此，新设便利店在选址时，应着重评估自身客流的大小及发展规模。

分享客流是指一家便利店从邻近商店形成的客流中获得的客流，这种分享客流往往产生于经营相互补充商品的商店之间，或大商店与小商店之间。例如，经营某类商品的补充商品的商店，在顾客购买了这类主商品后，就会附带到邻近补充商品商店去购买供日后进一步消费的补充商品；又如，邻近大型商店的小商店，会吸引一部分专程到大商店购物的顾客顺便到毗邻的小店来。不少小商店紧临大店而设，就是利用这种分享客流。

派生客流是指那些顺路进店的顾客所形成的客流，这些顾客并非专门来店购物。在一些旅游点、交通枢纽等公共场所附近设立的便利店要利用的就是派生客流。

（2）分析客流目的、速度和滞留时间。不同地区客流规模虽可能相同，但其目的、速度、滞留时间却各不相同，要做具体分析，再作最佳地址选择。例如，在车辆通行的主干道，虽然客流规模很大，可能会顺便或临时购买一些商品，但客流目的不是为了购物。这些地方的客流速度快，滞留时间较短。

(3)分析街道两侧的客流规模。同样一条街道，两侧的客流规模在很多情况下，由于光照条件、公共场所、交通设施等影响，而有所差异。另外，人们骑车、步行或驾驶汽车都是靠右行，因此，往往习惯光顾行进方向右侧的商店。鉴于此，开设地点应尽可能选择在客流较多的街道一侧。

(4)分析街道特点。选择开设地点还要分析街道特点与客流规模的关系。交叉路口客流集中，能见度高，是最佳开设地点。有些街道由于两端的交通条件不同或通向地区不同，客流主要来自街道一端，表现为一端客流集中，纵深处逐渐减少的特征，这时候店址宜设在客流集中的一端。还有些街道，中间地段客流规模大于两端，相应地，店址在中间地段就更能吸引潜在顾客。

3. 分析竞争对手

便利店周围的竞争情况对便利店经营的成败会产生巨大影响，因此对便利店开设地点作选择时必须分析竞争对手。一般来说，在开设地点附近如果竞争对手众多，商店经营独具特色，将会吸引客流，促进销售增长，增强商店声誉；否则与竞争对手相邻而设，将难以获得发展。当然，便利店的地址还是尽量选择在商店相对集中且有发展前景的地方。

另外，当店址周围的商店类型协调并存，形成商店群时，往往会对经营产生积极影响。例如，经营相互补充商品的商店相邻而设，在方便顾客的基础上，会扩大各自的销售。

4. 分析地形特点

选择便利店开设地点时，要分析地理特点，就是要选择在能见度高的地点设店，所以便利店尽量临街而设，并尽可能选在两面或三面临街的路口，增强能见度，并可多设出入口，多设临街宣传橱窗。

5. 分析城市规划

在进行便利店开设地点的选择时，还要分析城市建设的规划，既包括短期规划，又包括长期规划。有的地点在当前分析是最佳位置，但随着市场的改造和发展将会出现新的变化而不适合设店。反之，有些地点从当前来看不是理想的开设地点，但从规划前景看会成为有发展前途的新的商业中心区。因此，便利店经营者必须从长远考虑，在了解地区内的交通、街道、市政、绿化、公共设施、住宅及其他建设或改造项目的规划的前提下，做出最佳地点的选择。

四、便利店的商品组合策略

便利店的价值，在于为附近居民及消费者提供日常用品，其商品结构应以食品、日用品等为主。人们每天固定使用和消费的商品，随着消费习性的改变、个人收入的不同而有所差别，但重复性购买是它们共同的特征。因此，“购买频率”的高低，就成为便利店在决定其商品组合策略时的第一考虑要素。

(一)便利性与有利性是便利店商品选择的标准

便利店的商品一般由食品、非食品和服务性商品三大类构成,其选择标准应考虑顾客的便利性与本身经营的有利性。其主要标准包括:①消费量大;②购买频率高;③品牌知名度高;④销售方法简单;⑤均质性高;⑥附加价值高;⑦竞争性高;⑧毛利率高;⑨季节性强;⑩能按商圈内主要顾客群的日常要求采购货物等。

以上10项,须满足5项以上。第1和第2项与第3和第5项常相应而生;而第3和第4项与第7和第8项常顾此失彼,追求第8项,常忽略其他项,导致销售业绩不佳;其中第10项最难实现,必须很努力,才能不断保持店铺的吸引力。

(二)"广度"与"深度"的配合以形成商品的丰富感

"广度"是指有利于"关联购买",使顾客能顺便买到关联的商品,亦即"一次购足"。例如,面包与果酱,咖啡与糖、奶粉等。

对"深度"的认识有两种:①某一类(如酒水类)的品种数很多,而其他类(如酱油类、奶粉类)的品种数较少,则可形成该便利店在酒水类品种齐全的强势印象和地位;②某一类(如汽水类)的某一品种(如350毫升的铝罐装可口可乐)的陈列量很多,其他同类商品的陈列量较少,则形成可口可乐铝罐装饮料的丰富感。

(三)便利店商品管理的流程

便利店的商品管理流程如下。

1. 销售时点

在柜台结账时,必须提供亲切、快速的服务。最好使用能自动收集必要的销售资讯,供统计、分析和预测之用的销售时点分析系统。

2. 订货时点

订什么货及补多少,是商品经营最频繁也最重要的决策,必须注意订货的时点,利用有用的资讯,提升订货的速度。实现订货作业的省力化、方便化,甚至自动化,即构筑"电子订货系统"。

3. 验收时点

验收作业要简化、迅速,正确地补上陈列位置。

(四)便利店经营商品的定位

便利店的商品定位与其商圈特质休戚相关。因此,经营者必须针对其商圈内主要顾客群的消费变化趋势,深入观察分析定位商品结构。从便利店本身的定位和功能,与其顾客购买习惯的实际情况来看,可归列出下列主要的商品定位原则。

1. 即时消费性

例如,生活中突然需要的商品,希望迅速得到、即时消费的商品。

2. 高紧急性

例如,客人突然来访而家里的食品、饮料不够用,或者平常使用的调味品,忘记购买,须立即补充。

3.季节性

例如,夏天需要消暑解渴,冬天需要茶、咖啡等,可立即加热、立即食用的商品。

4.小容量性

小容量可进行多样选择的商品,或用完即丢弃,不必储存的商品,以符合便利性。

5.消遣性

能提供日常消遣时需要的商品,如零食、饮料、书报杂志等。

(五)便利店主要商品组合类型

1.食品类的商品组合

(1)速食品。由于便利店在规模、货品上的劣势,因此,便利店为保持其竞争优势,必将致力于速食品的开发,满足便利性的要求。而且速食品的毛利率高、回转也快。

(2)饮料。汽水、果汁、矿泉水、茶、咖啡和功能饮料等,应是便利店不可或缺的主打商品,除了少数畅销品能有长久寿命之外,须定期检查淘旧换新,以增进卖场的活力和新鲜感。

2.非食品类的商品组合

非食品类商品的销售金额虽不占便利店总营业额的太大比例,但可以完善便利店便利性的商品结构,满足消费者的需求。而由于非食品类商品的保质期较长,且无报废损失之虞,所以可能造成店铺疏于对数量的控制,导致重要品种可能缺货,卖不出去的却挤满了货架,或是过分计较回转率而限制了陈列量,影响购买。

3.服务性商品的商品组合

便利店的商品组合有相当大的生存空间,限于有形商品的销售是不够的,凡商圈内主要顾客在生活上的需求,或有何不方便,皆是便利店构筑其服务功能的大好时机。以下列举一些值得考虑的服务性商品,但仍须事先进行市场调查,评估需求的大小,否则贸然进入,会有风险。

(1)代收、代理类:代收广告、快递信件、冲洗相片、音像贩卖受理等。

(2)设备服务类:复印、电话传真、自动提款机等。

(3)资讯提供、其他服务类:生活、娱乐资讯(通过终端机的屏幕浏览)、邮局业务代理、公共费用的收取代理、工作资讯等。

五、便利店的定价策略

商品价格的制定是店铺非常重要的决策,也是主要的竞争手段之一。但是,便利店由于经营规模较小,商圈有限,恶性的削价战争,会侵蚀利润根基、影响生存,因此绝不可陷入其内。但定价须合理,避免造成“贵”的口碑,导致来客数减少的后果。因此,合理拟定毛利目标,应与竞争状态、商品组合结构等因素相配合。

(一)定价的含义

商品标价签上的价格仅是狭义上的价格。消费者为取得该商品及消费它所须付出的"代价",包括找到店铺须花费的时间、体力,甚至交通费用;进入店铺之后,找到所需商品的时间、气力;因大量购买而需付出的搬运体力、费用;因储存而产生的空间成本、库存积压成本等。凡此种种,皆为广义的价格所应包含的因素。便利店的使命,就成为其赖以生存的利润点,即设法使消费者所须付出的总代价降至最低。

价格的高低感觉,是比较之后的相对概念,除上述广义的价格因素之外,尚包括相对的满足感、商品的新鲜度、品质信赖感、使用的方便性、提供该商品的店铺设施、购物环境、亲切服务等都构成顾客的满足心理。因此,绝不可自陷于狭义的价格战,而应做多元化调整,提升对购物者的附加价值及满意度。

现在的商店,商品种类日趋繁多,店员并不能都具备充分的商品知识,以有效地与买方讨价还价。为便于对店员进行现金管理、尊重顾客的自由选购权,便利店一般都公开标价,做到"童叟无欺"。定价方法主要有以下几种:①以进货成本为基础,加上必要的费用及期待利益。②以顾客所能获得的"价值感"为基础,先决定便利价格,再控制进货成本及费用,以确保利润空间。③以竞争店所定的价格为参照,选择略高或略低的价格。

(二)便利店的定价技巧

1. 考虑顾客心理因素

首先,限制商品组合的规划与品种的选择,定期对同一类商品订出高低价格带,凡超出该上限价格的商品就放弃引进,绝不陈列。因为,除了少数地处高收入者的商圈的便利店之外,一般的便利店商品单价都不高,陈列一些单价太高的商品,只会给消费者造成"贵"的感觉,导致低价位商品的价格也得不到信任,影响销售。

其次,顾客的心理有较偏爱的数字,包括:①有曲线的数字,如2,3,4,5,6,8 等,即定价 16 元或 18 元就比 17 元好。②非整数能使人有较便宜的感觉,如 28.8 元、38.8 元、48.8 元就比 30 元、40 元、50 元让顾客觉得价格比较实在。③同数字较易记忆,例如,22 元就比 21 元或 23 元易记,也较具好感,33 元也比 32 元或 34 元为佳。

2. 考虑同业竞争因素

由于竞争关系,便利店自有其价格理念,而不会只依循供货厂商的建议价,因此,便利店宜参考商圈附近 3 ~ 5 家同业商店的定价,拟就明确、有系统的价格策略。例如,对某些价格较敏感的商品,定在竞争店的低价附近,即等于或稍高于下限;对某些价格较不敏感的商品,订在竞争店的高价附近,即等于或稍低于上限;而一般的商品则定为竞争店的"中位数",即中间值附近。

3. 考虑作业效率因素

为突出价格形象,省去"标价"的劳力,某些价格颇接近且稳定的同类商品,可以予以同额的定价,并以卡片在货架或陈列柜上标示其一律的价格,如此可以使:

①顾客对该类商品的价格清楚、好记、有信赖感;②结账时,收银员不必再检视个别标价,迅速而准确;③不必个别标价,以减少错误,省时省事。

六、便利店的促销策略

近几年来,随着便利店数量的增加、竞争的加剧,便利店纷纷推出各种促销活动以确保业绩,大部分便利店的促销费用占月营业额的比重,已从 0.5% 上升到 1.0%,成为便利店主要费用项目之一。

(一)明确促销目标

便利店的促销部门应根据促销年度计划,分析消费者的变化与最近商圈的竞争情况,拟定促销活动的诉求重点及具体方法。

促销前必须确定促销的目的。例如,消极性目的的促销,包括对抗竞争者的促销、周年庆、配合厂商的促销等;积极性目的的促销,如开业促销等。促销的最终目的在于销售额及利润的提升,因此,要把增加来客数及客单价的提升,列为主要促销目标,提升便利店形象也是重要的促销目标。

(二)制订促销方案

促销部门为确保促销行动能有效进行,同时获得相关部门的配合推动,应召开促销会议,邀集营业部、商品部和管理部相关人员共同讨论,确认促销方案。促销方案应包括:正确的方法,以便达到确定的目标;独特创意,以期增加消费者的兴趣与参与度;进行严格的成本考量,符合成本效益。

(三)确定促销预算

便利店促销预算通常以下列几种方式来设定。

1. 营业额比例式

营业额比例式,即按某个比例(通常是 0.5% ~1%)来设定促销预算,再依各月的营业额分配至各月,或依据平均营业额,提出某一个百分比为促销费用。

这种方法的优点在于:简单、明确和易控制。缺点在于:缺乏弹性,没有考虑促销活动的实际情况。

2. 逐渐累积式

逐渐累积式,即依促销年度计划设定促销活动,逐渐累积所需经费。这种方法的优点在于:以促销活动为主导,充分表现了促销诉求重点。缺点在于:促销费用支出较大,带有很大风险性。

3. 定额法

定额法,即依据各实际情况,提一笔固定的费用,来推动促销计划。此种方法的优点在于:简单明确。缺点在于:无法确定定额的基准。

4. 仿照竞争店法

对于促销活动无概念的便利店,可以参考竞争店的方式来运作。此种方法的优点在于:有“例”可循,方便作业。缺点在于:所获取的资料未必确实,且每家店背景情形不同,在具体运用上应慎重考虑。

5. 反推法

反推法,即先拟定促销活动,然后根据具体活动所需的费用总计起来,即为促销费用。此种方法的优点在于:能契合实际活动的需要,以活动效果为导向。缺点在于:促销费用不易控制,可能会造成浪费。

(四)取得厂商配合

便利店的业绩与厂商的配合度有很大关系,厂商配合的商品种类、品项、价格、数量与供货时间,对促销成败具有关键性的影响。

(五)印制宣传单

便利店运用的促销宣传媒体很多,最常用也最重要的应是宣传单,因此在宣传单完稿前,应召集商品部和有关营业员,确认促销商品的品种、价格和促销方法,确定之后才可印制。

(六)促销实施

所有与促销相关的准备物品,应于促销前 3 天送达便利店,以利于工作人员进行准备工作。这些准备主要包括:①需进行相应的电脑商品变价手续,卖场商品换标手续,以免标价不实;②配合促销品陈列区,在店内醒目处贴海报、POP 等。

促销实施前也可进行促销方案预演活动。预演方案可以帮助了解相应事项是否恰当,以确定促销的有效性。而对一般的便利店而言,除了新商品上市外,很少进行促销预演,往往直接依经验估计后即进行。

促销实施包括前置时间、促销执行及销售后时间,是一个由店长、职员和消费者共同参与完成的过程。促销实施能否成功,在很大程度上取决于促销方案的拟订者和执行者能否取得完全的共识,共同推动促销的进行。

(七)促销质量控制

促销活动的目的,不仅是在短期内提高来客数、客单价,以增加营业额;更重要的是长期保持客源。商家可通过促销活动检核来确保促销活动实施的品质,达到促销的效果。

促销活动的检核要项如下。

1. 促销前

促销前应着重检核以下内容:①促销商品是否已经订货或进货;②促销商品是否已经实施变价手续;③促销宣传单、海报、POP 是否发放及准备妥当;④卖场人员是否均知道促销活动将实施。

2. 促销中

促销中应着重检核以下内容:①促销商品陈列是否有吸引力;②促销商品是否张贴 POP;③促销商品是否确实作了变价;④卖场人员是否均了解促销时间及做法;⑤促销商品品质能否得到保证;⑥卖场气氛是否被灵活调动;⑦促销商品是否齐全,数量是否足够。

3. 促销后

促销后应着重检核以下内容:①商品的价格是否恢复;②过期海报、POP、宣传单是否拆下;③商品陈列是否调整恢复原状。

促销结束后的成效评估,有助于提升日后再度举办类似活动的绩效。便利店应召集营业、商品、促销等有关人员,就实施效果与目标差异做分析,检讨得失,作为下次促销活动改进的参考。

课堂案例讨论

百果园的无人零售

百果园不能轻易地被划分进传统水果店或是时下流行的生鲜电商。它既有前者的稳固的零售模式和供应链体系,又有后者的迅猛崛起之势。

与如今在生鲜电商、新零售如火如荼的混战中的新生代不同,从水果连锁零售起家的百果园是成立于2002年的"老大哥"。但它的真正快速发展期从2013年才开始。从街头出现统一的田园风格、明亮的水果店,到2017年2 800家门店遍布全国,百果园仅用了不到4年。

尽管如此,百果园距离此前定下的目标还差很远——2020年10 000家门店的目标他们完成了不过三成。通过并购整合行业资源、入局生鲜电商,再到涉足无人零售,百果园打算如何冲刺?为了"万店计划"的激进目标重新开放特许加盟,会让它丧失过去的优势吗?

自2002年在深圳开出第一家门店时,江湖人称"水果大王"的百果园董事长余惠勇的目光,就不是仅放在"开一家店"上。他瞄准了连锁零售。

2015年9月,已深耕水果专卖连锁零售13年、门店数量已达1 200家的百果园,首次搭上了资本的快车,获得业内最大融资。水果连锁零售的"老大哥"开始有了新的算盘,"万店计划"首次被提出,目标实现期限定在了2025年。

而此时,顺丰优选、本来生活等第一批生鲜电商已崭露头角,天猫、京东、苏宁、亚马逊等电商巨头纷纷试水入局,试图撬开这片千亿市场。作为线下连锁零售的百果园,无疑压力倍增。

在实体门店遭受电商冲击的大环境下,百果园第一步是整合行业资源。2015年11月,百果园完成对北京规模最大的连锁水果超市品牌果多美的并购。前者立足南方,小而专,而后者立足北方,做大流量,两者的抱团实现了地域的弥补和供应链的共享。

2016年里,经历了野蛮生长阶段的生鲜电商行业"血案"不少,多点商城高层撤股并大规模裁员、曾获亚马逊2 000万美元入股的美味七七资金链断裂、本来生活关闭线下"本来便利店"、天天果园关闭大部分门店……

而百果园此时走了第二步,在同年12月11日,宣布完成并购生鲜电商一米鲜，后者的创始人焦岳出任百果园副总裁，负责电商创新业务，一米鲜近百人的团队也一同加入，补足了百果园线上的短板，加速一体化融合。

就在每日优鲜宣布实现一线城市规模化盈利的2017年，整合一米鲜团队资源后的百果园，仅半年就实现规模化盈利——这个速度比每日优鲜更快。截至2017年，百果园门店数达2 800多家，2017年销售额突破84亿元，2 800万会员。其中，线上销售额近13亿元，整体占比15%，一线城市线上占比在20%左右，未来目标是达到30%。值得注意的是，随着新零售的大潮，百果园也有意布局无人零售。2017年9月，百果园宣布与七只考拉、好品、领蛙等联合发起成立"大百果联盟"，发力办公室无人零售市场。中国电子商务研究中心网络零售部助理分析师吕昊泽向无冕财经表示，百果园无人货架以水果类商品作为主要商品，避免了同质化，有利于吸引消费者，提升品牌竞争力。

百果园开创"水果专卖连锁"业态的难点，在于没有同行经验可循。早期的百果园并不如现在般瞩目。如今在网页上搜索百果园早期的新闻，2012年9月《深圳商报》上关于百果园成立十周年的报道已几乎是最早的内容。据该报道，从2002年到2012年，百果园在全国铺开300多家门店的同时，也已在国内外建成了32个水果种植基地，建立了全球采购系统。

百果园摸索多年，没走什么弯路，顺利为如今的加速跑积累了厚实"家底"。目前，百果园在前端通过消费互联，建立起电商、无人零售、一体化会员的消费服务网络，在后端通过产业互联，建立起门店、仓储、水果基地三位一体的产业服务网络。在上游，公司通过建立标准+技术指导帮助种植商和果农生产，从源头把控品质，并成立"智果科技"公司，用大数据、互联网手段改造果业，为百果园的品类品牌建设提供产品基础保障。

而在终端，百果园遍布全国40多个城市的2 800多家门店，既是中国最大的水果生鲜销售网络，也是品类品牌孵化器。与此同时，百果园还建立起全球采购系统，在全球范围内布局了230多个水果种植基地，预计到2020年海外基地直采比例做到60%。

要在兵家必争的生鲜行业保住一席之地，供应链是关键。从目前由巨头孵化或是向巨头靠拢的品牌来看，如阿里投资的盒马鲜生、易果生鲜，腾讯投资的每日优鲜，京东孵化的7fresh，永辉超市的超级物种等，模式特点"软实力"各有不同，供应链则都是拿得出手的"硬实力"。反观大批"死亡名单"上的生鲜电商们，都早在烧钱阶段就因资金链断裂而溃败。值得注意的是，为了加速推进万店计划，百果园将通过全面输出标准与系统，自2018年1月11日起正式对外开放特许加盟业务。而在过去的10年里，百果园采用的都是内部加盟形式。

内部加盟模式下，每个门店的店长持股80%，自主运营，每年的利润分配里，百果园收取30%，其余70%按门店股权结构分配。百果园对于门店的考核，在业绩上并不严苛，前3年亏损的门店能获得百果园的补贴，而在人才培养上，百果园要求每个门店每年要为公司输出一位新店长的人选。

如此一来，内部员工成为门店的合伙人，一来积极性高，降低门店运营成本，保证品质和服务，二来能保证新店长的培养，门店数量容易裂变。

内部加盟的形式一度被视为百果园良性循环的运营模式，而如今宣布开放特许加盟，无疑是为了更快速地复制门店。

事实上，这并不是百果园第一次实行特许加盟。据《中国企业家》报道，百果园在创立初期就开始引进加盟，但直到2007年，70多家门店商品品质参差不齐，加盟商在利益驱动下私自采购屡禁不止。余惠勇反思，水果是非标品，品控是建立品牌的关键。因此，余惠勇花了3年的时间，逐一回购之前的加盟店，并停止接纳新的加盟店，改为内部加盟形式。

资料来源：微信公众号无冕财经，2018－01－25。

案例讨论：百果园迅速扩张靠的是什么？

第三节　专卖店管理实务

专卖店可以说是零售业差别化、个性化发展的基础。改革开放以来，专卖店在我国零售业的现代化进程中，正突破归属某一行业的业种店范围，向业态店发展，并呈现出以下几个分流特征：一是向超级市场和便民店分流发展。如菜市场、粮店、杂货店、煤炭商店等分别归入超级市场或便民店。这种发展改变了专业商店的性质，使之成为以食品为主的综合商店的一部分。二是向规模化大店发展。这些专卖店通过改建、扩建、再建，成为与百货公司相匹配的商厦。经营内容除保持一定的专业特色外，更具有百货公司的特点，如上海南京路和北京西单、王府井的许多专业商店就已改造成这样的商厦。三是通过对一类或一种商品进行升级换代，通过挖掘、发扬和创新传统经营特色和服务特色，提高商品适合消费者特定需求的专有程度，并引入连锁经营机制，广开连锁店，形成专卖店、连锁店规模经营的态势。可以说，第三种发展模式代表了我国专卖店发展的基本方向，极具发展潜力。

一、专卖店的含义与类型

专卖店指那些专门经营销售特定商品的商店。这些商品具有极强的关联度，或者是同一个品牌的商品，或者是一个专门系列的商品。专卖店一般非常讲究店面装饰，给人以精致高档的感觉。例如，出售具有传统特色的商品，店堂布置突出古典美；出售流行、时尚商品，店堂装饰突出现代感。同时，专卖店提供比其他商店更多的服务，诸如消费咨询和建议等。

（一）专卖店的特征

专卖店具有以下几大特征：①着眼于特定顾客群的需求；②商品成系列、紧凑，且有品质保证；③实施特色经营，讲求个性化；④与顾客有较强的联系，并能加以控制,提供售后服务;⑤售货员有丰富的商品知识,有较强的亲和力。

（二）专卖店的类型

一般认为,专卖店是经营一类或几类商品的零售商店(如服装店、鞋帽店)。也有人认为,专卖店还应包括专门经营某一特定消费对象所需商品的商店。例如,妇女用品商店、儿童用品商店等。根据这一定义,按照所经营商品的特点,可将专卖店分为以下六大类型。

(1)贵重品专卖店:专营钟表、皮革、金银首饰和手工艺品商店等。

(2)耐用品专卖店:专营电视机、电风扇、电冰箱和洗衣机等电器商品的商店。

(3)规格型号要求严格的商品专卖店:专营五金材料、药品等的商店。

(4)花色品种选择性强的商品专卖店:专营棉布绸和服装的商店。

(5)生活用品专卖店:专营粮、鱼、肉和蔬菜等商品的商店。

(6)信息类产品专卖店:像电脑专卖店、软件专卖店及各种耗材专卖店。特意列出这些专卖店主要是因为这类专卖店随着 IT 产业的发展而发展,并且发展极为迅速。

二、专卖店的规划

专卖店的开设地点决定了专卖店顾客的多少,进而决定了专卖店销售额的高低,是直接影响专卖店经济效益的重要因素,是专卖店经营目标和经营策略制定的重要依据,因此,专卖店的选址非常重要。

（一）选址原则

专卖店选址一般遵循如下原则:①商业活动频率高的地段;②人口密度高的区域;③面向客流量多的街道;④交通便利的地区;⑤接近人们聚集的场所;⑥同类商店聚集的街区;⑦可见度强的店位。

（二）专卖店的店面设计

专卖店的店面设计必须按照专业的 VI 设计进行,主要内容包括门面、形象墙、接待台、展架、文化墙等;充分展示产品或企业的文化和内涵;设计要求是:合理布局、功能齐全、材料符合标准,装修工艺细致、软装饰协调配搭,展示样板标签统一。

（三）选址考虑的因素

1. 地理位置

地理位置的类型主要有:商业中心型(如王府井商业街、西单商业街)、准商业中心型、郊区型和居住小区型等。

2. 竞争因素

竞争因素是考虑专卖店与其他各种商业类型的关系,主要包括:竞争型,在竞争中成长;孤立型,独此一家。

3. 人口密度因素

人口密度是指在特定的地理范围内人口居住的密度,包括居住多少人、年龄结构、收入状况、文化背景、家庭规模和地域文化差异等。

三、专卖商品的选择与采购

专卖店的生命力在于其独特的风格,实现这一点的重要途径是商品组合。成功的专卖店,都很重视商品的选择和采购。

(一)商品选择的依据

专卖店在选择商品时,必须考虑消费者的喜好和竞争对手的情况,这项工作在选择店型时就应该完成。换句话说,如果店型确定,商品的选择就有了依据。专卖店商品主要有三种组合方式。

1. 综合型

综合型专卖店商品种类较多,但每种商品的规格、花色和品牌较单调。传统的专卖店大多采取这种商品组合策略,如皮包店、鞋店和服装店。

2. 单一型

单一型专卖店经营商品种类单一,但其花色、规格、款式、品牌相当齐全。例如,上班族女装店,以各个年龄层的上班族女装为主要商品。这类店商品种类单一,但具备各种尺寸、款式、颜色和品牌,可满足这类顾客的需要。

3. 结合型

结合型专卖商店,其经营商品种类少于综合型,多于单一型。经营商品的花色、规格、品牌实行差异化策略,某些种类较为单一,某些种类较为齐全。以女装店为例,它经营工作装、休闲服和内衣。工作装花色、规格、品牌同单一型大致类似,而休闲服、内衣的花色、规格和品牌相对较少。

小城镇、乡村及城市偏僻地区的专卖店应以综合型为第一选择。如果过于单一,则无法形成一定规模的顾客群。

对于大中型城市来说,居民消费逐渐进入了个性化阶段,单一型专卖店可满足他们的需要,同时,也可以与大型综合性百货商场相抗衡。但采取这种商品策略有较大的风险:一是排斥众多的顾客;二是商品越专业化,顾客对它的需求量越小;三是准备单一型商品组合较为困难。因此,结合型专卖店是较为理想的商品组合方式。它可以使顾客的范围扩大,又有助于形成自己的特色。

我们仍以上面所举的例子来分析。假如一家服装店专营上班族女性的工作装,无疑会使套装类的商品变得丰富多样,其品牌和花色会大大多于百货商场,给专卖店带来很好的经济效益。但是,单一化的结果,也会使顾客层面变窄,这就决定了单一型专卖店只能开在百万人口以上大城市的中心商业区。不具备此条件,就得扩展商品种类,附带经营女性需要的休闲服、内衣等,使顾客层面扩大,如此,才可以取得理想的经济效益。

(二)商品等级的确定

尽管高价并非皆是精品,但人们仍习惯用价格高低来划分商品等级。在某些专卖店,价格高的商品最受欢迎;而在另一些专卖店,中等价格的商品最畅销。因此,专卖店的商品等级要依具体情况来确定。中档商品畅销,就以中档商品为主;高档商品畅销,就以高档商品为龙头。畅销商品要占专卖店销售总额的 80%左右。

需要注意的是:无论何种等级的专卖店,都要兼顾其他等级的商品的。例如,有一家服装专卖店,经营高低等级两大类服装。老板发现价格低廉的卖得很快,高级品卖得慢,索性就取消了高级商品,结果价格低廉的服装也成了滞销品。究其原因是因为没有比较,顾客感觉不出低级品价格的低廉。

一般专卖店经营的商品,包括畅销商品、补充商品和陈列商品三类。补充商品是等级较低,价格便宜的商品。它一方面可以吸引喜好便宜货的顾客,增加顾客量;另一方面,可以陪衬出畅销商品的优点,成为顾客选择商品时的比较对象,刺激顾客的购买欲望。

陈列商品是等级较高,价格昂贵的商品。它不但可以吸引高收入顾客光顾和购买,而且可以提高商店的声誉和层次。

一般而言,专卖店中畅销的商品应占 70%,价格较低的补充商品和价格较高的陈列商品各占 15%。三者密切配合,才会赢得最大的顾客群。

(三)商品的来源

在确定商品等级和内容之后,还必须找到所需要的商品。商品的来源主要有两种:自制和采购。

1. 自制

自制就是向外购买材料、零件和设备,自己进行产品设计和加工生产,然后在专卖店销售。如一些手工艺品、珠宝首饰、服装和香水等。自制商品有利于专卖店的整体经营、协调合作;有利于推出自己的品牌,形成特定的顾客群。但是,自制商品需要一定的投资,商品花色、种类受限制,品牌单一。对于许多专卖店来说,自制商品是十分困难的。

2. 采购

所谓采购,即购买现成的商品,在自己的专卖店进行售卖。在所有专卖店中,采取采购形式的专卖店占很大的比重。

采购的途径,最好是参加商品的展览会。目前大、中、小型,国内、国际商品展览会数不胜数,厂商、批发商聚集,样品丰富,选择的自由度很大。

另外,可以通过各种途径了解供应商的情况,对商品进行质量、价格、运输等多方面的比较,选择理想的供应商并与其保持良好的关系。同时还要注意有关商品的运输方式、送货的时间和运输中商品损坏的责任和赔偿问题。

四、专卖店的价格策略

(一)价格的层次

专卖店的独特风格不仅体现在商品和服务上,而且也表现在价格上。一般生活类商品专卖店(诸如食品店、肉店、面包店等),都采取了大众化价格或多层次的价格,以适应不同顾客的生活需要。

其他类专卖店,诸如服装店、香水店、礼品店、电器店,常采取高价策略。这些专卖店常是顾客偶尔购买并且反复挑选的商店,诉求重点在于商品丰富与否及商品的功能性。顾客有按价格高低来评价商品优劣的习惯,因此,采取高价策略有利于提高专卖店的等级,更能突显出独特风格。

高价是比较出来的,因此专卖店需要一些低价商品来陪衬。一般来说,专卖店的商品价位不可过多且复杂,给人以杂货店的感觉,但又不可极端为同价商店。例如,一般钟表专卖店的钟表价格从几十元至几千元不等。实际上畅销的钟表大多在100~200元。但是如果仅采购价位在100~200元的钟表,生意并不一定好,而将其扩展到50~500元,既可满足绝大多数顾客需要,又可以照顾到少数人的需要。这里需要注意的是,价格过低或过高的商品应占较小的比例。

(二)适时大减价

适时大减价是各类专卖店常用的重要价格策略之一,它可以调整商品结构,处理过时商品,并通过价格波动刺激消费者的购买欲望。

食品店的减价:食品店较少使用减价策略,因为人们一般会认为食品降价是由于变质的缘故,这样对商店的形象不利。但是,近些年来,由于竞争日益激烈,商品周转速度加快,再加上人们十分偏爱新鲜食品,他们在选择商品时不是以品质为标准,而是以新鲜为标准。因此,一些食品店开始以减价的方式来处理那些品质完好,但不十分新鲜的食品,减价幅度为50%左右,以此来保证货架上的食品是新鲜品。

服装店的减价:从过去到现在,服装店是最频繁动用减价策略的专卖店,因为服装有明显的时间性和季节性。对于过时的商品来说,其市场价值会大大降低,如不及时脱手,会使商店陷入困境。对于过季的商品来说,其市场价值大打折扣,因为过季商品如不及时处理,只好等来年再卖。可是来年是否流行,是否有销路还是个未知数,即使是销路看好,囤积商品的高额成本也会把利润全部吃掉,因此,服装店的减价销售不可避免。减价销售并非无利可图,因为服装常常会带来高额利润,有时利润率可达到100%,甚至200%,即使减价20%~50%销售也不至于亏本。

其他类专卖店在采取减价策略时,必须注意时机、频率和速度。对于不同类型专卖店来说,销售时机是不同的。服装店常在将要换季时促销;食品店与商品保鲜期限有关;首饰店常在节日时减价。但是也有一些做法常常是一致的,如减价大多是从周末开始延续至一个星期或两个星期以后。频率一般不能超过总销售时间的30%,否则就会被顾客认为是一家廉价商店,破坏专卖店的形象和整体经营目标。降价幅度可大可小。研究表明,专卖商店降价20%以下,对顾客没有吸引力,一般在30%~50%较为适宜,对于高利润商品降幅可达60%~70%。

第四节　超市管理实务

超级市场，简称超市，1930 年首次出现于美国纽约市皇后区。它的诞生被西方誉为零售业的一次革命。与其他零售形式相比，超级市场具有自助式服务、商品价格低廉等特征，因此，一经出现就深受消费者的喜爱。到 1935 年，在美国的 77 个城市中，超级市场已发展到 600 多家。1968 年，美国超级市场的数量达到 33 900 多家，现在已遍布美国大、中、小城市和乡镇。1951 年，原联邦德国开办了第一家超级市场，10 年时间就发展到 86 000 多家。英国第一家超级市场出现于 1956 年，到了 20 世纪 80 年代，超级市场的食品销售额已占全国食品销售额的 60% 以上。日本于 1953 年开始兴办超级市场，到 1980 年已发展到 3 910 家。我国台湾和香港地区的超级市场出现于 20 世纪 70 年代初，到了 20 世纪 80 年代，香港已有 300 多家超级市场。中国内地于 1981 年引进了超级市场这一现代化的零售经营形式，真正普及和发展则是在 20 世纪 90 年代。目前，超级市场已深入到了我国城市居民的日常生活中。

一、超级市场的概念与特征

由于超级市场诞生于美国，并首先在西方国家普及，经过几十年的不断发展，已经成为一种成熟的零售经营方式，所以我们主要介绍一些西方国家的营销专家对超级市场概念的界定。

（一）西方营销专家对超级市场概念的界定

美国著名营销专家菲利普·科特勒认为：超级市场是规模相当大的、成本低、毛利低、销售量大的自我服务的经营机构，其目的是为顾客对食品、洗涤剂和家庭日常用品的全部需要服务。

美国市场营销专家齐默曼在其《超级市场》一书中指出：超级市场是被高度部门化了的、经营食品和其他商品的零售店。其或是完全由所有者自己经营，或是委托他人经营。有足够的停车场，而且年营业额不低于 25 万美元。但干货食品、日用杂货商品部门，必须采用自助服务的方式。

根据菲利普·科特勒与齐默曼关于超级市场的阐述，超级市场应具备以下特点。

第一，自助式服务。这是超级市场的核心特征。超级市场内没有专门的售货员，顾客根据自己的需要与偏好挑选不同品牌的商品，自己携带商品到收银台结算付款。

第二，出售食品和日用品。超级市场主要出售各种食品以及生活日用品，这也正是超级市场的社会功能之所在。

第三，超级市场是一种高度部门化的零售商店。高度部门化的特征，表明超级市场经营的商品品种要多,分工要明确。经营商品品种高度部门化的直接目标是为了满足食品及其连带物品购物者“一次购齐”的需要。因此,高度部门化是超级市场经营的手段,以食品为主的品种多样化是它的目标;而使顾客一次购齐、节约时间,方便消费、提高效率是它的服务宗旨。

第四,有较高的营业额,达到适度规模。在美国,判断是食品自选店还是超级市场,主要标准是看营业额。上文中提到的齐默曼所说的25万美元只能是当时(20世纪30年代)的标准,20世纪70年代,这一数量标准已提高到100万美元,20世纪80年代已达800万美元。目前,美国超级市场的年营业额必须达到1 000万美元以上,否则就只能称为小型自选售货店。因此,超级市场应当是规模较大的零售商店。

第五,有足够的停车场。有足够的停车场表明超级市场是同开车购物、批量储存、分批食用的快节奏、高消费的生活方式密切相关的。从另一个角度来讲,正是由于这种零售业经营形式适合快节奏、高消费的现代生活特征,进而促进了社会经济的大批量消费、批量流通和大批量生产。

(二)西方及日本零售业对超级市场概念的界定

西方与日本零售业的实际业务部门对超级市场也有不同的理解。

美国超级市场学会将超级市场定义为:年销售额在100万美元以上,至少设有自选杂货销售部,完全是按经营部划分的商店。

西欧各国对超级市场的概念阐述大体上一致,也相对规范。它们认为,超级市场是实行自选式服务的商店,其销售面积在400~2 500平方米之间,销售商品包括各类食品和生活用品。

日本产业构造审计会认为,超级市场的特征是:主要销售食品、日用杂品、衣料等生活日用品;实行顾客自我服务方式;高周转、低赢利,主要实行折扣销售;营业面积在300~2 000平方米;大多数是连锁店。

(三)我国对超级市场概念的界定

我国上海辞书出版社出版的《经济大词典·商业经济卷》认为,超级市场是实行敞开式售货、顾客自我服务的零售商店。其特征为:敞开式销售、自我服务代替售货员服务;商品广泛采用定量包装,明码标价,分门别类摆在货架上,适合一次购买较多数量的商品;电子计算机结算代替人工结算,以减少差错,缩短顾客等待时间;劳动效率高,节省费用开支。

基于上述对于超级市场不同概念的分析,结合我国的实际情况,我们认为,超级市场是实行自助式服务,营业面积在600平方米以上,营业范围包括各类食品和日常生活用品的现代零售商店。

二、超级市场的特征

根据以上对超级市场概念的分析,超级市场应该具备以下特征。

（一）超级市场是一种顾客自助式服务的零售经营形式

超级市场不采用售货员售货，而是由顾客自己挑选商品。在超级市场的卖场中，商品货架排成一条条纵横交错的长廊，商品都明码标价。大部分商品采用透明的小型包装。顾客可以用商店准备好的提篮和手推车自运商品。挑选好商品后，在超级市场出口处向收银员付款结算。

（二）超级市场出售的商品主要是食品和日用杂品

从多数超级市场的商品结构来看，食品、饮料占一半以上；而百货商店经营的食品最多只占其销售总额的 20% 左右，而服装的销售额占其销售总额的 50% 左右。

（三）超级市场经营商品品种繁多

大型超级市场经营的商品多达 10 000 种以上，这就确保了顾客在购买食品和日用杂品的过程中实现"一次购足"，以实现零售业方便购买、提高效率的社会目的。一些大型超级市场虽然实行综合经营，经营商品品种虽然多一些，但主要集中在与居民衣、食、住、行息息相关的日常生活必需品上。

（四）超级市场经营规模大、成本低、毛利低、销售量高

大多数超级市场的经营利润仅占其销售额的 1%。超级市场多实行连锁经营，通过大批量进货可以降低成本。虽然成本低，但超级市场并不去赚取更多的差价利润，而是坚持薄利多销的原则，其商品价格略低于其他形式零售店的价格。

（五）超级市场的规模较大

我国超级市场的营业面积一般都在 600 平方米左右，最大的可达数万平方米。

（六）超级市场经营的非食品品种有扩大的趋势

目前，大部分超级市场非食品类商品的销售量已占到总销售量的 25%。

（七）超级市场除出售商品外，还提供包括娱乐、休息场所等多种服务

日本超级市场正在向综合服务方向发展，如增加停车场、咖啡馆、饭店、游艺室、电影院、旅行代办处以及银行、邮政等各种服务设施。顾客进入超级市场，不仅可以买到自己满意的商品，还可以进餐、娱乐。

三、超级市场的营销定位

超级市场的营销定位主要包括：目标市场选择、商品定位和品牌定位。

（一）超级市场的目标市场选择

确定超级市场的目标消费者是对超级市场进行设计策划的前提和基础。只有对目标市场有了明确的定位，营销定位中的商品定位、商品品牌定位、价格定位才能确定下来。超级市场的经营品种和经营方式决定了它应该选择一定商圈范围内多层次消费群体中的大多数消费者作为自己的目标顾客。

超级市场作为零售商业的一种新型经营形式,消费者购买商品的时间是日常化的。因此,实施购买行为的顾客主要是家庭主妇和单身男女,他们的购买行为具有不确定性。

作为职业妇女,严格的工作制度将她们的活动空间限定在了家庭和工作单位中,她们有的利用下班的时间购物,有的则在节假日里购物。

以家务劳动为主的家庭主妇,她们随时可以购物,其购买行为更加使人难以捉摸。一般来讲,在其家庭主要成员发薪后的一两天内,她们往往要购买本月所需的生活用品。同时也应该看到,不论超级市场的顾客购买行为多么复杂,周末的一次性购买在超级市场销售额中还是占有相当大的比重。

随着经济的不断发展,居民可以用手中的"货币选票"来表达自己的兴趣偏好,这就使超级市场经营商品的品种有逐渐扩大的趋势,它的目标顾客群也发生了一定的变化,出现了以下类型的消费者:①收入水平和文化水平较高,喜欢尝试新事物和追求时尚的消费者;②比较注重购买环境舒适性的消费者;③年龄在20～45岁的男女单身族消费者;④外出或旅游的消费者;⑤喜欢闲逛的消费者;⑥比较注重新鲜、卫生、品质良好的商品,并且对商品价格敏感的消费者。

上述不同类型的消费者都可作为超级市场的目标顾客,这就使得超级市场的目标市场更为复杂,顾客的购买行为更加难以捉摸。因此,要尽量避免只注意单一阶层消费者的选择倾向,最大可能地满足辐射商圈内所有消费者的多层次、多样化的需要。

(二)超级市场的商品定位

超级市场在确定了自己的目标消费者以后,就要考虑用什么样的商品去满足这些顾客的需要。这种设定经营商品结构的过程就是商品定位。商品定位的过程也是超级市场通过商品来设计出企业在消费者心目中地位的过程。

各种类型的超级市场,出售的商品都有大体相同的特征,即以食品和大众化的日常生活用品为主。在日常生活中,这些商品都具有非耐用和便利的性质。非耐用品是指那些消费周期短、单位价值低、购买频率高、使用频繁的商品。在日常生活里,常见的非耐用品主要有食品、洗涤用品和化妆品等。便利品是指消费者经常需要和随时购买的商品。在便利品中,有些是消费者需要定期购买的商品,如牙膏、香烟和食盐等;有些是消费者随机购买的商品,如小食品、图书杂志和小饰物等;有些是消费者在特定情况下才购买的商品,如雨伞、学习用具和婴儿用品等。消费者在购买便利品时需要花费一定的时间和精力,这反映了消费者普遍存在着的挑剔的性格。

非耐用品和便利品的种类繁多,在销售过程中,需要零售商无论在时间、地点,还是在销售方式上,都要为消费者提供极大的方便,否则善变的消费者就会转向其他零售商。

超级市场应向商圈内的居民提供其生活所需的食品和日常用品,以满足他们

“一次购足”的需求。超级市场应向附近居民提供日常生活所需的80%～90%的商品。根据这一观点，超级市场经营商品的品种应该十分齐全，卖场也应该有一定的规模。例如，某超级市场的营业面积为800平方米，但经营的商品品种有20 000多种，具体包括新鲜蔬菜、水果、肉类及鱼类、各种小食品、服装鞋帽、洗涤卫生用品、文化学习用品、运动健身器械、办公用品和编织品等。在价格方面，高中低结合，满足不同层次消费者的需要，销售业绩非常好。

（三）超级市场的商品品牌定位

超级市场的营销定位策略也包括所经营商品的品牌定位，即主要经营哪些品牌的商品，在消费者心目中树立怎样的形象地位。品牌是消费者认知商品的标志的统称，也是消费者将同类商品区别开来的主要标志。品牌代表了商品的质量，也体现了生产企业的形象和信誉，它含有一定的文化价值，体现着目标市场的价值观念和兴趣偏好。由于超级市场奉行的是薄利多销的价格策略，要想缩短消费者的购买决策过程，为企业节省一定的促销费用，就必须经营具有区域性品牌的商品，即有一定知名度的品牌的商品。因为这些商品的品牌已普遍得到目标市场的认可，其品牌名称和标志代表着产品质量，消费者常常会认牌购买，无须再作过多的比较。

四、超级市场的商品配置

超级市场中各类商品的具体布置应按照商品在居民生活中的重要性递减的规律依次陈列。依据这一规律，为了配置好超级市场的商品，可以将超级市场经营的商品划分为以下商品部。

（一）面包及果菜品部

面包及果菜品常常是超级市场的高利润部门。由于顾客在购买面包时，也会购买部分蔬菜水果，所以，面包和果菜品可以采用岛式陈列，也可以沿着超级市场的内墙设置。在许多超级市场中，设有面包和其他烘烤品的制作间，刚出炉的金黄色的、热气腾腾的面包，很容易吸引顾客购买。现场制作已成为超级市场的一个卖点。

（二）肉食品部

购买肉食品是大多数顾客光顾超级市场的主要目的之一。肉食品一般应沿着超级市场的内墙摆放，方便顾客一边浏览一边选购。

（三）冷冻食品部

冷冻食品主要用冷柜进行陈列，它们的摆放既可以靠近蔬菜，也可以放置在靠近收款台的地段，这样冷冻食品解冻的时间就最短，给顾客的携带提供了一定的便利性。

（四）膨化食品部

膨化食品包括各种饼干、方便面等。这类食品存放时间较长，只要在保质期内都可以销售。它们多被摆放在超级市场卖场的中央，用落地式的货架陈列。具体布局以纵向为主,突出不同的品牌,满足顾客求新求异的偏好。

(五)饮料部

饮料与膨化食品有相似之处,但消费者更加注重饮料的品牌。饮料的摆放也应该以落地式货架为主,货位要紧靠膨化食品。

(六)奶制品部

顾客一般在其购买过程的最后阶段才购买容易变质的奶制品,奶制品一般摆放在靠近蔬菜水果部的位置。

(七)日用品部

日用品包括洗涤用品、卫生用品和其他日用杂品,一般摆放在超级市场卖场的最后部分,采用落地式货架,以纵向陈列为主。顾客对这类商品持有较高的品牌忠诚度,他们往往习惯于认牌购买。这类商品在价格方面的促销活动,会使顾客增加购买次数和购买量,但不能改变他们对自己心目中喜爱品牌的忠诚感。

五、超级市场主要商品类别的陈列

(一)超级市场日配品陈列技术

超级市场中的日配品主要指面包、乳制品、豆制品、果汁饮料和冷饮等。这些商品是消费者每日生活的必需品,每天都应该进行配送,以确保其新鲜度。

日配品的陈列方法主要有冷藏柜陈列和集中陈列。例如,在上述日配品中,豆制品(主要是豆腐)周转快,顾客购买率较高,就应该运用集中陈列法,将其交叉重叠堆放起来。

(二)超级市场水产品陈列技术

随着经济的发展,居民收入水平的提高,水产品由于其具有丰富的营养,日益受到消费者的青睐。这类产品已成为超级市场中最具市场潜力的产品之一。

超级市场中的水产品可以分为三大类:新鲜的水产品、冷冻的水产品以及盐干类水产品。新鲜的水产品又可以分为活的水产品和非活的水产品。不同类型的水产品其陈列方式各不相同。

1.鲜活的水产品陈列法

活鱼、活虾、活蟹等水产品要用无色的玻璃水箱进行陈列,以满足顾客求新鲜的需要。在日常生活中,水中游弋的鱼虾常常备受消费者的喜爱,它们的价格明显高于非活的水产品。

2.新鲜的非活的水产品陈列法

新鲜的非活的水产品是指出水时间较短,新鲜度比较高的水产品。这种水产品一般用白色托盘或平面木板进行陈列。陈列时在水产品的周围摆放一些碎冰,以确保其质量和新鲜度。

3.段、块、片等形状的鱼类的陈列法

一些体形较大的鱼无法以整鱼的形式来陈列,则可分段、块、片来陈列,以符合消费者的需要量。例如，有一年春节，北京市一家超级市场出售小型鲨鱼，就采取了这种陈列方法。对这种鱼，应该用白色深底托盘来陈列，盘底铺上 3 ~5 厘米厚的碎冰，冰上摆鱼，顶层鱼段少，底层鱼段多，要有一定的层次感，以体现其品质的优良。

4. 冷冻水产品陈列法

冷冻水产品食用时需要解冻，一般被陈列在冷柜中。产品的外包装应该留有窗口，或者用透明的塑料纸包装，使消费者能够透过包装清楚地看到水产品实体。冷柜一般应是敞口的，并连续制冷，以确保冷柜内必要的温度。

5. 盐干类水产品陈列法

盐干类水产品用食盐腌制过，短期内不会变质。例如，盐干贝类、鱼虾类等。这类水产品应使用平台陈列，以突出其新鲜感。

（三）超级市场肉品陈列技巧

肉品是城镇居民副食中的主要品种，也是超级市场中的主力商品。在发达国家的超级市场，肉品的销售额要占总销售额的 15% 左右，由此可见肉品在超级市场中的地位。在面对面的销售中，销售人员可以将商品的有关特征直接告诉顾客，而超级市场实行的是顾客自助式销售，只能通过一定的陈列形式将商品特征明白无误地告诉顾客，并使他们产生购买欲望，最终达成交易活动。而肉品能否销售出去的关键就是它的新鲜状况，因此，在设计肉品类陈列时，保持其新鲜状况是其首要原则。

（四）超级市场果菜陈列技巧

水果与蔬菜是超级市场的主力商品之一，也是居民生活必需品，能够吸引大量顾客，使他们产生连带购买行为。因此，果菜的陈列直接影响到超级市场整体的经营业绩。

果菜陈列要注意两点：一是新鲜，二是干净。蔬菜的单位价值低，人们购买的出发点就是新鲜。净菜适应人们快节奏的生活方式，是超级市场销售形式的一种发展趋势。由于果菜种类繁多，很难有一个标准化的陈列格式，在此，只介绍一些基本的陈列技术与方法。

超级市场中果菜的陈列主要有排列、堆积、置放、交叠和装饰五种基本方式。

1. 排列

将果菜有顺序地并排放置在一起，称为排列。重点是将果菜的根茎分别对齐，使其根齐叶顺，给人留下美观整洁的印象。

2. 堆积

将商品自下而上放置在一起，称为堆积。顶层商品数量较少，底层商品数量最多，既稳妥，又有一定的立体感，以体现出商品纯正的自然色。

3. 置放

将商品散开放置在容器中称为置放。容器一般是敞口的，由于容器四个侧面和底部有隔板，商品不会散落，只要将上面一层的商品放置整齐就可以了。

4. 交叠

将大小不一、形状各异的商品进行交错排列，称为交叠。交叠的目的就是为了美观，使商品看起来整齐。

5. 装饰

将一些商品放在另外一些商品上，起陪衬的作用，称为装饰。例如，用水草装饰水产品，用假叶装饰水果，用小树枝装饰荔枝等。装饰的目的就是为了产生良好的视觉效果，使商品显得更新鲜、更完整，以达到促销的目的。

六、超级市场的理货管理

（一）超级市场商品标签的种类

在超级市场里，货架上的每一种商品都应该明码标价，方便顾客选择购买，也便于收银员快速输入计算机进行结算。目前，我国超级市场的商品标价主要有以下四种类型。

（1）商品部门类别标签，主要用来表示超级市场内商品部门的类别和价格。例如，食品部、日杂部、厨房用品部和洗涤用品部等。

（2）单品别标签，表示超级市场内单一商品的代号和价格。

（3）店内码标签，表示超级市场内每一单品的店内代码和价格。

（4）纯单品价格标签，表示超级市场内每一个商品单位价格，没有号码。

（二）超级市场标签打贴的技巧

在超级市场的收银台，人们经常会见到收银员翻动商品寻找价格标签的情景。这不仅影响收银速度，也会危及商品的安全，因为有些商品是易碎的。通常情况下，超级市场中商品的价格标签所在的位置都应该是一样的，即在商品包装的右上角，如果包装的右上角有商品品牌，那么就应该将标签贴在包装的右下角。

对几种特殊商品的价格标签的打贴应注意以下几点。

第一，瓶装商品的价格标签。例如，各种瓶装饮料、果酒、白酒和其他生活用品等，价格标签一般贴在瓶子的盖上，或者贴在瓶颈上。

第二，罐装商品的价格标签。例如，罐装腌制品，价格标签一般贴在罐子的盖上。

第三，礼品的价格标签。礼品不同于一般商品，价格最好不要直接贴在商品上。因为送礼者大都不希望受礼者知道礼品的价格，他们常常会将价格标签从包装上撕下，有时会留下难以擦净的痕迹，或者撕坏商品包装。因此，礼品标价应该有独立于包装的价格牌，使顾客能很容易地取下。

（三）理货员补货作业流程

理货员补货作业是指将贴好价格标签的商品，及时补充到货架上的过程。由于超级市场实行的是低价策略，商品价格水平略低于其他零售形式，会吸引来大量的顾客；又由于超级市场出售的是日常生活必需品，单位价格低，购买频率高，每一种商品的陈列货架面积有限,不可能满足所有顾客的需要。因此,能否及时补货直接影响到超级市场的销售额,关系到企业的经济效益。

1. 整理商品

如果商品陈列架上的商品不需要补充,理货员就要整理商品。具体包括以下几方面的工作。

(1)将货架上的商品前移。在超级市场中,顾客一般先购买货架上前排商品,即直接面对消费者的商品。当前排商品出现空缺时,理货员就要及时将后排商品前移,填补空缺之处,以体现超级市场商品的丰富感。

(2)清洁商品。理货员要随身携带抹布,发现商品和货架不干净,要立即擦拭。因为不干净的商品容易使顾客产生不舒服的感觉,使顾客对商品的质量产生怀疑。

(3)检查商品质量。在整理商品时,要注意商品的保质期,注意商品的包装是否破损、商品是否已变质,一经发现商品有问题,就要及时处理。如果已被销售出去,要立即告诉卖场经理,采取必要的补救措施,将不良后果控制在最低程度上。

2. 补货上架

(1)理货员在货架补货时,首先要检查商品上的售价标签是否与陈列架上价格卡上的具体内容相一致。

(2)补货时,先将该档商品取下,擦拭货架,然后按照"先进先出"的原则将原来剩下的商品摆放在前排,新补商品摆放在后面,确保在商品保质期内将商品销售出去。

(3)对生鲜食品和冷冻食品的补货要注意对不同时段的投放量进行控制。在早晨开门前,应将所有种类的生鲜食品和冷冻食品补充到既定的货架上,但数量不宜超过全天销售总量的40%,中午再补充30%,下午营业高峰前再补充30%。这样既确保了这类食品的新鲜度,也分散了理货员一次补货的工作量。

七、超级市场的顾客抱怨处理

超级市场的目标市场覆盖各个层次的消费者,由于受自身一些因素的影响,如文化程度、经济状况、职业、兴趣偏好以及宗教信仰等,他们的购买行为具有多样化、复杂性的特征。超级市场不可能满足所有顾客的需求,出现一些顾客抱怨是必然的。超级市场解决这一问题的关键在于掌握并运用一定的处理抱怨的技巧,将顾客的抱怨化解为对超级市场的偏爱。

(一)超级市场顾客抱怨的类型

对超级市场而言,顾客的抱怨主要有以下几方面。

1. 对商品的抱怨

超级市场主要销售食品和日用品,这些商品购买频率高,使用频繁,因此,顾客购买这些商品时产生抱怨的情况也最为常见。其抱怨的原因主要有以下几种。

(1)价格偏高。超级市场出售的商品主要以食品和日用品为主,消费者对这类商品的价格比较敏感。并且经营这类商品的零售店多,对价格的横向比较较为容易。消费者一般会抱怨某超级市场的价格水平高于商圈内其他零售店的价格,希望企业对价格进行一定幅度的下调。

(2)质量不佳。超级市场出售的商品有些是包装过的,其质量好坏只有在打开包装后才能发现,因此,这类抱怨属于消费者购买之后的"信息扭曲",即消费者在使用商品的过程中发现商品不尽如人意而迫使自己接受商品的过程。当"信息扭曲"达到一定强度,消费者就会要求退换商品,甚至诉诸法律。

(3)标示不符。顾客在超级市场中购买的商品有时会发生标示不符的情况。

(4)商品缺货。超级市场中有些热销商品或特价品卖完后,没有及时补货,使顾客空手而归;促销广告中的特价品,在货架上数量有限,或者根本买不到。

2. 对服务的抱怨

消费者对超级市场服务的抱怨大体上可以分为以下几类。

(1)收银员工作不适当。例如,收银员多收顾客的货款;少找顾客零钱;商品装袋时技术不过关,造成商品损坏;商品装袋时,遗漏商品;收银员面无表情或冷若冰霜;让顾客等待结算时间过长等。

(2)理货员态度不佳。虽然自助式购物是超级市场的本质特征,但面对种类繁多的商品,顾客还是会有不少疑问,他们会经常询问卖场中的理货员。有时理货员忙于补货,没有理会顾客的询问,或回答时敷衍、不耐烦、出言不逊等,都会引起顾客的抱怨。

(3)存包处工作人员态度不佳。带包的顾客必然要存取背包、提袋。工作人员没有按照先后顺序接待顾客,使顾客等待时间较长;工作人员不熟悉存包柜的编号,动作迟缓;拿取包、袋时动作过大,造成物品的损坏;取包时发生错误等。这些都会引起顾客的抱怨。

3. 对购物环境的抱怨

超级市场的购物环境直接影响着顾客的购买心情。光线柔和、色彩雅致、整洁宽松的环境常使顾客流连忘返。顾客对超级市场购物环境的抱怨主要有以下几种原因。

(1)光线太强或太暗。卖场中基本照明的亮度不够,使货架和通道地面有阴影,顾客看不清商品的价格标签;亮度过强,使顾客眼睛感到不适等。

(2)温度不适宜。卖场的温度过高或过低,都不利于顾客浏览和选购。我国北方 10 月下旬就已是寒风阵阵了,而室内 11 月中旬才开始供暖,超级市场里如果不开空调,石材铺就的地面,更加寒气逼人,无疑就会缩短顾客停留的时间;冬去春来,气候变化无常,乍暖还寒,如果没有及时地调整卖场的温度,就会影响顾客的购买情绪。

(3)地面过滑。超级市场卖场的地面太滑,顾客行走时如履薄冰,老年顾客以及儿童容易跌倒，都会引起顾客的抱怨，有时还会引来法律纠纷。

(4)卫生状况不佳。例如，卖场不整洁，没有洗手间或洗手间条件太差等。

(5)噪声太大。理货员补货时大声喧哗，商品卸货时声音过响，超级市场的扩音器声音太响等，都会引起顾客的反感和抱怨。

(二)超级市场处理顾客抱怨的程序

当发生顾客抱怨时，超级市场中的工作人员都应该从顾客的角度考虑问题，不能够推诿搪塞，更不能责怪顾客，要本着有效化解纠纷和抱怨的原则来处理问题。为此，要遵循以下程序。

1. 认真倾听顾客的抱怨

当顾客对超级市场产生抱怨或投诉时，其情绪一般都比较激动，这时，接待人员一定要冷静，认真倾听顾客的不满，不要进行任何解释，要让顾客将抱怨完全发泄出来，待顾客心情平静下来，再询问一些细节问题，确认问题的所在。

在倾听时，要运用一些肢体语言，表达自己对顾客的关注与同情。例如，目光平视顾客，表情严肃地点头，使顾客充分意识到工作人员对问题的重视。

2. 同情顾客的遭遇

在倾听了顾客的抱怨以后，要站在顾客的立场来回答问题，即支持顾客的观点，使顾客意识到超级市场非常重视自己，他的问题对超级市场来说很重要，超级市场管理层将全力以赴来解决问题。对有关问题的询问，语言要尽量婉转，不要使顾客产生被审问、被怀疑的感觉。例如，“非常抱歉，我对事情的整个过程不了解，请您复述一遍好吗？”“对不起，有一个细节我想核实一下，请您……”

3. 真诚地道歉

不论责任是否在超级市场，管理人员都应该以“顾客永远是对的”为原则，真诚地向顾客道歉，并感谢他们发现了超级市场经营中存在的问题，必要时还可以聘请他们做超级市场的顾问，请他们对超级市场的管理提出意见。对超级市场而言，如果没有顾客的投诉或抱怨，常常认识不到自身的不足与问题，也难以完善其经营管理活动。因此，正确地处理顾客的投诉与抱怨，也是超级市场的一种公关途径。以顾客的投诉和抱怨为鉴，可以了解目标市场的需求趋势，洞察自身的不足与缺点，调整自己的营销策略，为超级市场在激烈的市场竞争中赢得优势。

4. 提出解决方案

对顾客的投诉与抱怨，超级市场管理层应该提出解决方案。

5. 执行处理结果

处理方案一经协商同意，就要尽快执行。首先要拟订有关协议，协议一式三份，超级市场与顾客各一份，中间人一份。顾客方面的签字人必须是当事人，或者是当事人委托的代表；超级市场方面的签字人必须是法人代表，或者是法人代表委托的有关人员。协议一旦签订，就具有法律效力，受法律保护。

如果顾客的投诉已被新闻媒体报道过，要将处理结果及时通报给有关媒体，这样做不仅能够澄清事实，而且可以从正面树立超级市场的形象，扩大超级市场的知名度和美誉度。

6. 反省检讨

对顾客的每一次投诉和抱怨，超级市场都应该指派专人登记备案，并定期分析，检查问题产生的原因。如果责任在超级市场的工作人员，应追究其责任，并制定有关规定，杜绝此类事件再度发生；如果是例外事件，应制定出处理的原则，以便以后有章可循。

第五节　网上商店管理实务

网上商店是一个新兴的词汇，具体来说就是经营者在互联网上注册一个虚拟的商店（以下简称网店），将待售商品的信息发布到网页上，对商品感兴趣的浏览者通过网上或网下的支付方式向经营者付款，经营者通过邮寄等方式，将商品发送给购买者。

网上开店是一种在互联网时代的背景下诞生的新零售方式，区别于网下的传统商业模式，其投入不大、经营方式灵活，可以为经营者提供不错的利润空间，成为许多人的创业新途径。

一、网上开店的方式

目前，网上开店主要有以下三种方式。

第一种，在专业的大型网站上注册会员，开设个人的网店。像易趣、淘宝、易购、一拍等许多大型专业网站都向个人提供网上开店服务，个人只需支付少量的相应费用（网店租金、商品登录费、网上广告费、商品交易费等），就可以拥有个人的网店，进行网上销售。

这种方式的网店相当于传统的在一些大的商场里租用一个店铺或柜台，借助大商场的影响与人气做生意，我们目前所看到的网上开店主要是采用这种方式。

第二种，自立门户型的网上开店。经营者亲自动手或者委托他人进行网店的设计，网店的经营与大型的购物类网站没有关系，完全依靠经营者个人的宣传吸引浏览者。

自立门户型的网店建设方式有两种：一是完全根据商品销售的需要进行个性化设计，需要进行域名注册、空间租用、网页设计及程序开发等一系列工作，这种方式个性化较好，费用较高；二是向一些网络公司购买自助式网站模块，这种方式操作简单，费用较低，但是缺乏个性化。

自立门户型的网店建设费用较高，同时还需要投入足够的时间与金钱进行网站宣传，但优点是网店内容不需要像第一种类型那样受到固定格式的限制，也不必交纳诸如商品交易费之类的费用。这一类网店相当于路边的小店，如何吸引浏览者进入自己的网店，完全依靠经营者自己的推广。

第三种，前两种方式的结合，既在大型网站上开设网店，又有独立的商品销售网站。这种方式将前两种类型的优点集合于一身，不足之处是投入会相对较高。

二、网上开店的优势

显而易见，网上开店之所以能迅速发展，是因为网上开店具有一些独特的优势，主要表现在以下几个方面。

（一）开店成本低

网上开店与网下开店相比综合成本较低。许多大型购物网站提供租金极低的网店，有的甚至免费提供，只是收取少量商品上架费与交易费；网店可以根据顾客的订单再去进货，不会因为存货占用大量资金；网店经营主要是通过网络进行，基本不需要水、电、管理费等方面的支出；网店不需要专人时时看守，节省了人力方面的投资。

（二）经营方式灵活

网店的经营是借助互联网进行的，经营者可以全职经营，也可以兼职经营。网店不需要专人时时看守，营业时间也比较灵活，只要能对浏览者的咨询给予及时回复就不影响经营。

网上开店不需要像网下开店那样必须经过严格的注册登记手续，网店在商品销售之前甚至不需要存货或者只需要少量存货，因此可以随时转换所经营商品的种类，可以进退自如，没有包袱。

（三）网上开店受限制少

网上开店，只要服务器不出问题，可以一天 24 小时、一年 365 天不停地运作，无论刮风下雨，无论白天晚上，无须专人值班看店，都可照常营业，消费者可以在任何时间登录网站进行购物。

网上开店基本不受经营地点的限制，网店的顾客来自网上，因此，即使网店的经营者住在很偏僻的地方也不会影响到网店的经营。

网店的商品数量也不会像网下商店那样常常被店铺面积限制，只要经营者愿意，网店可以摆上成千上万种商品。

（四）网店的消费者范围广泛

网店开在互联网上，只要是上网的人群都有可能成为商品的浏览者与购买者，这个范围可以是全国的网民，甚至全球的网民。只要网店的商品有特色，宣传得当、价格合理，经营得法，网店每天都将会有不错的访问量，大大增加销售机会，取得良好的销售收入。

三、网上开店的条件

不是所有的人都适合网上开店，不是所有商品都适合网上开店销售，如果网上开店是以赚钱为目的，在网上开店之前，应该分析自己是不是具备网上开店的条件。

（一）选择适宜网上开店销售的商品

要在网上开店，首先要有适宜通过网络销售的商品，并非所有适宜网上销售的商品都适合个人开店销售。适合网上开店销售的商品一般须具备下面的几个条件。

（1）体积较小。主要是方便运输，运输成本低。

（2）附加值较高。价值低过运费的单件商品是不适合网上销售的。

（3）具备独特性或时尚性。在网店销售较好的商品往往都是独具特色或者十分时尚的商品。

（4）价格较合理。如果网下可以用相同的价格买到，就很少会有人在网上购买了。

（5）通过网站了解就可以激起浏览者的购买欲。如果这件商品必须要亲自见到才可以达到购买所需要的信任，那么就不适合在网上开店销售。

根据以上的条件，目前适宜在网上开店销售的商品主要包括首饰、数码产品、电脑硬件、手机及配件、保健品、成人用品、服饰、化妆品、工艺品、体育与旅游用品，等等。

（二）网上开店的投入准备

网上开店需要一定的投入准备，主要包括硬件和软件。

硬件：可以上网的电脑、扫描仪、数码相机、电话，不一定非要全部配置，但是应尽量配齐，方便经营。

软件：安全稳定的电子邮箱、有效的网下通信地址、网上的即时通信工具（MSN，QQ 等）。

（三）网上开店的手续

根据不同的类型，网上开店有不同的开店手续。在大型网站里开店与建设独立的网上商店的手续是不一样的。

1. 注册大型专业网站里的网上商店

注册大型专业网站里的网上商店，就是按照相应规定在提供网上开店服务的大型专业网站里注册会员，获得网上商店的使用权与经营权，目前网上开店主要是采用这种方式。

目前提供网上开店服务的大型网站主要包括以下几种：①专业的顾客对顾客（C to C）拍卖类网站；②可以注册个人卖家会员的综合型购物网站；③可以注册个人卖家会员的单项购物网站。

目前我国提供网上开店服务的大型购物网站有上百家，真正有一定影响力的则数量不多，主要有：易趣网（www. eachnet. com）、淘宝网（www. taobao. com）、一拍网（www. 1pai. com. cn）、8848 网（www. 8848. com）。

2. 建设独立的网上商店

建设独立的网上商店是指经营者根据自己经营的商品情况，自行或委托他人设计一个网站。独立的网上商店通常都有一个项级域名作网址，不挂靠在大型购物网站上，完全依靠经营者通过网上或网下的宣传，吸引浏览者进入自己的网站，完成最终的销售。主要包括个性化的网上商店与自助式的网上商店两种类型。

（1）个性化网上商店。开办完全个性化的网上商店实际就是设计一个新网站，包括五个方面：域名注册、空间租用、网页设计、程序开发和网站推广。

因为是完全独立开发，个性化的网店的风格、内容完全可以根据经营者的思路来进行设计，而不必像大型网站里提供的网店需要受限于具体的模块；而且网店商品的上传与经营完全由经营者自己安排，除了支付网站设计与推广费用，不需要支付网上交易费、商品登录费等费用。

当然，个性化的网店只有通过其他推广方式，才可以取得浏览者的关注，实现最终的商品交易，个性化网店由于需要独立证明卖家自己的信用，往往无法立即取得浏览者的信任。

（2）自助式网上商店。自助式网上商店主要是采用自助式网站模架建立自己的网店，其同样也是一种独立的网上商店，只是与个性化网店相比而言，网店内容模块化，网店的内容只能在既定的模式内选取；网站的应用功能不错，但是各网店的风格则无法达到个性化的网店的标准。

自助化网店操作简单，具体的应用则与个性化网店一样。目前有诸多网络类公司提供自助式网站服务。

四、网上开店的广告策略

网店运作起来后，下一步就要吸引浏览者来浏览你的商品，这样才会有成交的机会。常用的广告策略有以下几种。

第一，利用网站内的收费推广方式。在易趣、淘宝等网站上开网店，网站本身提供了一些广告宣传方式，如粗体显示、图片橱窗、首页推荐位置展示等，这些服务通常是收费的，但是可以为自己的网店带来浏览量，值得一试。需要注意的是，不需要将自己网店里的每一种商品都采用收费推广的方式，只需要选出一两件有代表性的商品进行推广，将买家吸引到自己的网店，其自然也就会浏览其他的商品。

第二，利用好网站内其他推广方式，比如，多参加网站内的公共活动，为网站做贡献，可以得到一些关照，网店自然也可以得到相应的推广。

第三，利用留言簿或论坛宣传自己的网店。但一般不要采用直接发广告的形式，一般的论坛对于广告帖是格杀勿论的。可以采用签名档，将自己的网店地址与大概的经营范围包括在签名档里，无形中会引起许多阅读者的注意，进入网店，进而购买商品。

第四，广开门路，广交朋友。通过认识许多朋友，介绍他们关注你的产品，争取回头客,争取让客户介绍新的客户。

第五,在各种提供搜索引擎注册服务的网站上登录网店的资料,争取使更多的浏览者进入网店。

五、网上开店的定价策略

为网店的商品制定一个适当的网上销售价格是十分必要的。网上开店的商品定价可以遵循以下的原则。

第一,销售价格要保证自己的基本利润点,不要轻易降价,也不要定价太高,定好的价格不要轻易去改。

第二,包括运费后的价格应该低于市面的平均价格。

第三,网下买不到的时尚类商品的价格可以适当高一些,低了反而影响顾客对商品的印象。

第四,店内经营的商品可以拉开档次,有高价位的,也有低价位的,有时为了促销需要甚至可以将一两款商品按成本价出售,主要是吸引眼球,增加人气。

第五,如果不确定某件商品的网上定价情况,可以利用比较购物网站(推荐www.8848.net),在上面输入自己要经营的商品名称,在查询结果中就可以知道同类商品在网上的报价,然后确定出自己的报价。

第六,如果自己愿意接受的价格远远低于市场售价,直接用一口价就可以了;如果实在不确定市场定价或者想要吸引更多买家,可以采用竞价的方式。

第七,定价一定要清楚明白,定价是否包括运费,一定要交代清楚,否则有可能引起麻烦,影响到自己的声誉,模糊的定价甚至会使有意向的客户放弃购买。

六、网上开店的支付方式

目前网上开店主要有几种付款方式:网上支付、邮局汇款、银行汇款和货到付款等。为了方便顾客付款,应该给出多种选择,不要只接受一种支付方式,因为这样很可能会因为顾客感觉不便而失去成交机会。当然,一般情况下不要接受货到付款的方式,原因很简单,增加了己方的经营风险。

目前网上开店采用的送货方式主要有以下几种。

(1)普通包裹,普通包裹的寄达时间约需7~15天。

(2)快递包裹,与普通包裹类似,只是寄达时间加快许多。

(3)EMS快递,安全可靠,送货上门,寄达时间更快,只是费用较高。

(4)挂号信,适合比较轻巧的物品,20克内,寄达时间约3~5天,注意物品要多包几层以免积压损伤。

(5)其他快递,目前国内快递业发展很快,送货也可以采用一些EMS之外的快递公司,前提是对方是正规的快递公司,可以节省大量费用。

(6)专人送货。如果顾客就在本市,可以考虑直接送货上门。与这种方式相结合可以采用货到付款的方式。

第六节 团 购

一、团购的产生及发展状况

团购最早诞生于中国,通常都是消费者自行组成一个团队,提高与商家的议价能力,获得价格更优惠的商品。不过,这种团购模式已经不再流行。目前出现的团购模式的升级版是社交化团购,即 Groupon 模式。与传统团购模式的区别是,这种团购以团购网站为主体,网友登录网站后,不需要在眼花缭乱的商品中寻找自己想找的信息,整个网站首页只提供一件商品,简单明了,避免网友花费大量时间浏览无关页面。

Groupon 是将英语单词"团体"(Group)和"优惠券"(Coupon)结合组成的新词,指在网络上通过组团的方式获得一项产品或者服务的较高折扣。正如 Groupon 公司宣称的那样:请马上行动起来,在团购到期前你只有几个小时的选购时间。

成立于 2008 年 11 月的美国网站 Groupon,从创立之初到实现赢利只用了 7 个月。截止到 2010 年 5 月,其拥有的注册用户达到 500 万,员工 300 人左右,通过该网站售出的商品总量达到 290 万件。在得到俄罗斯投资公司 DST 牵头投资后,Groupon 在资本市场的估值在一年半内突破 10 亿美元大关,达到 13.5 亿美元,而此前,风头正劲的 Twitter 及 Facebook 达到 10 亿美元这一估值则分别花了 3 年和 2 年时间,接着便引发了全球范围内的模仿热潮。这些模仿者中,有美国的 BuyWith-Me,德国的 Daily Deal,英国的 Snippa 等。

在国内,据中国电子商务研究中心调查数据显示,从 2010 年 1 月中国首家团购网站诞生开始,截至 8 月底,国内粗具规模的网络团购企业数量已达 1 215 家,数量较 1 月翻了 8 倍。仅 9 月份,京沪穗深四个城市,团购成交的人数就达 181 万人,交易总额超过 1.1 亿元。

现在,在团购网站和团购帖子"省钱才是硬道理"的号召之下,小到图书、软件、玩具、家电、数码、手机、电脑等,大到家居、建材、房产等价格不很透明的商品,都有消费者凭借网络聚集成团购买。不仅如此,团购还扩展到个人消费、健康体检、保险、旅游、教育培训以及各类美容、健身、休闲等多个领域。团购已成为众多消费者追求的一种现代、时尚的购物方式。

国内典型的团购网站

1. 美团网(www. meituan. com)

创始人王兴曾创建过饭否网,美团的运作模式是社区加电子商务的融合,率先复制 Groupon 团购模式。因为饭否团队以前是做社会化媒体、社会化网络,现在把这个信息平台同电子商务结合起来,是一个比较自然的延伸。

2. 拉手网(www. lashou. com)

将 Fousquare 与团购相结合的"G + F"模式。Groupon 与 Fousquare 都是基于位置,只是后者直接涉及每个商家,每个商家每天都能举办活动。两者结合互相带动,可以增加用户黏度。目前该网站的收入包括商家差价和"踩点"功能所带来的商家资源。拉手网通过用户"踩点"功能,为企业用户有偿提供"精品商户的广告展示",从而获得广告收入。该网站获得了泰山天使基金的 A 轮投资,不久又获得金沙江 500 万元美金投资,后收购西安团乐乐。

Fousquare 是一种基于地理信息和微博的服务网络,用户可以通过自己的手机来"报到 Check - in"自己所在的位置,并通过 Twitter,Facebook 等流行的社交网络平台把自己的位置发布出去,商家根据用户现场"报到 Check - in"的次数,给予用户相应的折扣。

3. 酷团网(www. kutuan. com)

成立于 2009 年 9 月的上海第一家精品团购服务网站,致力于通过团购的方式向消费者推荐高折扣的本地精品生活服务。酷团网正式上线运营之前已获得浙商创投 1 000 万元人民币投资,浙商创投合伙人张巍担任酷团网 CEO,同学网 CEO 朱华明亦为联合创始人之一,后收购广州优团网。

4. 人人购(www. runrungo. com)

人人购是一家在线商店和社区,成立于 2008 年 2 月,专门销售物美价廉、新奇好玩的东西。人人购在每天固定时间的每个频道推出一种新奇特价的商品。而且,每样产品限时抢购 24 小时! 过期立刻下架,不再出售!

二、团购的形式

通常,团购包括以下四种形式:

其一,自发行为的团购,即由消费者自行组织,将自发团购产品信息在网站上发布。

其二,职业团购行为,目前已经出现了不少不同类型的团购性质的公司、网站和个人。

其三，销售商自己组织的团购。

其四，通过组建“消费者联盟”，建立持续、稳定的团购渠道来创业的“个人特许加盟型团购”。

四种团购形式的共同点就是参与者能够在保证正品的情况下让自己的消费资产获得增值。对于消费者而言，参加团购前要做好市场调查，了解自己要买的商品的价格、品牌以及性能，做到心中有数，以使团购的商品最划算。

三、Groupon 的团购模式

（一）Groupon 团购的特点

Groupon 团购具有如下特点：

其一，简单的商业模式：它在每个地区每天只推一款折扣产品、每人每天限拍一次、折扣品一定是服务类型的且服务有地域性。

其二，采取在线全额收费的方式，并向供应商收取 30% ~50% 的佣金，其利润率高达 30% 左右，有报道称其 2009 年有 1 亿美元收入，2010 年的收入有可能达到 3.5 亿美元。

其三，线下销售团队规模远超线上团队。

（二）Groupon 团购业务模式

团购网站本身是一个“媒体 + 社区 + 电子商务”的结合体，既是交易平台、讨论平台，同时又是品牌传播的渠道。在团购过程中，用户、团购网站及商家的角色定位如图 10 -1 所示。

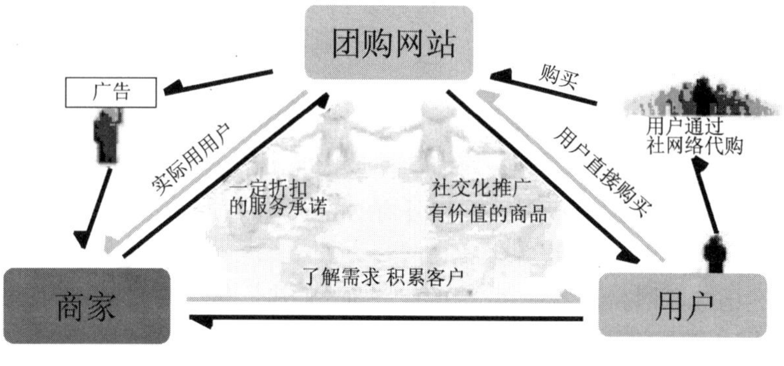

图 10 -1　团购中用户、商家、团购网站的角色定位

1. 网站—用户

团购网站提供有吸引力的商品/服务，超级优惠折扣，吸引用户购买，并通过奖励用户推广等方式来吸引更多用户；用户通过社交化的网络传播，带来规模效应。

2. 网站—商家

团购网站寻找有合作意向的商家，约定达成团购的有效人数，没有达到人数则相当于媒体广告，达到不同人数规模可分享部分收益。

3. 商家—用户

用户去商家进行消费，成为实际用户；商家积累用户后，进一步了解需求，再次开拓用户的价值。

（三）Groupon 团购流程

第一步，在线注册：以 Email 注册登记，同时每天发送团购信息到注册邮箱，注册会员可以通过 IM（Instant Messaging，即时通信）、SNS（Social Networking Services，社会性网络服务）拉会员，拉一个会员享受一定金额的返利。

第二步，查看今日团购信息。

第三步，购买。

第四步，在线支付：提交订单，输入手机号码，选择支付方式，支付后手机收到团购券密码，也可以直接用电脑打印出密码券（代金券）。

第五步，获取团购券：团购成功后就可以获得优惠凭证。

（四）Groupon 团购模式的 SWOT 分析

1. 优势（Strength）

（1）起步成本低：有成熟的团购程序，网站简单，易维护，运营成本低。

（2）可快速产生现金流，从一开始就能获得营业收入。

（3）从价值性来判断，此模式能为消费者及商家带来足够的价值。

2. 劣势（Weakness）

（1）区域性较强，难以快速复制，每拓展一个城市均需要深入当地城市，才能获得服务商资源。

（2）产品及服务品类有限，适合的产品一般需具有边际成本较低，对物流依赖性小等特点。

（3）缺乏黏性，对于消费者及商家的掌控能力均不强。

3. 机会（Opportunity）

（1）拥有 Groupon 成功案例：在国外有 Groupon 的成功案例，而在国内，还未有绝对领先的竞争者出现，拥有较多的机会。

（2）我国互联网高速发展：我国的互联网（尤其是移动互联网）高速发展，将给基于互联网的新经济带来众多机会。

4. 威胁（Threats）

来自新进入者的威胁，如大众点评网，其进入之后很有可能不以其直接获利为目的，而是采用交叉补贴方式把它作为吸引用户及商家的一个卖点。

四、团购中的营销策略

（一）产品策略

产品是团购工作开展的有力“武器”，在团购的拓展中所进行的一切行动其实都是围绕产品进行的。产品除了要具有其自身的特点和卖点外,还要讲究策略性,有策略的产品才会有生命力。

1. 产品差异化策略

产品的差异化策略即团购的产品与传统渠道的产品完全区隔,通过新品类、新品项,另辟蹊径,独领风骚。

这一策略的优点在于:其一,产品无论如何操作,都不会冲击现有渠道。其二,产品更具有针对性。由于团购产品旺季基本上都在节假日,因此,差异化团购产品可以迎合消费者喜庆、时尚等心理特点。其三,人人都喜新厌旧,差异化团购产品的推出,将激发团购人员的好奇心以及推销的积极性、能动性,使其有更大的发挥空间,也使团购客户耳目一新,"激活"其欲望,从而促使其下定决心购买。

2. 同一产品策略

限于自身条件和对团购渠道的重视程度,很多企业的团购产品与传统销售渠道的产品是一致的,这是企业寻找市场增长点的一种有效途径。

这一策略的优点在于:其一,产品有一定的认知度,不需做较大力度的宣传推介,在一些售点能够见到和买到;其二,上市迅速,且能降低企业开发团购新产品所带来的各种风险;其三,操作得当,可使团购与通路相互印证、互相呼应。

缺点:其一,用通路产品来运作团购市场,利润往往不是很高;其二,调控不力,会有倒货、窜货等渠道"内耗"现象发生;其三, 容易激化不同渠道营销人员的矛盾和冲突。

不论是差异化产品策略,还是同一产品策略,作为团购企业,首先都要保证过硬的产品质量,都要以建立持久、稳定、健康、有序的团购渠道为根本出发点,产品策略调整到位了,企业赢利才成为可能。那种利用团购机会抛售积压、过期、缺陷产品的做法无异于"杀鸡取卵",其到头来只能是"搬起石头砸自己的脚"。

(二)价格策略

价格策略是营销4P组合中的重要组成部分,也是影响团购开发的重要因素。合理的价格设定将使团购拓展"锦上添花",脱离市场实际的定价方法将使产品"孤芳自赏",但却无人喝彩。那么,团购产品应该如何来定价呢?

1. 差异化产品

差异化的产品一般都是创新型的产品,或者是新规格、新口味的产品,由于该类产品为市场所未有,因此,往往具有较大的市场运作空间。此类产品的定价,应在参照当地经济发展水平及消费水平的情况下,价格宜高不宜低。

这样做的好处在于:其一,团购企业有可观的利润收入,操作团购渠道会更有回旋余地;其二,为团购客户返利、折扣、赠品、促销、宣传推广等预留了足够的"诱饵",可使客户谈判游刃有余;其三, 给人高质、高价的印象,便于占领高端团购市场。

2. 同一产品

对于团购渠道与传统销售通路一致产品的定价,要注意以下几点:其一,价格政策一定要执行统一的"一口价"策略，不能"厚此薄彼"，存在两种不同的价格现象，避免自己对自己"开战"。

其二，所有的返利或折扣政策及力度要保持一致，方式可不同，但标准要相同。不能在敏感的价格上留下纰漏或"把柄"。

其三，对团购大户，可通过促销的方式来进行模糊市场调剂，避免由于价格的不一致而导致团购客户或消费者心理失衡，进而不相信企业和产品，从而损害企业好不容易建立起来的信誉度、美誉度。

产品定价是团购开拓的关键一环，作为团购企业一定要在定价方面小心谨慎，审慎定价，不急功近利，不急于求成，给产品以合适的性价比，从而给团购客户以物美价廉的好印象，以便企业扬长避短，取得团购市场拓展的最终胜利。

（三）促销策略

促销是团购企业与客户沟通的"润滑剂"，是调控团购市场、促使客户成交的前提和"利器"。

促销策略的确定要遵循以下原则：

第一，促销政策不宜以返现金或直接折价的形式来体现，此种变相降价的方式，一经打开折现"缺口"，将后患无穷，甚至会让企业陷入"信任"危机。

第二，可以采取捆绑不同类知名产品的方式来进行团购促销，比如，定购白酒产品，送可乐或果汁饮料等。这样做的结果，既让产品价格不乱，同时，也满足团购客户"占便宜"的心理。

第三，采取赠送促销品的方式。用促销品去"进攻"团购客户，有时是一种较为直接和有效的方法。比如，定购一定数量的产品，可以赠送适合企业使用的电子产品、家用电器等；针对采购部门或工会的具体经办人可以赠送带有企业标志的促销品等。促销品对团购客户的影响有时比产品本身还大。合适的促销品，可以吊起团购"客户"的"胃口"，从而更好地俘获客户的"芳心"，使其"乖乖就范"。

两类团购网或可看好——"百团大战"提前进入淘汰赛

3个月内涌现出400个团购网站，平均每天4个，"百团大战"已经成为当前最炙手可热的团购网站之行业现状。竞争的加剧为团购网站提前吹响了淘汰赛的哨声，团购网站唯有建立有自身特色的核心竞争力才能保证胜出。

投资团购网站大热

团购风靡，实际是一种典型的市场制造需求的案例。当人们的购买欲望被“团购低价”的概念勾起来之后，所刺激的不仅是商家的销售额，还有投资者手中握有的资金。

美国团购 Groupon 网站于 2010 年 4 月获得巨额投资，随后，国内的团购网站融资高潮迭起，2010 年 6 月以来，先后有 5151 团购网、酷团、拉手网等宣布获得风险投资，还有一些知名风险投资商，如清科、DCM 也在伺机而动。清科集团创始人倪正东表示，非常看好团购网站未来的发展。他认为，从 C2C 到 B2C，再到 B2T，符合电子商务发展的规律，也顺应中国互联网行业环境的发展规律。

但是，人们对于新生事物的新鲜度总是与事物的增长速度形成反比。对于多数中国网民来说，面对数百个团购网站，如都是千篇一律地提供“低价精品”的简单贩卖，必然很快陷入审美疲劳。

两种团购网站有特色

清科集团分析师张亚东认为，团购网站如雨后春笋般大量涌现难免良莠不齐，多数将被淘汰，但仍然看好两种团购网站：

其一是以社交网络为背景的团购网，千橡集团日前推出的糯米网就是这样的典型。糯米网团购的方式为每天推出一款超级折扣商品，只要参与者凑够 50 人左右的团购规模，就能以超低价格买到。据公司介绍，网站运营以来，每天上午商品刚上线几个小时就被抢光。例如，首单成龙耀莱国际影城套餐，当天成交 15 万份，团购这一新的网上消费方式引发的热情可见一斑。

“糯米网”的案例反映了团购网站必须具备的一种优势，那就是网络社区。团购与一般网络购物最大的不同在于“团”字，只有充分发动亲朋好友都来参加，组成购物团，才能享受低价商品，因此，依靠 SNS、论坛等 web2.0 手段，可以充分发挥组团的力量。“糯米网”是千橡集团探索网络社区电子商务的一个尝试，即将社区与网络购物结合的“社会化电子商务”，利用旗下两大主力站点——中国最大的 SNS 网站人人网和娱乐互动论坛猫扑网，拥有将“组团”进行社会化网络传播的惊人力量。

另一种被看好的团购网站是本地生活信息服务网站，如 58 同城网。据 58 团购负责人徐贵鹏介绍，由于 58 同城所提供的主站广告及对外系统推广，已给了商家很增值的回报，也能够吸引更多用户了解并享受到好的商家的超值体验价格，所以很多商家主动要求参加 58 团购。而网站则从权衡消费者利益的角度，对商家和产品、服务等提出标准审核体系，以带动行业健康发展。

可见，生活信息服务网站吸引的团购对象是商家。由于这类网站已经积聚了大量的细分行业分类信息，并与商户建立了良好的联系，是团购模式推广的优势资源。更重要的是这种方式能够吸引用户进行体验性消费，也有利于团购网站开辟更多的细分领域。据分析，团购正快速向多个未曾开发的新领域进军,其中不乏房地产、汽车等高价值商品。

资料来源:周婷.两类团购网或可看好——“百团大战”提前进入淘汰赛[N].中国证券报,2010-7-12.

本章小结

特许经营是指特许权授予人与受许人之间通过协议授予受许人使用授予人已经开发出的品牌、商品、经营技术和经营规模的权利。为此,受许人必须先付一笔特许权使用费,换得在一定区域内出售商品或服务的权利,并须遵守合同中关于经营活动的其他规定。特许人为受许人提供的服务包括:选择、培训以及帮助受许人建立业务,此部分可称为初始服务;在合同持续期间,特许人向受许人提供的后续服务。建立特许经营网后,要保证特许经营的稳健发展,必须运用经济、法律和行政等控制管理手段,保证网络内各环节的妥善组织与协调。

便利店是既具有食品杂货店供应的便利,又使用超级市场的销售方式和经营管理技术的零售商业组织。便利店管理的重点包括:便利店的布局;便利店的选址;便利店的商品组合策略;便利店商品的定价策略;便利店的促销策略等。

专卖店是指那些专门经营销售特定商品的商店,这些商品具有极强的关联度,或者是同一个品牌的商品,或者是一个专门系列的商品。专卖店一般非常讲究店面装饰,给人以精品的感觉。专卖店管理的重点包括:专卖店的规划;专卖店商品的选择与采购;专卖店的价格策略等。

超级市场是实行敞开式售货、顾客自我服务的零售商店。其特征为:敞开式销售、自我服务代替售货员服务;商品广泛采用定量包装,明码标价,分门别类摆在货架上,适合一次购买较多数量的商品;电子计算机结算代替人工结算,以减少差错,缩短顾客等待时间;占用销售人员少,劳动效率高,节省费用开支。超级市场的营销定位主要包括:目标市场选择、商品定位和品牌定位。超级市场管理的重点包括:超级市场的商品配置;超级市场的理货管理;超级市场的顾客抱怨处理等。

网上开店就是经营者在互联网上注册一个虚拟的网上商店,将待售商品的信息发布到网页上,对商品感兴趣的浏览者通过网上或网下的支付方式向经营者付款,经营者通过邮寄等方式,将商品发送给购买者。网上开店的方式包括:在专业的大型网站上注册会员,开设个人的网店;自立门户型的网上开店;前两种方式的结合。网上开店的策略主要包括:网上开店的广告策略;网上开店的定价策略;网上开店的支付方式策略等。

思考题

1. 特许经营的主要类型有哪些?
2. 受许人应具备哪些条件?
3. 便利店具有与超市相区别的四个“便利性”业态特征是什么?
4. 便利店选址应注意哪些问题?
5. 专卖店的含义是什么? 主要有哪些类型?
6. 专卖店商品的组合方式有哪几种?
7. 什么是超级市场? 它具有什么特点?
8. 超级市场顾客抱怨的类型有哪些?
9. 你如果要在互联网上开一家店,可以选择哪几种方式?
10. 目前网上开店采用的送货方式有哪些?
11. 请选择一家团购网站,分析其经营模式。

参考文献

[1]王琍.零售管理[M].上海:立信会计出版社,2006.
[2]姚礼萍.零售学[M].大连:东北财经大学出版社,2002.
[3]郑昕.零售管理[M].北京:科学出版社,2005.
[4]迈克尔·利维,巴顿 A 韦茨.零售学精要[M].北京:机械工业出版社,2001.
[5]王先庆.零售企业员工培训[M].广州:广东经济出版社,2004.
[6]韩光军,周宏.零售店人员培训与管理教程[M].北京:经济管理出版社,2004.
[7]宣兆美.零售服务技能训练课程[M].广州:广东经济出版社,2005.
[8]曾庆均.零售学[M].北京:中国商务出版社,2005.
[9]Groupon 团购模式及其在国内的发展,中国民营资本俱乐部[EB/OL].cpcclub.5d6d.com,2010-6-22.
[10]崔自三.团购拓展中的营销策略设定[EB/OL].中华品牌管理网,2006-4-28.